세상의 속도를
따라잡고 싶다면

Do it!

강샘의
플러터&다트
프로그래밍

다트 핵심 문법 총정리 + 69개 실습으로 크로스 플랫폼 모바일 앱 만들기!

#위젯 꾸미기 #비동기
#상태 관리 #네이티브
#파이어베이스

SSAMZ 대표 강사 강성윤 지음

이지스 퍼블리싱

세상의 속도를
따라잡고 싶다면

Do
it!

Do it!
깡샘의 플러터 & 다트 프로그래밍

다트 핵심 문법 총정리 + 69개 실습으로 크로스 플랫폼 모바일 앱 만들기!

Do it! Flutter & Dart Programming

초판 발행 • 2023년 2월 6일
초판 2쇄 • 2023년 7월 30일

지은이 • 강성윤
펴낸이 • 이지연
펴낸곳 • 이지스퍼블리싱(주)
출판사 등록번호 • 제313-2010-123호
주소 • 서울특별시 마포구 잔다리로 109 이지스빌딩 4층(우편번호 04003)
대표전화 • 02-325-1722 | **팩스 •** 02-326-1723
홈페이지 • www.easyspub.co.kr | **페이스북 •** www.facebook.com/easyspub
Do it! 스터디룸 카페 • cafe.naver.com/doitstudyroom | **인스타그램 •** instagram.com/easyspub_it

총괄 • 최윤미 | **기획 및 책임편집 •** 이인호 | **IT 2팀 •** 한승우, 신지윤, 이소연 | **알파테스터 •** 강태진, 김지희
교정교열 • 박명희 | **표지, 본문 디자인 •** 트인글터 | **인쇄 •** 보광문화사
마케팅 • 박정현, 한송이, 이나리 | **독자지원 •** 박애림, 오경신 | **영업 및 교재 문의 •** 이주동, 김요한(support@easyspub.co.kr)

ISBN 979-11-6303-456-8 93000
가격 40,000원

노력은 수단이 아니라 그 자체가 목적이다.
노력하는 것 자체에 보람을 느낀다면
누구든지 인생의 마지막 시점에서
미소 지을 수 있을 것이다.

톨스토이, 레프 니콜라예비치
Tolstoy, Lev Nikolaevich

이제 안드로이드와 iOS 앱을 동시에 개발하세요!
깡샘의 명쾌한 해설로 앱 개발 실력 쌓기!

스마트폰이 나온 지 10여 년이 흘렀고 프로그래밍 언어와 아키텍처, UI/UX가 진화하면서 앱 개발 기술도 발전을 거듭하고 있습니다. 그 가운데 여러 플랫폼에서 동작하는 앱을 개발할 수 있는 '크로스 플랫폼' 프레임워크가 주목받고 있습니다.

모바일 앱 개발의 새로운 트렌드, 플러터!

크로스 플랫폼 프레임워크는 여러 가지가 있지만 지금은 플러터(Flutter)가 대세로 보입니다. 플러터는 성능과 생산성, 유지·보수성이 뛰어나 개발자의 만족도가 높습니다. 또한 프로그래밍 언어와 프레임워크 모두 구글에서 개발하므로 발전 속도가 무척 빠릅니다. 전 세계에서 커뮤니티가 계속 확장하고 있으며 더 많은 라이브러리가 만들어져 진입 장벽을 낮추고 있기도 합니다.

플러터를 배워 두면 좋은 이유

플러터는 안드로이드, iOS와 같은 모바일 플랫폼뿐만 아니라 데스크톱, 임베디드, 웹에서 동작하는 애플리케이션까지 개발할 수 있습니다. 아직은 모바일 분야에서 가장 많이 사용하지만 계속 발전하면서 저변을 확대하고 있습니다. 따라서 플러터는 한 번 제대로 배워 두면 다양한 분야에서 써먹을 수 있습니다.

다트 언어를 깊고 넓게 다룬 이유

플러터를 이용해 앱을 개발할 때 다트 문법을 제대로 이해하지 못하면 코드를 분석하고 활용하기가 어렵습니다. 따라서 다른 책보다 더 많은 지면을 할애해 다트 언어를 다뤘습니다. 다른 언어와 공통되는 내용은 가볍게 다루고 다트만의 독특한 기능, 플러터로 앱을 개발할 때 꼭 알아야 할 핵심 부분은 자세하게 설명했습니다.

원리를 이해하고 실습하는 구성

이 책에서는 기능별로 동작 원리를 자세히 설명하는 데 중점을 두었습니다. 특히 수강생들이 관심 있어 하고 어려워하는 '상태 관리'와 '네이티브 연동' 같은 부분도 더 쉽고 자세하게 설명하려고 노력했습니다. 그리고 플러터의 여러 기능을 테스트하는 실습 69개를 준비했습니다.

책을 집필할 기회를 준 이지스퍼블리싱과 동영상 강의 촬영에 도움을 준 쌤즈 식구들에게 고마움을 전합니다. 그리고 무엇보다 독자 여러분께 감사하며 "역시 깡샘이야! 역시 'Do it 시리즈'는 믿을 수 있어!"라는 평을 감히 기대해 봅니다.

깡샘, 강성윤(kkang104@gmail.com)

😀 플러터 교과서 같은 책이 나와서 기뻐요!

플러터를 제대로 마스터하는 데 손색이 없습니다. 플러터 책에서 다뤄야 할 거의 모든 개념을 꼼꼼한 설명과 실습으로 배울 수 있습니다. 입문자에게는 좋은 학습 로드맵이자 백과사전이 되겠고, 이미 경험한 사람에게는 흩어져 있던 지식을 정리하거나 옆에 두고 필요할 때 꺼내 볼 수 있는 참고서로도 좋습니다.

• 강태진(프리랜서 모바일 앱 개발자)

👩 저자의 열정이 돋보이는 책이었어요!

'맛보기' 수준을 넘어 커리어에 어떤 도움을 줄 수 있을까를 고민한 흔적을 엿볼 수 있었어요. 플러터의 핵심 주제를 제대로 파고들어 반드시 이해시키고 말겠다는 저자의 열정이 그대로 느껴집니다. 독자가 무엇을 궁금해하는지 정확하게 파악하고 가려운 부분을 긁어주는 것 같았어요. 다트 문법부터 위젯으로 앱의 화면 꾸미기, 비동기 프로그래밍, 상태 관리 방법, 네이티브

이용 방법 등 개발 현장에서 요구하는 기술을 체계적으로 다뤄 플러터 입문자나 취준생을 위한 강의 교재로도 좋을 것 같습니다.

• 김지희(모바일 앱 개발 강사)

😊 쉽고 체계적으로 배웠어요!

그동안 다트를 제대로 설명하는 자료를 찾기 어려웠는데 이 책에서는 충분히 다루어서 좋았습니다. 자세히 들여다보니 특이한 문법이 많더라고요. 플러터 코드를 이해하는 데 확실히 도움이 되었습니다. 그리고 플러터에서 핵심인 상태 관리를 이토록 자세하게 설명하는 책도 처음 봤습니다. 네이티브 연동, 파이어베이스 연동과 같은 내용도 요긴하게 써먹을 수 있어서 좋았습니

다. 실습은 파일 구성이 복잡하지 않아 쉽게 따라 할 수 있었습니다. 출간 후에는 동영상 강의까지 나온다니 최고의 플러터 책이 되지 않을까 합니다.

• 이인호(IT 전문서 편집자)

이 책으로 학습하면서 만드는 앱을 미리 확인해 보세요!

사용자 입력 처리 (11장)

날짜와 시간 선택 (12장)

리스트 뷰 (12장)

그리드 뷰 (12장)

머티리얼과 쿠퍼티노 스타일 (13장)

스캐폴드 위젯   슬리버 앱바   상태 관리

네이티브 기능 연동   파이어베이스 활용

다트 언어부터 공부해요

다른 책보다 다트 문법을 비중 있게 설명합니다. 특히 모던 프로그래밍 언어에서 기본으로 제공하는 '널 안전성'과 다트만의 독특한 '생성자', '믹스인'을 자세하게 다룹니다.

데이터 타입과 널 안전성	데이터 타입, const, final, var, dynamic 타입, List, Set, Map, 널 포인트 예외 관리, 널 안전성 연산자
함수와 제어문	함수 선언과 호출, 명명된 매개변수, 옵셔널 위치 매개변수, 함수 타입 인수, 게터와 세터 함수, 기타 연산자, 실행 흐름 제어
클래스와 생성자	클래스와 객체, 생성자와 멤버 초기화, 명명된 생성자, 팩토리 생성자, 상수 생성자
상속과 추상 클래스	상속, 추상 클래스와 인스턴스, 멤버를 공유하는 믹스인

 ## 69개 실습으로 앱 개발 실력을 키워요

플러터의 핵심 주제를 그림과 함께 이해하고 이를 바탕으로 앱을 직접 만들어 보세요. 앱을 처음 개발한다면 이론은 가볍게 읽고 실습 코드를 작성해 보면서 코드에 익숙해지는 것이 중요합니다. 그런 다음에 이론 부분을 한 번 더 보면 확실히 이해하는 데 도움이 됩니다. 또한 저자가 수강생과 나눈 질문과 답변을 살펴보세요.

동영상 강의로 학습 효과 높이기

이 책의 실습 과정을 저자와 함께 진행할 수 있는 동영상 강의가 무료로 제공됩니다.
더불어 이 책을 교재로 한 저자의 직강이 '쌤즈' 사이트에서 유료로 제공됩니다.

> • 무료 동영상 강의(실습 강의 위주): bit.ly/3XjRGN4
> • 유료 동영상 강의(전체 내용 강의): www.ssamz.com

 소스 내려받기와 궁금한 내용 질문하기

이 책의 전체 소스는 저자 블로그에서 제공하며 업데이트 사항도 확인할 수 있습니다. 책을 읽다가 궁금한
내용이 있으면 저자 이메일 주소로 질문해 보세요. 몇 쪽에서 어떤 점이 궁금한지 자세히 적어야 정확하고
빠른 답변을 받을 수 있습니다.

> • 저자 블로그: kkangsnote.tistory.com
> • 저자 이메일 주소: kkang104@gmail.com

'Do it! 스터디룸'에서 함께 공부하고 책 선물받기

이 책을 보는 친구들과 함께 공부해 보세요. 내가 이해하지 못한 내용은 도움을 받고 내가 이해한 내용을 바
탕으로 도와준다면 복습하는 효과도 누릴 수 있습니다. 또, 'Do it! 스터디룸'에서 스터디 노트를 쓰며 책을
완독하면 원하는 이지스퍼블리싱 책 한 권을 선물로 드립니다.

> • Do it! 스터디룸 카페: cafe.naver.com/doitstudyroom

이 책의 소스는 다음 환경에서 테스트했습니다. 만약 버전이 업데이트된다면 저자가 운영하는 블로
그(kkangsnote.tistory.com)에서 최신 소식을 확인해 보세요.

• 플러터 SDK: Flutter 3.10.X
• 안드로이드 스튜디오: Flamingo | 2022.2.1
• 안드로이드 앱 테스트: Android 13, API Level 33
• iOS 앱 테스트: iPhone 13(iOS 15) — macOS에서만 가능

15차시 완성

독학이나 강의용 교재로 활용해 보세요. 15차시로 학습 계획을 세울 수 있어요.
모바일 앱 개발 경험이 있다면 더 빠르게 진행할 수도 있습니다.

차시	마당	주제	완료 날짜
1차시	플러터 시작하기	플러터 소개와 개발 환경 만들기	/
2차시	다트 언어 이해하기	타입과 널 안전성, 함수와 제어문	/
3차시		클래스와 생성자, 상속과 추상 클래스	/
4차시	사용자 인터페이스 개발하기	사용자 인터페이스 아키텍처	/
5차시		기본 위젯 활용과 배치	/
6차시	화면 구성하기	사용자 입력 처리 위젯 목록 구성과 다이얼로그 위젯	/
7차시		머티리얼과 쿠퍼티노 디자인 내비게이션을 이용한 화면 전환	/
8차시	네트워크와 비동기 프로그래밍	네트워크 프로그래밍	/
9차시		비동기 프로그래밍	/
10차시	앱의 상태 관리하기	상태 관리와 프로바이더 패키지	/
11차시		Bloc와 GetX로 상태 관리하기	/
12차시	네이티브 기능 이용하기	플랫폼과 연동하기	/
13차시		네이티브 패키지 이용하기	/
14차시	파이어베이스와 연동하기	플러터 앱과 파이어베이스 연동하기	/
15차시		파이어스토어, 스토리지, 클라우드 메시지	/

첫째
마당

플러터 시작하기

플러터를 소개합니다!

학습 포인트

이번 장에서는 플러터 프레임워크를 소개하고 특징과 기본 아키텍처를 살펴봅니다. 플러터의 특징을 알고 나면 모바일 앱 개발자들이 왜 플러터를 선택하는지 이해할 수 있습니다. 그리고 윈도우와 macOS에서 플러터 앱을 개발할 때 필요한 도구를 설치해 첫 번째 프로젝트를 만들어 봅니다.

01-1 크로스 플랫폼 앱 개발과 플러터

모바일 앱을 개발하는 기술은 여러 가지가 있습니다. 안드로이드와 iOS 앱은 각 플랫폼에서 제공하는 기술을 이용해 개발하지만 이 책에서 살펴보고자 하는 **플러터**^{Flutter}는 크로스 플랫폼에서 동작하는 앱을 만드는 기술입니다. 즉, 안드로이드와 iOS는 물론이고 윈도우, macOS, 리눅스, 웹, 임베디드 등 여러 플랫폼에서 동작하는 앱을 같은 코드로 개발할 수 있습니다.

먼저 모바일 앱을 개발하는 기술을 살펴보고 플러터만의 특징과 이로운 점 등을 알아보겠습니다.

네이티브 앱 개발

모바일 앱 개발 분야에서 **네이티브**^{native}라고 하면 플랫폼에 종속된 방법을 의미하는 용어로 통용됩니다. 모바일 운영체체인 안드로이드와 iOS처럼 각 플랫폼에 종속된 코드를 네이티브 코드라고 부릅니다. 이런 네이티브 코드를 사용하면 각 플랫폼에서 제공하는 기법으로 최적화된 앱을 개발할 수 있지만, 다른 플랫폼에서는 서비스할 수 없다는 단점이 있습니다.

안드로이드 앱은 안드로이드 런타임(Android runtime, ART)에서 동작하므로 앱을 개발할 때 안드로이드 런타임에서 제공하는 라이브러리를 이용하고 언어는 자바^{Java}나 코틀린^{Kotlin}을 사용합니다. 반면에 iOS 앱은 코코아 터치^{Cocoa Touch} 환경에서 실행되므로 코코아 터치에서 제공하는 라이브러리를 이용하며 개발 언어는 오브젝티브-C^{Objective-C}나 스위프트^{Swift}를 사용합니다.

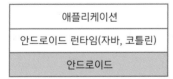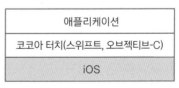

그림 1-1 플랫폼별 네이티브 앱 개발 언어

이처럼 앱을 개발하고 실행하는 환경은 플랫폼에 따라 다릅니다. 따라서 네이티브 방식으로 앱을 개발하면 해당 플랫폼에서만 동작하는 앱이 됩니다. 결국 안드로이드와 iOS 모두 서비스하려면 서로 다른 기술로 각 플랫폼에 맞는 앱을 개발해야 합니다. 개발자에게는 달갑지 않은 상황이죠. 이 때문에 크로스 플랫폼 앱 개발 기술이 나오게 되었습니다.

크로스 플랫폼 앱 개발

크로스 플랫폼 앱 개발은 한 가지 기술로 여러 플랫폼에서 동작하는 앱을 개발한다는 의미입니다. 그동안 많은 크로스 플랫폼 앱 개발 기술이 나왔지만 지금 실제 사용하는 기술은 3가지라고 할 수 있습니다. 아이오닉과 리액트 네이티브 그리고 플러터입니다.

아이오닉

웹 앱^{WebApp}은 가장 먼저 나온 크로스 플랫폼 앱 개발 기술입니다. 웹 뷰^{WebView}, 하이브리드 앱^{Hybrid App} 방식이라고도 하는 웹 앱은 웹을 개발하는 기술을 그대로 이용해 크로스 플랫폼 앱을 개발하는 방식입니다. 아이오닉^{Ionic}은 이러한 웹 앱 방식으로 개발하는 크로스 플랫폼 프레임워크입니다.

그림 1-2 아이오닉 프레임워크 아키텍처

아이오닉으로 앱을 개발하면 HTML 파일이 만들어집니다. HTML 파일을 화면에 출력하려면 웹 브라우저가 있어야 하는데, 앱에 내장된 웹 브라우저(웹 뷰)가 이 역할을 수행합니다. 결국 앱이 실행될 때 내부에서 HTML 파일이 실행되는 구조입니다. 안드로이드와 iOS 앱은 다르지만 각 앱에서 실행하는 HTML 파일은 공통으로 작성할 수 있습니다.

리액트 네이티브

리액트 네이티브^{React Native}는 페이스북에서 만든 자바스크립트 프레임워크인 React를 기반으로 하는 모바일 크로스 플랫폼 프레임워크입니다. 리액트 네이티브의 특징은 모바일 앱을 자바스크립트로 개발한다는 점입니다.

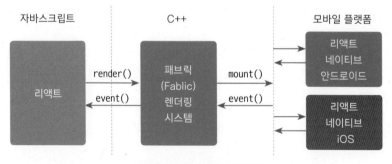

그림 1-3 리액트 네이티브 아키텍처

앱을 실행할 때 각 플랫폼의 자바스크립트 런타임이 자바스크립트 코드를 실행해 플랫폼별 네이티브 코드와 연동하는 구조입니다. 개발자가 네이티브 코드를 직접 작성하지는 않지만 화면과 이벤트 처리 등은 플랫폼에 종속된 네이티브 코드로 처리됩니다. 개발자는 자바스크립트 코드만 작성하면 되므로 안드로이드와 iOS 앱을 똑같이 작성할 수 있습니다.

플러터

플러터는 구글에서 만들어 2017년에 처음 발표했으며 현재 가장 인기 있는 크로스 플랫폼 개발 프레임워크로 자리매김하고 있습니다. 처음에는 **푸크시아**^{Fuchsia}라는 구글의 운영체제에서 동작하는 애플리케이션을 개발하려고 만들었지만, 다른 운영체제와 호환성을 고려하다 보니 크로스 플랫폼 개발 프레임워크가 되었습니다.

플러터는 모바일 분야에서 발전했지만 지금은 모바일뿐만 아니라 웹과 윈도우, 리눅스, macOS용 애플리케이션도 플러터로 개발할 수 있습니다.

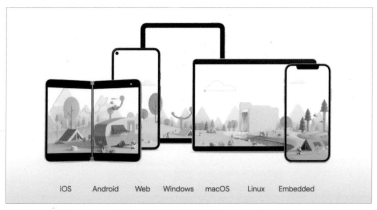

iOS   Android   Web   Windows   macOS   Linux   Embedded

그림 1-4 크로스 플랫폼(출처: flutter.dev)

2021년 플러터 2.0 버전이 나오면서 웹을 본격적으로 지원하기 시작했습니다. 즉, 웹 브라우저에서 실행되는 웹 애플리케이션을 플러터로 개발할 수 있습니다. 그리고 2.10 버전부터는 윈도우 앱 개발, 3.0 버전부터는 리눅스와 macOS용 애플리케이션 개발도 지원합니다.

깡샘!
질문 있어요!

플러터가 모바일 앱 개발 이외에 웹이나 데스크톱용 앱 개발에도 많이 사용되나요?

지금은 모바일 이외의 다른 플랫폼 앱 개발에서는 인기가 없는 것 같아요. 플러터가 웹이나 데스크톱용 앱 개발을 지원하고는 있지만, 인기를 끌려면 더 많은 부분을 지원해 줘야 할 것 같습니다. 물론 구글에서 의욕적으로 개선하고 있으며 다양한 지원이 뒤따를 것으로 보입니다.

01-2 플러터 아키텍처와 특징

플러터 아키텍처 살펴보기

다음 그림은 플러터 프레임워크의 구조를 잘 보여 줍니다. 앱을 개발하는 관점에서 이 구조를 자세히 알 필요는 없지만 플러터로 만든 앱이 어떻게 동작하는지 알아 두면 개발할 때 도움이 됩니다.

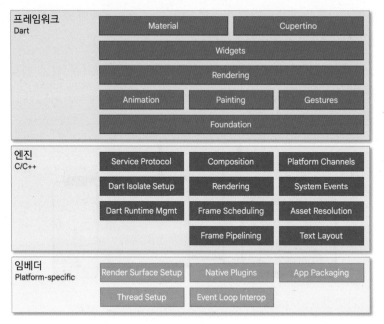

그림 1-5 플러터 아키텍처(출처: flutter.dev)

플러터의 아키텍처에서 애플리케이션 개발과 밀접한 부분은 다트 언어로 개발된 **프레임워크**입니다. 앱을 개발할 때는 이 프레임워크에서 제공하는 다양한 API를 이용합니다.

이렇게 개발한 앱을 플러터 **엔진**이 실행하는데 엔진은 대부분 C++로 작성되었습니다. 엔진이 제공하는 기능 가운데 플랫폼 채널Platform Channels은 각 플랫폼의 네이티브 코드와 연동하는 방법을 제공합니다. 플랫폼 채널은 중요하므로 23장에서 자세하게 다루겠습니다. 그리고 플러터는 애플리케이션의 화면을 스키아Skia라는 그래픽 엔진으로 직접 출력합니다. 이 부분이왜 중요한지는 잠시 후에 플러터 특징을 다룰 때 설명하겠습니다.

플러터로 개발한 애플리케이션을 어느 플랫폼에서 실행하든 프레임워크와 엔진 부분은 같으므로 모든 플랫폼에서 동작하는 애플리케이션을 똑같은 코드로 작성할 수 있습니다. 그런데 각 플랫폼은 분명 차이가 있으므로 누군가가 그에 맞게 애플리케이션이 동작할 수 있게 해주어야 합니다. 이 역할을 **임베더**embedder가 해줍니다. 임베더는 플랫폼에 종속된 부분입니다. 안드로이드용 임베더는 자바와 C++로, iOS와 macOS용은 오브젝티브-C나 C++로, 윈도우와 리눅스용은 C++로 작성되었습니다. 이 임베더 덕분에 애플리케이션이 각 플랫폼에 맞게 실행됩니다.

다음 그림은 웹 애플리케이션을 개발할 때 플러터의 아키텍처입니다.

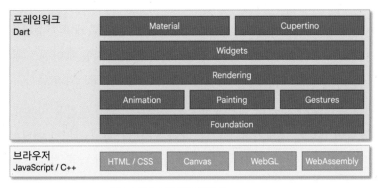

그림 1-6 플러터 웹 애플리케이션(출처: flutter.dev)

플러터로 만든 웹 애플리케이션은 브라우저에서 실행됩니다. 플러터는 웹 애플리케이션을 개발할 때 자바스크립트나 타입스크립트가 아니라 다트 언어를 사용합니다. 따라서 똑같은 코드로 작성된 애플리케이션을 안드로이드와 iOS뿐만 아니라 브라우저에서도 실행할 수 있습니다.

플러터 특징 살펴보기

이번에는 플러터의 특징을 살펴보겠습니다. 다른 크로스 플랫폼 프레임워크보다 늦게 나왔는데도 플러터가 개발자들에게 인기를 끈 이유는 무엇이었을까요?

크로스 플랫폼 프레임워크입니다

이 특징은 앞에서 이미 살펴봤습니다. 플러터의 프레임워크와 엔진이 여러 플랫폼에 똑같이 적용되므로 플러터로 만든 애플리케이션은 여러 가지 플랫폼에서 동작할 수 있습니다.

다트 언어로 개발합니다

플러터 앱은 다트Dart라는 소프트웨어 언어로 작성합니다. 다트는 크로스 플랫폼을 목적으로 만든 언어라서 자연스럽게 플러터 앱 개발 언어로 채택되었습니다. 다트 언어는 둘째마당에서 자세히 다루겠습니다.

뛰어난 성능과 강력한 애니메이션 기법을 제공합니다

플러터로 개발한 앱은 네이티브 앱의 성능만큼 뛰어납니다. 크로스 플랫폼 프레임워크의 사상은 멋지지만 항상 성능 문제 때문에 개발자를 주저하게 만들었습니다. 프런트엔드 애플리케이션의 성능은 화면 렌더링(출력) 속도가 대부분을 차지하며 여기에는 앱을 이용하는 사용자가 이벤트에 반응하는 속도도 포함합니다. 앱이 아무리 멋진 화면에 좋은 콘텐츠를 제공하더라도 화면 출력이 느리거나 이벤트에 굼뜨게 반응하면 외면받을 수밖에 없습니다.

앞에서 살펴본 웹 앱과 리엑트 네이티브는 매력적인 크로스 플랫폼 개발 기술이지만 구조상 아무래도 성능이 낮을 수밖에 없습니다. 그러나 플러터는 화면과 사용자 이벤트 처리를 웹 앱처럼 브라우저에 맡기지도 않으며, 리액트 네이티브처럼 네이티브 코드와 연동하지도 않습니다.

플러터는 화면을 출력할 때 플러터 엔진에서 스키아라는 그래픽 엔진을 이용해 직접 렌더링합니다. 그만큼 화면 렌더링 속도가 빠릅니다. 따라서 자연스럽고 강력한 애니메이션을 구현할 수 있으며, 바로 이러한 점이 플러터로 만든 앱의 화면 수준이 다른 크로스 플랫폼보다 더 좋아 보이는 이유입니다.

모든 플랫폼에 똑같은 UI를 제공할 수 있습니다

리액트 네이티브는 플랫폼별 네이티브 기능과 연동하므로 스타일이 서로 다른 UI를 출력합니다. 그러나 플러터는 네이티브와 연동하지 않고 스키아 엔진을 이용해 플러터에서 화면을 직접 출력하고 사용자 이벤트를 처리합니다. 따라서 성능이 뛰어날 뿐만 아니라 모든 플랫폼에서 똑같은 화면을 제공할 수 있습니다. 물론 각 플랫폼의 네이티브 앱 스타일로 화면을 구성할 수도 있습니다.

네이티브 기능과 최소한으로만 연동합니다

크로스 플랫폼 프레임워크로 앱을 개발하더라도 분명 각 플랫폼은 서로 달라서 네이티브 기능과 어느 정도는 연동할 수밖에 없습니다. 그런데 플러터는 네이티브 기능과 최소한으로만 연동합니다. 단지 개발자의 네이티브 코드와 플러터의 다트 코드가 서로 연동할 수 있는 플랫폼 채널만 제공합니다. 이 플랫폼 채널은 23장에서 중요하게 다룰 것입니다.

플러터 공식 매뉴얼에서는 플러터가 네이티브 기능과 최소한으로만 연동하는 이유는 플랫폼별로 네이티브 변경 사항이 애플리케이션 개발자에게 영향을 미치지 않게 하기 위해서라고 합니다. 네이티브와 연동이 많으면 네이티브가 변경됐을 때 그만큼 앱을 자주 업데이트해야 하므로 번거로워지기 때문입니다.

01-3 윈도우에서 개발 환경 만들기

플러터로 만든 앱을 실행해 보려면 안드로이드 가상 기기(이하 AVD)나 iOS 시뮬레이터를 이용해야 합니다. AVD는 윈도우든 macOS든 상관없지만, iOS 시뮬레이터는 macOS에서만 실행할 수 있습니다.

먼저 윈도우에서 플러터 개발 환경을 어떻게 만드는지 알아보고, 이어서 다음 절에서는 macOS에서 개발 환경을 만들 때 윈도우와 차이 나는 부분을 위주로 정리해 보겠습니다.

Do it! 실습 윈도우에서 플러터 개발 환경 만들기

1단계 **플러터 SDK 내려받기**

플러터로 앱을 개발하려면 **플러터 SDK**를 설치해야 합니다. 플러터 SDK는 플러터 개발자 사이트(flutter.dev)에서 내려받을 수 있습니다.

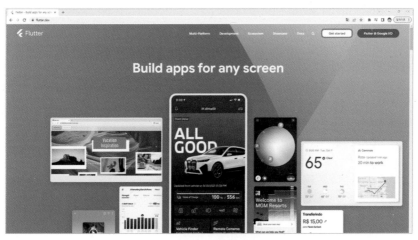

그림 1-7 flutter.dev 사이트에 접속하기

플러터 개발자 사이트에 접속한 후 오른쪽 위에 있는 〈Get started〉를 클릭하면 SDK를 내려받을 수 있는 페이지로 이동합니다. 여기서 내 컴퓨터에 설치된 운영체제를 선택합니다. 그리고 이어지는 화면에서 중간에 설치 파일을 내려받는 버튼을 클릭합니다. 그러면 최신 버전의 플러터 SDK를 내려받습니다. 플러터 SDK 설치 파일을 내려받았으면 적절한 디렉터리에 압

축을 풉니다. 이때 한글이 포함되었거나 관리자 권한이 필요한 디렉터리는 피하는 것이 좋습니다.

그림 1-8 윈도우용 플러터 SDK 내려받기

깡샘! 질문 있어요!

최신 버전 말고 이전 버전 SDK를 설치하고 싶어요!

만약 플러터 SDK를 특정 버전으로 설치하고 싶다면 내려받기 버튼 아래에 'SDK archive' 링크를 클릭합니다. 그러면 버전 정보가 있는 페이지에서 원하는 버전의 플러터 SDK를 내려받을 수 있습니다.

플러터는 Stable, Beta, Master라는 3개의 채널로 구분해서 SDK 버전을 제공합니다. Stable은 안정화된 채널로 공식 발표된 플러터 SDK를 제공합니다. 대부분은 이 Stable 채널에서 SDK를 내려받아 개발합니다. Beta 채널에서는 공식 버전을 공개하기 전에 사전 테스트 등을 목적으로 미리 제공하는 SDK가 있으며, Master 채널에서는 플러터 프로젝트에 도움을 주고 함께 참여하도록 제공하는 SDK가 있습니다.

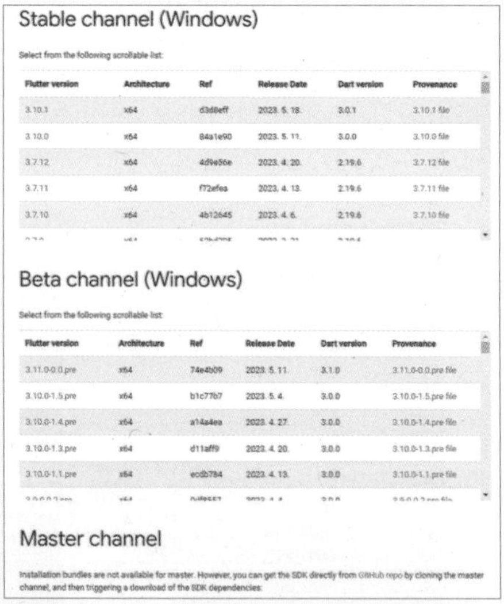

그림 1-9 플러터 채널(docs.flutter.dev/development/tools/sdk/releases)

2단계 **SDK 경로 설정하기**

안드로이드 스튜디오 같은 전문 도구에서 플러터를 개발하면 그래픽 사용자 인터페이스를 이용해 빌드와 실행 등 대부분의 작업을 마우스 클릭으로 할 수 있습니다. 그런데 명령 프롬프트에서 플러터 SDK가 제공하는 명령어를 직접 작성해서 실행해야 할 때도 종종 있습니다. 따라서 플러터 SDK의 bin 디렉터리가 있는 경로를 시스템이 인식할 수 있도록 설정해 주어야 합니다.

윈도우 작업 표시줄에 있는 검색 창에서 '계정의 환경 변수 편집'을 입력한 후 Enter를 눌러 환경 변수 창을 실행합니다. 변수 목록에서 Path를 더블클릭하면 오른쪽 그림과 같은 편집 창이 열립니다. 여기서 플러터 SDK가 설치된 곳의 bin 디렉터리를 추가합니다. 그리고 열려 있는 모든 창에서 〈확인〉을 눌러 환경 변수 편집을 마칩니다.

그림 1-10 Path 환경 변수 설정하기

3단계 안드로이드 스튜디오 설치하기

안드로이드 스튜디오는 안드로이드 개발자 사이트(developer.android.com)에서 내려받을 수 있습니다. 안드로이드 개발자 사이트에서 [Android Studio 다운로드]를 클릭한 후 이어지는 페이지에서 다운로드 버튼을 클릭해 설치 파일(.exe)을 내려받습니다.

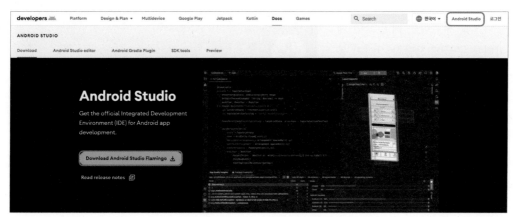

그림 1-11 안드로이드 스튜디오 내려받기

설치 파일을 내려받았으면 실행합니다. 설치 과정은 기본값을 유지한 채 〈Next〉나 〈Install〉을 클릭하면 됩니다. 마지막 설치 완료 화면에서 [Start Android Studio] 체크 박스가 선택된 상태로 〈Finish〉를 클릭합니다.

그림 1-12 안드로이드 스튜디오 설치하기

안드로이드 스튜디오를 처음 실행하면 다음 그림처럼 기존 설정을 불러오는 창이 실행됩니다. 여기서 [Do not import settings]를 선택하고 〈OK〉를 클릭합니다.

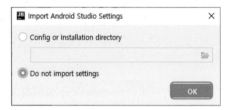

그림 1-13 기존 설정 불러오기

그러면 안드로이드 스튜디오 설정 마법사가 시작됩니다. 먼저 다음 그림처럼 안드로이드 스튜디오를 개선하는 데 필요한 데이터를 구글에 전달할 것인지 묻는 화면이 나옵니다. 여기서 원하는 버튼을 클릭하면 되는데, 필자는 [Don't send]를 클릭해 구글에 데이터를 전달하지 않도록 했습니다.

그림 1-14 안드로이드 스튜디오 설정 마법사

그다음 설정 작업은 기본값으로 진행합니다. 그러면 안드로이드 스튜디오 사용자가 주로 설정하는 옵션으로 설치됩니다.

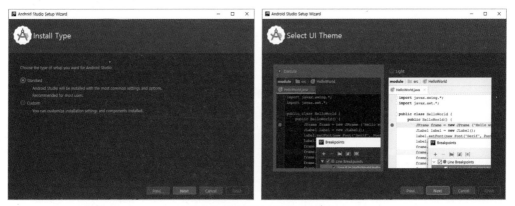

그림 1-15 안드로이드 스튜디오 설정하기

안드로이드 스튜디오 설정 마법사의 마지막 단계는 라이선스에 동의하는 것입니다. 다음 화면이 나오면 왼쪽의 라이선스 목록에서 각 항목을 선택해 [Accept]를 클릭합니다. 그러면 〈Finish〉가 활성화되는데 이 버튼을 클릭하면 설정을 마치고 안드로이드 스튜디오가 실행됩니다.

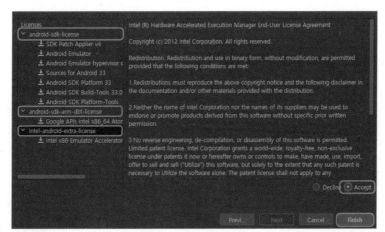

그림 1-16 라이선스에 동의하기

4단계 **플러터 플러그인 설치하기**

안드로이드 스튜디오에서 플러터 프로젝트를 만들려면 플러터 플러그인을 설치해야 합니다. 안드로이드 스튜디오가 실행되면 다음과 같은 시작 화면이 나오는데 여기서 [Plugins]를 클릭하고 검색 창에 'flutter'를 입력합니다. 목록에서 'Flutter'라는 이름의 플러그인을 찾은 후 〈Install〉을 클릭합니다.

그림 1-17 플러그인 찾기

플러그인을 설치할 때 'Third-Party Plugins Privacy Note'라는 창이 나오면 〈Accept〉를 클릭하고, 다트^{Dart} 플러그인까지 함께 설치할지를 묻는 창이 나오면 〈Install〉을 클릭합니다. 플러터 프로젝트는 다트 언어로 작성합니다.

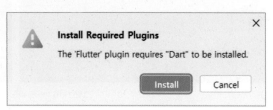

그림 1-18 다트 플러그인 설치하기

설치를 마치면 플러터 플러그인에 〈Restart IDE〉가 나타납니다. 이 버튼을 클릭해 안드로이드 스튜디오를 다시 시작하면 플러터 플러그인이 적용됩니다.

그림 1-19 안드로이드 스튜디오 다시 시작하기

5단계   플러터 프로젝트 생성하기

플러터 플러그인까지 설치했으면 이제 플러터 프로젝트를 만들 수 있습니다. 안드로이드 스튜디오 시작 화면에서 [Projects]를 클릭하고 [New Flutter Project]를 클릭합니다.

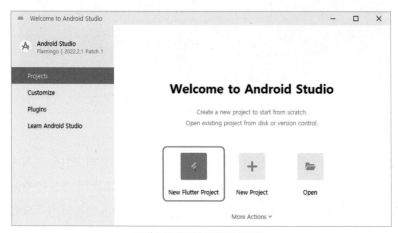

그림 1-20 플러터 프로젝트 만들기

플러터 프로젝트를 만들면 가장 먼저 플러터 SDK 위치를 지정해야 합니다. 새 프로젝트 창의 왼쪽 메뉴에서 [Flutter]를 선택하고 플러터 SDK가 있는 위치를 지정합니다. 앞서 1단계에서 내려받아 압축을 해제한 플러터 SDK 경로를 지정한 후 ⟨Next⟩를 클릭합니다.

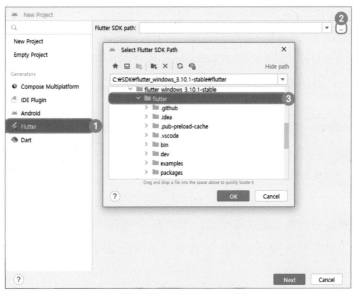

그림 1-21 플러터 SDK 위치 지정하기

그다음 화면에서 프로젝트를 만드는 데 필요한 정보를 입력합니다. 여기서는 프로젝트 이름을 'flutter_lab'으로 입력하고 플랫폼에서 [Android]와 [iOS]만 선택한 후 나머지는 해제합니다. 그리고 ⟨Create⟩를 클릭합니다.

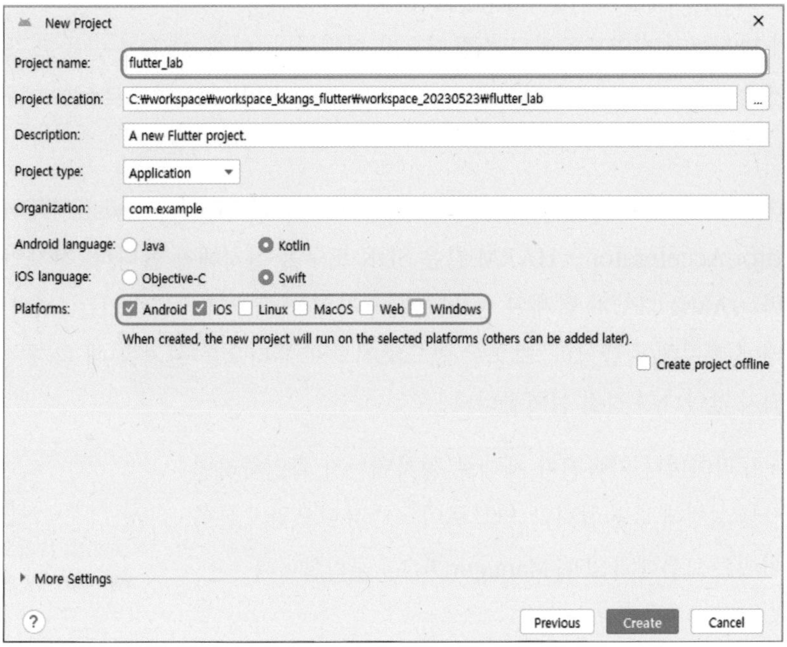

그림 1-22 새 프로젝트 설정하기

플러터 프로젝트를 만들 때 입력하는 정보는 다음과 같습니다.

- Project name: 프로젝트 이름으로 알파벳 소문자와 밑줄만 입력할 수 있습니다.
- Project location: 프로젝트를 저장할 위치입니다. 기본 위치 외에 변경할 수 있습니다.
- Description: 프로젝트를 설명하는 글을 작성합니다.
- Project type: 프로젝트 유형으로 Application, Plugin, Package, Module 가운데 하나를 선택할 수 있습니다. 모바일 앱을 만들 목적이라면 Application을 선택합니다.
- Organization: 개발사를 고유하게 식별할 수 있는 ID를 입력합니다. 일반적으로 도메인을 역순으로 나열합니다.
- Android language: 안드로이드 네이티브 코드의 기본 언어를 선택합니다.
- iOS language: iOS 네이티브 코드의 기본 언어를 선택합니다.
- Platforms: 앱이 동작할 플랫폼을 선택합니다.

프로젝트 이름에는 알파벳 소문자와 밑줄만 입력할 수 있습니다. 이는 이후에 나오는 다트 파일명도 마찬가지인데 다트 파일명에는 알파벳 대문자를 입력할 수 있지만 소문자와 밑줄로만 작성하는 것이 좋습니다.

플랫폼 옵션에서 [Android], [iOS]를 선택하면 안드로이드와 iOS 프로젝트를 위한 구성이 포함됩니다. 또한 [Web]이나 플랫폼별 구성을 포함할 수도 있지만 이 책에서는 모바일 앱만 개발하므로 생략합니다.

6단계 안드로이드 가상 기기(AVD) 만들기

프로젝트가 만들어지면 안드로이드 스튜디오가 열립니다. 이제 AVD를 만들고 플러터 앱을 실행해 보겠습니다. AVD는 Android Virtual Device의 줄임말로 안드로이드 에뮬레이터를 말합니다.

AVD를 실행하려면 먼저 개발자 컴퓨터에 **Android Emulator Hypervisor Driver**나 **Intel x86 Emulator Accelerator - HAXM** 같은 SDK 도구를 설치해야 합니다. 전자인 에뮬레이터 드라이버는 AMD CPU가 탑재된 컴퓨터에, 후자인 에뮬레이터 가속기는 Intel CPU가 탑재된 컴퓨터에 설치해야 합니다. 보통은 안드로이드 스튜디오를 설치할 때 함께 설치되지만 만약 설치되지 않았다면 직접 설치합니다.

에뮬레이터 드라이버나 가속기가 제대로 설치됐는지 확인하려면 SDK 관리자를 실행해 보면 됩니다. 안드로이드 스튜디오의 오른쪽 위에 있는 아이콘 모음에서 **SDK Manager**( )를 클릭합니다.

그림 1-23 SDK 관리자 실행하기

SDK 관리자에서 위쪽에 [SDK Platform], [SDK Tools], [SDK Update Sites]라는 탭이 보이는데, 이 가운데 **[SDK Tools]**를 클릭하면 다음과 같은 화면이 나옵니다. 여기서 각 CPU에 맞는 도구가 설치되었는지 확인할 수 있습니다. 필자의 컴퓨터는 Intel CPU이므로 HAXM이 설치되었습니다. 만약 설치되지 않았다면 해당 도구의 체크 박스를 선택하고 〈Apply〉를 클릭해 설치합니다.

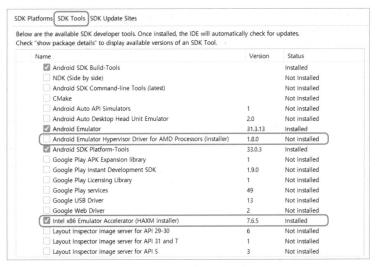

그림 1-24 SDK 도구 확인하고 설치하기

깡샘!
질문 있어요!

에뮬레이터 드라이버나 가속기가 설치되지 않아요!

내 컴퓨터에 에뮬레이터 드라이버나 가속기가 설치되지 않을 수 있습니다. 이는 안드로이드 스튜디오 문제가 아니라 내 컴퓨터의 CPU가 가상화를 지원하지 않거나 지원은 하지만 비활성화되었을 수 있습니다. 가상화를 지원하는 CPU에서 활성화하는 방법은 컴퓨터에 따라 다르므로 이 책에서는 생략하겠습니다.

이제 안드로이드 스튜디오에서 AVD를 구성하고 실행해 보겠습니다. AVD 구성은 장치 관리자에서 합니다. 위쪽 아이콘 모음에서 □ 를 클릭하거나 오른쪽 탭에서 **[Device Manager]**를 클릭합니다. 다음처럼 장치 관리자 창에 아무것도 없으면 〈**Create device**〉를 클릭합니다.

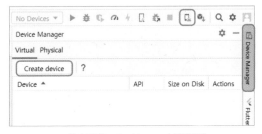

그림 1-25 [Device Manager] 클릭하기

가상 기기 구성 창이 실행되면 하드웨어를 선택하는 화면이 나오는데 적절한 장치를 선택하고 〈Next〉를 클릭합니다. 필자는 기본인 [Pixel 2]를 선택했습니다.

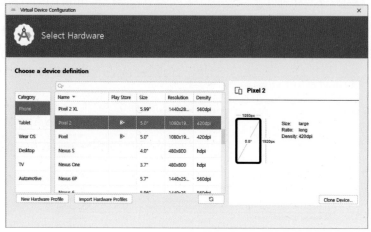

그림 1-26 하드웨어 선택하기

그다음으로 AVD에 탑재할 시스템 이미지를 선택해야 하는데, 이 선택에 따라 AVD를 몇 버전의 안드로이드폰으로 설정할지가 결정됩니다. 시스템 이미지 목록에서 원하는 버전을 선택합니다. 만약 원하는 버전이 설치되지 않았다면 [Download]를 클릭해 설치한 후 선택합니다. 필자는 [x86 Image] 탭에서 **API 레벨 33**을 선택했습니다. 〈Next〉를 클릭합니다.

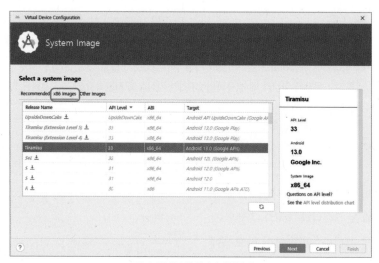

그림 1-27 시스템 이미지 선택하기

그다음 화면에서는 AVD 이름을 비롯해 기타 설정을 할 수 있는데 기본값으로 ⟨Finish⟩를 클릭해 AVD 만들기를 완료합니다.

그림 1-28 AVD 기타 설정하기

AVD를 만들었으면 오른쪽 그림처럼 장치 관리자 목록에 나타납니다. 여기서 오른쪽 [Actions] 그룹에 있는 실행 아이콘(▶)을 클릭해 에뮬레이터를 실행합니다. 에뮬레이터가 보이는 창의 크기는 오른쪽 아래에 나타나는 도구를 이용해 조절할 수 있습니다.

그림 1-29 에뮬레이터 실행하기

플러터 앱 실행하기

에뮬레이터를 구동했으면 이제 플러터 프로젝트를 에뮬레이터에 설치해 실행할 수 있습니다. 안드로이드 스튜디오의 위쪽에는 앱을 실행할 장치를 고르는 부분이 있습니다. 여기서 에뮬레이터를 선택하고 그 오른쪽에서 실행할 다트 파일을 선택합니다. 그런 다음 ▶(이하 실행 버튼)을 클릭합니다.

그림 1-30 플러터 앱 실행하기

이렇게 앱을 실행하면 에뮬레이터에 설치되어 자동으로 실행됩니다. 데모 앱은 플러스 버튼을 클릭하면 화면의 숫자가 올라가는 간단한 프로그램입니다. 만약 실행을 종료할 때는 ■를 누릅니다.

8단계 **핫 리로드 테스트하기**

핫 리로드^{hot reload}란 처음에 한 번만 앱을 실행해 놓으면 소스 코드가 변경될 때 자동으로 반영되는 기능입니다. 처음 실행할 때는 앱을 빌드하고 설치하느라 시간이 걸리지만, 이후에는 핫 리로드가 동작해 빠르게 테스트할 수 있습니다.

기본으로 작성된 코드를 수정해 핫 리로드 기능을 테스트해 보겠습니다. 에뮬레이터에 데모 앱을 실행하고 프로젝트 창에서 lib 디렉터리에 있는 main.dart 파일을 엽니다. main.dart 파일에 작성된 코드의 의미는 02장에서 살펴보기로 하고, 여기에서는 코드 중간에 있는 'You have pushed the button this many times:'라는 문자열을 'HelloWorld'로 수정한 후에 저장합니다. 에뮬레이터에 앱이 실행되고 있었다면 파일을 저장하는 순간 자동으로 핫 리로드 기능이 동작해 바뀐 코드가 적용되는 것을 볼 수 있습니다.

Do it!	• lib/main.dart

```dart
... (생략) ...
return Scaffold(
  appBar: AppBar(
    title: Text(widget.title),
  ),
  body: Center(
    child: Column(
      mainAxisAlignment: MainAxisAlignment.center,
      children: <Widget>[
        const Text(
          'HelloWorld',
        ),
        Text(
          '$_counter',
          style: Theme.of(context).textTheme.headline4,
        ),
      ],
    ),
  ),
  floatingActionButton: FloatingActionButton(
    onPressed: _incrementCounter,
    tooltip: 'Increment',
    child: const Icon(Icons.add),
  ),
);
... (생략) ...
```

▶ 실행 결과

깡샘! 질문 있어요!

핫 리로드가 동작하지 않아요!

대부분은 핫 리로드가 제대로 동작하지만 소스를 저장하는 것만으로는 바뀐 소스가 반영되지 않을 때가 있습니다. 그럴 때는 다시 실행 버튼을 클릭해 주어야 합니다. 특히 네이티브 코드를 수정하거나 환경 파일의 내용이 바뀌면 실행 버튼을 다시 클릭해야 변경 사항이 적용됩니다. 핫 리로드와 관련해 좀 더 자세한 내용은 다음 링크의 문서를 확인하세요.

• docs.flutter.dev/development/tools/hot-reload

01-4 macOS에서 개발 환경 만들기

이번에는 macOS에서 플러터 개발 환경을 어떻게 만드는지 알아보겠습니다. 대부분 윈도우에서 진행한 과정과 같으므로 차이 나는 부분을 위주로 살펴보겠습니다.

> **Do it! 실습** macOS에서 플러터 개발 환경 만들기

1단계 Xcode 설치하기

Xcode는 macOS에서 iOS나 macOS 앱을 개발하는 통합 개발 환경입니다. 따라서 macOS에서 플러터 개발 환경을 만들려면 먼저 Xcode를 설치해야 합니다. 또한 Xcode가 설치된지 오래되었으면 최신 안드로이드 스튜디오나 플러터 SDK와 연동되지 않을 수도 있습니다. 따라서 될 수 있으면 최신 버전의 Xcode를 설치하는 것이 좋습니다. Xcode는 앱 스토어에서 설치할 수 있으며, 처음 설치한 후에는 반드시 한 번 실행해서 라이선스에 동의해야만 안드로이드 스튜디오에서 앱을 실행할 수 있습니다.

그림 1-31 앱 스토어에서 Xcode 설치하기

2단계 플러터 SDK 내려받기

플러터 SDK는 플러터 개발자 사이트(flutter.dev)에서 오른쪽 위에 있는 〈Get started〉를 클릭한 후 macOS용 압축 파일을 내려받아 적절한 위치에 풀면 됩니다.

그림 1-32 macOS용 플러터 SDK 내려받기

다만 macOS용 플러터 SDK는 맥이 Intel 칩과 Apple 칩 가운데 어떤 것을 이용하느냐에 따라 선택해서 내려받아야 합니다.

그림 1-33 플러터 SDK 선택하기

내려받기가 완료되면 터미널을 열고 원하는 위치에 `unzip` 명령으로 압축을 해제합니다. 필자는 development 디렉터리를 만들고 그곳에 플러터 SDK 압축을 풀었습니다. 압축을 푸는 명령에서 압축 파일이 있는 경로와 파일명은 다를 수 있으니 자신이 내려받은 경로와 파일명으로 작성해야 합니다.

> **T 압축 해제하기**
>
> ```
> $ mkdir development
> $ cd development/
> $ unzip ~/Downloads/flutter_macos_3.10.1-stable.zip
> ```

3단계 SDK 경로 설정하기

안드로이드 스튜디오 같은 전문 도구로 플러터를 개발하면 빌드와 실행 등 대부분 작업을 그래픽 사용자 인터페이스를 이용해 마우스 클릭으로 할 수 있습니다. 그런데 터미널에서 플러터 SDK가 제공하는 명령어를 직접 작성해서 실행해야 할 때도 종종 있습니다. 따라서 플러터 SDK의 bin 디렉터리가 있는 경로를 시스템이 인식할 수 있도록 설정해 주어야 합니다.

macOS에서 경로를 설정하고자 사용자 홈 디렉터리의 .bash_profile 파일을 이용해 보겠습니다. 만약 이 파일이 없으면 새로 만들어서 엽니다.

> **T .bash_profile 파일 만들고 열기**
>
> ```
> $ touch ~/.bash_profile
> $ open ~/.bash_profile
> ```

그리고 플러터 SDK가 설치된 곳의 bin 디렉터리 경로를 다음처럼 추가해 줍니다. 각자 설치한 경로를 정확하게 입력합니다.

```
• ~/.bath_profile

export PATH=${PATH}:~/development/flutter/bin
```

.bash_proile 파일을 저장한 후 터미널이 실행될 때마다 이 파일의 설정이 계속 적용될 수 있도록 .zshrc 파일에 source 명령을 추가해 줍니다. .zshrc 파일이 없다면 새로 만들어서 엽니다.

```
T .zshrc 파일 만들고 열기

$ touch ~/.zshrc
$ open ~/.zshrc
```

.zshrc 파일에 다음처럼 source 명령을 추가한 후 저장합니다.

```
• ~/.zshrc

source ~/.bash_profile
```

4단계   안드로이드 스튜디오 설치하기

안드로이드 스튜디오를 설치하는 방법은 윈도우와 같습니다. 자세한 내용은 「01-1」절의 3단계를 참고하기 바랍니다. 다만 macOS에서는 다음 그림처럼 맥이 Intel 칩과 Apple 칩 가운데 어떤 것을 이용하느냐에 따라 구분해서 내려받아야 합니다.

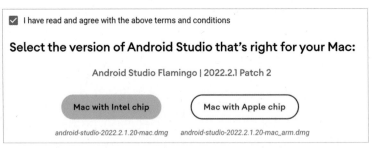

그림 1-34 안드로이드 스튜디오 내려받기

설치 파일을 내려받았으면 실행한 뒤 왼쪽 아이콘을 마우스로 끌어서 오른쪽 Applications에 놓으면 설치가 진행됩니다. 안드로이드 스튜디오를 macOS의 애플리케이션에 등록하는 과정입니다.

그림 1-35 안드로이드 스튜디오 설치하기

설치를 완료한 후 Finder 창에서 [응용 프로그램]을 보면 안드로이드 스튜디오가 등록된 것을 확인할 수 있습니다. 클릭해서 실행해 줍니다. 이후 안드로이드 스튜디오를 실행하면서 처음 설정하는 부분은 윈도우에서 했던 것과 같습니다.

그림 1-36 Finder에서 안드로이드 스튜디오 실행하기

5단계 플러터 플러그인 설치부터 앱 실행까지

안드로이드 스튜디오를 설치하고 실행했으면 이제 플러터 플러그인을 설치하고 프로젝트와 안드로이드 가상 기기를 만들어 앱을 실행해 봐야 합니다. 그런데 이 과정은 앞에서 살펴본 윈도우에서 했던 것과 같습니다. 따라서 「01-3」절의 4~8단계를 차례로 진행하면 됩니다.

6단계 플러터 앱을 iOS 시뮬레이터에서 실행하기

macOS에 Xcode만 설치되어 있다면 iOS 시뮬레이터에서 테스트할 수 있습니다. 안드로이드 스튜디오에서 장치 목록을 열어 보면 다음 그림처럼 iOS 시뮬레이터를 여는 [Open iOS Simulator]라는 메뉴가 보입니다. 이 메뉴를 클릭하면 iOS 시뮬레이터가 실행됩니다.

그림 1-37 iOS 시뮬레이터 열기

iOS 시뮬레이터가 실행되면 안드로이드 스튜디오의 실행 버튼을 클릭합니다. 그러면 iOS 시뮬레이터에 앱이 설치되어 실행됩니다.

그림 1-38 iOS 시뮬레이터에서 테스트하기

프로젝트 분석과
외부 패키지 사용하기

이번 장에서는 플러터로 앱을 개발하는 기본 구조를 파악할 수 있습니다. 먼저 플러터 프로젝트의 구성을 분석하고 외부 패키지를 어떻게 사용하는지 알아봅니다. 그리고 플러터 명령 줄에서 프로젝트를 만들고 앱을 실행하는 방법도 살펴봅니다.

02-1 플러터 프로젝트 분석하기

플러터 프로젝트를 생성하면 폴더와 파일이 자동으로 만들어집니다. 이런 폴더와 파일이 어떤 역할을 하는지 살펴보겠습니다.

프로젝트 폴더 구성 알아보기

플러터 프로젝트를 생성하면 하위에 android, ios, lib, test
라는 폴더가 자동으로 만들어집니다. 각 폴더는 다음과 같
은 용도로 사용합니다.

❶ android: 안드로이드 앱 구성

❷ ios: iOS 앱 구성

❸ lib: 다트 파일

❹ test: 테스트 다트 파일

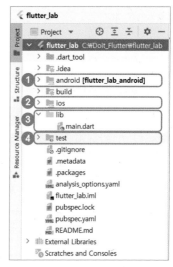

그림 2-1 프로젝트의 주요 폴더

플러터는 크로스 플랫폼 개발 프레임워크이므로 프로젝트
를 만들 때 설정에 따라 자동으로 android, ios, windows,
linux, macos, web 같은 폴더가 만들어질 수 있습니다.

android 폴더 구성은 안드로이드 스튜디오에서 안드로이
드 네이티브 앱 프로젝트를 만들 때와 같으며, ios 폴더 구성
은 Xcode에서 iOS 네이티브 앱 프로젝트를 만들 때와 같습니다. 결국 플러터 프로젝트를 빌
드하면 플랫폼별로 android와 ios 폴더에 구성한 대로 앱이 만들어집니다. android와 ios 폴
더에 있는 파일을 열어서 작업할 일은 많지 않지만, 플랫폼 채널을 이용하거나 네이티브 기능
을 제공하는 패키지를 이용할 때는 파일을 열어서 직접 수정하기도 합니다.

lib 폴더에는 다트 파일을 저장합니다. 하위 폴더를 자유롭게 구성해 다트 파일들을 추가해 가
면서 앱을 개발합니다. lib 폴더에 앱을 구성하는 다트 파일을 만들어 놓으면 앱을 빌드할 때
lib에 포함된 다트 파일이 플랫폼별 앱에 자동으로 포함됩니다.

test 폴더는 테스트 코드를 별도 폴더에 구성해 앱을 빌드할 때 포함하지 않게 할 목적으로 제
공합니다.

프로젝트 파일 구성 알아보기

이번에는 프로젝트를 구성하는 주요 파일을 살펴보겠습니다. 이곳에서 소개하지 않는 파일은 빌드 도구가 자동으로 관리하므로 개발자가 따로 신경 쓰지 않아도 됩니다.

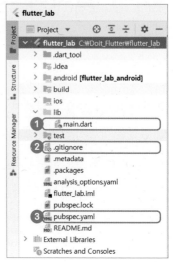

❶ lib/main.dart: 앱의 메인 다트 파일
❷ .gitignore: 깃에 업로드하지 않을 파일 등록
❸ pubspec.yaml: 플러터 프로젝트의 메인 환경 파일

그림 2-2 프로젝트의 주요 파일

프로젝트를 구성하는 파일 가운데 개발자가 가장 주목할 파일은 lib 폴더에 있는 main.dart입니다. 01장에서 프로젝트를 만들고 안드로이드 에뮬레이터와 iOS 시뮬레이터에서 테스트해 보았습니다. 이때 lib 폴더에 있는 main.dart 파일을 실행했는데 이 파일에는 플러터 엔진이 앱을 실행할 때 진입점인 main() 함수가 들어 있습니다. 이처럼 main() 함수가 있는 다트 파일이라면 꼭 main.dart가 아니더라도 실행할 수 있습니다.

그다음 주목할 파일은 플러터 프로젝트의 메인 환경 파일인 pubspec.yaml입니다. 이 파일에는 빌드와 관련된 각종 설정이 포함되어 있어서 자주 열어서 분석하거나 수정합니다. 예를 들어 패키지나 리소스 폴더를 추가하는 작업입니다. 이 부분은 중요한 내용이므로 이후에 자세하게 다루겠지만 여기서는 앱에 어떤 패키지나 리소스를 추가하려면 pubspec.yaml 파일에 등록해 줘야 한다는 사실만 기억하기 바랍니다.

main.dart 파일 분석하기

안드로이드 스튜디오에서 새로운 플러터 프로젝트를 생성하고 실행하면 데모 앱이 실행됩니다. 이는 프로젝트의 main.dart 파일이 실행된 결과입니다. main.dart 파일을 제대로 이해하려면 위젯과 관련된 내용을 알아야 합니다. 위젯은 플러터 앱 개발을 이해하는 데 중요한 부분이지만 앞에서 다루기에는 부담스러울 수 있습니다. 따라서 여기서는 main.dart 파일의 코드가 어떻게 구성됐는지만 살펴보겠습니다.

main.dart 파일을 열어 보면 코드가 여러 줄 있는데 주석을 제거하면 몇 줄만 남습니다. 이 코드들이 무엇을 의미하는지 알아보겠습니다.

import 구문 알아보기

먼저 첫 줄에는 import 구문이 있습니다. import 구문은 다른 다트 파일을 불러올 때 사용합니다. 다른 다트 파일이란 플러터에서 제공하는 패키지일 수도 있고 pubspec.yaml 파일에 등록한 외부 패키지일 수도 있습니다. 또는 개발자가 직접 작성한 다트 파일일 수도 있습니다. 어떤 다트 파일이든지 해당 파일에 선언된 클래스, 함수, 변수 등을 이용하려면 import 구문으로 불러와야 합니다.

> • 다른 다트 파일 불러오기
>
> ```
> import 'package:flutter/material.dart';
> ```

main() 함수 알아보기

main() 함수는 다트 엔진의 **진입점**entry point으로서 다트 엔진이 main()을 호출하면서 앱이 실행됩니다. main()에서는 runApp() 함수를 호출하고 있습니다. 이때 매개변수로 위젯을 지정했는데, 위젯은 화면을 구성하는 클래스라고 생각하면 됩니다. runApp()에 앱의 첫 화면을 구성할 위젯을 지정한 것이며, 이 위젯의 화면이 나오면서 앱이 실행됩니다.

> • 프로그램의 진입점인 main() 함수
>
> ```
> void main() {
>   runApp(const MyApp());
> }
> ```

MyApp 클래스 알아보기

runApp() 함수에서 화면에 출력할 위젯 클래스는 다음처럼 선언되었습니다.

> • MyApp 위젯

```
class MyApp extends StatelessWidget {
  const MyApp({super.key});

  @override
  Widget build(BuildContext context) {
    return MaterialApp(
      title: 'Flutter Demo',
      theme: ThemeData(
```

```
          colorScheme: ColorScheme.fromSeed(seedColor: Colors.deepPurple),
          useMaterial3: true,
        ),
        home: const MyHomePage(title: 'Flutter Demo Home Page'),
      );
    }
  }
```

위젯 클래스는 StatelessWidget이나 StatefulWidget 가운데 하나를 상속받아 작성합니다. 두 클래스와 관련해서는 08장에서 자세하게 살펴보겠습니다. 위젯은 화면 구성이 목적이므로 build() 함수에 화면을 어떻게 구성할지 명시해 줍니다. 위젯 클래스가 실행되면 자동으로 build() 함수가 호출되고 이 함수에서 반환한 위젯이 화면에 출력됩니다.

build() 함수를 살펴보면 MaterialApp과 MyHomePage로 화면을 구성했는데 이들도 위젯 클래스입니다. MaterialApp은 플러터에서 제공하는 위젯이며 앱에 머티리얼 디자인을 적용하게 해줍니다. 또한 MyHomePage는 main.dart 파일에 선언된 사용자 정의(개발자가 작성한) 위젯입니다.

정리하면 MyApp에서는 머티리얼 디자인을 적용하려고 MaterialApp을 사용했고 구체적인 화면은 MyHomePage 위젯에서 구성했습니다.

MyHomePage 클래스 알아보기

• MyHomePage 위젯

```
class MyHomePage extends StatefulWidget {
  const MyHomePage({super.key, required this.title});

  final String title;

  @override
  State<MyHomePage> createState() => _MyHomePageState();
}
```

MyHomePage 위젯 클래스는 StatefulWidget을 상속받아 작성되었습니다. StatefulWidget은 위젯의 화면 구성과 위젯에 출력되는 데이터 등을 별도의 State 클래스에 지정하는데, 예제에서는 _MyHomePageState가 State 클래스입니다. StatefulWidget 클래스가 실행되면 createState() 함수가 자동으로 호출되며 이 함수에서 StatefulWidget을 위한 State 클래스의 객체를 반환합니다.

_MyHomePageState 클래스 알아보기

```
class _MyHomePageState extends State<MyHomePage> {
  int _counter = 0;

  void _incrementCounter() {
    setState(() {
      _counter++;
    });
  }
  @override
  Widget build(BuildContext context) {
    return Scaffold(
      appBar: AppBar(
        backgroundColor: Theme.of(context).colorScheme.inversePrimary,
        title: Text(widget.title),
      ),
      body: Center(
        child: Column(
          mainAxisAlignment: MainAxisAlignment.center,
          children: <Widget>[
            const Text(
              'HelloWorld',
            ),
            Text(
              '$_counter',
              style: Theme.of(context).textTheme.headlineMedium,
            ),
          ],
        ),
      ),
      floatingActionButton: FloatingActionButton(
        onPressed: _incrementCounter,
        tooltip: 'Increment',
        child: const Icon(Icons.add),
      ),
    );
  }
}
```

State를 상속받은 _MyHomePageState 클래스의 build() 함수가 자동으로 호출되면서 이 함수에 구현한 위젯이 화면에 출력됩니다. Scaffold는 appBar, body, floatingActionButton 등으로 화면의 구성 요소를 묶어 주는 위젯입니다. AppBar는 화면 위쪽의 타이틀 바를 나타내고 body는 화면 중간에 Text 위젯으로 문자열을 출력합니다. 그리고 FloatingActionButton으로 화면 오른쪽 아래에 둥근 버튼을 표시합니다.

main.dart 파일의 구조를 요약해서 그림으로 표현하면 다음과 같습니다.

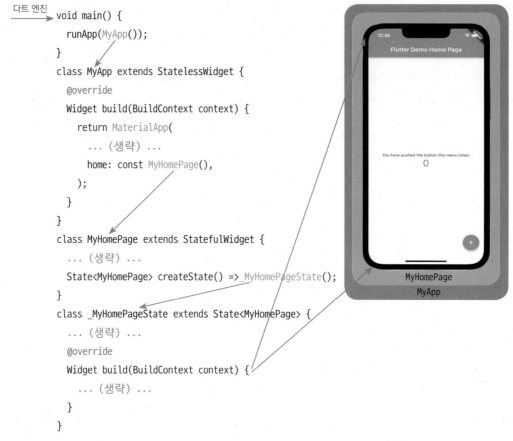

그림 2-3 main.dart 파일의의 구조

결국 main() → MyApp → MyHomePage → _MyHomePageState 순서로 실행되었으며 화면을 구성하는 대부분은 _MyHomePageState의 build() 함수에 작성되었습니다.

이제 main.dart 파일의 실행 흐름을 대략 이해할 수 있겠죠? 클래스들을 왜 이렇게 복잡하게 구성하는지, StatelessWidget과 StatefulWidget의 차이점은 무엇인지, State는 어떤 역할을 하는지 등 아직 궁금한 게 많을 것입니다. 앞으로 차근차근 살펴보겠습니다.

02-2 외부 패키지 사용하기

플러터로 앱을 개발할 때 패키지를 사용하면 모든 코드를 직접 작성하지 않아도 되므로 매우 편리합니다. 플러터는 자주 사용하는 기능을 패키지 형태로 제공하지만 pub.dev 사이트에서 제공하는 패키지를 이용할 수도 있습니다. pub.dev 사이트에는 플러터나 다트에서 기본으로 제공하지 않는 패키지가 등록되어 있습니다.

pub.dev 사이트에서 외부 패키지 사용하기

이 책에서는 pub.dev에 등록된 주요 패키지를 사용해 실습을 진행합니다. 여기서는 pub.dev에 등록된 패키지 중에서 영어 단어를 서비스하는 **english_words**를 예로 들어 플러터에서 외부 패키지를 어떻게 이용하는지 살펴보겠습니다.

먼저 웹 브라우저에서 pub.dev에 접속한 후 검색 창에 'english_words'를 입력해 패키지를 찾습니다. 검색어가 포함된 다양한 패키지가 나오는데 이때 눈여겨봐야 할 정보는 다음과 같습니다.

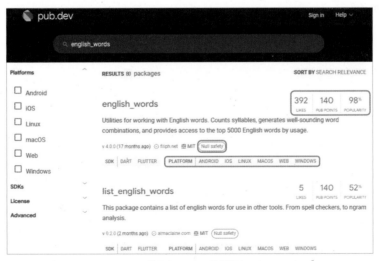

그림 2-4 pub.dev 검색하기

먼저 패키지 이름 오른쪽에 LINKS, PUB POINTS, POPULARITY 수치를 보면 이 패키지가 얼마나 사용되는지 알 수 있습니다. 이 수치들이 높을수록 검증되었다고 볼 수 있습니다.

또한 패키지 정보에 'Null safety'라고 명시돼 있다면 널 안전성이 적용되었다는 의미입니다. 플러터 2.0 버전부터 지원하기 시작한 널 안전성은 03장에서 다트 언어를 배울 때 자세히 다룹니다. 플러터 프로젝트에서는 널 안전성을 적용해 개발하는데, 이용하려는 패키지가 널 안전성을 지원하지 않는다면 코드에 문제가 생길 수 있습니다. 따라서 널 안전성이 표시되지 않은 패키지는 사용하지 않는 것이 좋습니다.

그리고 이 패키지가 지원하는 플랫폼 정보도 확인해야 합니다. 예를 들어 english_words 패키지는 ANDROID, IOS, LINUX, MACOS, WEB, WINDOWS에서 동작하는 앱을 개발할 때 사용할 수 있다고 나와 있습니다.

패키지 이름을 클릭하면 상세 정보 페이지로 이동합니다. 검색 목록에서 english_words를 클릭해 보세요. 패키지 이름과 버전이 보이고 그 아래에 패키지 정보가 나열되어 있습니다. [Readme], [Example], [Installing] 탭을 클릭하면 패키지 정보, 사용 예제, 설치 방법 등을 볼 수 있습니다.

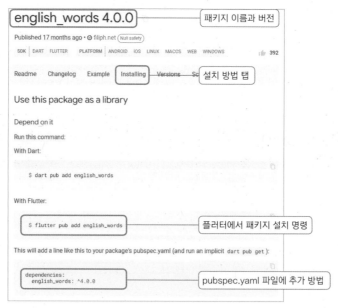

그림 2-5 패키지 상세 정보

그런데 이러한 외부 패키지를 사용하려면 플러터의 메인 환경 파일인 pubspec.yaml에 등록해 줘야 합니다. 즉, 플러터 SDK나 다트에서 기본으로 제공하는 패키지가 아닌 외부 패키지는 반드시 프로젝트의 pubspec.yaml 파일에 등록해야 사용할 수 있습니다.

외부 패키지 사용 방법 1 — 메인 환경 파일에 등록하여 내려받기

외부 패키지를 내려받는 방법은 2가지입니다. 먼저 플러터의 메인 환경 파일인 pubspec.yaml에 등록해서 내려받는 방법입니다. pubspec.yaml 파일에 패키지 이름과 버전을 명시하고 저장하면 됩니다.

• 외부 패키지 추가하기

```
... (생략) ...
dependencies:
  flutter:
    sdk: flutter
  cupertino_icons: ^1.0.2
  english_words: ^4.0.0
dev_dependencies:
  flutter_test:
    sdk: flutter
... (생략) ...
```

---

pubspec.yaml 파일을 열면 dependencies와 dev_dependencies 항목이 보이는데 이곳에 패키지를 등록합니다. dependencies는 앱이 빌드되어 플랫폼에서 실행될 때도 필요한 패키지를 의미하며 대부분의 패키지는 dependencies에 등록합니다. 그런데 앱을 개발할 때만 이용하는 패키지는 앱을 빌드할 때 포함할 필요가 없습니다. 이런 패키지는 dev_dependencies에 등록합니다.

패키지를 등록할 때는 english_words: ^4.0.0처럼 패키지 이름과 버전을 명시해 줍니다. 버전을 명시할 때 삿갓표(^)는 사용하지 않아도 됩니다. 삿갓표는 지정된 버전과 호환되는 모든 범위의 버전을 의미합니다. 예를 들어 어떤 패키지의 버전을 ^1.2.3으로 등록했다면 이는 1.2.3 이상 2.0.0 미만인 버전을 의미합니다.

이처럼 pubspec.yaml 파일에 패키지를 등록했으면 안드로이드 스튜디오 편집 창 위쪽에 보이는 플러터 명령 줄에서 〈Pub get〉을 클릭해 패키지를 내려받아야 합니다.

그림 2-6 〈Pub get〉 클릭하기

플러터 명령 줄에 표시된 명령과 의미는 각각 다음과 같습니다.

- **Pub get:** 패키지 다운로드
- **Pub upgrade:** 패키지를 최신 버전으로 업그레이드
- **Pub outdated:** 오래된 패키지 종속성 식별
- **Flutter doctor:** 플러터 개발 환경 점검

외부 패키지 사용 방법 2 — 터미널에서 명령어로 추가하기

지금까지 살펴본 대로 외부 패키지를 pubspec.yaml 파일에 등록하고 〈Pub get〉을 클릭해 내려받아도 되지만, 이 작업을 터미널(또는 명령 프롬프트)에서 flutter 명령어로도 할 수 있습니다. 즉, pubspec.yaml 파일에 직접 등록하지 않아도 flutter 명령어로 패키지를 추가하면 자동으로 pubspec.yaml에 등록됩니다.

안드로이드 스튜디오 맨 아래쪽을 보면 창을 열 수 있는 탭이 여러 개 있는데, 그중에서 [Terminal]을 클릭하면 터미널 창이 열립니다. 여기에 다음처럼 코드를 입력합니다.

> **T** 프로젝트에 외부 패키지 추가하기기
>
> > flutter pub add english_words

그림 2-7 터미널에서 외부 패키지 추가하기

이렇게 등록한 패키지는 다트 파일에서 다음처럼 import 구문으로 불러와서 사용할 수 있습니다.

> • 외부 패키지 불러오기

```
import 'package:english_words/english_words.dart';
```

Do it! 실습   외부 패키지 사용하기

외부 패키지인 english_words를 사용해서 영어 단어를 표시하는 간단한 앱을 만들어 보겠습니다.

1단계 메인 환경 파일에 패키지 등록하기

플러터 프로젝트의 메인 환경 파일인 pubspec.yaml 파일을 열고 다음처럼 english_words
패키지를 등록합니다. 이 패키지는 플러터 패키지 저장소인 pub.dev에 등록된 것입니다.

그리고 편집 창 위쪽에 있는 플러터 명령
줄에서 〈Pub get〉을 클릭해 패키지를 내
려받습니다.

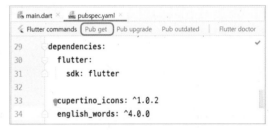

그림 2-8 〈Pub get〉 클릭으로 패키지 내려받기

2단계 디렉터리와 다트 파일 생성하기

lib 디렉터리 아래에 ch2라는 이름으로 새로운 디렉터리를 만들고 ch2 디렉터리에 test라는
이름으로 새로운 다트 파일을 만듭니다.

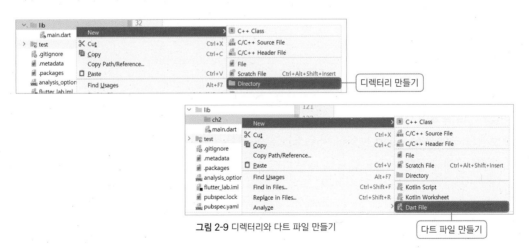

그림 2-9 디렉터리와 다트 파일 만들기

다트 파일 작성하기

방금 만든 test.dart 파일을 열고 다음처럼 코드를 작성합니다. import 구문으로 english_
words 패키지를 불러오고 이 패키지에 포함된 WordPair.random() 메서드로 임의의 단어를
가져와 화면에 출력하는 코드입니다.

```
Do it!                                                              • lib/ch2/test.dart
import 'package:flutter/material.dart';
import 'package:english_words/english_words.dart';

void main() {
  runApp(MyApp());
}

class MyApp extends StatelessWidget {
  @override
  Widget build(BuildContext context) {
    final wordPair = WordPair.random();
    return MaterialApp(
      home: Scaffold(
        appBar: AppBar(
          title: Text('Test'),
        ),
        body: Center(
          child: Text('${wordPair.first}'),
        ),
      ),
    );
  }
}
```

4단계 **앱 실행하기**

프로젝트 창에서 test.dart 파일을 마우스 오른쪽 버튼으로 누르고 단축 메뉴에서 [Run 'test.
dart']를 선택해 실행합니다. 앞으로 특정 다트 파일을 실행할 때는 이 방법을 사용합니다.

그림 2-10 다트 파일 실행하기

앱을 실행하면 결과를 확인할 수 있습니다. 화면 가운데에 표시된 문자열은 앱을 실행할 때마다 다른 단어로 출력됩니다. 번개 모양의 핫 리로드 아이콘(⚡)을 클릭하거나 키보드에서 Ctrl+W를 눌러 보세요.

그림 2-11 앱 실행 결과

02-3 플러터 CLI 활용하기

안드로이드 스튜디오 같은 통합 개발 환경을 이용하면 메뉴를 이용해서 플러터 명령을 실행할 수 있습니다. 그런데 안드로이드 스튜디오가 아니라 명령 줄인 CLI^{command line interface}를 이용해 플러터 명령을 직접 실행할 수도 있습니다. CLI는 윈도우의 명령 프롬프트나 macOS의 터미널에서 명령어를 입력하는 환경을 의미합니다.

플러터 SDK에서 제공하는 명령어를 CLI에서 실행하려면 01장에서 개발 환경을 만들 때 살펴본 Path 환경 변수에 플러터 SDK의 bin 디렉터리 경로가 등록돼 있어야 합니다. 여기서는 자주 사용하는 몇몇 CLI 명령어만 소개해 보겠습니다.*

* 플러터 CLI와 관련한 자세한 내용은 docs.flutter.dev/reference/flutter-cli 문서에서 확인할 수 있습니다.

먼저 flutter create는 플러터 프로젝트를 생성하는 명령입니다. 프로젝트를 만들 디렉터리에서 다음 명령을 실행하면 test_project라는 이름으로 새로운 디렉터리와 프로젝트가 만들어집니다.

> **T** 플러터 프로젝트 만들기

```
> flutter create test_project
```

플러터 앱을 실행하려면 프로젝트 디렉터리에서 flutter run 명령을 사용합니다. 그러면 lib/main.dart 파일이 실행되는데, 만약 다른 파일을 실행하고 싶다면 run 뒤에 다트 파일 경로를 작성합니다.

> **T** 앱 실행하기

```
> flutter run
```

플러터 앱을 여러 플랫폼에서 실행할 수 있는 상태라면 다음처럼 어느 플랫폼에서 실행할 것인지를 묻습니다. 표시된 숫자로 답하면 해당 플랫폼에서 앱을 실행합니다.

```
C:\Users\kkang\AndroidStudioProjects\test_project>flutter run
Multiple devices found:
Windows (desktop) • windows • windows-x64   • Microsoft Windows [Version 10.0.19044.1706]
Chrome (web)      • chrome  • web-javascript • Google Chrome 101.0.4951.67
Edge (web)        • edge    • web-javascript • Microsoft Edge 99.0.1150.46
[1]: Windows (windows)
[2]: Chrome (chrome)
[3]: Edge (edge)
Please choose one (To quit, press "q/Q"): █
```

그림 2-12 앱 실행 플랫폼 선택하기

flutter pub 명령어는 패키지를 등록하거나 삭제, 업그레이드할 때 사용합니다. 안드로이드 스튜디오에서 pubspec.yaml 파일에 패키지를 등록하고 〈Pub get〉을 클릭해도 되지만, CLI 명령으로 할 수도 있습니다.

flutter pub add provider는 provider라는 패키지를 pubspec.yaml에 등록하고 내려받는 명령입니다. 이 명령을 실행하면 pubspec.yaml에 provider 패키지가 자동으로 등록되고 내려받습니다.

> **T** 패키지 등록 및 내려받기

```
> flutter pub add provider
```

pub과 관련된 다음 명령도 제공하는데, 이는 안드로이드 스튜디오에서 pubspec.yaml 파일을 열었을 때 편집 창 위에 보이는 각 링크를 클릭한 것과 똑같은 작업을 수행합니다.

> **T** 기타 pub 명령들

```
> flutter pub get
> flutter pub outdated
> flutter pub upgrade
```

둘째
마당

다트 언어 이해하기

처음 만나는 다트

학습 포인트

플러터를 제대로 이해하고 개발하려면 먼저 다트 언어를 알아야 합니다. 어떤 프레임워크든지 프로그래밍 언어를 제대로 모르고 개발하는 것은 마치 병사가 총 사용법을 익히지 않고 전쟁터에 나가는 것과 같습니다.

다트 언어를 얼핏 보면 다른 프로그래밍 언어와 비슷한 것 같습니다. 그런데 제대로 살펴보면 다른 점도 많습니다. 만약 다른 프로그래밍 언어를 다뤄 봤다면 다트 언어와 비교하면서 차이점에 초점을 맞춰 학습하기 바랍니다.

03-1 다트 언어란?

이 책의 독자라면 대부분 다트^{Dart} 언어를 처음 접할 것입니다. 그만큼 다트라는 언어가 소프트웨어 개발자에게 익숙하지 않다는 뜻이겠지요. 다트는 플러터 덕분에 인기를 얻었고 아직까진 플러터에서만 사용되는 것 같습니다. 이 절에서는 다트 언어를 소개하고 실행 방법과 소스의 구성 요소, 그리고 다트 엔진이 제공하는 기본 라이브러리를 살펴보겠습니다.

플러터 덕분에 떠오른 다트

다트는 2011년에 구글이 발표한 프로그래밍 언어입니다. 발표 당시에는 자바스크립트를 대체할 언어로 주목받았지만 인기를 끌지 못했습니다. 2018년에는 배우지 않아도 되는 언어로 소개될 정도로 외면받았죠. 개발자들이 다시 다트에 주목하기 시작한 것은 플러터 때문입니다. 구글이 플러터를 개발하는 언어로 다트를 선택했기 때문입니다.

다트는 크로스 플랫폼에 기반을 둔 프런트엔드 프로그래밍 언어입니다. 구글이 플러터를 개발하는 언어로 다트를 선택한 이유도 여기에 있습니다. 플러터 또한 크로스 플랫폼에 기반을 둔 프레임워크이기 때문입니다. 다트 언어에 관한 자세한 내용과 다트에서 제공하는 라이브러리는 공식 홈페이지(dart.dev)에서 확인할 수 있습니다.

그림 3-1 다트 공식 홈페이지

다트 파일 실행하기

다트 파일은 main() 함수를 프로그램의 **진입점**^{entry point}으로 삼습니다. 즉, 다트 엔진이 다트 언어로 작성된 .dart 파일을 실행하면 main() 함수를 호출하면서 프로그램이 실행됩니다.

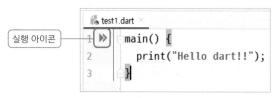

그림 3-2 main() 함수와 다트 파일 실행하기

안드로이드 스튜디오에서 다트 파일에 main() 함수를 작성하면 이 파일을 실행할 수 있는 아이콘(▶▶)이 왼쪽에 표시됩니다. 이 아이콘을 누르면 다트 파일을 실행할 수 있습니다. 또는 프로젝트 창에서 실행할 다트 파일이나 소스 영역에서 마우스 오른쪽을 클릭하고 메뉴에서 **[Run '다트_파일명']**을 클릭해 실행할 수도 있습니다. 그러면 Run 창에 실행 결과가 나타납니다.

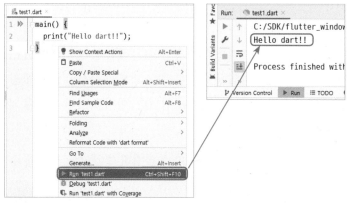

그림 3-3 다트 파일 실행 메뉴(왼쪽)와 결과 확인하기(오른쪽)

다트 파일의 구성 요소

다트 파일은 톱 레벨^{top-level}*에 프로그램의 구성 요소인 변수와 함수, 클래스를 선언할 수 있습니다. 자바처럼 객체지향 프로그래밍에 목적을 둔 언어는 톱 레벨에 작성할 수 있는 구성 요소가 클래스뿐입니다. 따라서 자바 같은 언어에서는 함수와 변수를 꼭 클래스 내부에 작성해야 합니다.

* 어느 요소에도 속하지 않는 최상위 영역을 말합니다. 즉, 어느 중괄호({ })에도 속하지 않는 영역입니다.

하지만 다트 언어는 톱 레벨에 클래스뿐만 아니라 변수와 함수도 선언할 수 있습니다. 즉, 변수와 함수를 꼭 클래스로 묶을 필요는 없습니다.

```
int no = 10;        // 변수 선언

void sayHello() {    // 함수 선언
  print('hello, $no');
}

class User {         // 클래스 선언
  int no = 10;

  void sayHello() {
    print('world, $no');
  }
}
```

다트 엔진의 라이브러리

다트 파일을 작성하면서 많은 외부 파일을 이용합니다. 예를 들어 서버와 HTTP 통신을 할 때 HTTP 통신을 구현해 놓은 외부 파일을 이용합니다. 외부에 작성된 다트 파일을 import 구문으로 불러와서 해당 파일에 작성된 기능을 이용합니다. 이처럼 미리 구현된 기능을 흔히 **라이브러리**library 또는 **패키지**package라고 합니다.

다트 엔진이 제공해 프로젝트에서 의존성을 따로 설정하지 않고도 사용할 수 있는 라이브러리는 플랫폼별로 다음 표와 같습니다.

표 3-1 플랫폼별 라이브러리

플랫폼 종류	라이브러리 종류	지원하는 내용
멀티 플랫폼	dart:async	비동기 프로그래밍
	dart:collection	LinkedList, HashMap 등 집합 데이터
	dart:convert	JSON 같은 데이터의 인코딩과 디코딩
	dart:core	내장(built-in) 타입, 컬렉션 등
	dart:developer	디버거나 인스펙터 등 개발자 도구
	dart:math	수학 함수

네이티브 플랫폼	dart:io	파일, 소켓, HTTP 등 앱에서 발생하는 입출력
	. dart:isolate	동시성 프로그래밍(일종의 스레드 프로그래밍)
웹 플랫폼	dart:html	HTML 요소
	dart:indexed_db	키-값 형태의 데이터 저장
	dart:web_audio	오디오 핸들링
	dart:web_gl	3D 그래픽
	dart:web_sql	SQL 기반 데이터 저장

라이브러리? 패키지? 똑같은 용어인가요?

다트에서는 라이브러리와 패키지라는 용어를 혼용하는데 사실 어떻게 부르든지 상관은 없습니다. 개발자가 작성하는 다트 파일의 외부에 선언된 모든 것을 라이브러리라고 생각하면 쉽습니다. 즉, 다트 파일에 불러와서 사용하는 모든 요소를 라이브러리라고 할 수 있습니다. 그리고 패키지는 다트 파일 묶음을 표현하는 용어입니다.

둘을 굳이 구분하자면 라이브러리는 다트 엔진 자체가 제공해 프로젝트에서 의존성(dependency)을 따로 설정하지 않아도 사용할 수 있는 요소를 의미하고, 패키지는 개발자가 작성해 공개한 다트 파일의 집합체를 의미합니다. 패키지를 사용하려면 프로젝트에서 의존성을 설정해야 합니다.

03-2 기본 기능 알아보기

라이브러리 불러오기 — import

다트 파일에서 라이브러리를 이용하려면 윗부분(변수, 함수, 클래스 선언 전)에 import 예약어로 선언해 줘야 합니다. 선언하지 않고 사용할 수 있는 라이브러리는 다트 엔진에서 제공하는 dart:core뿐입니다.

파일이 다음처럼 구성되었다고 가정하고 외부 다트 파일을 어떻게 이용하는지 알아보겠습니다.

그림 3-4 파일 구성 예

같은 폴더에 test1.dart와 test2.dart 파일이 있고 test1.dart 파일은 다음처럼 작성했다고 가정해 봅시다.

```
                                                            • test1.dart
int no = 10;
void sayHello() {
 print('hello, $no');
}

class User {
 int no = 10;
  void sayHello() {
    print('world, $no');
  }
}
```

test1.dart 파일에 선언된 구성 요소를 test2.dart 파일에서 이용하려면 다음처럼 import 구문으로 불러와야 합니다.

• test2.dart

```
import 'test1.dart';

main() {
  print('$no');
  sayHello();
  User user = User();
  user.sayHello();
}
```

다트 파일에서 import 구문으로 라이브러리 경로를 지정할 때 절대 경로를 사용하거나 package 또는 dart 접두사를 사용하는 방법이 있습니다. 예를 들어 프로젝트가 다음 그림처럼 구성됐다고 가정해 보겠습니다. 프로젝트 이름은 flutter_lab이고 lib 폴더와 some_folder*라는 폴더가 있다고 가정합니다.

* 다트 파일은 lib 폴더에 만들어야 하지만 여기서는 편의상 lib 외부에도 다트 파일이 있다고 가정합니다.

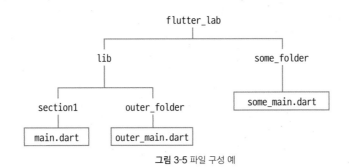

그림 3-5 파일 구성 예

상대 경로로 불러오기

같은 프로젝트에 있는 다른 다트 파일을 불러올 때는 파일의 상대 경로로 지정할 수 있습니다. 예를 들어 lib/section1 폴더에 있는 main.dart 파일에서 outer_folder의 outer_main.dart 파일이나 some_folder의 some_main.dart 파일을 불러온다고 가정해 보겠습니다.

• main.dart

```
import '../outer_folder/outer_main.dart';    // 성공
import '../../some_folder/some_main.dart';    // 오류
```

main.dart 파일에서 같은 lib 내에 있는 다른 파일은 상대 경로로 불러올 수 있습니다. 하지만 lib 외부에 있는 파일은 상대 경로로 불러오면 오류가 발생합니다. 즉, 상대 경로로는 lib 밖에 있는 다트 파일은 불러올 수 없습니다.

package 접두사로 불러오기

플러터 자체나 외부 패키지를 불러올 때는 주로 package 접두사를 사용합니다.

그림 3-6 package import 구성

다트 패키지를 package로 불러올 때는 이름과 불러올 파일을 지정해 줘야 합니다. 예시에서 package 뒤에 지정한 http는 패키지 이름이며, 이 http 패키지에서 http.dart 파일을 불러오겠다는 의미입니다. 모든 플러터 패키지에는 lib 폴더가 있으며 예시에서 http.dart 파일은 http 패키지의 lib 폴더에 있는 파일을 가리킵니다.

프로젝트 내부의 파일을 불러올 때도 다음처럼 package 접두사를 이용할 수 있습니다. 다음처럼 지정하면 flutter_lib 프로젝트(패키지)의 lib 폴더에서 outer_folder/outer_main.dart 파일을 불러옵니다.

> • package 접두사로 불러오기
>
> ```
> import 'package:flutter_lab/outer_folder/outer_main.dart';
> ```

dart 접두사로 불러오기

다트 언어에서 기본으로 제공하는 라이브러리를 불러올 때는 dart 접두사를 사용합니다.

> • dart 접두사로 불러오기
>
> ```
> import 'dart:core';
> import 'dart:async';
> ```

외부에서 사용할 수 없게 제한하기

다른 언어에서는 변수, 함수, 클래스와 같은 구성 요소를 선언할 때 public, private 등의 **접근 제한자**^{access modifier}를 추가해 어느 범위까지 접근할 수 있는지 지정할 수 있지만, 다트는 이러한 접근 제한자를 제공하지 않습니다. 다트에서 프로그램의 구성 요소를 선언하면 기본으로 public 상태가 된다고 보면 됩니다. 즉, 접근 제한이 없습니다.

그런데 어떤 다트 파일에 선언된 구성 요소를 다른 다트 파일에서 사용하지 못하게 할 수는 있습니다. 이처럼 다트에서 접근 범위를 한정하려면 **밑줄**^{underscore}을 사용합니다. 즉, 식별자 이름 앞에 밑줄을 추가하면 이 파일에서만 이용하도록 제한합니다.

예를 들어 test1.dart 파일을 다음처럼 작성했다고 가정해 보겠습니다.

• test1.dart

```dart
int no1 = 10;
int _no2 = 20;

void sayHello1() { }
void _sayHello2() { }

class User1 {
  String? name;
  String _address='seoul';
}

class _User2 { }

main() {
  no1 = 20;
  _no2 = 30;

  sayHello1();
  _sayHello2();

  User1 user1 = User1();
  _User2 user2 = _User2();

  user1.name = 'kkang';
  user1._address ='busan';
}
```

변수와 함수, 클래스를 각각 2개씩 선언했는데 _no2, _sayHello2(), _User2, _address는 이름 앞에 밑줄을 추가했습니다. main() 함수를 보면 같은 파일에 선언된 요소에 접근할 때는 밑줄로 선언한 것과 상관없이 모두 사용할 수 있습니다.

그런데 test1.dart 파일에 선언된 요소를 다음처럼 외부 파일에서 접근할 때는 밑줄로 선언된 요소에는 접근할 수 없습니다.

```
                                                              • test2.dart
import 'test1.dart';

main() {
  no1 = 20;
  _no2 = 30;      // 오류

  sayHello1();
  _sayHello2();    // 오류

  User1 user1 = User1();
  _User2 user2 = _User2();      // 오류

  user1.name = 'kkang';
  user1._address = 'busan';   // 오류
}
```

정리해 보면 다트 파일을 작성할 때 그 파일에서만 사용할 구성 요소는 이름 앞에 밑줄을 추가해 외부에서 사용할 수 없게 제한해 주어야 합니다.

식별자에 별칭 정의하기 — as

as 예약어는 식별자에 별칭을 정의할 때 사용합니다. 예를 들어 앞에서 살펴본 test1.dart를 이용하는 외부 파일을 다음처럼 작성했다고 가정해 보겠습니다.

```
  • 별칭 정의
import 'test1.dart' as Test1;

main() {
```

```
    no1 = 30;    // 오류
    Test1.no1 = 30;

    Test1.sayHello1();
    Test1.User1 user1 = Test1.User1();
}
```

test1.dart 파일을 불러올 때 `import 'test1.dart';`로 해도 되지만 as 예약어를 이용해 Test1이라는 별칭을 설정했습니다. 이렇게 하면 test1.dart 파일에 선언된 요소들은 이 파일에서 Test1이라는 이름으로 사용해야 합니다.

`main()` 함수를 보면 test1.dart 파일에 no1이라는 변수가 선언되어 있지만, as로 별칭을 지정했으므로 `no1 = 30;`처럼 작성하면 오류가 발생합니다. 별칭을 설정했으면 꼭 그 별칭으로 이용해야 합니다.

특정 요소 불러오기 — show

외부 파일에 선언된 특정 요소만 사용하고 싶다면 `import` 구문에서 show 예약어를 이용합니다. 다음은 앞에서 살펴본 test1.dart에서 특정 요소만 불러오는 예입니다.

• 특정 요소만 불러오기

```
import 'test1.dart' show no1, User1;

main() {
  no1 = 30;
  User1 user1 = User1();

  sayHello1();    // 오류
}
```

`import` 구문을 보면 불러올 파일명 다음에 show 예약어를 추가했고 그 오른쪽에 사용할 요소를 나열했습니다. 이렇게 하면 test1.dart 파일에 선언된 요소 가운데 no1과 User1만 사용할 수 있습니다. 그리고 `main()` 함수를 보면 no1과 User1을 사용하는 데는 문제가 없지만, `sayHello1()` 함수를 호출하는 부분에서는 오류가 발생합니다.

특정 요소 제외하기 — hide

hide 예약어는 show와 반대되는 개념입니다. 즉, 불러올 파일에서 특정 요소를 제외할 때 사용합니다. 다음은 앞에서 살펴본 test1.dart에서 특정 요소만 제외하고 불러오는 예입니다.

> • 특정 요소만 제외

```
import 'test1.dart' hide sayHello1, User1;

main() {
  no1 = 30;
  sayHello1();    // 오류
  User1 user1 = User1();    // 오류
}
```

첫 줄을 보면 import 구문에 hide 예약어를 사용했으며 hide 오른쪽에 제외할 요소를 나열했습니다. main() 함수를 보면 no1에 접근하는 데는 문제가 없지만, hide에 명시한 sayHello1(), User1에 접근하는 부분에서는 오류가 발생합니다.

깡샘! 질문 있어요!

외부 파일을 불러올 때 as, show, hide를 사용하는 이유가 무엇인가요?

개발을 하다 보면 많은 외부 패키지를 이용합니다. 그런데 패키지에 선언된 변수, 함수, 클래스 이름이 똑같을 때가 있습니다. 이때 as로 별칭을 주어 이용하든가 불러올 요소를 show, hide 등으로 제한할 수 있습니다. 즉, 이러한 예약어로 식별자의 이름이 중복되는 문제를 피할 수 있습니다. 또한 as는 어느 패키지에 선언된 요소인지 명확하게 구분할 수 있도록 별칭을 정의해 코드를 읽기 편하게 할 수 있습니다.

03-3 라이브러리 만들기

지금 작성 중인 다트 파일에 다른 파일을
포함할 때 part나 part of 예약어를 사용
할 수 있는데, 특히 library 예약어와 함
께 라이브러리를 만들 때 유용합니다. 예
를 들어 오른쪽처럼 a.dart 파일과 b.dart
파일이 있다고 가정해 보겠습니다.

```
                                        • a.dart
int aData = 10;
```

```
                                        • b.dart
int bData = 20;
```

어떤 파일에서 a.dart와 b.dart 파일을 이용한다면 다음처럼 import 구문으로 사용하면 됩
니다.

```
• 다트 파일 불러오기
import 'a.dart';
import 'b.dart';

main() {
  print('$aData, $bData');
}
```

그런데 파일을 2개가 아니라 여러 개 불러와야 한다면 일일이 import 구문을 작성하기가 어
렵습니다. 보통 라이브러리는 여러 파일로 만들지만 이 라이브러리를 다트 파일 1개로 불러
와서 편리하게 사용할 수 있게 합니다.

이럴 때 part, part of 예약어를 이용합니다. 즉, a.dart, b.dart 파일을 작성하고 두 파일을
myLib.dart에 포함해 외부에서 이용할 때는 myLib.dart 파일만 불러와 사용할 수 있게 합니
다. 이렇게 하려면 먼저 a.dart, b.dart 파일을 만들 때 이 파일의 내용을 라이브러리에 등록해
야 합니다.

```
                                        • a.dart
part of my_lib;
int aData = 10;
```

a.dart 파일에서 `part of`는 `my_lib`라는 이름의 라이브러리에 포함한다는 의미입니다. 즉, a.dart 파일에 작성한 내용을 `my_lib`에 등록합니다.

이렇게 `part of`로 선언한 다트 파일은 외부에서 `import` 구문으로 이용할 수 없습니다. `part of`로 선언된 파일을 포함해 외부에 공유할 다트 파일은 다음처럼 `library`와 `part`로 선언해 줘야 합니다.

• myLib.dart

```dart
library my_lib;
part 'a.dart';
part 'b.dart';
```

`library` 예약어로 `my_lib`라는 이름의 라이브러리를 선언했습니다. `library` 예약어는 한 파일에 한 번만 사용할 수 있습니다. 그리고 이 라이브러리에 다트 파일을 등록할 때 `part` 예약어를 사용합니다.

이렇게 작성하면 myLib.dart 파일에 a.dart, b.dart 파일 내용을 작성한 것과 같습니다. 따라서 외부에서는 myLib.dart 파일만 불러와 a.dart, b.dart 파일에 선언된 요소를 이용할 수 있습니다.

• 라이브러리 불러오기

```dart
import 'myLib.dart';

main() {
  print('$aData, $bData');
}
```

데이터 타입과 널 안전성

이번 장에서는 다트의 데이터 타입과 널 안전성을 살펴보겠습니다. 대부분 프로그래밍 언어가 비슷한 데이터 타입을 제공하지만 언어별로 조금씩 다른 부분이 있으므로 다트 언어의 데이터 타입을 정리해 보겠습니다. 그리고 플러터 2.0이 나오면서 다트도 널 안전성을 지원하기 시작했습니다. 널 안전성도 타입과 관련된 것으로 자바나 C 등 널 안전성을 지원하지 않는 언어만 사용했다면 꼭 정리하고 넘어가야 합니다.

04-1 데이터 타입

다트 언어에서 **모든 변수는 객체**입니다. 정수를 저장하는 int, 실수를 저장하는 double 등 모든 변수는 다트에서 객체입니다. int 타입 변수는 객체이므로 null을 대입할 수 있으며 int 클래스에 선언된 변수와 함수를 이용할 수 있습니다.

다음 코드에서는 int 타입의 no 변수를 선언했습니다. 타입이 int이므로 정수를 대입할 수 있습니다. 그런데 int는 dart:core 라이브러리에서 제공하는 클래스이므로 결국 no 변수는 int 클래스의 객체입니다. 따라서 int 클래스에 선언된 isEven 속성을 사용할 수 있으며 다트의 최상위 클래스인 Object에 대입할 수 있습니다.

- int 타입 사용 예

```
int? no = 10;

main() {
  bool? data = no?.isEven;
  no = null;
  Object? obj = no;
}
```

다트의 타입 클래스

대부분 프로그래밍 언어에서는 정수, 실수, 문자열, 불리언, 바이트 데이터 등을 저장할 수 있는 타입을 제공하는데, 다트에서는 dart:core와 dart:typed_data 라이브러리에서 클래스로 제공합니다. 숫자를 저장하는 num 클래스도 제공하며 int와 double 클래스는 num을 상속받습니다.

표 4-1 다트에서 제공하는 데이터 타입 클래스

라이브러리	타입 클래스	데이터
dart:core	bool	true, false
	double	실수
	int	정수
	num	숫자(double과 int의 상위 클래스)
	String	문자열
dart:typed_data	ByteData	바이트

문자열 표현하기

다트에서 문자열 데이터를 다룰 때는 String 클래스를 사용하며 코드에서 문자열은 작은따옴표('hello')나 큰따옴표("hello"), 또는 삼중 따옴표('''hello''', """hello""") 등으로 감싸야 합니다. 삼중 따옴표를 이용하면 문자열에서 엔터나 탭 등이 그대로 반영됩니다.

> • 문자열 표현법

```
main() {
  String data1 = 'hello';
  String data2 = "world";
  String data3 = '''
    hello
    world
  ''';
  String data4 = """
    hello
    world
  """;
}
```

두 문자열이 같은지 비교할 때는 다음처럼 == 연산자를 이용합니다.

> • 문자열 비교

```
main() {
  String str1 = 'hello';
  String str2 = 'hello';

  print(str1 == str2);
}
```

▶ 실행 결과

```
true
```

문자열에 동적인 결과를 포함하는 것을 **문자열 템플릿**이라고 하는데 이때 $ 기호를 이용합니다. 어떤 변수를 문자열에 포함하려면 **$변수명** 형태로 작성하고, 실행문의 결과를 포함할 때는 ${} 형태로 작성합니다.

• 문자열 템플릿

```
main() {
  int no = 10;
  String name = 'kkang';

  String myFun() {
    return 'kim';
  }

  print('no : $no, name : $name, 10 + 20 : ${10 + 20}, myFun() : ${myFun()}');
}
```

▶ 실행 결과

```
no : 10, name : kkang, 10 + 20 : 30, myFun() : kim
```

형 변환하기

다트에서는 int, double 타입의 변수가 모두 객체이므로 **형 변환**type casting도 자동으로 이뤄지지 않습니다. int, double 타입의 변수가 객체가 아니라면 int 데이터를 double 타입에 대입할 때 자동으로 형 변환이 이뤄져야 합니다. 하지만 다트에서는 int, double이 객체이며 두 클래스 사이에 상속 관계가 없으므로 자동으로 형 변환이 이뤄지지 않습니다.

• 타입 오류

```
main() {
  int n1 = 10;
  double d1 = 10.0;

  double d2 = n1;    // 오류
  int n2 = d1;       // 오류
}
```

int를 double 타입으로, 또는 double을 int 타입으로 변환하려면 다음처럼 함수를 이용해야 합니다.

• int와 double 형 변환

```
main() {
  int n1 = 10;
  double d1 = 10.0;

  double d2 = n1.toDouble();  // 성공
  int n2 = d1.toInt();        // 성공
}
```

프로그램을 작성하다 보면 int와 String의 형 변환을 자주 이용합니다. 이때에도 함수를 이용합니다.

• int와 String 형 변환

```
main() {
  int n1 = 10;
  String s1 = '10';

  String s2 = n1.toString();
  int n3 = int.parse(s1);
}
```

04-2 상수 변수 — const, final

상수 변수는 초깃값을 대입한 후에 값을 바꿀 수 없습니다. 즉, 처음에 대입한 값으로만 사용할 수 있습니다. 여기까지는 다른 언어의 상수 변수와 큰 차이가 없습니다. 그런데 다트에서는 상수가 되는 시점에 따라 컴파일 타임과 런 타임 상수 변수로 구분됩니다.

컴파일 타임 상수 변수 — const

컴파일 타임 상수 변수는 const 예약어로 선언합니다. const 변수는 톱 레벨이나 함수 내에 지역 변수로 선언할 수 있지만, 클래스에 선언할 때는 static 변수로만 선언할 수 있습니다. const 변수는 컴파일 단계에서 상수가 되므로 변수를 선언할 때 초깃값을 대입해야 하며 이후에 그 값을 바꿀 수 없습니다. 다음 코드는 const 변수를 선언할 때 초깃값을 대입하지 않아서 오류가 발생합니다.

```
• 초깃값 없이 const 변수 선언 오류

const String data1;   // 오류

class User {
  static const String data2;   // 오류

  void some() {
    const String data3;   // 오류
  }
}
```

다음 코드는 const로 변수를 선언하면서 초깃값을 대입해 오류가 발생하지 않지만, 초깃값을 바꿀 수 없는 상수 변수에 다시 값을 대입한 부분에서 오류가 발생합니다.

```
const String data1 = 'hello';

class User {
  static const String data2 = 'hello';

  void some() {
    const String data3 = 'hello';

    data1 = 'world';    // 오류
    data2 = 'world';    // 오류
    data3 = 'world';    // 오류
  }
}
```

런 타임 상수 변수 — final

final 예약어로 선언하는 런 타임 상수 변수는 톱 레벨뿐만 아니라 클래스나 함수 내부에도 선언할 수 있습니다. final로 선언한 변수도 상수이므로 const와 마찬가지로 값을 바꿀 수 없지만, 초깃값을 대입하는 시점이 꼭 선언문이 아닐 수도 있습니다.

다음 코드를 보면 클래스에서 no2 변수를 final로 선언했습니다. 그런데 변수 선언과 동시에 초깃값을 대입하지 않았으며 객체를 생성할 때 생성자에서 값을 대입하도록 했습니다. 이렇게 해도 오류가 발생하지 않습니다. 또한 no3 변수는 함수에서 final로 선언했는데 변수 선언과 동시에 초깃값을 주지 않고 그 이후에 값을 대입했습니다.

```
final int no1;    // 초깃값이나 이후에 값을 대입하지 않아서 오류

class MyClass {
  final int no2; ─┐
  MyClass(this.no2);       ┌─────────────────────────┐
                           │ 이후에 값을 대입하므로 초기화 │
                           │ 하지 않아도 정상          │
  void some() {            └─────────────────────────┘
    final no3; ─┘
    no3 = 10;
    no3 = 20;    // 값을 바꿀 수 없어서 오류
  }
}
```

결국 final로 선언한 변수도 상수이므로 초깃값을 대입한 후에는 값을 바꿀 수 없지만, 먼저 선언해 놓고 객체를 생성할 때나 함수에서 값을 참조하기 전에 초깃값을 대입할 수 있습니다. 즉, 앱이 실행될 때 값이 결정되므로 런 타임 상수 변수입니다.

상수 변수와 문자열 템플릿

문자열 템플릿에 상수 변수를 사용할 때 주의할 점이 있습니다. const 예약어로 선언한 String 타입 상수 변수에 문자열 템플릿으로 값을 대입할 때는 템플릿 내부에도 컴파일 타임 상수를 사용해야 합니다.

다음 코드를 보면 s5는 const 예약어로 선언한 문자열 변수입니다. 이 변수에 s2를 문자열 템플릿으로 대입했는데 s2도 const로 선언한 컴파일 타임 상수 변수이므로 문제가 없습니다. 하지만 s6은 const로 선언했는데 문자열 템플릿에 const로 선언하지 않은 s1과 s3을 사용해서 오류가 발생합니다.

• 문자열 템플릿에 상수 변수 사용

```
main() {
  String s1 = 'hello';
  const String s2 = 'world';
  final String s3 = 'helloworld';

  String s4 = '$s1, $s2';
  const String s5 = '$s2';
  const String s6 = '$s1, $s2, $s3';    // 오류
  final String s7 = '$s1, $s2, $s3';
}
```

04-3 var와 dynamic 타입

다트에서는 변수를 선언할 때 int, double, bool 등 타입을 명시하는 대신 var나 dynamic을 사용할 수 있습니다. var나 dynamic은 타입을 유추하거나 모든 타입의 데이터를 대입할 수 있는 변수를 선언할 때 사용합니다.

> • var와 dynamic 변수 선언 예

```
var data1 = 10;
dynamic data2 = 10;
```

타입 유추 — var

변수를 선언할 때 var를 사용하면 타입을 생략합니다. 이렇게 선언한 변수의 타입은 대입하는 값에 따라 결정됩니다. 즉, 컴파일러가 해당 변수에 대입하는 값을 해석해 타입을 추측합니다.

다음 코드를 보면 no라는 변수를 선언하면서 타입 대신 var를 사용했습니다. no 변수에 타입을 지정하지 않았지만 초깃값으로 10을 대입했으므로 이 변수의 타입은 정수(int)입니다. 따라서 no 변수에 정수가 아닌 데이터를 대입하면 오류가 발생합니다.

> • 초깃값의 타입으로 선언

```
main() {
  var no = 10;
  no = 20;
  no = 'hello';   // 오류
}
```

var로 선언한 변수는 초깃값을 대입하면 그 값의 타입으로 결정되지만, 다음처럼 선언과 동시에 값을 대입하지 않으면 타입을 알 수 없어서 dynamic 타입으로 선언됩니다.

• dynamic 타입으로 선언

```
main() {
  var no2;
  no2 = 10;
  no2 = 'hello';
  no2 = true;
}
```

> var로 선언하면서 초기화하지 않았
> 으므로 여러 타입 대입 가능

모든 타입 지원 — dynamic

변수에 타입 대신 dynamic을 사용하면 모든 타입의 데이터를 대입할 수 있습니다. 다음 코드에서는 data라는 변수를 dynamic 타입으로 선언했습니다. 이 변수에는 모든 타입의 데이터를 대입할 수 있습니다.

• dynamic 타입으로 선언

```
main() {
  dynamic data = 10;
  data = 'hello';
  data = true;
}
```

04-4 컬렉션 타입 — List, Set, Map

컬렉션^{collection} 타입이란 한 변수에 여러 데이터를 저장하는 방법으로 배열(**Array**), 리스트
(**List**), 집합(**Set**), 맵(**Map**) 등이 있습니다. 배열과 리스트는 여러 데이터를 저장하고 저장된
순서를 나타내는 인덱스값으로 이용한다는 공통점이 있습니다. 따라서 다트에서는 둘을 구
분하지 않으므로 배열이 리스트이고 리스트가 곧 배열이라고 보면 됩니다.

리스트 타입

List는 데이터를 여러 개 저장하고 인덱스값으로 데이터를 이용하는 컬렉션 타입의 클래스
입니다. 다음 코드에서는 list1이라는 이름으로 List 타입 변수를 선언했습니다. 리스트를
선언하면서 초기화할 때는 대괄호([])를 이용합니다. 다음 코드에서 list1 변수는 List 타입
으로 선언했지만 리스트에 대입할 데이터의 타입을 지정하지 않았으므로 dynamic 타입 리스
트가 됩니다. 따라서 모든 타입의 데이터를 저장할 수 있습니다.

> • **리스트 사용 예**

```
main() {
  List list1 = [10, 'hello', true];
  list1[0] = 20;
  list1[1] = 'world';
  print('List : [${list1[0]}, ${list1[1]}, ${list1[2]}]');
}
```

▶ **실행 결과**

```
List : [20, world, true]
```

특정한 타입의 데이터만 저장하는 리스트를 선언할 때는 다음처럼 해당 데이터 타입을 **제네
릭**^{generic}*으로 명시해 주면 됩니다. 다음 코드에서 list2는 List<int>로 선언해 int 타입만 대
입할 수 있도록 했습니다. 따라서 list2에 int가 아닌
다른 타입의 데이터를 대입하면 오류가 발생합니다.

* 제네릭은 클래스나 메서드에서 사용할 내부 데
이터 타입을 컴파일 타임에 미리 지정하는 방법
입니다.

```
main() {
  List<int> list2 = [10, 20, 30];
  list2[0] = 'hello';   // 오류
}
```

리스트를 선언할 때 초기화한 데이터
에서 더 추가하거나 제거하려면 add()
나 removeAt() 함수를 이용합니다.

• 리스트에 데이터 추가와 제거

```
main() {
  List<int> list2 = [10, 20, 30];
  print(list2);

  list2.add(40);
  list2.add(50);
  print(list2);

  list2.removeAt(0);
  print(list2);
}
```

▶ 실행 결과

```
[10, 20, 30]
[10, 20, 30, 40, 50]
[20, 30, 40, 50]
```

리스트를 선언할 때 데이터를 몇 개 저장할지 크기를 지정할 수 있습니다. 이때에는 filled(), generate()라는 함수를 사용합니다. filled(), generate()는 List 클래스에 선언된 생성자 입니다. 생성자란 객체를 만들 때 자동으로 실행되는 함수입니다. 06장에서 객체지향 프로그래밍 기법을 다룰때 자세히 살펴보겠습니다. 여기서는 생성자를 호출하면 객체가 생성된다고 생각하면 됩니다.

오른쪽 코드에서 list3은 List<int>.filled(3, 0)으로 선언했습니다. filled() 생성자의 첫 번째 매개변수는 리스트의 크기입니다. 3이라고 지정했으므로 데이터 3개를 저장할 수 있는 List 객체가 생성됩니다. 그리고 두 번째 매개변수는 리스트의 초깃값입니다. 0으로 지정했으므로 데이터 3개가 모두 0으로 초기화됩니다.

• 리스트 크기 지정하기

```
main() {
  var list3 = List<int>.filled(3, 0);
  print(list3);     // [0, 0, 0]

  list3[0] = 10;
  list3[1] = 20;
  list3[2] = 30;
  print(list3);     // [10, 20, 30]

  list3.add(40);    // 런 타임 오류
}
```

그런데 list3은 크기가 3이므로 4번째 데이터를 추가한 list3.add(40) 코드는 런 타임 때 오류가 발생합니다. 리스트를 선언할 때 크기를 지정하면 그 크기만큼만 데이터를 추가할 수 있습니다. 만약 처음에 지정한 크기보다 많은 데이터를 저장할 수 있도록 허용하려면 filled() 생성자에 growable 매개변수를 true로 지정해 주어야 합니다.

• 리스트 확장 가능하게 하기

```
main() {
  var list3 = List<int>.filled(3, 0, growable: true);
  print(list3);

  list3[0] = 10;
  list3[1] = 20;
  list3[2] = 30;
  print(list3);

  list3.add(40);
  print(list3);
}
```

▶ 실행 결과

```
[0, 0, 0]
[10, 20, 30]
[10, 20, 30, 40]
```

리스트를 초기화할 때 특정한 로직으로 구성된 데이터를 지정할 수도 있습니다. 이때는 초깃값을 지정하는 두 번째 매개변수를 함수로 지정하면 되는데, generate() 생성자가 이러한 기능을 제공합니다. 다음 코드에서는 generate() 생성자의 두 번째 매개변수를 (index) => index * 10로 지정했는데 이는 다트에서 함수를 선언하는 기법이며 이후 함수를 다루는 부분에서 자세히 설명하겠습니다.

• 특정한 로직으로 리스트 초기화하기

```
main() {
  var list4 = List<int>.generate(3, (index) => index * 10, growable: true);
  print(list4);
}
```

▶ 실행 결과

```
[0, 10, 20]
```

집합 타입

Set은 List와 마찬가지로 여러 건의 데이터를 저장하는 컬렉션 타입의 클래스이며 인덱스값으로 데이터에 접근합니다. 리스트와 차이가 있다면 중복 데이터를 허용하지 않습니다. 집합 타입 변수를 선언하면서 초기화할 때는 중괄호({})를 이용합니다.

● 집합 사용 예

```
main() {
  Set<int> set1 = {10, 20, 10};
  print(set1);
  set1.add(30);
  set1.add(40);
  print(set1);

  Set<int> set2 = Set();
  set2.add(10);
  set2.add(20);
  print(set2);
}
```

▶ 실행 결과

```
{10, 20}
{10, 20, 30, 40}
{10, 20}
```

맵 타입

Map은 여러 건의 데이터를 키와 값 형태로 저장하는 타입입니다. 맵에 저장되는 데이터는 항상 키를 가져야 하며 저장된 데이터에 접근할 때는 인덱스가 아닌 키를 이용합니다.

● 맵 사용 예

```
main() {
  Map<String, String> map1 = {'one':'hello', 'two':'world'};

  print(map1['one']);
  map1['one'] = 'world';
  print(map1['one']);
}
```

값 / 키

▶ 실행 결과

```
hello
world
```

04-5 널 포인트 예외 관리하기

널 안전성이란?

널 안전성null safety이란 **널 포인트 예외**NPE: null point exception를 프로그램을 실행하기 전 코드를 작성하는 시점에 점검하는 것을 의미입니다. 널 포인트 예외는 객체가 특정 값이 아닌 null을 가리켜서 발생하는 오류이며 컴파일러가 걸러내지 못하고 프로그램 실행 중에 발생하므로 치명적일 수 있습니다.

널 안전성을 지원하지 않는 프로그래밍 언어들은 객체에 널값을 대입할 수 있으며 널인 객체에 접근하면 NPE가 발생하지만, 널 안전성을 지원하는 언어들은 객체가 널일 때 발생할 수 있는 오류를 코드 작성 시점에 점검해 줍니다. 즉, NPE 발생 가능성을 컴파일러가 미리 점검해 주므로 널에 안전한 코드를 작성할 수 있습니다.

플러터 패키지 널 안전성 확인하기

플러터 2.0이 나오면서 다트 언어가 2.12.0 버전으로 업데이트되었고 이 버전부터 널 안전성을 지원하기 시작했습니다. 따라서 다트 2.12.0 버전 이상을 적용해 개발할 때는 널 안전성을 고려해서 코드를 작성해야 합니다.

플러터 프로젝트는 대부분 패키지를 이용해 개발하는데, 아직은 플러터의 모든 패키지가 널 안전성을 지원하지는 않습니다. 만약 2.12.0 버전 이상의 다트를 이용해 플러터 프로젝트를 진행한다면 널 안전성을 지원하지 않는 패키지는 이용할 수 없습니다. 따라서 사용할 패키지가 널 안전성을 지원하는지를 먼저 확인해야 합니다.

패키지가 널 안전성을 지원하는지는 다트 패키지를 소개하는 pub.dev 사이트에서 확인할 수 있습니다. 예를 들어 다음 그림은 pub.dev 사이트에서 http 패키지를 찾은 결과입니다. 패키지가 널 안전성을 지원한다면 패키지 정보에 'Null safety'라고 표시돼 있습니다.

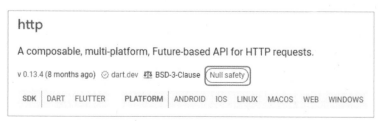

그림 4-1 pub.dev에서 패키지의 널 안전성 확인

널 허용과 널 불허

널 안전성을 지원하는 프로그래밍 언어에서는 변수를 선언할 때 **널 허용**(Nullable)과 **널 불허**(NonNull)로 구분합니다. 컴파일러에 널을 대입할 수 있는지 없는지를 명확하게 알려 줘야 합니다. 그러면 널 불허 변수에 널이 대입되거나 NPE를 고려하지 않고 널 허용 변수를 이용할 때 컴파일러가 알아서 오류를 알려 줍니다. 따라서 개발자는 NPE가 발생하지 않는 코드를 작성할 수 있습니다.

다트 언어에서 변수는 기본으로 널 불허로 선언됩니다. 만약 널 허용으로 선언하려면 타입 뒤에 물음표 ?를 추가해 줘야 합니다. 오른쪽 코드에서 a1 변수는 int로 선언했으며 a2 변수는 int?로 선언했습니다. 둘 다 정수 데이터를 저장하는 타입으로 선언했지만 ?에 따라서 널 안전성에 큰 차이가 있습니다.

• 널 불허와 널 허용 변수 선언

```
int a1 = 10;
int? a2 = 10;——  널 허용 변수 선언
```

타입 이름을 그대로 사용해 선언한 변수에는 널을 대입할 수 없으며, 타입 이름 다음에 물음표를 붙여서 선언한 변수에는 널을 대입할 수 있습니다.

• 널 대입 차이

```
int a1 = 10;
int? a2 = 10;

testFun() {
  a1 = null;   // 오류
  a2 = null;
}
```

이처럼 널 허용, 널 불허 변수 선언법은 모든 타입에 적용됩니다.

• 모든 타입에 적용되는 널 허용 설정

```
String str1 = null;    // 오류
String? str2 = null;

class User{ }
User user1 = null;    // 오류
User? user2 = null;
```

널 불허 변수의 초기화

다트에서 모든 변수는 객체입니다. 그런데 변수를 선언하면서 초깃값을 주지 않으면 자동으로 널로 초기화됩니다. 하지만 널 불허로 선언한 변수는 선언과 동시에 널이 아닌 값으로 초

기화해야 합니다. 널 불허 변수를 초기
화하지 않으면 오류가 발생합니다.

```
int a1;    // 오류
int? a2;
```

깡샘!
질문 있어요!

모든 변수에 물음표를 붙여서 선언하면 편리하지 않을까요?

변수를 선언할 때 항상 물음표를 붙여서 널 허용으로 하면 객체의 멤버를 이용할 때 널 안전
성 연산자를 이용해야 합니다. 이와 관련한 내용은 다음 절에서 자세히 살펴봅니다. 따라서
널 불허로 선언할 수 있는 변수를 굳이 널 허용으로 선언하면 오히려 코드가 복잡해질 수 있
습니다.

그리고 널 안전성이라는 개념 자체가 변수에 널을 대입할 수 있는지를 명확하게 구분해서 사
용하고 컴파일러의 도움을 받아 NPE가 발생하지 않는 코드를 작성하자는 목적입니다. 따라
서 널 안전성을 지원하는 대부분 언어에서는 모든 변수를 널 불허로 선언하고 널을 대입할 가
능성이 있는 변수만 선별해서 널 허용으로 선언하라고 안내합니다.

다만 널 불허 변수를 선언과 동시에 초기화해야 한다는 규칙은 톱 레벨에 선언된 변수와 클래
스의 멤버 변수에만 해당합니다. 즉, 함수에서 지역 변수를 널 불허로 선언할 때는 초기화하
지 않아도 됩니다.

```
int a1;    // 오류 ─┐
                    ├─ 널 불허 변수를 초기화하지 않아서 오류 발생
class User {        │
  int a1;  // 오류 ─┘
}

testFun() {
  int a1;       // 성공
  a1 = null;    // 오류 ─── 널 불허 변수에 널을 대입해서 오류 발생
}
```

이처럼 지역 변수는 선언과 동시에 초기
화하지 않아도 되지만, 사용하기 전에는
반드시 값을 대입해 주어야 합니다. 만약
값을 대입하지 않고 사용하면 오류가 발
생합니다.

• 값을 대입하지 않고 사용한 예

```
testFun() {
  int a1;
  print(a1 + 10);  // 오류
}
```

• 값을 대입하고 사용한 예

```
testFun() {
  int a1;
  a1 = 10;
  print(a1 + 10);   // 성공
}
```

var 타입의 널 안전성

다트에서 변수를 선언할 때 타입 대신 var로 하면 대입하는 값에 따라 타입이 결정됩니다. var로 선언한 변수는 널 허용 여부도 대입하는 값에 따라 컴파일러가 자동으로 결정합니다. 따라서 var 뒤에는 물음표를 붙일 수 없습니다.

오른쪽 코드에서 a1은 int 타입으로 결정
되고 a2는 널로 초기화했으므로 dynamic
타입으로 결정됩니다. a3은 선언과 동시
에 초기화하지 않았으므로 자동으로 널이
대입되고 dynamic 타입으로 결정됩니다.
그리고 a4 변수는 var 뒤에 물음표를 붙
여서 컴파일 오류가 발생합니다.

• var 타입 변수에 물음표를 붙이면 오류

```
main() {
  var a1 = 10;
  var a2 = null;
  var a3;
  var? a4 = null;   // 오류
}
```

다음 코드처럼 var로 선언한 변수에 값을 대입해 보면 a1 변수에 널을 대입한 부분에서만 오류가 발생합니다. a1 변수는 int 타입으로 결정되므로 널을 대입할 수 없습니다. 하지만 a2, a3 변수는 dynamic 타입으로 결정되므로 널을 포함한 모든 타입의 데이터를 대입할 수 있습니다. dynamic은 모든 타입을 의미하므로 Nullable을 포함합니다.

```
var a1 = 10;    // int
var a2 = null;  // dynamic
var a3;         // dynamic

testFun() {
  a1 = 20;
  a1 = null;   // 오류

  a2 = 20;
  a2 = "hello";
  a2 = null;

  a3 = 20;
  a3 = "hello";
  a3 = null;
}
```

이번에는 다른 변수를 var로 선언한 변수에 대입하는 예를 살펴보겠습니다. 다음 코드에서 var로 선언한 a1 변수에 대입한 no1의 타입이 int이므로 a1도 int 타입으로 결정됩니다. 그리고 a2 변수에 대입한 no2의 타입이 int?이므로 a2도 int? 타입으로 결정됩니다.

```
int no1 = 10;   // 널 불허
int? no2;       // 널 허용

var a1 = no1;   // int로 결정
var a2 = no2;   // int?로 결정

testFun() {
  a1 = 20;
  a1 = null;        // 널 불허 변수에 널을 대입해서 오류

  a2 = 20;
  a2 = "hello";   // int? 타입에 문자열을 대입해서 오류
  a2 = null;
}
```

dynamic 타입의 널 안전성

dynamic 타입에는 물음표를 추가할 수 있지만 의미가 없습니다. dynamic 타입은 모든 타입의 데이터를 대입할 수 있으므로 널을 허용하는 Nullable도 포함됩니다. 따라서 dynamic 타입으로 선언하는 것 자체가 널을 허용하는 것입니다.

```
• dynamic 타입의 널 허용

dynamic a1 = 10;
dynamic a2;
dynamic? a3;

testFun() {
  a1 = null;
  a2 = null;
  a3 = null;
}
```

널 안전성과 형 변환

널 허용(Nullable)과 널 불허(NonNull)는 타입(클래스)입니다. 따라서 형 변환과 관련된 내용도 중요합니다. 널 허용으로 선언한 변수를 널 불허로 선언한 변수에 대입할 수 있는지, 반대로 널 불허로 선언한 변수를 널 허용으로 선언한 변수에 대입할 수 있는지의 문제입니다. 결론부터 이야기하면 Nullable은 NonNull의 상위 타입입니다.

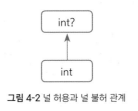

그림 4-2 널 허용과 널 불허 관계

즉, int?가 int의 상위 타입입니다. 따라서 널 불허 변수를 널 허용에 대입할 때는 자동으로 형 변환됩니다. 하지만 널 허용 변수를 널 불허에 대입할 때는 오류가 발생합니다.

```
• 자동 형 변환

int a1 = 10;
int? a2 = 10;

main() {
  a1 = a2;    // 오류
  a2 = a1;    // 성공
}
```

만약 널 허용 변수를 널 불허에 대입할 수 있게 하려면 다음처럼 명시적으로 형 변환해 줘야 합니다. 다트에서 명시적 형 변환 연산자는 as입니다.

```
int a1 = 10;
int? a2 = 20;

main() {
  a1 = a2 as int;
  print("a1: $a1, a2: $a2");
}
```

▶ 실행 결과

```
a1: 20, a2: 20
```

초기화를 미루는 late 연산자

앞서 알아본 대로 널 불허 변수는 선언과 동시에 초기화해야 합니다. 그런데 초기화하기 모호할 때가 있습니다. 이때 late 연산자를 사용하면 됩니다. 그러면 변수를 널인 상태로 이용하다가 앱이 실행될 때서야 값을 결정할 수 있습니다. 즉, late는 초기화를 미루는 연산자입니다.

다음 코드에서 a1과 a2는 모두 int 타입으로 선언했으므로 널 불허입니다. 하지만 a1은 컴파일 오류가 발생하지만 a2는 late로 선언했으므로 오류가 발생하지 않습니다. 즉, 선언과 동시에 초깃값을 주지 않아도 된다는 의미입니다.

```
int a1;         // 컴파일 오류
late int a2;    // 성공
```

물론 late로 선언한 변수도 값을 대입하고 사용해야 하는 건 마찬가지입니다.

```
late int a2;   // 성공

main() {
  // print('${a2 + 10}');    // 주석을 해제하면 실행 오류
  a2 = 10;
  print('${a2 + 10}');       // 성공
}
```

▶ 실행 결과

```
a2: 20
```

04-6 널 안전성 연산자

다트는 널 안전성을 지원하므로 널 허용 변수를 이용할 때 널에 안전한 코드를 작성할 수 있도록 몇 가지 연산자를 제공합니다. 여기서는 이러한 널 안전성과 관련한 연산자를 알아봅니다.

널인지 점검할 때 — ! 연산자

어떤 변수가 널인지 점검할 때는 ! 연산자^{null assertion operator}를 사용합니다. 변수 이름 뒤에 ! 연산자를 추가하면 이 변숫값이 널일 때 런 타임 오류가 발생합니다. 널 불허 변수 뒤에 추가할 수도 있지만 널 불허 변수에는 널을 대입할 수 없으므로 의미가 없습니다.

오른쪽 코드에서 20으로 초기화한 널 허용 변수 a1은 main() 함수 첫 줄에서 ! 연산자를 붙였을 때는 괜찮지만, null을 대입한 후 마지막 줄에서 ! 연산자를 붙였을 때는 오류가 발생합니다. 그 앞 줄에서 a1에 null을 대입했기 때문입니다.

> • 널인지 점검
> ```
> int? a1 = 20;
>
> main() {
>   a1!;
>   a1 = null;
>   a1!;    // 런 타임 오류
> }
> ```

! 연산자는 변수 이외에 함수 호출 같은 구문에도 사용할 수 있습니다. 변수든 구문이든 결과가 널이면 런 타임 오류가 발생합니다. 다음 코드에서 some()이라는 함수는 반환 타입이 int?입니다. 즉, 함수 호출 결과로 정수나 널이 반환될 수 있습니다. 그리고 함수 호출문 뒤에 some()!처럼 ! 연산자를 추가했습니다. 만약 some() 함수가 널이 아닌 값을 반환하면 정상으로 실행되지만, 널을 반환하면 오류가 발생합니다.

> • 함수 호출문에 ! 연산자 사용
> ```
> int? some(arg) {
>   if ( arg == 10 ) {
>     return 0;
>   } else {
>     return null;
> ```

```
    }
  }

main() {
  int a = some(10)!;
  print('a : $a');      // a : 0
  int b = some(20)!;    // some() 함수가 널을 반환하므로 런 타임 오류
  print('b : $b');
}
```

멤버에 접근할 때 — ?., ?[ ] 연산자

널 허용 객체나 리스트의 멤버에 접근할 때는 ?.나 ?[] 연산자를 사용해야 합니다. ?. 연산자
conditional member access를 사용하면 객체가 널이 아닐 때만 멤버에 접근하며, 널이면 멤버에 접근
할 수 없고 null을 반환합니다.

오른쪽 코드에서는 str 변수를 널 허용
으로 선언했는데 str의 멤버인 isEmpty
에 접근할 때 ?.을 사용하지 않아서 오
류가 발생합니다. 이때 널 허용으로 선
언한 변수가 널일 수 있으므로 안전성을
고려해 ?. 연산자를 이용하라는 오류 메
시지가 출력됩니다.

- 널 허용 객체의 멤버에 접근하기

```
String? str = "hello";

main() {
  str.isEmpty;    // 오류
}
```

오른쪽 코드에서는 no1 변수를 널 허용
으로 선언했습니다. 그리고 no1 객체의
isEven 멤버에 접근할 때 no1?.isEven
을 사용했습니다. 이렇게 하면 no1이
널일 때 isEven에 접근하지 않고 null
을 반환합니다.

- 널 객체의 멤버에 접근할 때 null 반환하기

```
main() {
  int? no1 = 10;
  bool? result1 = no1?.isEven;
  print('result 1 : $result1');

  no1 = null;
  bool? result2 = no1?.isEven;
  print('result 2 : $result2');
}
```

▶ 실행 결과

```
true
null
```

코드에서 bool? result1 = no1?.isEven;이 실행될 때
로직을 그림으로 표현하면 오른쪽과 같습니다. 이처럼
?. 연산자는 널 허용으로 선언한 변수가 널일 때는 멤버
에 접근할 수 없도록 막아서 널에 안전한 코드를 작성할
수 있습니다.

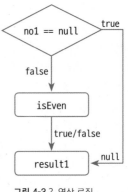

boool? result1 = no1?.isEven

그림 4-3 ?. 연산 로직

?[] 연산자^{conditional subscript access}는 널 허용 List의 데이터를 인덱스로 접근할 때 사용합니다.
List 객체가 널이 아닐 때는 데이터에 접근할 수 있으며 널이면 null을 반환합니다.

• 널 리스트에 인덱스로 접근할 때 null 반환하기

```
main() {
  List<int>? list = [10, 20, 30];
  print('list[0] : ${list?[0]}');
  list = null;
  print('list[0] : ${list?[0]}');
}
```

▶ 실행 결과

```
list[0] : 10
list[0] : null
```

값을 대입할 때 — ??= 연산자

널 허용 변수에 널이 아닌 값만 대입하고 싶다면 ??= 연산자를 사용합니다. ??= 연산자는 오
른쪽의 대입할 값이 널이 아닐 때만 대입하고 널이면 대입하지 않습니다.

• 널일 때 대입하지 않기

```
main() {
  int? data3;
  data3 ??= 10;
  print('data3 : $data3');
  data3 ??= null;
  print('data3 : $data3');
}
```

▶ 실행 결과

```
data3 : 10
data3 : 10
```

값을 대체할 때 — ?? 연산자

널 허용 변수가 널일 때 대체할 값을 지정하고 싶다면 ?? 연산자를 사용합니다. 다음 코드를 보면 data4는 널 허용으로 선언했습니다. data4가 널이 아닐 때는 result에 data4값을 대입하지만, 널일 때는 오른쪽에 지정한 값을 대입합니다.

• 널일 때 값 대체하기

```
main() {
  String? data4 = 'hello';
  String? result = data4 ?? 'world';
  print('result : $result');


  data4 = null;
  result = data4 ?? 'world';
  print('result : $result');            ▶ 실행 결과
}
```

```
result : hello
result : world
```

05

함수와 제어문

학습 포인트

이번 장에서는 함수를 사용하는 방법과 제어문을 살펴보겠습니다. 다트가 다른 프로그래밍 언어와 비교해 비슷하면서도 다른 부분이 있는데 그중 하나가 함수의 매개변수 선언입니다. 따라서 다른 프로그래밍 언어에 익숙한 개발자여도 이번 장에서 다루는 내용을 잘 숙지해 둬야 합니다. 더불어 연산자와 제어문도 이번 장에서 살펴보겠습니다.

05-1 함수 선언과 호출하기

함수 선언 위치 알아보기

다트에서 함수는 톱 레벨과 클래스의 멤버 그리고 다른 함수 내에 선언할 수 있습니다.

> • 함수 선언 위치

```
void some1() {
}
void some2() {
  void some3() {
  }
  some3();
}
class MyClass {
  void some4() {
  }
}
```

또한 다트에서는 함수 오버로딩을 제공하지 않습니다.

> • 함수 오버로딩 지원 안 함

```
class MyClass {
  void some() {
  }
  void some(int a) {    // 함수 이름 중복 오류
  }
}
```

깡샘!
질문 있어요!

함수 오버로딩은 왜 지원하지 않는 거죠?

함수 오버로딩은 매개변수의 타입이나 개수를 다양하게 만들어서 이름이 같은 함수를 여러
개 만드는 방법입니다. 그런데 다트는 잠시 후에 다룰 '옵셔널 매개변수'라는 기능을 제공하므
로 굳이 이름이 같은 함수를 여러 개 만들 필요가 없습니다.

매개변수 타입

함수의 매개변수는 타입을 명시하거나 var로 선언할 수 있습니다. 또는 타입을 생략할 수도 있습니다. 오른쪽 코드에서 some1() 함수에는 int? 타입의 매개변수를 하나 선언했습니다. 따라서 이 함수를 호출할 때는 int?에 대입할 수 있는 데이터를 입력해 호출해야 합니다.

```
• 매개변수 타입에 맞는 데이터로 호출

void some1(int? a) {
}

main() {
  some1(10);
  some1(null);
  some1('hello');   // 오류
}
```

또한 다음처럼 함수의 매개변수를 var로 선언할 수도 있습니다. 04장에서 알아본 바와 같이 var로 선언한 변수는 대입한 값에 따라 컴파일러가 타입을 유추합니다. 그런데 함수의 매개변수에 값이 대입되는 시점은 이 함수를 호출할 때이므로 컴파일 시점에는 타입을 유추할 수 없습니다. 따라서 함수의 매개변수를 var로 선언하면 dynamic 타입이 됩니다.

```
• var 타입 매개변수

void some2(var a) {
  a = 20;           dynamic 타입
  a = 'world';
  a = true;
  a = null;
}
main() {
  some2();   // 매개변수에 값을 전달하지 않아서 오류
  some2(10);
  some2('hello');
}
```

다트에서는 함수의 매개변수 타입을 생략하고 변수 이름만으로 선언할 수도 있습니다. 이처럼 매개변수의 타입을 생략하면 var로 선언한 것과 같습니다. 즉, dynamic 타입이 됩니다.

```
void some3(a) {
  a = 20;        ┌─ dynamic 타입
  a = 'world';
  a = true;
  a = null;
}

main() {
  some3();    // 오류
  some3(10);
}
```

함수의 반환 타입

함수를 선언할 때 반환 타입을 지정할 수 있으며 반환할 데이터가 없으면 void로 선언합니다.

```
void some1() {
}
int some2() {
  return 10;
}
```

그런데 함수의 반환 타입은 생략해도 됩니다. 반환 타입을 생략하면 dynamic 타입이 됩니다.
즉, 반환 타입을 생략하면 모든 타입의 데이터를 반환할 수 있는 dynamic 타입이 됩니다.

다음 코드에서 some3() 함수는 반환 타입을 생략했습니다. 그러면 dynamic으로 선언한 것과
같습니다. 그런데 some3() 함수에는 데이터를 반환하는 return 문이 없습니다. 이처럼 반환
타입이 dynamic인 함수에서 return 문으로 데이터를 반환하지 않으면 자동으로 null을 반환
합니다.

```dart
dynamic some1() {
  return 10;
}
some2() {
  return 10;
}
some3() {
}

main() {
  print('some1 result : ${some1()}');
  print('some2 result : ${some2()}');
  print('some3 result : ${some3()}');
}
```

dynamic 타입

▶ 실행 결과

```
some1 result : 10
some2 result : 10
some3 result : null
```

dynamic 타입 함수에 return 문이
없으므로 null 반환

화살표 함수

함수를 선언할 때 실행 영역인 본문은 중괄호로 묶어 주어야 합니다. 그런데 함수의 본문이
한 줄일 때는 한 줄 함수로 선언할 수 있습니다. 한 줄 함수는 본문을 중괄호로 묶지 않고 화살
표 기호(=>)로 나타내는 방법입니다. 이 책에서는 이런 함수를 **화살표 함수**라고 부릅니다.

다음 코드에서는 printUser1()과 printUser2()라는 함수를 선언했습니다. printUser1() 함
수는 본문을 중괄호로 묶었습니다. 그런데 본문이 한 줄이라면 printUser2()처럼 중괄호를
사용하지 않고 화살표를 이용해서 선언할 수 있습니다.

```dart
void printUser1() {
  print('hello world');
}

void printUser2() => print('hello world');

main() {
  printUser1();
  printUser2();
}
```

▶ 실행 결과

```
hello world
hello world
```

05-2 명명된 매개변수

함수를 호출할 때는 다음처럼 매개변수의 개수와 타입, 순서에 맞게 데이터를 전달해야 합니다. 그렇지 않으면 오류가 발생합니다.

> **• 함수 호출 예**
>
> ```
> void some(int a, String b, bool c) {
> }
>
> main() {
>   some();    // 오류
>   some('hello', true, 10);    // 오류
>   some(10, 'hello', true);
> }
> ```

그런데 다트에서는 함수의 매개변수를 선택적으로 지정하는 **옵셔널**^{optional}을 지원합니다. 옵셔널은 다음 2가지 형태로 제공합니다. 차례대로 알아보겠습니다.

- 명명된 매개변수(named parameter)
- 옵셔널 위치 매개변수(optional positional parameter)

명명된 매개변수란?

보통 함수를 호출할 때는 함수에 선언된 매개변수의 개수와 타입, 순서에 맞게 값을 전달해서 호출합니다. 그런데 **명명된 매개변수**는 옵셔널이므로 호출할 때 데이터를 전달하지 않을 수도 있으며, 데이터를 전달할 때는 '이름: 값' 형태로 매개변수 이름과 값을 함께 전달합니다. 명명된 매개변수를 사용하려면 함수를 선언할 때 매개변수 타입과 이름을 중괄호로 묶어서 표현합니다.

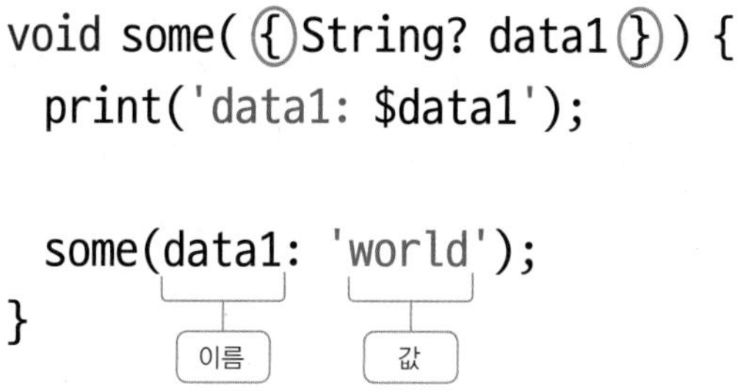

```
void some( {String? data1} ) {
  print('data1: $data1');

  some(data1: 'world');
}
```
이름 값

그림 5-1 명명된 매개변수

명명된 매개변수 선언 규칙

명명된 매개변수는 다음처럼 몇 가지 규칙에 맞게 사용해야 합니다.

- 명명된 매개변수는 중괄호 { }로 묶어서 선언한다.
- 여러 매개변수를 중괄호로 묶어 명명된 매개변수로 선언할 수 있다.
- 한 함수에서 명명된 매개변수는 한 번만 선언할 수 있으며 순서상 마지막에 선언해야 한다.
- 명명된 매개변수에는 기본값을 설정할 수 있다.

명명된 매개변수의 중괄호 안에 변수를 여러 개 선언할 수 있습니다. 그리고 명명된 매개변수는 함수의 매개변수 목록에서 가장 마지막에 작성해야 합니다. 따라서 명명된 매개변수는 하나의 함수에 한 번만 선언할 수 있습니다.

다음 코드에서 some1() 함수는 명명된 매개변수를 목록의 마지막에 선언하지 않아서 오류가 발생하며, some2()는 한 함수에 명명된 매개변수를 2번 선언해서 오류가 발생합니다.

```
• 명명된 매개변수 선언

void some1({String? data2, bool? data3}, int data1) { }    // 오류
void some2(int data1, {String? data2, bool? data3}, {int? data4}) { }    // 오류
void some3(int data1, {String? data2, bool? data3}) { }  // 성공
```

some3()처럼 명명된 매개변수가 있어도 중괄호로 묶지 않은 일반 매개변수는 얼마든지 선언할 수 있습니다. 다만 일반 매개변수를 먼저 작성하고 마지막에 중괄호로 묶은 명명된 매개변수를 작성해야 합니다.

명명된 매개변수 호출 규칙

명명된 매개변수로 선언된 함수는 다음처럼 몇 가지 규칙에 맞게 호출해야 합니다.

- 명명된 매개변수에 데이터를 전달하지 않을 수 있다.
- 명명된 매개변수에 데이터를 전달하려면 반드시 이름을 명시해야 한다.
- 명명된 매개변수에 데이터를 전달할 때 선언된 순서와 맞추지 않아도 된다.

명명된 매개변수는 선택적이므로 함수를 호출하는 곳에서 데이터를 전달하지 않을 수 있습니다. 만약 명명된 매개변수에 데이터를 전달하려면 선언된 순서와 맞출 필요는 없지만 이름

은 꼭 명시해야 합니다. 만약 다음처럼 명명된 매개변수를 포함하는 some() 함수를 선언했다고 가정해 보겠습니다.

> • 명명된 매개변수 선언

```
void some(int data1, {String? data2, bool? data3} ) { }
```

이렇게 선언된 함수는 다음처럼 호출할 수 있습니다. 오류가 발생하는 호출문과 성공하는 호출문을 비교해 보면서 각자 원인을 찾아 보세요.

> • 명명된 매개변수 호출 예

```
❶ some();       // 오류
❷ some(10);    // 성공
❸ some(10, 'hello', true);     // 오류
❹ some(10, data2: 'hello', data3: true);    // 성공
❺ some(10, data3: true, data2: 'hello');    // 성공
❻ some(data2: 'hello', 10, data3: true);    // 성공
```

명명된 매개변수로 선언된 매개변수는 생략할 수 있지만(❷) 일반 매개변수는 생략할 수 없습니다(❶). 그리고 명명된 매개변수에는 반드시 이름과 값을 함께 전달해야 하며(❸, ❹) 매개변수가 선언된 순서는 맞추지 않아도 됩니다(❺, ❻).

기본 인자 설정하기

명명된 매개변수에는 **기본 인자**^{default argument}를 설정할 수 있습니다. 기본 인자란 함수 호출 때 데이터를 전달받지 못하면 매개변수에 대입하는 기본값입니다. 명명된 매개변수는 선택적이므로 호출할 때 데이터를 전달하지 않을 수 있다고 했습니다. 그러면 해당 매개변수는 null이 되므로 타입 뒤에 물음표를 붙여서 널 허용으로 선언해 줘야 합니다. 만약 명명된 매개변수를 널 불허로 선언하려면 기본 인자를 설정해 줘야 합니다.

다음 코드에서 myFun() 함수에 명명된 매개변수로 data를 선언하면서 'hello'를 기본 인자로 설정했습니다. 따라서 데이터를 전달하지 않고 호출할 때는 기본값, 전달할 때는 그 값을 반환합니다.

```
String myFun({String data = 'hello'}) {
  return data;
}

main() {
  print('myFun() result : ${myFun()}'); // myFun() result : hello
  print('myFun(world) result : ${myFun(data : "world")}'); // myFun(world) result : world
}
```

필수 매개변수 선언하기 — required

명명된 매개변수에서 required 예약어는 반드시 값을 전달받도록 강제합니다. 즉, 명명된 매개변수에 값을 전달하는 것은 선택이지만, required 예약어를 사용하면 필수로 만들 수 있습니다.

다음 코드에서 someFun() 함수는 required 예약어로 명명된 필수 매개변수를 포함합니다. 따라서 이 함수를 호출할 때는 반드시 매개변수 이름과 값을 전달해야 합니다.

```
someFun({required int arg1}) {
  print('someFun().. arg1 : $arg1');
}

main() {
  someFun();              // 오류
  someFun(arg1: 10);      // 성공
}
```

깡샘!
질문 있어요!

값이 꼭 필요한 매개변수라면 일반 매개변수로 선언하면 되잖아요?

명명된 필수 매개변수는 함수를 호출하는 곳에서 이름을 명시해서 값을 전달하므로 코드를 읽기가 쉬워집니다. 그리고 매개변수가 여럿일 때 순서를 맞추지 않아도 된다는 이점도 있습니다.

05-3 옵셔널 위치 매개변수

옵셔널 위치 매개변수^{optional positional parameter}도 앞서 살펴본 명명된 매개변수처럼 값은 선택이
므로 전달받지 않을 수 있습니다. 그러나 값을 전달할 때는 이름 대신 매개변수가 선언된 순
서(위치)에 맞게 호출해야 합니다. 즉, 옵셔널 위치 매개변수로 선언된 함수는 데이터 전달은
자유지만 순서는 맞춰서 호출해야 합니다.

```
void some( [ String name = 'hello', int age = 10 ] ) {
  print('name: $name, age: $age');

  some('world', 20);
}
```

그림 5-2 옵셔널 위치 매개변수

옵셔널 위치 매개변수를 선언하는 규칙을 정리하면 다음과 같습니다.

- 매개변수들을 대괄호로 묶는다.
- 함수의 마지막 매개변수에만 사용할 수 있다.
- 매개변수에 기본 인자를 설정할 수 있다.

그리고 옵셔널 위치 매개변수를 포함하는 함수는 다음과 같은 규칙을 지켜 호출합니다.

- 매개변수 이름은 생략한다.
- 매개변수가 선언된 순서에 따라 값이 할당된다.

만약 다음처럼 옵셔널 위치 매개변수를 포함하는 some() 함수를 선언했다고 가정해 보겠습
니다. arg2와 arg3에 기본 인자를 설정했습니다.

> **• 옵셔널 위치 매개변수 선언**
>
> ```
> void some(int arg1, [String arg2 ='hello', bool arg3 = false]) { }
> ```

이렇게 선언된 함수는 다음처럼 호출할 수 있습니다. 오류가 발생하는 호출문과 성공하는 호출문을 비교해 보면서 각자 원인을 찾아 보세요.

```
• 옵셔널 위치 매개변수 호출
❶ some();          // 오류
❷ some(10);        // 성공
❸ some(10, arg2: 'world', arg3: true);    // 오류
❹ some(10, 'world', true);                // 성공
❺ some(10, true, 'world');    // 오류
❻ some(10, 'world');          // 성공
❼ some(10, true);             // 오류
```

옵셔널 위치 매개변수도 값 전달을 생략할 수 있지만(❷) 일반 매개변수는 생략할 수 없습니다(❶). 만약 값 전달을 생략하면 기본값이 대입되고 기본값을 설정하지 않았으면 null이 대입됩니다.

그리고 명명된 매개변수처럼 이름을 전달하면 오류입니다(❸). 옵셔널 위치 매개변수는 반드시 이름을 생략하고 값만 전달해야 합니다(❹). 또한 값을 전달할 때 반드시 매개변수가 선언된 순서에 맞춰야 합니다(❺). 만약 값을 일부만 전달할 때는 타입에 주의해야 합니다(❻). 타입이 맞지 않으면 오류가 발생합니다(❼).

05-4 함수 타입 인수

다트에서는 모든 데이터가 객체이므로 함수도 객체입니다. 그리고 함수를 대입할 수 있는 객체를 **함수 타입**^{fuction type}이라고 하며 Function으로 선언합니다. 다음 코드에서는 some()이라는 함수를 선언한 후 이 함수를 Function data2라고 선언한 함수 타입 객체에 대입했습니다.

• 함수 타입 선언

```
void some() { }
Function data2 = some;
```

이처럼 함수가 객체이므로 다른 객체에 대입하거나 함수의 매개변수, 반환값 등으로 사용할 수 있습니다. 다음 코드에서 testFun() 함수는 매개변수로 함수를 전달받아 함수를 반환합니다. 즉, 매개변수와 반환값이 모두 Function 타입입니다.

• 함수를 활용한 예

```
int plus(int no) {
  return no + 10;
}
int multiply(int no) {
  return no * 10;
}

Function testFun(Function argFun) {
  print('argFun : ${argFun(20)}');
  return multiply;
}

main(List<String> args) {
  var result = testFun(plus);
  print('result : ${result(20)}');
}
```

▶ 실행 결과

```
argFun : 30
result : 200
```

메인 함수에서 testFun() 함수를 호출할 때 plus() 함수를 전달했으며, 그 결과로 multiply() 함수가 반환됩니다. 따라서 result 객체에 호출 연산자 ()를 붙여 20을 전달하면 multiply(20) 처럼 호출한 것과 같습니다.

Function 타입으로 선언한 변수에는 모든 함수를 대입할 수 있습니다. 그런데 때로는 함수 타입 변수에 대입할 함수를 특정한 형태로 한정하고 싶을 때가 있습니다. 예를 들어 int 타입 매개변수를 하나 받고 결과 역시 int로 반환하는 함수만 대입할 수 있게 선언하면 다음과 같습니다.

```
• 함수 타입 제한

some(int f(int a)) {
  f(30);
}

main(List<String> args) {
  some((int a) {
    return a + 20;
  });
}
```

코드를 보면 some() 함수에 함수 타입 매개변수를 선언했습니다. int f(int a)로 선언했으므로 이 매개변수에 대입할 수 있는 함수는 int 타입의 매개변수와 결괏값을 반환하는 함수여야 합니다.

익명 함수

익명 함수anonymous functions는 이름이 생략된 함수를 의미하며 흔히 **람다 함수**lambda function라고 부릅니다.

```
• 익명 함수 사용 예

fun1(arg) {
  return 10;
}

Function fun2 = (arg) {
  return 10;
};
```

이 코드에서는 함수를 2개 선언했습니다. 첫 번째 함수는 이름이 fun1입니다. 그런데 두 번째 함수는 매개변수와 본문은 있지만 이름이 없으며 (arg) { } 형태로 선언했습니다. 이처럼 이름을 생략한 채 선언하는 함수를 익명 함수라고 부릅니다. 익명 함수는 이름이 없으므로 독자적으로 사용할 수 없으며 Function 타입에 대입할 함수를 정의할 때 사용합니다.

함수 타입, 익명 함수 이런 걸 많이 사용하나요?

함수를 데이터처럼 이용하게 해주는 기법은 다트뿐만 아니라 최근에 만들어진 여러 언어에서 지원하며 함수형 프로그래밍의 근간이 되기도 합니다. 플러터 API에서 제공하는 많은 함수가 매개변수를 함수 타입으로 선언하고 있습니다.

다음 코드를 보면 List 객체의 forEach() 함수를 호출하는데 매개변수에 함수를 대입했습니다. 즉, forEach() 함수의 매개변수를 함수 타입으로 선언했습니다.

• 함수 타입 매개변수 사용 예

```
var list = ['apples', 'bananas', 'oranges'];
list.forEach((item) {
  print('${list.indexOf(item)}: $item');
});
```

다음 코드는 다트의 List 클래스에 선언된 forEach() 함수입니다. 이 함수의 매개변수가 함수 타입으로 선언되어 있습니다. 따라서 forEach() 함수를 이용할 때는 매개변수로 함수를 전달해야 하며 이때 주로 익명 함수로 선언해서 대입합니다.

• forEach() 함수 정의

```
void forEach(void f(E element)) {
  for (E element in this) f(element);
}
```

05-5 게터와 세터 함수

게터^{getter}와 세터^{setter} 함수는 일반적으로 어떤 데이터를 가져오거나 변경하는 함수를 의미합니다. 다트 언어에서는 데이터를 가져올 함수에 get 예약어를 추가하고, 데이터를 변경할 함수에 set 예약어를 추가하면 함수를 변수처럼 이용할 수 있습니다.

다음 코드에서는 함수를 2개 선언했는데 일반 함수와 다르게 get과 set 예약어를 추가했습니다. get 예약어를 추가한 함수는 데이터를 가져오는 게터이므로 매개변수 부분을 선언할 수 없습니다. 반면에 set 예약어를 추가한 함수는 데이터를 변경하는 세터이므로 매개변수가 필요합니다. 이 매개변숫값으로 데이터를 변경합니다.

• 게터와 세터 선언

```
String _name = 'Hello';

String get name {
  return _name.toUpperCase();
}
set name(value) {
  _name = value;
}
```

중요한 것은 get과 set 예약어를 추가한 두 함수가 이름(예에서는 name)이 같다는 점입니다. 이렇게 get과 set 예약어로 함수를 선언하면 변수처럼 이용할 수 있습니다.

예에서 get과 set 예약어를 추가한 name은 변수가 아니라 함수입니다. 하지만 name은 다음처럼 변수로 이용할 수 있습니다. name에 데이터를 대입하면 자동으로 set 예약어로 선언한 함수가 호출되며, name의 데이터에 접근하면 자동으로 get 예약어로 선언한 함수가 호출됩니다.

```
main(List<String> args) {
  name = "World";
  print('name: $name');
}
```

▶ 실행 결과

```
name: WORLD
```

일반적으로는 게터와 세터를 모두 선언하지만 원한다면 둘 중 하나만 선언할 수도 있습니다. 만약 **get** 예약어로 게터만 선언한다면 **final** 변수처럼 데이터를 가져오기만 할 뿐 바꿀 수는 없습니다.

```
String _name = 'Hello';
String get name {
  return _name.toUpperCase();
}

main(List<String> args) {
  name = "World";   // 오류
}
```

05-6 기타 연산자 알아보기

대부분 프로그래밍 언어는 비슷한 연산자를 제공합니다. 사칙 연산자 +, -, *, /를 제공하며 대입 연산자 =, +=, -=, /=, 비교 연산자 ==. != 등을 제공합니다. 이런 연산자들은 다트 언어에서도 똑같습니다. 이번 절에서는 이런 기초 연산자를 제외하고 몇 가지 연산자를 살펴보겠습니다.

나누기 연산자 — ~/

다트에서 나누기 연산자는 /와 ~/이 있습니다. / 연산자는 나누기 결과를 실수로 반환하며, ~/ 연산자는 나누기 결과를 정수로 반환합니다. 즉, ~/ 연산 결과는 소수점 아래를 버립니다.

• 나누기 연산자

```
main() {
  int a = 8;
  print('a / 5 = ${a / 5}');
  print('a ~/ 5 = ${a ~/ 5}');
}
```

▶ 실행 결과

```
a / 5 = 1.6
a ~/ 5 = 1
```

타입 확인과 변환 — is, as

is 연산자는 타입을 확인해 true나 false로 알려 주고, as 연산자는 타입을 바꿔 줍니다.

• 타입 확인과 캐스팅

```
class User {
  void some() {
    print("User...some()...");
  }
}

main() {
  Object obj = User();
  // obj.some();        // 오류
```

```
  if (obj is User) {    // 타입 확인, 자동 형 변환
    obj.some();
  }

  Object obj1 = User();
  (obj1 as User).some();    // 명시적 형 변환
}
```

다트에서 최상위 클래스는 Object입니다. User라는 클래스의 객체를 생성해서 Object 타입
변수에 대입했는데, 이때에는 하위에서 상위로 형 변환이므로 자동으로 이뤄집니다. 그리고
if 문에서 obj is User처럼 is 연산자로 obj 객체가 User 타입인지를 확인합니다. 그 결과는
true입니다. 이처럼 is 연산 결과가 true이면 자동으로 형 변환이 이뤄집니다. 따라서 obj is
User 구문 이후에 obj 객체가 User 타입으로 바뀌므로 obj.some() 호출에 문제가 없습니다.

또한 obj1 as User 구문은 Object 타입인 obj1 객체를 User 타입으로 바꾸는데 이렇게 상위
에서 하위로 바꿀 때는 명시적 형 변환을 해야 하며 이때 as 연산자를 사용합니다.

반복해서 접근하기 — .., ?..

.. 혹은 ?.. 연산자는 같은 객체를 반복해서 접근할 때 편리하게 사용할 수 있는 캐스케이드
cascade 연산자입니다. 예를 들어 다음처럼 User 클래스를 선언했다고 가정해 보겠습니다.

> • User 클래스 선언

```
class User{
  String? name;
  int? age;

  some() {
    print('name: $name, age: $age');
  }
}
```

이 클래스의 객체를 생성해 멤버에 접근할 때 다음과 같은 코드를 작성할 수 있습니다.

```
var user = User();
user.name = 'kkang';
user.age = 10;
user.some();
```

그런데 같은 객체의 맴버에 여러 번 접근할 때 매번 객체 이름을 작성하는 것이 불편할 수 있습니다. 이럴 때 다음처럼 캐스케이드 연산자를 사용합니다. 예에서는 .. 연산자만 사용했지만 만일 Nullable 객체일 때는 ?.. 연산자를 사용합니다. 이처럼 캐스케이드 연산자를 사용하면 객체의 이름을 생략할 수 있어서 편리합니다.

```
User()
  ..name = 'kkang'
  ..age = 30
  ..some();
```

05-7 실행 흐름 제어하기

제어문은 프로그램의 실행 흐름을 제어하는 구문입니다. 보통 프로그래밍 언어에서 제공하는 if~else, for, while, do~while, break, continue, switch~case 등이 제어문이며, 다트를 비롯해 대부분 언어에서 비슷하게 동작합니다. 이 절에서는 프로그램의 실행 흐름에서 다른 언어와 차이 나는 부분만 살펴보겠습니다.

for 반복문에서 in 연산자

for 문은 어떤 구문을 반복해서 실행할 때 이용하며 반복해서 실행할 조건을 다음처럼 **초기화; 조건; 증감** 형태로 작성합니다.

• for 문 사용 예

```
main() {
  var list = [10, 20, 30];
  for(var i = 0; i < list.length; i++) {
    print(list[i]);
  }
}
```

▶ 실행 결과
```
10
20
30
```

그런데 이런 형태를 in 연산자를 사용해 간소화할 수 있습니다. for 문에 범위 연산자인 in을 사용하면 오른쪽에 명시한 컬렉션 타입의 데이터 개수만큼 반복해서 실행합니다. 다음 코드에서 in 연산자는 for 문이 한 번 실행될 때마다 list의 데이터를 순서대로 가져와 x 변수에 대입합니다.

• in 연산자로 간소화한 반복문

```
main() {
  var list = [10, 20, 30];
  for(var x in list) {
    print(x);
  }
}
```

---

switch~case 선택문

switch~case 구문은 if~else 구문과 더불어 조건에 따라 실행 흐름을 분기할 때 많이 사용합니다. 다트에서는 switch의 조건을 정수나 문자열 타입으로 지정할 수 있습니다. 또한 case가 여러 개라면 맨 마지막 case 문을 제외하고는 break, continue, return, throw 중 하나를 작성해 그다음 실행 흐름을 결정해 줘야 합니다.

- break: switch 문 나가기
- continue: 특정 위치(라벨)로 이동하기
- return: switch 문이 작성된 함수 종료하기(반환하기)
- throw: switch 문이 작성된 함수 종료하기(던지기)

예를 들어 다음 코드는 첫 번째 case 문에서 오류가 발생합니다.

• switch~case 문 잘못 사용 예

```
some(arg) {
  switch(arg) {
    case 'A':   // 오류
      print('A');
    case 'B':
      print('B');
  }
}
```

case 문을 2개 선언했는데 첫 번째 case 문에 break, continue, return, throw 등으로 그다음 실행 흐름을 지정하지 않아서 오류가 발생합니다. 따라서 다음처럼 작성해야 바르게 동작합니다.

• switch~case 문 올바른 사용 예

```
some(arg) {
  switch(arg) {
    case 'A':
      print('A');
      break;
    case 'B':
      print('B');
  }
}
```

예외 던지기와 예외 처리

예외 처리문은 대부분 언어에서 제공하는 런 타임 오류를 제어하는 구문이며 다트에서도 다른 언어와 비슷하게 예외 처리문을 제공합니다.

예외를 던지는 throw 문

프로그램이 실행되다 특정 시점에 예외를 발생시키고 싶다면 throw 문을 이용합니다. throw 오른쪽에는 객체를 작성하는데 다음 코드에서는 다트에서 예외를 표현하는 Exception 클래스를 작성했습니다.

- 예외 던지기

```
some() {
  throw Exception('my exception');
}
```

Exception 클래스 이외에 다른 객체를 던져도 됩니다. 다음처럼 문자열을 던질 수도 있습니다. throw 문이 실행되면 예외가 발생해 some() 함수를 호출한 곳에 해당 문자열을 던집니다.

- 문자열 던지기

```
some() {
  throw 'my exception';
}
```

물론 다음처럼 개발자가 만든 객체를 던져도 됩니다.

- 사용자 정의 객체 던지기

```
class User{}
some() {
  throw User();
}
```

try~on~finally 예외 처리

try~on~finally 구문은 예외 처리 조합입니다. try 문에 작성한 코드에서 예외가 발생하면 on 문이 실행되며, finally 문에는 예외와 상관없이 무조건 실행할 코드를 작성합니다. 다음 코드는 **try~on~finally** 구문으로 예외를 처리하는 예이며 some() 함수를 호출할 때 예외가 발생합니다.

```
some() {
  throw FormatException('my exception');
}
main(List<String> args) {
  try {
    print('step1....');
    some();
    print('step2....');
  } on FormatException {
    print('step3....');
  } on Exception {
    print('step4....');
  } finally {
    print('step5....');
  }
  print('step6....');
}
```

▶ 실행 결과

```
step1....
step3....
step5....
step6....
```

try 문에서 호출한 some() 함수에서 throw 문으로 예외를 던집니다. 따라서 some() 호출문 아래에 있는 구문은 실행되지 않고 실행 흐름은 on 문으로 넘어갑니다. on 문은 여러 개 정의할 수 있으며 on 오른쪽에는 처리할 예외의 종류, 즉 타입을 작성합니다. 그러면 예외가 발생할 때 해당 예외 타입에 맞는 on 문을 찾아서 실행합니다. 예제에서는 some() 함수에서 FormatException 예외를 던지므로 on FormatException { } 구문이 실행됩니다.

만약 예외 처리문에서 어떤 예외가 발생했는지 알고자 한다면 catch 문으로 예외 객체를 받을 수 있습니다. on FormatException catch(e)라고 작성하면 발생한 예외 객체가 e에 전달됩니다.

```
some() {
  throw FormatException('my exception');
}
main(List<String> args) {
  try {
    print('step1....');
    some();
    print('step2....');
  } on FormatException catch(e) {
    print('step3....$e');
  } on Exception catch(e) {
    print('step4....$e');
  } finally {
    print('step5....');
  }
  print('step6....');
}
```

▶ 실행 결과

```
step1....
step3....FormatException: my exception
step5....
step6....
```

만약 예외 종류를 구분하지 않겠다면 다음처럼 간단하게 작성할 수도 있습니다.

```
try {
  some();
} catch(e) {
  print('catch....$e');
}
```

클래스와 생성자

학습 포인트

이번 장에서는 다트를 이용한 객체지향 프로그래밍 방법을 살펴봅니다. 다트에서도 클래스를 정의하고 객체를 생성해서 이용하는 등 다른 언어에서 제공하는 대부분의 객체지향 프로그래밍 기법을 제공하지만 다트만의 특징이 있습니다. 특히 생성자를 정의하고 사용하는 방법에 큰 차이가 있으므로 주의 깊게 살펴봐야 합니다.

06-1 클래스와 객체

클래스 선언과 생성

다트에서 클래스는 다른 객체지향 언어와 마찬가지로 class라는 예약어로 선언합니다. 그리고 클래스에는 변수와 함수를 멤버로 선언할 수 있습니다.

• 클래스 선언

```
class User {
  String name = 'kkang';
  int age = 10;

  void sayHello() {
    print('Hello $name, age: $age');
  }
}
```

이렇게 선언한 클래스를 이용하려면 객체를 생성해야 합니다. 그리고 생성한 객체 이름으로 클래스에 선언한 변수와 함수를 이용합니다. 객체를 생성할 때는 new 연산자를 이용해도 되고 생략해도 됩니다. 즉, new 연산자를 이용하든 이용하지 않든 클래스의 생성자를 호출하면 객체를 생성할 수 있습니다.

• 객체 생성

```
User user1 = new User();
```

객체 멤버와 클래스 멤버

클래스에 선언한 변수나 함수를 **멤버**라고 합니다. 그런데 이 멤버들은 다시 객체 멤버와 클래스 멤버(혹은 정적 멤버)로 구분됩니다. 먼저 객체 멤버는 생성된 객체를 이용해서 접근합니다.

오른쪽 코드에서는 User 클래스의 생성자를 호출해 user1이라는 객체를 선언합니다. 그리고 user1로 User 클래스에 선언된 name, age 변수와 sayHello() 함수를 이용합니다. 이처럼 객체 멤버는 객체를 생성하고 그 이름으로 접근합니다.

• 객체 멤버 이용

```
User user1 = User();
user1.sayHello();
user1.name = 'kim';
user1.age = 20;
```

클래스 멤버는 static 예약어로 선언한 멤버입니다. 그래서 흔히 정적static 멤버라고도 부릅니다. 다음 코드에서는 MyClass라는 이름의 클래스에 멤버를 선언했습니다. data1과 myFun1()은 객체 멤버로 선언하고, data2와 myFun2()는 앞에 static을 붙여 클래스 멤버로 선언했습니다.

> • 클래스 멤버 선언

```
class MyClass {
  String data1 = 'hello';
  static String data2 = 'hello';

  myFun1() {
    print('myFun1 call....');
  }
  static myFun2() {
    print('myFun2 call....');
  }
}
```

객체 멤버는 앞에서 살펴본 대로 객체를 생성하고 그 이름으로 접근합니다. 만약 다음 코드에서 첫 번째 줄처럼 객체를 생성하지 않고 객체 멤버를 클래스 이름으로 이용하면 오류가 발생합니다.

> • 객체 멤버 이용

```
MyClass.data1 = 'world';    // 오류
MyClass obj = MyClass();
obj.data1 = 'world';        // 성공
```

그런데 static으로 선언한 클래스 멤버는 클래스 이름으로 접근할 수 있습니다. 다음 코드에서 data2 변수는 MyClass에 static으로 선언한 변수이므로 클래스 이름으로 접근할 수 있습니다. 그런데 클래스 멤버는 객체로 접근할 수 없습니다.

> • 클래스 멤버 이용

```
MyClass.data2 = 'world';    // 성공
MyClass obj = MyClass();
obj.data2 = 'world';        // 오류
```

06-2 생성자와 멤버 초기화

생성자 선언

생성자^{constructor}는 클래스에 선언되어 객체를 생성할 때 호출되는 함수입니다. 모든 클래스는 생성자를 가지며 만약 개발자가 만들지 않으면 컴파일러가 자동으로 클래스와 같은 이름으로 기본 생성자를 만들어 줍니다.

코드에서 User 클래스에는 생성자를 작성하지 않았습니다. 하지만 다트에서 생성자가 없는 클래스는 존재할 수 없습니다. 따라서 컴파일러는 기본 생성자를 자동으로 추가하므로 오른쪽처럼 선언한 것과 같습니다.

> • 클래스 선언
> ```
> class User {
> }
> ```

> • 기본 생성자를 추가한 예
> ```
> class User {
>   User() { }
> }
> ```

여기까지는 다른 객체지향 언어와 같습니다. 하지만 다트에서는 명명된 생성자, 팩토리 생성자, 상수 생성자 등 다양한 형태로 정의할 수 있습니다. 또한 생성자의 매개변수로 멤버를 초기화하는 초기화 목록도 제공합니다. 하나씩 자세히 살펴보겠습니다.

멤버 초기화하기

생성자는 보통 멤버를 초기화하는 용도로 사용합니다. 즉, 객체를 생성할 때 매개변수로 전달받은 데이터를 클래스에 선언된 멤버에 대입합니다. 예를 들면 다음처럼 작성합니다.

> • 멤버 초기화 생성자
> ```
> class User {
>   late String name;
>   late int age;
>   User(String name, int age) {
>     this.name = name;
>     this.age = age;
> ```

```
    }
  sayHello() {
    print('name : $name, age : $age');
  }
}
```

이처럼 매개변수로 멤버를 초기화하는 생성자는 this 예약어를 이용하면 간단하게 작성할
수 있습니다. 다음 코드에서 User() 생성자의 매개변수를 this.name, this.age라고 선언했
습니다. this.name은 첫 번째 매개변수에 전달된 값을 name 멤버에 대입하라는 의미입니다.

• 멤버 초기화 생성자 단순화

```
class User {
  late String name;
  late int age;
  User(this.name, this.age);

  sayHello() {
    print('name : $name, age : $age');
  }
}
```

초기화 목록

생성자를 선언할 때 **초기화 목록**^{initializer list}을 사용할 수도 있습니다. 초기화 목록은 생성자 선
언부를 콜론(:)으로 구분하여 오른쪽에 작성합니다. 앞에서 예로 든 생성자의 매개변수로 멤
버를 초기화하는 User(this.name, this.age) 코드는 다음처럼 초기화 목록을 이용해서 작
성할 수도 있습니다.

User(String name, int age) (:) this.name = name, this.age = age { }

초기화 목록

그림 6-1 생성자의 초기화 목록

그러나 초기화 목록은 단순히 생성자의 매개변수를 멤버에 대입하는 코드보다는 리스트에서
특정 항목을 선택하거나 함수 호출로 멤버를 초기화할 때 더 자주 사용합니다. 또한 다른 생
성자를 this(), super() 등으로 호출하는 구문을 작성할 수도 있습니다.

다음 코드에서는 생성자의 매개변수로 List 객체를 전달받고 이 리스트의 특정 위치에 있는
데이터를 가져와 클래스의 멤버에 대입합니다.

```
class MyClass {
  late int data1;
  late int data2;

  MyClass(List<int> args)
      : this.data1 = args[0],
        this.data2 = args[1] { }
}
```

또한 다음처럼 초기화 목록에서 특정 함수를 호출하고 그 반환값으로 클래스의 멤버를 초기
화할 수도 있습니다. 다만 생성자의 초기화 목록이 실행되는 시점은 객체 생성 이전이므로 이
곳에서 호출할 수 있는 함수는 static이 추가된 클래스 멤버여야 합니다.

```
class MyClass {
  late int data1;
  late int data2;

  MyClass(int arg1, int arg2)
      : this.data1 = calFun(arg1),
        this.data2 = calFun(arg2) { }

  static int calFun(int arg) {
    return arg * 10;
  }

  printData() {
    print('$data1, $data2');
  }
}
```

06-3 명명된 생성자

다트 언어에서는 클래스의 생성자를 다양하게 이용할 수 있는데 **명명된 생성자**^{named constructor}

는 가장 중요하고 자주 사용합니다. 명명된 생성자는 이름이 있는 생성자라는 의미로, 한 클래스에 이름이 다른 생성자를 여러 개 선언하는 기법입니다. 다른 프로그래밍 언어에서도 생성자를 여러 개 선언할 수 있는 오버로딩 기능을 제공하지만, 똑같은 이름으로 매개변수나 반환 타입만 다르게 선언해야 하므로 다트와는 차이가 있습니다.

예를 들어 다음 코드는 자바 언어로 생성자 오버로딩을 구현한 예입니다. 하지만 다트에서는 이러한 오버로딩을 지원하지 않습니다. 대신 다른 기법으로 생성자를 여러 개 선언할 수 있습니다.

• 자바로 작성한 생성자 오버로딩

```
public class MyClass {
    MyClass() {}
    MyClass(int data1) {}
    MyClass(int data1, int data2) {}
}
```

명명된 생성자는 한 클래스에 이름을 다르게 해서 여러 생성자를 정의하는 기법입니다. 즉, 다트에서는 클래스와 같은 이름뿐만 아니라 다른 이름으로도 생성자를 만들 수 있습니다. 명명된 생성자는 클래스와 생성자 이름을 점(.)으로 연결해서 작성합니다.

MyClass.first() { }

클래스 이름   생성자 이름

그림 6-2 명명된 생성자 선언

한 클래스에 클래스와 같은 이름의 생성자는 하나만 정의할 수 있지만, 명명된 생성자는 클래스와 다른 이름으로 여러 개 정의할 수 있습니다.

• 명명된 생성자 선언

```
class MyClass {
  MyClass() { }
  MyClass.first() { }
  MyClass.second() { }
}
```

이렇게 선언한 명명된 생성자로 객체를
만드는 코드는 오른쪽과 같습니다.

```
var obj1 = MyClass();
var obj2 = MyClass.first();
var obj3 = MyClass.second();
```

**깡샘!
질문 있어요!**

다트에서 생성자 오버로딩 대신 명명된 생성자를 제공하는 이유는 무엇인가요?

오버로딩으로 선언한 생성자로 객체를 생성할 때는 매개변수 부분을 보고 어떤 생성자를 호
출할지 결정합니다. 그런데 생성자에 이름을 부여하면 생성자를 구분하기가 더 쉬워집니다.
다트에서 생성자 오버로딩 대신 명명된 생성자를 제공하는 이유는 이처럼 각각의 생성자를
좀 더 명료하게 구분하려는 의도가 아닐까 싶습니다.

this()로 다른 생성자 호출하기

한 클래스에 생성자를 여러 개 선언하면 생성자에서 다른 생성자를 호출해야 할 수도 있습니
다. 이렇게 하면 객체를 생성할 때 생성자가 중첩되어 호출됩니다.

예를 들어 오른쪽처럼 기본 생성자 `MyClass()`
와 명명된 생성자 `MyClass.first()`를 선언하
고 `MyClass.first()`가 호출될 때 `MyClass()`도
실행하고 싶습니다. 이때 `this()` 구문을 이용
하면 되는데 `this()`는 생성자의 `{}` 안쪽 본문
에 작성할 수 없습니다.

• this() 잘못된 호출 예

```
class MyClass {
  MyClass(int data1, int data2) {
    print('MyClass() call....');
  }
  MyClass.first(int arg) {
    this(arg, 0);   // 오류
  }
}
```

다른 생성자를 호출하는 `this()`는 생성자의 콜론(:) 오른쪽 초기화 목록에 작성해야 합니다.
그런데 초기화 목록에 `this()` 호출문을 작성하면 생성자 본문을 작성할 수 없습니다. 따라서
다음처럼 본문 영역을 나타내는 `{ }`를 작성하는 것만으로 오류가 발생합니다.

```
class MyClass {
  MyClass(int data1, int data2) {
    print('MyClass() call....');
  }
  MyClass.first(int arg) : this(arg, 0) {  }   // 오류
}
```

다음은 명명된 생성자가 호출될 때 this()로 기본 생성자를 호출하는 올바른 코드입니다.

```
class MyClass {
  MyClass(int data1, int data2) {
    print('MyClass() call....');
  }
  MyClass.first(int arg) : this(arg, 0);   // 성공
}
```

this()를 이용할 때 또 하나 규칙은 this() 호출문 외에 다른 구문을 사용할 수 없습니다. 즉, 콜론 오른쪽에는 this()만 작성해야 합니다.

```
MyClass.first(int arg) : this(arg, 0), this.data1=arg1;   // 오류
```

또한 클래스에 작성된 명명된 생성자도 this()로 호출할 수 있습니다. this.first()처럼 this 뒤에 생성자 이름을 붙여 주면 됩니다.

```
class MyClass {
  late int data1;
  late int data2;
  MyClass(this.data1, this.data2);
  MyClass.first(int arg) : this(arg, 0);   // 기본 생성자(MyClass) 호출
  MyClass.second() : this.first(0);        // 명명된 생성자(MyClass.first) 호출
}
```

06-4 팩토리 생성자

팩토리 생성자^{factory constructor}는 factory 예약어로 선언합니다. 팩토리 생성자 역시 객체를 생성할 때 호출할 수 있지만, 생성자 호출만으로 객체가 생성되지는 않습니다. 팩토리 생성자에서 적절한 객체를 반환해 줘야 합니다. 결국 팩토리 생성자는 클래스 외부에서는 생성자처럼 이용되지만 실제로는 클래스 타입의 객체를 반환하는 함수입니다.

오른쪽 코드에서 MyClass() 생성자는 factory 예약어가 붙었으므로 오류가 발생합니다. 그 이유는 팩토리 생성자로 선언했으면서 객체를 반환하지 않았기 때문입니다.

• 팩토리 생성자 잘못된 선언 예

```
class MyClass {
  factory MyClass() {    // 오류
  }
}
```

factory로 선언한 생성자는 반드시 객체를 반환해 주어야 합니다. 그럼 null 객체를 반환하는 다음 코드는 어떨까요?

• 잘못된 객체 반환 예

```
class MyClass {
  factory MyClass() {
    return null;    // 오류
  }
}
```

이 코드도 오류가 발생합니다. 팩토리 생성자는 반환 타입을 명시할 수 없으며 클래스 타입으로 고정됩니다. 예에서는 클래스 이름이 MyClass이므로 팩토리 생성자의 반환 타입은 MyClass로 고정됩니다. 그리고 MyClass는 널 불허로 선언했으므로 null을 반환할 수 없어서 오류가 발생합니다.

팩토리 생성자 자체로는 객체가 생성되지 않으며 적절한 객체를 준비해서 반환해 줘야 합니다. 따라서 팩토리 생성자가 선언된 클래스에는 객체를 생성하는 다른 생성자를 함께 선언하는 방법을 주로 사용합니다.

```
class MyClass {
  MyClass._instance();
  factory MyClass() {
    return MyClass._instance();
  }
}
main() {
  var obj = MyClass();
}
```

정리해 보면 팩토리 생성자는 클래스 외부에서 생성자처럼 이용하지만 실제로 객체를 생성하지는 않고 상황에 맞는 객체를 준비해서 반환하는 역할을 주로 합니다.

이러한 팩토리 생성자는 캐시^{cache} 알고리즘이나 상속 관계에 따른 다형성^{polymorphism}을 구현할 때 유용할 수 있습니다. 예를 들어 어떤 클래스의 객체를 여러 개 생성하고 그 객체를 식별자로 구분해서 사용한다고 가정해 보겠습니다. 객체를 생성할 때 식별자에 해당하는 객체가 없으면 새로 생성하고, 있으면 기존의 객체를 그대로 반환할 수 있습니다. 다음 코드는 이러한 캐시 알고리즘을 구현한 예입니다.

```
class Image {
  late String url;
  static Map<String, Image> _cache = <String, Image>{};
  Image._instance(this.url);
  factory Image(String url) {
    if (_cache[url] == null) {        // 전달받은 식별자가 캐시에 없으면
      var obj = Image._instance(url);  // 해당 식별자로 객체를 새로 생성하고
      _cache[url] = obj;               // 캐시에 추가
    }
    return _cache[url]!;               // 캐시에서 식별자에 해당하는 객체 반환
  }
}
main() {
  var image1 = Image('a.jpg');
  var image2 = Image('a.jpg');
  print('image1 == image2 : ${image1 == image2}'); // image1 == image2 : true
}
```

06-5 상수 생성자

const로 생성자 선언

상수 생성자^{constant constructor}는 다음처럼 const 예약어로 선언하며 본문을 가질 수 없습니다. 즉, {}를 추가할 수 없습니다.

> • 상수 생성자 선언

```
class MyClass {
  const MyClass();
}
```

또한 상수 생성자가 선언된 클래스의 모든 멤버 변수는 final로 선언해야 합니다. 다음 코드에서는 MyClass의 멤버 변수를 final로 선언하지 않았는데 const로 상수 생성자를 선언해서 오류가 발생합니다. 생성자를 const로 선언할 때는 클래스의 모든 변수를 final로 선언해야 합니다. 따라서 상수 생성자는 클래스의 모든 변수를 초깃값으로만 사용하도록 강제하는 수단으로 사용합니다.

> • 상수 생성자 잘못 선언한 예

```
class MyClass {
  int data1;
  const MyClass();    // 오류
}
```

상수 생성자도 객체를 생성할 수 있으며 필요하다면 여러 개의 객체를 생성할 수도 있습니다.

> • 상수 생성자의 객체 생성

```
class MyClass {
  final int data1;
  const MyClass(this.data1);
}
```

```
main() {
  var obj1 = MyClass(10);
  var obj2 = MyClass(20);
  print('obj1.data : ${obj1.data1}, obj2.data : ${obj2.data1}');
}
```

▶ 실행 결과

```
obj1.data : 10, obj2.data : 20
```

const로 객체 생성

객체를 생성할 때도 필요하다면 const를 추가해 상수 객체로 만들 수 있습니다. const로 객체를 생성하려면 생성자 또한 const로 선언해야 합니다. 다음 코드는 객체를 생성할 때 const를 사용했지만, const로 선언한 상수 생성자가 없어서 오류가 발생합니다.

• 상수 객체 생성 오류

```
class MyClass { }

main() {
  var obj1 = const MyClass();    // 오류
}
```

const로 객체를 생성하려면 다음처럼 생성자에도 const를 추가해야 합니다.

• 상수 객체 생성

```
class MyClass {
  final int data1;
  const MyClass(this.data1);
}

main() {
  var obj1 = const MyClass(10);
}
```

상수 생성자를 선언한 클래스더라도 일반 객체로 선언하면 서로 다른 객체가 생성됩니다. 따라서 다음 코드에서 obj1과 obj2는 같은 값으로 초기화했지만 서로 다른 객체입니다.

• 일반 객체 선언

```
var obj1 = MyClass(10);
var obj2 = MyClass(10);
print('obj1 == obj2 : ${obj1 == obj2}');  // false
```

그러나 const를 붙여 상수 객체로 선언하면서 생성자에 전달한 값(초깃값)이 똑같으면 객체를 다시 생성하지 않고 이전 값으로 생성한 객체를 그대로 사용합니다. 즉, 상수 객체는 값이 똑같은 객체를 재사용합니다.

다음 코드에서는 obj1과 obj2에 const를 붙여 상수 객체로 선언했습니다. 이때 obj2는 이미 10으로 초기화한 obj1 객체가 있으므로 새로 생성하지 않고 obj1을 obj2에 대입합니다. 따라서 객체 이름은 obj1, obj2로 다르지만 실제 사용되는 값은 obj1의 10입니다.

• 같은 값으로 상수 객체 선언

```
var obj1 = const MyClass(10);
var obj2 = const MyClass(10);
print('obj1 == obj2 : ${obj1 == obj2}');  // true
```

그러나 객체를 생성할 때 전달하는 초깃값이 다르면 서로 다른 객체가 생성됩니다. 즉, 상수 객체는 같은 값으로 생성한 객체를 재활용할 목적으로 사용합니다.

• 다른 값으로 상수 객체 선언

```
var obj1 = const MyClass(10);
var obj2 = const MyClass(20);
print('obj1 == obj2 : ${obj1 == obj2}');  // false
```

만약 똑같은 값으로 객체를 2개 생성하면서 하나는 일반 객체, 하나는 const를 붙여 상수 객체로 선언하면 어떨까요? 이때에는 서로 다른 객체가 생성됩니다.

• 같은 값으로 상수 객체와 일반 객체 선언

```
var obj1 = const MyClass(10);
var obj2 = MyClass(10);
print('obj1 == obj2 : ${obj1 == obj2}');  // false
```

상속과 추상 클래스

학습 포인트

이번 장에서는 객체지향 프로그래밍의 상속과 추상 클래스를 살펴보겠습니다. 상속과 추상 클래스도 다른 객체지향 언어에서 지원하는 기능이지만 다트만의 특징이 있습니다. 특히 인터페이스 부분은 다른 언어와 사용법이 다르므로 잘 정리해 둬야 합니다. 더불어 '믹스인'이라는 기법도 살펴보겠습니다.

07-1 상속 알아보기

상속과 오버라이딩

상속^{inheritance}은 클래스를 재활용하는 객체지향 프로그래밍의 핵심 기능입니다. 기존 클래스를 상속받으면 새 클래스에서 기존 클래스의 멤버를 이용할 수 있습니다. 이때 기존 클래스를 '부모 클래스', 상속받은 새 클래스를 '자식 클래스'라고 합니다. 다트도 상속을 제공하며 다른 객체지향 프로그래밍 언어와 큰 차이는 없습니다. 다트에서 클래스를 선언할 때 어떤 클래스를 상속받으려면 extends 예약어를 사용합니다.

다음 코드를 보면 SuperClass라는 이름으로 선언한 클래스가 있습니다. 그리고 SubClass는 SuperClass를 상속받아 선언했습니다. 이렇게 하면 SubClass의 객체로 SuperClass에 선언된 멤버를 사용할 수 있습니다.

> • 함수에서 널 불허 지역 변수 초기화

```
class SuperClass {
  int myData = 10;
  void myFun() {
    print('Super..myFun()...');
  }
}

class SubClass extends SuperClass {
}

main(List<String> args) {
  var obj = SubClass();
  obj.myFun();
  print('obj.data : ${obj.myData}');
}
```

▶ 실행 결과

```
Super..myFun()...
obj.data : 10
```

이처럼 클래스를 상속받으면 부모 클래스에 선언된 멤버를 자식 클래스에서 그대로 사용할 수 있지만, 원한다면 재정의할 수도 있습니다. 이를 **오버라이딩**^{overriding}이라고 합니다.

다음 코드는 부모 클래스의 멤버를 자식 클래스에서 재정의한 예입니다. 이렇게 하면 부모 클래스에 선언된 멤버가 자식 클래스에 상속되지 않습니다. 즉, 자식 클래스의 객체는 자신의 멤버에 접근합니다.

• 오버라이딩

```
class SuperClass {
  int myData = 10;
  void myFun() {
    print('Super..myFun()...');
  }
}

class SubClass extends SuperClass {
  int myData = 20;
  void myFun() {
    print('Sub... myFun()...');
  }
}

main(List<String> args) {
  var obj = SubClass();
  obj.myFun();
  print('obj.data : ${obj.myData}');
}
```

▶ 실행 결과

```
Sub... myFun()...
obj.data : 20
```

만약 자식 클래스에서 부모 클래스에 선언된 멤버를 재정의할 때 부모 클래스에 선언된 똑같은 이름의 멤버를 이용하고 싶다면 다음처럼 super라는 예약어로 접근합니다.

• 부모 클래스의 멤버에 접근하기

```
class SuperClass {
  int myData = 10;
  void myFun() {
    print('Super..myFun()...');
  }
}
class SubClass extends SuperClass {
  int myData = 20;
```

```
  void myFun() {
    super.myFun();
    print('Sub... myFun()..myData : $myData, super.myData : ${super.myData}');
  }
}

main(List<String> args) {
  var obj = SubClass();
  obj.myFun();
}
```

▶ 실행 결과

```
Super..myFun()...
Sub... myFun()..myData : 20, super.myData : 10
```

부모 생성자 호출하기

클래스의 상속 기능을 이용할 때 꼭 기억해야 할 내용이 있습니다. 바로 부모 클래스의 생성자 호출입니다. 즉, 자식 클래스의 객체를 생성할 때 자신의 생성자가 호출되는데, 이때 부모 클래스의 생성자도 반드시 호출되게 해줘야 합니다.

다음 코드에서는 SubClass의 객체 obj를 생성할 때 자식 클래스의 생성자를 호출합니다.

• 자식 클래스의 생성자 호출(부모 생성자는 자동 호출됨)

```
class SuperClass {
  SuperClass() {}
}
class SubClass extends SuperClass {
  SubClass() {}
}
main() {
  var obj = SubClass();
}
```

자식 클래스의 생성자에서 부모 클래스의 생성자를 호출하려면 super() 문을 사용합니다. super() 문은 생성자의 본문이 아닌 선언부의 콜론(:) 오른쪽에 작성합니다. 그런데 앞선 코드에서 오류가 발생하지 않은 이유는 컴파일러가 자동으로 부모 클래스의 기본 생성자를 호출해 주기 때문입니다.

• 부모 생성자 호출

```
class SuperClass {
  SuperClass() {}
}
class SubClass extends SuperClass {
  SubClass() : super() {}
}
```

그런데 만일 부모 생성자가 매개변수나 명명된 생성자를 가진다면 super() 문을 생략하면 안 되고 반드시 그에 맞는 생성자를 호출해 줘야 합니다. 오른쪽 코드에서는 자식 클래스의 생성자에 super() 문을 작성하긴 했지만, 컴파일러가 부모 클래스의 어떤 생성자를 호출할지 몰라서 오류가 발생합니다.

• 부모 생성자 호출의 잘못된 예

```
class SuperClass {
  SuperClass(int arg) {}
  SuperClass.first() {}
}
class SubClass extends SuperClass {
  SubClass() : super() {}    // 오류
}
```

즉, 컴파일러가 자동으로 추가하는 super() 코드는 매개변수가 없고 부모 클래스 이름으로 선언된 기본 생성자만 호출해 줍니다. 따라서 다음 코드처럼 부모 클래스의 생성자 사양에 맞춰 super() 문을 작성해야 합니다.

• 부모 생성자 호출의 올바른 예

```
class SuperClass {
  SuperClass(int arg) {}
  SuperClass.first() {}
}
class SubClass extends SuperClass {
  SubClass() : super(10) {}            // 성공
  SubClass.name() : super.first() {}   // 성공
}
```

부모 클래스 초기화

06장에서 알아본 바와 같이 객체를 생성할 때 전달받은 값으로 클래스의 멤버 변수를 초기화할 때는 생성자의 매개변수에 this를 사용합니다.

• 생성자의 매개변수로 멤버 변수 초기화

```
class User {
  String name;
  int age;
  User(this.name, this.age);
}
```

만약 생성자의 매개변수로 부모 클래스에 선언된 멤버를 초기화해야 할 때는 다음처럼 작성할 수 있습니다. 부모 클래스의 생성자를 호출하는 super() 구문에 매개변숫값을 전달하면 됩니다.

```
class SuperClass {
  String name;
  int age;
  SuperClass(this.name, this.age) {}
}
class SubClass extends SuperClass {
  SubClass(String name, int age) : super(name, age) {}   // 부모 클래스 멤버 초기화
}
main() {
  var obj = SubClass('kkang', 10);
  print('${obj.name}, ${obj.age}');
}
```

▶ 실행 결과

```
kkang, 10
```

이 코드는 다음처럼 간소화할 수 있습니다. 즉, 생성자의 매개변수에 super로 부모 클래스의 멤버를 작성하면 해당 값으로 부모 클래스의 생성자가 호출돼 멤버 변수가 초기화됩니다.

```
class SuperClass {
  String name;
  int age;
  SuperClass(this.name, this.age) {}
}
class SubClass extends SuperClass {
  SubClass(super.name, super.age);
}
main() {
  var obj = SubClass('kkang', 10);
  print('${obj.name}, ${obj.age}');
}
```

▶ 실행 결과

```
kkang, 10
```

07-2 추상 클래스와 인터페이스

앞에서 상속은 다른 클래스의 멤버를 그대로 사용하는 방법이라고 했습니다. 그런데 추상 클래스나 인터페이스를 이용하면 다른 클래스의 멤버를 그대로 사용하지 않고 새로 구현하게 할 수 있습니다.

추상 클래스 알아보기

추상 클래스는 추상 함수만 제공하여 상속받는 클래스에서 반드시 재정의해서 사용하도록 강제하는 방법입니다. 추상 함수는 실행문이 작성된 본문이 없는 함수를 의미합니다. 다음 코드에서는 일반 클래스로 선언한 User에 some() 함수를 선언했지만 중괄호로 본문 영역을 누락해서 오류가 발생합니다.

```
• 추상 함수 선언

class User {
    void some();    // 오류
}
```

이처럼 본문을 생략한 추상 함수를 선언할 때는 이 함수가 속한 클래스에 abstract 예약어를 붙여 추상 클래스로 선언해야 합니다. 즉, 추상 함수는 abstract를 붙인 추상 클래스에서만 선언할 수 있습니다.

```
• 추상 클래스 선언

abstract class User {
    void some();    // 성공
}
```

추상 클래스는 객체를 생성할 수 없습니다. 추상 클래스는 앞에서 설명한 대로 자식 클래스에게 함수를 재정의해서 사용하라고 강제하는 수단입니다. 즉, 다음처럼 추상 클래스를 상속받은 자식 클래스에서 추상 함수를 재정의해 줘야 합니다.

```
abstract class User {
  void some();
}
class Customer extends User {
  @override
  void some() {}
}
```

인터페이스 알아보기

인터페이스^{interface}란 부모의 특징을 도구로 사용해 새로운 특징을 만들어 사용하는 객체지향 프로그래밍 방법입니다. 그런데 다트에서는 대부분의 객체지향 언어에서 지원하는 interface 예약어를 지원하지 않습니다.

다음 코드는 자바 언어로 인터페이스를 구현한 예입니다. 자바 언어에서는 interface라는 예약어로 인터페이스를 선언하며, implements라는 예약어로 인터페이스를 구현하는 클래스를 선언합니다. 그리고 인터페이스를 구현하는 클래스는 인터페이스에 선언된 추상 함수를 재정의해야 합니다.

```
interface MyInterface {    // 인터페이스 선언
  void fun1();
}

public class MyClass implements MyInterface {    // 인터페이스 구현
  public void fun1() {    // 함수 재정의
  }
}
```

그런데 다트에서는 implements만 지원하고 interface는 지원하지 않습니다. 즉, 인터페이스를 명시적으로 선언하지 않아도 다른 클래스를 도구 삼아 구현하는 방법을 제공합니다. 이를 **암시적 인터페이스**^{implicit interface}라고 합니다. 암시적 인터페이스란 클래스 자체가 인터페이스라는 의미입니다. 즉, 클래스를 implements로 선언하면 다른 클래스를 인터페이스로서 활용할 수 있다는 의미입니다.

다음 코드에서 User는 변수 2개와 생성자 1개, 함수 1개를 선언한 일반 클래스입니다.

```
class User {
  int no;
  String name;

  User(this.no, this.name);
  String greet(String who) => 'Hello, $who. I am $name. no is $no';
}
```

이렇게 선언한 클래스를 다음처럼 extends로 상속받아 자식 클래스를 선언할 수 있습니다.

```
class MySubClass extends User {
  MySubClass(super.name, super.no);
}
```

그런데 implements 예약어를 추가하면 User 클래스를 본떠 새로운 클래스를 구현할 수 있습니다. 다음 코드에서 User 클래스는 암시적 인터페이스가 되고, MyClass는 User를 새로 구현한 클래스가 됩니다.

```
class MyClass implements User {    // 오류
}
```

그런데 이 선언문은 오류가 발생합니다. 왜냐하면 클래스에 implements를 추가해 어떤 클래스를 구현하는 클래스는 대상 클래스에 선언된 모든 멤버를 재정의해야 하기 때문입니다. 즉, implements로 인터페이스를 구현하는 클래스를 선언할 수 있는데, 이때 인터페이스에 선언된 멤버를 구현 클래스에서 모두 재정의해 줘야 합니다.

```
class MyClass implements User {
  int no = 10;
```

```
  String name = 'kim';
  @override
  String greet(String who) {
    return 'hello';
  }
}
```

하나의 클래스에 여러 인터페이스를 지정해서 선언할 수도 있습니다.

• 한 클래스에 여러 인터페이스 지정

```
class MyClass implements User, MyInterface {
}
```

그리고 구현 클래스의 객체는 다음처럼 인터페이스 타입으로 선언할 수 있습니다.

• 인터페이스 타입 객체 선언

```
main() {
  User user = MyClass();
  print('${user.greet('lee')}');
}
```

07-3 멤버를 공유하는 믹스인

믹스인 알아보기

일반 클래스는 class라는 예약어로 선언하고 변수와 함수, 생성자를 정의할 수 있습니다. 그런데 믹스인은 mixin이라는 예약어로 선언합니다.

• 믹스인 선언

```
mixin MyMixin {
  int data1 = 10;
  void myFun1() {
    print('MyMixin... myFun()...');
  }
}
```

믹스인에는 변수와 함수를 선언할 수 있지만 클래스가 아니므로 생성자는 선언할 수 없습니다.

• 믹스인에 생성자 선언 오류

```
mixin MyMixin {
  int data1 = 10;
  static int data2 = 20;

  MyMixin() {}    // 오류

  void myFun1() {
    print('MyMixin... myFun()...');
  }
  static void myFun2() {}
}
```

믹스인은 생성자를 가질 수 없으므로 객체를 생성할 수도 없습니다.

• 믹스인 객체 생성 오류

```
mixin MyMixin {
  int data1 = 10;
  void myFun1() {
    print('MyMixin... myFun()...');
```

```
    }
  }

main() {
  var obj = MyMixin() ;    // 오류
  }
```

믹스인 사용하기

생성자를 가질 수 없어서 객체로 만들 수 없는 믹스인은 어떤 쓸모가 있을까요? 다트를 비롯해 대부분의 객체지향 언어에서는 다중 상속을 지원하지 않습니다. 즉, 하나의 클래스만 상속받을 수 있습니다. 따라서 다음과 같은 코드는 오류가 발생합니다.

· 다중 상속 오류

```
class Super1 {}
class Super2 {}
class MySub extends Super1, Super2 {    // 오류
  }
```

그런데 여러 클래스에 선언된 멤버를 상속한 것처럼 이용하고 싶을 때가 있습니다. 이때 믹스인을 사용합니다. 믹스인을 사용하면 클래스를 상속하지 않고도 믹스인에 선언한 멤버를 다른 클래스에서 사용할 수 있습니다. 이때 with 예약어를 사용합니다.

오른쪽 코드에서는 MyClass에 with My Mixin을 선언해 믹스인의 멤버를 사용합니다.

· 믹스인 멤버 이용

```
mixin MyMixin {
  int mixinData = 10;
  void mixInFun() {
    print('MyMixin... mixInFun()...');
  }
}


class MyClass with MyMixin {
  void sayHello() {
    print('data : $mixinData');
    mixInFun();
  }
}
```

결국 다트는 다중 상속을 제공하지 않는 대신 다른 클래스에서 사용할 수 있는 멤버를 선언할 수 있도록 믹스인을 제공합니다. 다음 코드는 마치 다중 상속처럼 자식 클래스에서 믹스인을 사용한 예입니다.

• 믹스인을 다중 상속처럼 활용한 예

```dart
mixin MyMixin {
  int mixinData = 10;
  void mixInFun() {
    print('MyMixin... mixInFun()...');
  }
}
class MySuper {
  int superData = 20;
  void superFun() {
    print('MySuper... superFun()');
  }
}

class MyClass extends MySuper with MyMixin {
  void sayHello() {
    print('class data : $superData, mixin data : $mixinData');
    mixInFun();
    superFun();
  }
}

main() {
  var obj = MyClass();
  obj.sayHello();
}
```

▶ 실행 결과

```
class data : 20, mixin data : 10
MyMixin... mixInFun()...
MySuper... superFun()
```

또한 with 예약어로 믹스인을 이용하는 클래스의 객체는 믹스인 타입으로 사용할 수 있습니다.

· 믹스인 타입 객체 선언

```
class MyClass with MyMixin {}

main() {
  var obj = MyClass();

  if (obj is MyMixin) {
    print('obj is MyMixin');
  } else {
    print('obj is not MyMixin');
  }

  MyMixin obj2 = MyClass();
}
```

▶ 실행 결과

```
obj is MyMixin
```

믹스인 사용 제약

믹스인은 모든 클래스에서 with 예약어로 사용할 수 있습니다. 그런데 특정 타입의 클래스에 서만 사용하도록 제한할 수도 있습니다. 이때는 믹스인 선언부에 on 예약어로 해당 타입을 지 정합니다.

다음 코드에서는 MyMixin에 on으로 MySuper를 지정했습니다. 따라서 MySuper를 상속받은 MyClass에서는 MyMixin을 사용할 수 있지만, MySomeClass에서는 사용할 수 없습니다.

· 믹스인 타입 제한

```
mixin MyMixin on MySuper {
}

class MySuper {
}

class MyClass extends MySuper with MyMixin {    // 성공
}

class MySomeClass with MyMixin {    // 오류
}
```

with로 클래스 이용하기

앞에서 알아본 것처럼 with 예약어는 믹스인을 사용할 때 이용합니다. 하지만 클래스도 with로 이용할 수 있습니다. 다음 코드에서는 MyClass를 선언하면서 with로 SomeClass를 연결했으므로 MyClass에서 SomeClass의 멤버를 이용할 수 있습니다.

• with로 클래스 이용하기

```
class SomeClass {
  int someData = 10;
}

class MyClass with SomeClass {
  void sayHello() {
    print('someData : $someData');
  }
}
```

보통은 클래스를 extends로 상속받아 이용하지만 믹스인처럼 with로도 이용할 수 있습니다. 즉, 어떤 클래스에서 다른 클래스나 믹스인에 선언된 멤버를 사용할 때 with를 사용할 수 있습니다.

이렇게 보면 믹스인과 클래스는 별 차이가 없는 것 같습니다. 그러나 클래스는 객체를 생성할 수 있지만, 믹스인은 객체를 생성할 수 없습니다. 결국 믹스인은 독립적으로 이용할 수 없으며 다른 클래스에서 공통으로 사용할 변수나 함수를 믹스인에 담아 두고 필요한 클래스에서 with로 연결해서 사용합니다.

또한 with 예약어로 사용할 클래스에는 생성자를 선언할 수 없습니다. 따라서 다음 코드를 실행하면 User 클래스는 생성자를 선언하므로 믹스인으로 사용할 수 없다는 오류가 발생합니다.

• 생성자가 있는 클래스를 with로 사용하면 오류

```
class User {
  User() {}
}

class MyClass with User {    // 오류
}
```

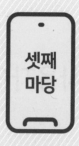

셋째
마당

사용자 인터페이스 개발하기

08

사용자 인터페이스 아키텍처

학습 포인트

프런트엔드 애플리케이션은 사용자에게 보일 화면이 주된 목적이므로 화면을 구성하고, 이벤트를 처리하고, 데이터를 출력하는 코드를 주로 작성합니다. 플러터는 위젯으로 사용자 인터페이스를 만들어 화면을 구성합니다. 이 장에서는 플러터에서 화면을 구성하는 위젯의 기본 개념과 아키텍처를 알아보겠습니다.

08-1 화면을 구성하는 위젯

위젯^{widget}은 화면에 보일 뷰^{view}를 설명하는 객체입니다. 즉, 화면과 관련된 모든 것이 위젯입니다. 플러터로 앱을 만들 때 기본 위젯과 사용자가 작성하는 위젯을 조합해서 화면을 구성합니다.

오른쪽 코드에서는 runApp() 함수에 플러터가 기본으로 제공하는 Center라는 위젯을 전달했습니다. Center는 가운데 정렬을 나타내는 위젯입니다. 그리고 Center 위젯에 텍스트를 나타내는 Text 위젯을 포함했습니다.

runApp() 함수는 전달받은 위젯을 위젯 트리^{widget tree*}의 루트로 만듭니다. 그리고 플러터 프레임워크는 이 루트 위젯으로 화면을 덮습니다. 플러터 앱의 화면은 이처럼 필요한 위젯을 계층으로 나열해서 구성합니다.

• runApp() 함수로 루트 위젯 등록하기

```dart
import 'package:flutter/material.dart';

void main() {
  runApp(
    Center(
      child: Text(
        'Hello, world!',
      ),
    ),
  );
}
```

* 위젯 트리는 「08-2」절에서 자세히 살펴봅니다.

이번에는 위젯 클래스를 직접 구현해서 화면을 만들어 보겠습니다.

• 화면 구성 예

```dart
import 'package:flutter/material.dart';

void main() {
  runApp(MyApp());
}

class MyApp extends StatelessWidget {
  @override
  Widget build(BuildContext context) {
    return MaterialApp(
```

```
      home: Scaffold(
        appBar: AppBar(
          title: Text('Test'),
        ),
        body: Center(child: GestureDetector(child: Text('HelloWorld'))),
      ),
    );
  }
}
```

▶ 실행 결과

MyApp 클래스는 이 앱의 화면 전체를 구성하는 위젯으로 StatelessWidget 클래스를 상속받아 선언했습니다. 「08-3」절에서 자세히 다루겠지만 StatelessWidget을 상속받은 위젯은 화면에 보일 뷰를 갱신할 수 없습니다. 즉, 정적인 화면이 됩니다.

위젯 클래스의 주요 작업은 다른 위젯을 계층으로 조합해 build() 함수를 구현하는 것입니다. 앞의 예에서는 다음 7개 위젯을 계층으로 조합해 MyApp 클래스의 build() 함수를 구현했습니다.

- MaterialApp: 머티리얼 디자인 적용
- Scaffold: 화면 구조 설계
- AppBar: 화면 위쪽 앱바 구성
- Text: 앱바의 제목
- Center: 가운데 정렬
- GestureDetector: 사용자 이벤트 처리
- Text: 본문에 문자열 출력

결국 플러터에서는 화면에 무언가를 출력하는 클래스뿐만 아니라 화면의 구조를 설계하거나 사용자 이벤트를 처리하는 클래스, 요소를 정렬하는 클래스 등 화면과 관련된 모든 것이 위젯입니다.

플러터의 위젯은 모두 Widget의 자식 클래스입니다. Widget과 Text, Center 클래스의 계층을 나타내면 다음과 같습니다.

- Object → DiagnosticableTree → Widget

- Object → DiagnosticableTree → Widget → StatelessWidget → Text

- Object → DiagnosticableTree → Widget → RenderObjectWidget →
  SingleChildRenderObjectWidget → Align → Center

선언형 프로그래밍으로 화면을 구성한다

플러터는 **선언형**declarative 프로그래밍으로 화면을 구성합니다. 선언형 프로그래밍과 반대되는 개념은 **명령형**imperative 프로그래밍입니다. 선언형 프로그래밍은 많은 프런트엔드 프레임워크가 제공하는 기법이며, 플러터 공식 문서를 보면 리액트 프레임워크에서 영감을 얻어 설계했다고 밝히고 있습니다.

명령형은 개발자가 화면 구성과 관련된 모든 코드를 작성합니다. 예를 들어 화면에 문자열을 출력한다면 데이터뿐만 아니라 위치와 색상, 배경색, 크기 등 많은 정보를 코드로 작성해야 합니다. 따라서 많은 함수가 필요합니다. 결국 명령형으로 화면을 구성하면 코드가 길어질 수밖에 없으며 화면과 관련된 많은 API를 알고 있어야 합니다.

반면에 플러터가 채택한 선언형은 화면 구성 정보만 작성하면 됩니다. 즉, 위젯의 정보만 제시하면 됩니다. 그러면 프레임워크가 알아서 API를 이용해 화면을 출력해 줍니다.*

* 이 외에도 명령형 대신 선언형을 쓰면 코드 재사용성, 불변성으로 인한 동시성 오류 방지, 쉬운 코드 관리, 높은 생산성 등 여러 가지 이점이 있습니다.

위젯은 불변이다

플러터의 위젯은 **불변 객체**immutable object입니다. 즉, 객체를 생성한 후 상태를 바꿀 수 없습니다. 따라서 처음 생성할 때의 정보가 화면에 나옵니다. 만약 화면을 새 데이터로 갱신하려면 새로운 위젯 객체를 만들어야 합니다. 이런 개념을 정리해 두면 이후에 위젯의 구조와 동작 원리를 이해할 때 도움이 됩니다.

깡샘! 질문 있어요!

위젯 객체를 다시 생성한다는 게 비효율적이지 않나요?

위젯은 위젯일 뿐 실제 화면이 아닙니다. 단순히 화면에 출력할 정보를 가지는 객체이지, 실제 화면을 출력하는 객체는 아닙니다. 실제 화면을 출력하는 객체는 플러터 프레임워크에서 따로 만들어 사용하므로 화면을 갱신할 때 단순히 정보만 가진 객체를 다시 생성하는 것으로 이해하면 됩니다.

08-2 위젯 트리 알아보기

위젯의 트리 구조

대부분 앱의 화면은 위젯을 여러 개 조합해서 구성합니다. 그런데 한 화면을 구성하는 모든 위젯은 단일 트리 구조를 이룹니다. 예를 들어 다음 그림에서 왼쪽처럼 화면을 구성했다면 위젯 객체는 오른쪽과 같은 트리 구조를 이룹니다.

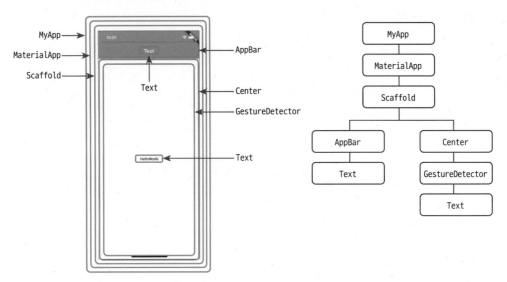

그림 8-1 위젯 구성과 트리 구조

이 트리 구조대로 화면에 출력하려면 **루트**root 위젯 객체만 runApp() 함수에 전달하면 됩니다. 그러면 하위에 달린 위젯들까지 실행되어 화면을 구성합니다.

```
• 최상위 위젯 객체만 전달
void main() {
  runApp(MyApp());
}
```

화면을 구성하는 3개 트리 구조

앞에서 위젯의 트리 구조를 알아봤는데 사실 플러터 프레임워크가 화면을 만들 때 2개의 트리 구조를 더 만듭니다. 바로 **엘리먼트 트리**element tree와 **렌더 트리**render tree입니다. 개발자는 위젯을 작성해야 하므로 위젯 트리만 알고 있으면 되지만, 프레임워크를 이해하는 차원으로 알아 두면 좋습니다.

앞에서 살펴봤듯이 위젯은 화면에 보일 뷰를 설명만 할 뿐 실제 화면에 출력할 대상은 아닙니다. 따라서 프레임워크에서 뷰 설명을 보고 위젯 트리를 참조해 실제 화면에 출력할 객체들을 별도의 트리 구조로 만듭니다. 예를 들어 위젯을 오른쪽처럼 구성했다고 가정해 보겠습니다.

> **• 위젯 구성 예**
>
> ```
> Center(
>   child: Column(
>    children: [
>       Text("Hello"),
>       Text("World")
>    ],
>   )
> )
> ```

실제 앱을 개발할 때는 이보다 많은 위젯으로 복잡하게 화면을 구성하므로 코드만 보고 전체 위젯의 트리를 파악하기는 쉽지 않습니다. 이때는 안드로이드 스튜디오의 **플러터 인스펙터** Flutter Inspector 도구를 이용하면 됩니다.

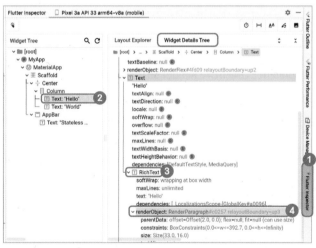

그림 8-2 플러터 인스펙터

앞의 코드를 작성한 후 안드로이드 스튜디오의 오른쪽 사이드 바에 있는 [Flutter Inspector] 탭을 클릭하면 위젯의 트리 구조를 확인할 수 있습니다. 인스펙터 창에서 위젯 트리 영역에는 개발자가 작성한 위젯의 구조가 보이며, 이 가운데 하나를 클릭하면 위젯 상세 트리 영역에서 세부 정보를 확인할 수 있습니다.

코드에는 Center → Column → Text 위젯을 사용했지만 실제 위젯 트리에는 Text 하위에 RichText라는 위젯까지 있습니다. Text에서 RichText 위젯으로 화면에 출력할 문자열을 표현하기 때문입니다.

그리고 각 위젯의 상세 설명에서 어떤 위젯은 renderObject 정보를 가지고 있고 어떤 위젯은 가지고 있지 않습니다. 이 renderObject를 포함하는 위젯이 실제 화면에 그릴 정보를 가진 위젯입니다.

인스펙터 창에서 본 위젯 트리를 그림으로 그려보면 다음과 같습니다. 이 위젯 트리는 개발자가 작성한 코드에 기초해 만들어집니다. 위젯 트리에서 노랑 바탕으로 표시한 위젯은 renderObject 정보를 포함합니다.

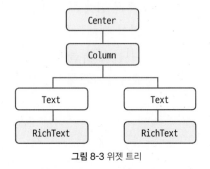

그림 8-3 위젯 트리

플러터 프레임워크는 이 위젯 트리를 기반으로 엘리먼트 트리를 만듭니다. 위젯 트리는 개발자가 작성하는 화면 구성 주문서라고 할 수 있습니다. 이 주문서를 보고 실제 화면을 구성하는 정보는 프레임워크 내부에서 엘리먼트 트리로 만듭니다. 위젯 객체 하나당 엘리먼트 객체를 하나씩 만들어 트리를 구성하며, 위젯보다는 더 상세한 정보가 담깁니다.

엘리먼트 트리는 ComponentElement와 RenderObjectElement 객체로 구성됩니다. Component Element 객체는 트리 구조에서 다른 객체를 포함하는 역할만 하며 화면에 출력할 정보를 가지지는 않습니다. 실제 화면에 출력할 정보는 RenderObjectElement에 담깁니다.

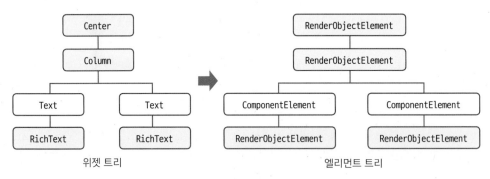

그림 8-4 엘리먼트 트리

그런데 엘리먼트 트리의 객체도 실제 화면에 무언가를 출력하지는 않습니다. 단지 정보만 담고 있습니다. 이 엘리먼트 트리 정보를 바탕으로 실제 화면을 출력하는 렌더 트리가 만들어집니다. 렌더 트리의 객체는 위젯 트리와 직접 연계되지 않습니다. 또한 모든 엘리먼트 객체를 대상으로 렌더 트리의 객체가 하나씩 만들어지지 않고, 실제 화면에 출력할 정보를 가지는 RenderObjectElement에 해당하는 객체로만 구성됩니다.

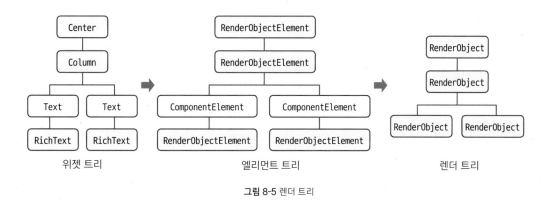

그림 8-5 렌더 트리

렌더 트리를 구성하는 객체는 실제 화면 출력하는 객체입니다. 그림에서는 RenderObject로만 표현했지만 실제로는 RenderObject 타입으로 표현되는 RenderDecorateBox, RenderImage, RenderFlex 등 다양한 객체가 사용됩니다.

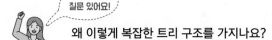

왜 이렇게 복잡한 트리 구조를 가지나요?

위젯 트리 외에 엘리먼트 트리, 렌더 트리 등이 존재하는 이유는 화면 렌더링(출력) 속도 때문입니다. 화면에 변경 사항이 발생할 때 얼마나 빨리 화면에 반영해 주는가는 프레임워크의 성능을 결정하는 중요한 요소입니다. 예를 들어 사용자가 버튼을 클릭하면 보통은 버튼의 배경색을 살짝 변경했다가 원복하는데, 이런 반응이 아예 없거나 1초 이상 걸린다면 어떨까요? 사용자는 매우 답답할 것입니다.

플러터는 네이티브 앱 수준의 성능을 목표로 합니다. 따라서 화면에 변화가 있을 때 최적의 알고리즘으로 변경할 부분만 다시 렌더링해서 빠르게 반영하도록 설계됐습니다. 이런 부분을 개발자가 신경쓰지 않게 하려고 위젯 트리 이외에 엘리먼트 트리, 렌더 트리가 존재하는 것입니다.

08-3 정적인 화면 만들기

개발자가 만드는 위젯은 다음 3가지 클래스 가운데 하나를 상속받아 작성합니다. 여기서 InheritedWidget은 상태 관리와 관련이 있으므로 18장에서 자세히 다루기로 하고, 여기서는 StatelessWidget과 StatefulWidget을 살펴보겠습니다.

- StatelessWidget: 상태를 관리하지 않는 정적인 위젯
- StatefulWidget: 상태를 관리하는 동적인 위젯
- InheritedWidget: 여러 위젯에서 공통으로 이용할 상태 관리 위젯

StatelessWidget은 **상태**[state]와 연결되지 않는 위젯을 만드는 클래스입니다. 여기서 상태는 화면에 업데이트되는 데이터를 의미합니다. 즉, StatelessWidget 클래스는 화면에 업데이트 되는 데이터와 연결할 수 없으므로 처음 생성할 때의 정보로만 화면을 구성할 수 있고 이후에 화면의 내용이 바뀌지 않는 화면, 즉 정적인 화면을 만들 때 사용합니다.

정적인 화면을 만들 때는 StatelessWidget을 상속받는 클래스를 선언하고 여기에 build() 함수를 재정의합니다. build() 함수는 자동으로 호출되며 이 함수에서 반환하는 Widget 객체 가 출력할 화면 정보입니다.

• 정적인 화면 만들기

```
class MyApp extends StatelessWidget {

  @override
  Widget build(BuildContext context) {

    return MaterialApp(
      ... (생략) ...
    );
  }
}
```

StatelessWidget은 상태를 포함하지 않으므로 데이터가 변경돼도 화면에 적용되지 않습니다. 물론 StatelessWidget에도 변수나 함수를 선언할 수 있으며 함수에서 변숫값을 바꿀 수 있습니다. 단지 변숫값을 변경해도 화면에 적용되지 않는다는 의미입니다.

Do it! 실습 정적인 화면 만들기

StatelessWidget을 활용해 정적인 화면을 만들어 보겠습니다. 오른쪽 그림처럼 화면의 아이콘을 클릭하면 위젯의 데이터가 변경되게 만들어 보겠습니다. 다만 StatelessWidget을 활용한 정적인 화면이므로 변경된 데이터가 화면에 반영되지는 않습니다.

1단계 다트 파일 작성하기

lib 아래 **ch8_3_statelesswidget**이라는 디렉터리를 만들고 여기에 **test.dart** 파일을 만든 후 다음처럼 코드를 작성합니다. 그리고 앱을 실행해 아이콘을 클릭할 때 모양이 바뀌는지 확인합니다.

그림 8-6 정적인 화면 실행 결과

Do it!	• lib/ch8_3_statelesswidget/test.dart

```dart
import 'package:flutter/material.dart';

void main() {
  runApp(MyApp());
}

class MyApp extends StatelessWidget {
  bool enabled = false;
  String stateText = "disable";
```

```dart
  void changeCheck() {
    if (enabled) {
      stateText = "disable";
      enabled = false;
    } else {
      stateText = "enable";
      enabled = true;
    }
  }

  @override
  Widget build(BuildContext context) {
    return MaterialApp(
        home: Scaffold(
          appBar: AppBar(
            title: Text('Stateless Test'),
          ),
          body: Center(
            child: Row(
              mainAxisAlignment: MainAxisAlignment.center,
              children: [
                IconButton(
                  icon: (enabled ? Icon(Icons.check_box, size: 20,) :
                        Icon(Icons.check_box_outline_blank, size: 20,)),
                  color: Colors.red,
                  onPressed: changeCheck,
                ),
                Container(
                  padding: EdgeInsets.only(left: 16),
                  child: Text('$stateText', style: TextStyle(fontSize: 30,
                        fontWeight: FontWeight.bold),),),
                ),
              ],
            ),
          )
        )
    );
  }
}
```

08-4 동적인 화면 만들기

StatefulWidget은 상태를 유지하는 위젯입니다. 상태란 화면에서 갱신해야 하는 데이터를 의미합니다. 동적인 화면을 만들려면 StatefulWidget을 상속받은 클래스와 State를 상속받은 클래스가 필요합니다.

- StatefulWidget: 위젯 클래스
- State: StatefulWidget의 상탯값을 유지하고 화면을 구성하는 클래스

StatefulWidget을 상속받은 클래스에는 build() 함수가 없습니다. 대신 createState() 함수를 꼭 재정의해야 합니다. 그리고 이 함수의 반환값은 State를 상속받은 클래스여야 합니다. StatefulWidget에도 변수나 함수를 정의할 수 있지만 이 클래스에서 화면을 구성하지는 않으므로 보통은 단순하게 작성합니다.

> **• 동적인 화면 만들기**
> ```
> class MyWidget extends StatefulWidget {
>   @override
>   State<StatefulWidget> createState() {
>     return _MyWidgetState();
>   }
> }
> ```

StatefulWidget을 사용할 때는 createState() 함수에서 반환하는 상태 클래스가 중요합니다. 상태 클래스는 State를 상속받아 작성합니다. 이 상태 클래스에는 build() 함수를 꼭 재정의해야 하며 이 함수에서 반환하는 위젯이 StatefulWidget의 화면을 구성합니다.

> **• 상태 클래스 구현하기**
> ```
> class _MyWidgetState extends State<MyWidget> {
> 
>   @override
>   Widget build(BuildContext context) {
>     ... (생략) ...
>   }
> }
> ```

상탯값 변경하기

StatefulWidget을 사용하는 이유는 State 클래스에서 상태를 관리할 수 있기 때문입니다. 상태는 State에 선언한 변수를 의미하며 이 변숫값을 변경할 때 화면을 다시 빌드합니다. 그런데 State에 선언한 변숫값을 단순히 변경하는 것만으로 화면을 다시 빌드하지는 않습니다.

다음 코드를 보면 State 클래스에 enabled와 stateText라는 속성을 선언했습니다. 이 값을 changeCheck() 함수에서 변경한다는 가정입니다. 하지만 다음처럼 작성하면 속성값은 변경되지만 변경된 값이 화면에 반영되지는 않습니다.

* 상탯값 변경 예(화면에 반영되지 않음)

```
class _MyWidgetState extends State<MyWidget>{
  bool enabled = false;
  String stateText = "disable";

  void changeCheck() {
    if (enabled) {
      stateText = "disable";
      enabled = false;
    } else {
      stateText = "enable";
      enabled = true;
    }
  }
  ... (생략) ...
}
```

이처럼 속성값을 변경했는데 화면에 반영되지 않는 이유는 State에 선언한 모든 속성이 화면과 관련된다고 볼 수 없기 때문입니다. 예를 들어 State에 속성을 10개 선언했는데 화면에 출력할 속성은 5개라고 가정해 봅시다. State에 선언한 속성값을 변경하자마자 화면을 다시 빌드한다면 화면과 관련이 없는 속성값을 변경할 때도 화면을 다시 빌드합니다. 매우 비효율적입니다. 화면 빌드는 내부적으로 많은 처리를 수행하므로 공짜가 아닙니다.

따라서 State에서 화면을 다시 빌드하는 순간은 State의 속성값을 변경하는 순간이 아니라 setState() 함수를 호출하는 순간이어야 합니다. setState() 함수는 State 클래스에서 사용할 수 있으며 화면을 다시 빌드하게 해줍니다. 어디선가 setState() 함수를 호출하면 화면을 구성하는 build() 함수가 다시 호출되고 그 결과로 반환된 위젯으로 화면을 갱신합니다. 따라서 속성값이 변경될 때 화면을 다시 빌드해야 한다면 코드를 다음처럼 작성합니다.

```
class _MyWidgetState extends State<MyWidget>{
  bool enabled = false;
  String stateText = "disable";

  void changeCheck() {
    setState(() {
      if (enabled) {
        stateText = "disable";
        enabled = false;
      } else {
        stateText = "enable";
        enabled = true;
      }
    });
  }
  ... (생략) ...
}
```

setState()의 매개변수는 함수입니다. 이 매개변수에 지정한 함수가 끝난 후에 자동으로 build() 함수를 호출합니다. 이 코드에서는 화면에 갱신할 속성값을 setState()의 매개변수에 지정한 함수에서 변경했지만 꼭 그래야 하는 것은 아닙니다. 속성값을 다른 곳에서 변경해도 어차피 setState()로 인해 build()가 호출되므로 화면에 변경 사항이 적용됩니다.

상태 클래스의 역할 알아보기

StatefulWidget으로 화면을 구성할 때 StatelessWidget처럼 StatefulWidget에서 build() 함수를 이용해 화면을 구성하고 상태를 관리하면 되지 않을까 싶은데 이는 성능과 관련된 문제입니다. 이해를 돕기 위해서 위젯 클래스를 다음처럼 작성했다고 가정해 보겠습니다.

```
class MyParentStatefulWidget extends StatefulWidget {
  @override
  State<StatefulWidget> createState() {
    return _MyParentStatefulWidgetState();
  }
}
class _MyParentStatefulWidgetState extends State<MyParentStatefulWidget> {
  ... (생략) ...
  @override
  Widget build(BuildContext context) {
    return Column(
      children: [
        MySubStatelessWidget(),
        MySubStatefulWidget()
      ],
    );
  }
}
```

상태 클래스의 build() 함수에는 MySubStatelessWidget과 MySubStatefulWidget을 포함했습니다. MySubStatelessWidget은 StatelessWidget을 상속받고, MySubStatefulWidget은 StatefulWidget을 상속받는다고 가정하고 위젯 트리를 그리면 다음과 같습니다.

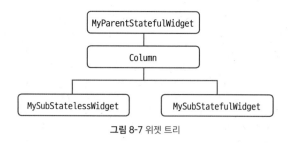

그림 8-7 위젯 트리

이 위젯 트리에서 MyParentStatefulWidget은 StatefulWidget이므로 build() 함수는 반복해서 호출될 수 있습니다. build() 함수가 다시 호출되면 내부에서 생성한 Column, MySubStatelessWidget, MySubStatefulWidget 클래스의 객체도 다시 생성됩니다. 플러터에서 위젯은 불변이므로 StatelessWidget이든 StatefulWidget이든 화면을 다시 빌드하면 이전 객체를 다시 이용하는 것이 아니라 새로운 객체가 생성됩니다.

그런데 StatelessWidget은 상태를 관리하지 않으므로 보통은 데이터가 많거나 로직이 복잡하지 않습니다. 따라서 상위 위젯으로 인해 화면이 다시 빌드될 때 객체가 새로 생성되더라도 문제가 없습니다.

문제는 StatefulWidget입니다. StatefulWidget은 데이터를 유지하면서 다양한 업무를 처리하고 그 결과로 화면을 갱신하겠다는 의도이므로 보통은 StatelessWidget보다 더 많은 데이터에 복잡한 로직을 가집니다. 즉, StatefulWidget이 StatelessWidget보다 무겁다는 의미입니다. 이런 객체를 화면이 다시 빌드될 때마다 다시 생성한다면 비효율적입니다.

따라서 StatefulWidget은 위젯 트리 구조에 포함해 매번 생성되게 만들고, 실제 데이터와 업무 로직은 State 객체를 따로 두어 화면이 다시 빌드될 때마다 매번 생성되지 않게 합니다.

StatefulWidget이 처음 생성될 때 State 객체도 함께 생성되지만 화면이 다시 빌드되어 StatefulWidget이 다시 생성되더라도 State 객체는 다시 생성되지 않고 이전에 사용하던 State 객체를 그대로 이용합니다.

- 상태 클래스

```
class MySubStatefulWidget extends StatefulWidget {
  @override
  State<StatefulWidget> createState() {
    return _MySubStatefulWidgetState();
  }
}
```

StatefulWidget 클래스에는 createState() 함수를 꼭 작성해야 하며, 이 함수에서 State 객체를 반환합니다. 하지만 createState() 함수는 StatefulWidget이 처음 생성되는 순간에만 호출됩니다. 즉, 화면이 다시 빌드될 때마다 호출되지 않습니다.

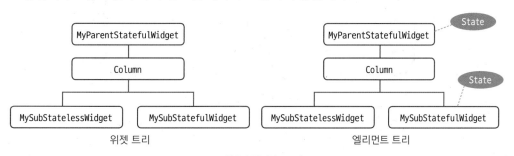

그림 8-8 엘리먼트 트리

「08-2」절에서 살펴보았듯이 위젯 트리와 똑같은 구조로 엘리먼트 트리가 만들어지며 Element 객체에 StatefulWidget을 위한 State 객체의 정보가 포함됩니다. State 객체는 우선 타입을 기준으로 찾고 타입이 같은 객체가 여러 개이면 위젯의 키값으로 찾습니다. 그래도 없으면 createState() 함수를 호출해 State 객체를 생성합니다. 여기서 위젯의 키값은 위젯 식별용 데이터로「08-6」절에서 자세히 다루겠습니다.

여기서 중요한 것은 결국 StatefulWidget은 State 객체를 따로 두고 메모리에 유지하면서 재사용하고, 화면이 다시 빌드될 때마다 StatefulWidget 객체만 생성된다는 점입니다. 이런 이유로 StatefulWidget은 State와 함께 사용합니다.

Do it! 실습 ▶ 동적인 화면 만들기

StatefulWidget을 활용해 동적인 화면을 만들어 보겠습니다. 다음 그림처럼 화면의 아이콘을 클릭하면 위젯의 데이터와 아이콘도 변경됩니다.

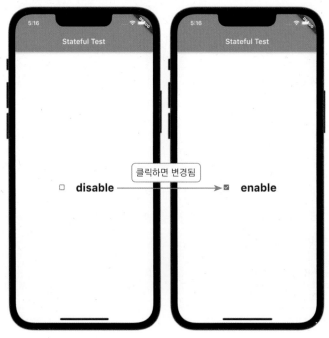

그림 8-9 동적인 화면 실행 결과

1단계 다트 파일 작성하기

lib 아래 ch8_4_stateful이라는 디렉터리를 만들고 여기에 test.dart 파일을 만든 후 다음처럼 코드를 작성합니다. 그리고 앱을 실행해 아이콘을 클릭할 때 모양이 바뀌는지 확인합니다.

```dart
import 'package:flutter/material.dart';

void main() {
  runApp(MyApp());
}

class MyApp extends StatelessWidget {
  @override
  Widget build(BuildContext context) {
    return MaterialApp(
      home: Scaffold(
        appBar: AppBar(
          title: Text('Stateful Test'),
        ),
        body: MyWidget(),
      ),
    );
  }
}

class MyWidget extends StatefulWidget {
  @override
  State<StatefulWidget> createState() {
    return _MyWidgetState();
  }
}

class _MyWidgetState extends State<MyWidget> {
  bool enabled = false;
  String stateText = "disable";

  void changeCheck() {
    setState(() {
      if (enabled) {
        stateText = "disable";
        enabled = false;
      } else {
```

```
          stateText = "enable";
          enabled = true;
      }
    });
  }


  @override
  Widget build(BuildContext context) {
    return Center(
      child: Row(
        mainAxisAlignment: MainAxisAlignment.center,
        children: [
          IconButton(
            icon: (enabled
                ? Icon(
                    Icons.check_box,
                    size: 20,
                  )
                : Icon(
                    Icons.check_box_outline_blank,
                    size: 20,
                  )),
            color: Colors.red,
            onPressed: changeCheck,
          ),
          Container(
            padding: EdgeInsets.only(left: 16),
            child: Text(
              '$stateText',
              style: TextStyle(fontSize: 30, fontWeight: FontWeight.bold),
            ),
          ),
        ],
      ),
    );
  }
}
```

08-5 상태의 생명 주기

StatelessWidget과 StatefulWidget은 불변이며 화면이 다시 빌드될 때마다 매번 생성되므로 생명 주기를 논할 필요가 없습니다. 하지만 State는 한 번 생성된 후 메모리에 유지되므로 생명 주기를 가집니다. 따라서 생명 주기 함수를 재정의할 수 있습니다.

다음 그림에서 네모로 표현한 initState(), didChangeDependencies(), build(), didUpdate Widget(), dispose()는 생명 주기 함수이므로 State 클래스에서 재정의할 수 있습니다.

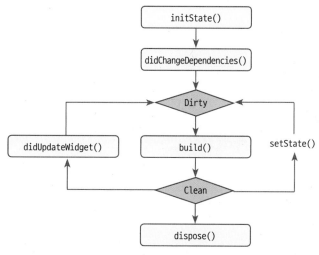

그림 8-10 State 객체의 생명 주기

setState()는 State의 상태를 변경할 때 호출하는 함수입니다. 그리고 마름모로 표현한 Dirty 와 Clean은 생명 주기 함수가 아니라 상태입니다. Clean은 State에 의해 화면이 출력되고 있는 정상 상태이며, Dirty는 State 화면을 다시 빌드해야 하는 상태를 의미합니다.

State의 각 생명 주기 함수가 언제 호출되는지 살펴보겠습니다. build()를 제외하고는 꼭 재정의할 필요는 없으므로 언제 호출되는지를 정리해 두었다가 필요할 때 이용하면 됩니다.

```
class _ChildWidgetState extends State<ChildWidget> {
  @override
  void initState() {
    super.initState();
  }
  @override
  void didChangeDependencies() {
    super.didChangeDependencies();
  }
  @override
  void dispose() {
    super.dispose();
  }
  @override
  void didUpdateWidget(covariant ChildWidget oldWidget) {
    super.didUpdateWidget(oldWidget);
  }
  @override
  Widget build(BuildContext context) {
    ... (생략) ...
  }
}
```

initState() 함수 호출 시점

initState() 함수는 State 객체가 생성되자마자 가장 먼저 최초에 한 번 호출됩니다. 따라서 이 함수에는 주로 상탯값을 초기화하는 로직을 작성합니다. 예를 들어 State가 생성되자마자 최초에 한 번 서버와 연동해 초기 데이터를 가져와서 상탯값에 할당하는 코드를 initState() 에 작성할 수 있습니다.

또는 State에서 사용하는 다양한 이벤트 처리도 initState() 함수에 작성합니다. 이벤트를 처리하는 리스너는 한 번만 등록하고 그 이후에는 콜백 함수만 반복해서 호출하면 되므로 주로 initState() 함수에 등록합니다. 예를 들어 앱이 화면에 출력되는 순간이나 화면에서 사라지는 순간에 이벤트를 처리해야 한다면 이 리스너(옵저버라고 부르기도 함)를 initState() 함수에 등록합니다.

didChangeDependencies() 함수 호출 시점

didChangeDependencies() 함수는 initState() 함수가 호출된 후에 이어서 호출됩니다. 즉, State가 생성될 때 자동으로 호출됩니다. 그런데 didChangeDependencies() 함수는 반복해서 호출될 수 있습니다. 위젯 트리에서 상위 위젯의 상태 데이터를 하위 위젯에 전달해야 할 때가 있는데, 이때 InheritedWidget이나 Provider를 사용합니다.

InheritedWidget이나 Provider로 관리하는 상위 위젯의 상태 데이터가 변경될 때 하위 위젯의 didChangeDependencies()가 자동으로 호출되어 이 함수에서 상위 위젯의 변경된 상태 데이터를 이용할 수 있게 해줍니다. InheritedWidget나 Provider는 여섯째마당에서 자세히 살펴봅니다.

didUpdateWidget() 함수 호출 시점

화면을 구성하는 위젯은 트리 구조로 표현되며 상위 위젯에서 상태 변화에 따라 하위 위젯을 다시 생성할 수 있습니다. 이미 살펴 보았듯이 StatelessWidget뿐만 아니라 StatefulWidget도 마찬가지로 불변 객체입니다. 따라서 위젯 트리를 구성하는 StatefulWidget은 반복해서 생성될 수 있습니다. 단지 StatefulWidget에 연결되는 State 객체가 메모리에 유지되면서 이용되는 것입니다.

따라서 State에서는 자신과 연결된 StatefulWidget이 다시 생성되는 순간을 감지해야 할 수도 있습니다. 이때 State의 didUpdateWidget()이 자동으로 호출됩니다. 즉, State의 didUpdateWidget()이 호출되었다는 것은 상위 위젯에서 State와 연결된 StatefulWidget이 다시 생성되었음을 의미합니다.

build() 함수 호출 시점

build() 함수는 State를 작성할 때 꼭 재정의해야 합니다. build() 함수가 반환하는 위젯이 StatefulWidget의 화면으로 출력됩니다. 즉, build()는 화면을 구성할 때 호출되는 함수입니다. 이 build() 함수가 호출되는 3가지 경우는 다음과 같습니다.

- 최초 호출
- setState() 함수에 의해 호출
- didUpdateWidget() 함수에 의해 호출

State 객체가 생성되면 initState() → didChangeDependencies() → build() 함수가 호출돼야지 화면이 나옵니다. 이처럼 화면이 출력된 상태를 Clean이라고 부릅니다. 그런데 이 State에 의해 출력된 화면이 다시 빌드되어 화면을 갱신해야 할 때가 있습니다. 즉, State 자체의 내용이 변경되거나 상위 위젯에서 상태가 변경되어 자신에도 반영해야 할 때입니다.

State 자체의 내용이 변경될 때는 setState() 함수를 호출하면 됩니다. 그러면 State의 상태는 Clean에서 Dirty 상태가 되며 이는 현재의 State 화면이 자신의 상태를 정확하게 표현하지 못하고 있다는 의미입니다. Dirty 상태가 되면 자동으로 build() 함수를 다시 호출해 현재의 상태로 화면을 다시 출력합니다.

그런데 didUpdateWidget() 함수는 상위 위젯에서 상태가 변경되어 화면을 다시 빌드하려고 자신과 연결된 StatefulWidget을 다시 생성한 순간에 호출됩니다. didUpdateWidget() 함수가 호출되면 State는 자동으로 Dirty 상태가 되며 build() 함수가 다시 호출됩니다.

dispose() 함수 호출 시점

dispose() 함수는 상태 객체를 소멸할 때 자동으로 호출됩니다. 상태 객체 관점에서는 initState()가 최초에 한 번 호출되는 함수라면 dispose()는 최후에 한 번 호출되는 함수입니다. 따라서 이벤트 리스너와 연결을 끊는 작업 등을 dispose() 함수에 주로 구현합니다. 만약 dispose() 함수를 호출해 상태 객체를 소멸한 후에 해당 객체의 함수나 변수를 사용하면 예외가 발생합니다.

깡샘!
질문 있어요!

위젯은 화면 단위로 만들면 되는 건가요? 위젯을 설계하는 규칙이 있나요?

물론 화면 단위 위젯은 직접 만들어야 합니다. 만약 화면이 10개인 앱을 만들겠다면 위젯을 10개 만들어서 각각의 화면을 구성하면 됩니다. 그런데 꼭 화면 단위 위젯만 만들지는 않습니다. 위젯을 설계할 때 정답이 있지는 않지만, 일반적으로는 화면 개수보다 더 많은 위젯을 만들어야 합니다. 보통은 재사용할 수 있는 가장 작은 단위로 위젯을 설계하라고 합니다.

모든 위젯을 동적인 화면을 만들 수 있는 StatefulWidget으로 만들면 안 되나요?

위젯을 StatefulWidget으로 만들지 StatelessWidget으로 만들지는 상태 관리를 어디서 해야 하는지를 고민해서 결정합니다. 앱의 상태 관리는 여섯째마당에서 자세히 다루겠지만, StatefulWidget을 과도하게 사용하면 메모리에 불필요한 객체를 유지해야 하므로 앱 전체의 상태 관리가 복잡해질 수 있습니다

08-6 BuildContext 객체와 위젯 키

위젯 정보를 나타내는 BuildContext 객체

BuildContext 객체는 StatelessWidget의 build() 함수 매개변수나 State의 build() 함수 매개변수로 전달됩니다. BuildContext 객체는 위젯 하나당 하나씩 자동으로 만들어집니다.

BuildContext에는 위젯을 이용할 때 필요한 다양한 정보가 들어 있습니다. 그중 위젯 트리에서 위치와 관련된 정보가 대표적입니다. 이 위젯의 위치 정보를 이용하면 위젯 트리에서 상위 위젯 객체를 얻을 수 있습니다.

다음 코드는 상위에서 MyApp이라는 위젯의 객체를 얻는 코드입니다. 어디엔가 위젯의 정보가 유지되므로 이런 코드가 가능합니다.

• 상위 위젯 객체 얻기

```
MyApp? app = context.findAncestorWidgetOfExactType<MyApp>();
```

사실 엘리먼트 트리가 바로 BuildContext 객체의 트리입니다. 엘리먼트 트리를 구성하는 Component Element, RenderObjectElement의 상위 타입이 Element인데 다음처럼 선언되어 있습니다.

• Element 선언문

```
abstract class Element extends DiagnosticableTree implements BuildContext {
```

결국 Element는 BuildContext를 구현해서 만들었으므로 엘리먼트 트리에 유지되는 객체가 BuildContext 객체라고 보면 됩니다. 엘리먼트 트리에는 개발자가 만드는 위젯을 위한 다양한 정보가 들어 있습니다. 이 정보로 BuildContext 객체를 StatelessWidget의 build()나 State의 build() 함수에 전달하여 상위 위젯을 참조하는 등으로 사용할 수 있습니다.

위젯을 식별하는 키

모든 위젯은 키값을 가질 수 있습니다. 모든 위젯의 상위 클래스인 Widget 클래스의 생성자를 보면 매개변수에 key라는 변수 하나만 선언되어 있습니다.

• Widget 클래스의 생성자

```
Widget({Key? key})
```

Text 위젯의 생성자에도 다음처럼 key라는 이름의 매개변수가 선언되어 있습니다. 이런 식으로 모든 위젯은 객체를 생성할 때 생성자 정보로 키를 지정할 수 있습니다.

> • Text 위젯 생성자

```
const Text(String data,{Key? key, ... (생략) ... })
```

위젯의 키는 객체를 식별하는 용도로 사용하는데 보통은 같은 StatefulWidget 클래스의 객체를 여러 개 사용할 때 필요합니다. StatefulWidget은 State 객체를 가지며 둘을 연결해서 이용하므로 키가 없으면 이 연결에 문제가 발생할 수 있습니다.

다양한 상황을 들어 위젯 식별과 키값의 필요성을 살펴보겠습니다.

StatelessWidget일 때 식별하기 — 키 미사용

StatelessWidget은 상태를 표현할 수 없으며 화면에 표시할 데이터를 위젯이 직접 가지고 있으므로 키로 식별하지 않아도 객체를 이용하는 데 문제가 없습니다. 다음 코드에서 작성한 StatelessWidget은 생성자 매개변수로 전달된 색상을 화면에 출력하는 단순한 위젯입니다.

> • StatelessWidget 위젯

```
class MyColorItemWidget extends StatelessWidget {
  Color color;
  MyColorItemWidget(this.color);
  @override
  Widget build(BuildContext context) {
    return Expanded(
        child: Container(
          color: color,
          width: 150,
          height: 150,
        )
    );
  }
}
```

상위 위젯에서 이 위젯을 여러 개 생성해서 화면에 출력한 후 버튼을 클릭하면 두 위젯의 위치를 교체하는 코드를 보겠습니다. 위젯이 빨강-파랑 순서로 출력되다가 상위 위젯에서 화면을 다시 빌드할 때 파랑-빨강 순서로 출력되는 예입니다. 여기서 중요한 점은 색을 출력하는 위젯이 StatelessWidget이며 키를 이용하지 않았다는 것입니다.

• 순서 바꾸기

```
class _MyListWidgetState extends State<MyListWidget> {
  List<Widget> widgetList = [
    MyColorItemWidget(Colors.red),
    MyColorItemWidget(Colors.blue),
  ];
  onChange() {
    setState(() {
      widgetList.insert(1, widgetList.removeAt(0));
    });
  }
  @override
  Widget build(BuildContext context) {
    print('print.... ${widgetList.length}');
    return Scaffold(
      appBar: AppBar(title: Text('Key Test'),),
      body: Column(
        children: [
          Row(children: widgetList,),
          ElevatedButton(onPressed: onChange, child: Text("toggle"))
        ]
      )
    );
  }
}
```

▶ 실행 결과

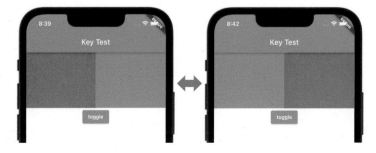

코드를 보면 `MyColorItemWidget`의 객체를 2개 생성해서 이용합니다. 화면의 버튼을 클릭하면 `onChange()` 함수에서 위젯의 순서를 바꾸고 `setState()` 함수가 화면을 다시 빌드합니다. `build()` 함수가 다시 호출되어 위젯 트리의 구조가 교체되더라도 `StatelessWidget`은 화면을 구성하는 데이터를 위젯 자체에 유지합니다. 따라서 키로 객체를 식별하지 않아도 문제가 없습니다.

파랑 위젯이 트리 구조에서 두 번째에 있다가 첫 번째로 위치가 바뀌더라도 자신이 파랑이라는 데이터를 가지고 있으므로 첫 번째 위젯의 화면에 파랑으로 나오게 하는 데 문제가 없다는 이야기입니다.

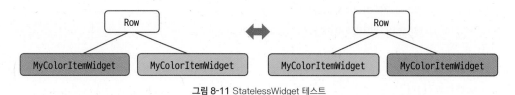

그림 8-11 StatelessWidget 테스트

다른 타입의 StatefulWidget 식별하기 — 키 미사용

이번에는 `StatefulWidget`을 사용하는 예를 살펴보겠습니다. 상위 위젯에서 `StatefulWidget` 객체를 2개 이용한다는 가정인데 클래스 타입이 다르며 키로 식별하지 않는 경우입니다.

• 다른 타입의 StatefulWidget

```
class MyREDItemWidget extends StatefulWidget {
  @override
  State<StatefulWidget> createState() {
    return _MyREDItemWidgetState(Colors.red);
  }
}
class _MyREDItemWidgetState extends State<MyREDItemWidget> {
  Color color;
  _MyREDItemWidgetState(this.color);
  @override
  Widget build(BuildContext context) {
    return Expanded(
        child: Container(
          color: color,
          width: 150,
          height: 150,
        )
```

```
    );
  }
}

class MyBLUEItemWidget extends StatefulWidget {
  @override
  State<StatefulWidget> createState() {
    return _MyBLUEItemWidgetState(Colors.blue);
  }
}

class _MyBLUEItemWidgetState extends State<MyBLUEItemWidget> {
  Color color;
  _MyBLUEItemWidgetState(this.color);
  @override
  Widget build(BuildContext context) {
    return Expanded(
        child: Container(
          color: color,
          width: 150,
          height: 150,
        )
    );
  }
}
```

이름이 다른 **StatefulWidget**을 2개 만들었습니다. 그리고 상위 위젯에서 버튼을 클릭할 때마다 순서를 바꾸어 출력하는 예입니다.

• 다른 타입의 객체 이용

```
class _MyListWidgetState extends State<MyListWidget> {
  List<Widget> widgetList = [
    MyREDItemWidget(),
    MyBLUEItemWidget(),
  ];
  onChange() {
    setState(() {
      widgetList.insert(1, widgetList.removeAt(0));
```

```
    });
  }
  ... (생략) ...
}
```

StatefulWidget은 데이터를 State 객체가 가지고 있으며 StatefulWidget과 State를 연결해 데이터를 출력합니다. 그런데 위젯의 구조가 변경되면 그에 맞는 State를 연결해야 하는데 앞의 코드처럼 위젯의 타입(클래스명)이 다르면 위젯과 State 객체를 연결하는 데 아무런 문제가 없습니다.

State 정보에 어떤 타입의 위젯인지 제네릭으로 명시하면서 사용하므로 위젯의 구조가 변경돼도 식별에 문제가 없습니다. 즉, State 객체는 어느 위젯을 위한 상태 정보인지를 타입으로 식별하므로 타입이 다르면 객체가 여러 개더라도 식별에 문제가 없습니다.

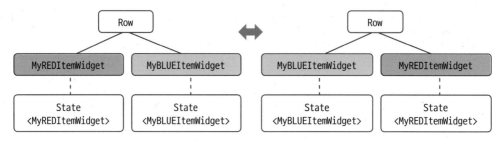

그림 8-12 다른 타입의 StatefulWidget 테스트

같은 타입의 StatefulWidget 식별하기 — 키 미사용

화면을 구성하다 보면 같은 타입의 StatefulWidget 객체를 여러 개 사용할 수도 있습니다. 대표적으로 목록 화면을 구성할 때가 그렇습니다. 항목이 10개인 목록 화면을 만들 때 각 항목을 별도의 StatefulWidget으로 구성한다면 같은 타입의 위젯 객체를 10개 이용합니다. 이처럼 같은 타입의 StatefulWidget 객체를 여러 개 이용한다면 위젯의 구조가 변경될 때 바라지 않는 상황이 발생할 수도 있습니다.

예를 들어 StatefulWidget을 다음처럼 선언했다고 가정해 보겠습니다.

• StatefulWidget 위젯

```
class MyColorItemWidget extends StatefulWidget {
  Color color;
  MyColorItemWidget(this.color, {Key? key}): super(key: key);
```

```
  @override
  State<StatefulWidget> createState() {
    return _MyColorItemWidgetState(color);
  }
}

class _MyColorItemWidgetState extends State<MyColorItemWidget> {
  Color color;
  _MyColorItemWidgetState(this.color);
  @override
  Widget build(BuildContext context) {
    return Expanded(
        child: Container(
          color: color,
          width: 150,
          height: 150,
        )
    );
  }
}
```

이 위젯의 객체를 상위에서 여러 개 생성해 보겠습니다. 즉, 같은 타입의 StatefulWidget을 여러 개 이용하는 예입니다. 이때 위젯의 키값을 지정하지 않았습니다.

```
class _MyListWidgetState extends State<MyListWidget> {
  List<Widget> widgetList = [
    MyColorItemWidget(Colors.red),
    MyColorItemWidget(Colors.blue),
  ];
  onChange() {
    setState(() {
      widgetList.insert(1, widgetList.removeAt(0));
    });
  }
  ... (생략) ...
}
```

이렇게 하면 화면이 다시 빌드될 때 위젯의 위치는 바뀌지만 색상은 바뀌지 않습니다. 위젯 객체는 분명히 바뀌지만 StatefulWidget은 상태 정보를 위젯이 아니라 State 객체가 가지고 있으므로 색상은 바뀌지 않습니다. 위젯 트리의 구조가 변경되면 State 객체를 각 위젯 객체에 올바르게 연결해야 하는데 타입이 같아서 그러지 못한 것입니다.

즉, 위젯 객체가 모두 같은 타입이므로 어떤 State 객체를 어느 위젯 객체에 연결해야 하는지를 타입으로 식별할 수 없어서 처음에 생성된 순서대로만 연결하다 보니 원하는 결과가 나오지 않은 것입니다.

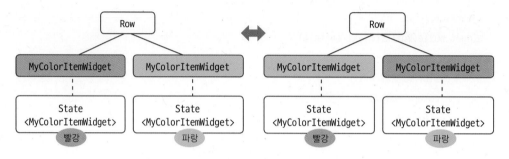

그림 8-13 같은 타입의 StatefulWidget 테스트

같은 타입의 StatefulWidget 식별하기 — 키 사용

이번에는 앞선 예에서 각 위젯을 키로 식별해서 사용해 보겠습니다.

• 위젯 키 사용

```
class _MyListWidgetState extends State<MyListWidget> {
  List<Widget> widgetList = [
    MyColorItemWidget(Colors.red, key: UniqueKey()),
    MyColorItemWidget(Colors.blue, key: UniqueKey()),
  ];
  onChange() {
    print(widgetList.elementAt(0).key);
    setState(() {
      widgetList.insert(1, widgetList.removeAt(0));
    });
  }
  ... (생략) ...
}
```

`MyColorItemWidget` 객체를 생성하면서 생성자 매개변수로 키값을 대입했습니다. `UniqueKey()` 함수는 유일한 키값을 만들어 줍니다. 이처럼 키값을 대입하면 위젯 객체의 타입이 같아도 각각 다른 키로 식별하므로 어떤 State 객체를 어느 위젯 객체와 연결해야 하는지 알 수 있습니다.

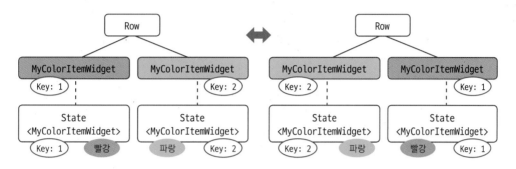

그림 8-14 같은 타입의 StatefulWidget 객체를 키로 식별 테스트

키 클래스

위젯의 키값을 설정할 때 GlobalKey, LocalKey, ValueKey, UniqueKey, ObjectKey 등을 이용할 수 있습니다. 이 클래스들은 모두 **Key**의 하위 타입입니다.

그림 8-15 키 클래스

GlobalKey와 LocalKey의 가장 큰 차이점은 "키값이 어느 영역에서 유일한 값인가?"입니다. GlobalKey는 앱 전체, LocalKey는 이 키값이 지정된 위젯의 부모부터 자식 위젯에서 유일한 값입니다. 또한 GlobalKey는 currentState, currentWidget 속성을 제공하는데, 이 속성으로 현재 이용하는 키값으로 식별되는 위젯과 State 객체를 얻을 수 있습니다.

그런데 GlobalKey를 사용하면 위젯의 트리 구조가 변경되거나 모든 위젯을 다시 빌드할 수 있으므로 단순히 위젯을 식별하는 용도로만 사용할 키값은 GlobalKey로 만들지 않는 것이 좋습니다.

LocalKey는 이 키로 식별할 위젯의 부모부터 자식에서 유일한 값을 지정할 때 사용합니다. LocalKey 하위 클래스로 ValueKey, UniqueKey, ObjectKey가 있고 주로 이 클래스를 이용해 위젯의 키값을 지정합니다.

- ValueKey: 문자열, 숫자 키값

- ObjectKey: 객체 키값

- UniqueKey: 유일한 난수 키값

ValueKey는 문자열, 숫자 등 단순한 값으로 키를 지정할 때 사용합니다. ObjectKey는 사용자의 이름, 이메일, 주소 등을 User 클래스로 선언하고 이 User 클래스의 객체를 키로 지정하거나 아니면 List 등 여러 데이터를 포함하는 객체를 키로 지정할 때 사용합니다. UniqueKey는 자체적으로 난수를 만들어 그 값으로 키를 지정할 때 사용합니다.

• 다양한 형태의 키값 지정하기

```
class _MyListWidgetState extends State<MyListWidget> {
  List<Widget> widgetList = [
    MyColorItemWidget(Colors.red, key: UniqueKey(),),
    MyColorItemWidget(Colors.blue, key: ValueKey(10)),
    MyColorItemWidget(Colors.green, key: ObjectKey(User('kkang', 30)))
  ];

  onChange() {
    var uniqueKey = widgetList.elementAt(0).key;
    var valueKey = widgetList.elementAt(1).key;
    var objectKey = widgetList.elementAt(2).key as ObjectKey;
    User user = objectKey.value as User;
    print('${uniqueKey}, ${valueKey}, ${user.name}');   // [<10>], [#06854], kkang
    ... (생략) ...
  }
  ... (생략) ...
}
```

Do it! 실습 ▶ 위젯 키 활용하기

같은 타입의 StatefulWidget 객체를 위젯 키로 식별해서 사용하는 방법을 실습해 보겠습니다. 버튼을 클릭하면 빨강-파랑 순으로 표시된 위젯이 파랑-빨강 순으로 바뀝니다.

그림 8-16 위젯 키 테스트 앱 실행 결과

1단계 **다트 파일 작성하기**

lib 아래 **ch8_6_key**라는 디렉터리를 만들고 여기에 **test.dart** 파일을 만든 후 다음처럼 코드를 작성합니다. 그리고 앱을 실행해 아이콘을 클릭할 때 모양이 바뀌는지 확인합니다.

Do it! • lib/ch8_6_key/test.dart

```dart
import 'package:flutter/material.dart';

void main() {
  runApp(MyApp());
}

class MyApp extends StatelessWidget {
  @override
  Widget build(BuildContext context) {
    return MaterialApp(
        home: MyListWidget()
    );
  }
}

class MyListWidget extends StatefulWidget {
  @override
  State<StatefulWidget> createState() {
    return _MyListWidgetState();
  }
}

class _MyListWidgetState extends State<MyListWidget> {
  List<Widget> widgetList = [
    MyColorItemWidget(Colors.red, key: UniqueKey(),),
    MyColorItemWidget(Colors.blue, key: UniqueKey()),
  ];
```

```
    onChange() {
      print(widgetList.elementAt(0).key);
      setState(() {
        widgetList.insert(1, widgetList.removeAt(0));
      });
    }
    @override
    Widget build(BuildContext context) {
      return Scaffold(
          appBar: AppBar(title: Text('Key Test'),),
          body: Column(
              children: [
                Row(children: widgetList,),
                ElevatedButton(onPressed: onChange, child: Text("toggle"))
              ]
          )
      );
    }
}


class MyColorItemWidget extends StatefulWidget {
  Color color;
  MyColorItemWidget(this.color, {Key? key}): super(key: key);
  @override
  State<StatefulWidget> createState() {
    return _MyColorItemWidgetState(color);
  }
}

class _MyColorItemWidgetState extends State<MyColorItemWidget> {
  Color color;
  _MyColorItemWidgetState(this.color);
  @override
  Widget build(BuildContext context) {
    return Expanded(
        child: Container(
          color: color,
          width: 150,
          height: 150,
        )
    );
  }
}
```

09

기본 위젯 활용하기

학습 포인트

플러터는 화면을 구성할 때 사용할 수 있는 많은 위젯을 제공합니다. 이번 장에서는 플러터가 제공하는 기본 위젯을 알아봅니다. 그리고 플러터 앱에 이미지나 JSON 파일을 불러와서 이용하는 방법도 살펴봅니다.

09-1 애셋을 활용하는 방법

애셋 등록하기

플러터의 애셋[asset]은 앱을 구성하는 데 활용할 자원[resource]을 의미합니다. 애셋 파일은 앱을 빌드할 때 앱 내부에 포함됩니다. 주로 아이콘 이미지나 JSON, 폰트 파일 등을 애셋으로 활용합니다. 애셋을 사용하려면 해당 파일을 프로젝트에 포함해야 합니다. 그런데 애셋 파일을 보관할 디렉터리나 파일 이름에 특별한 규칙은 없습니다. 대신 앱에서 사용해야 하므로 플러터 프로젝트의 메인 환경 파일인 pubspec.yaml에 등록해야 합니다.

예를 들어 프로젝트에 images 디렉터리를 만들고 애셋 파일 3개를 오른쪽 그림처럼 넣었다고 가정해 봅시다.

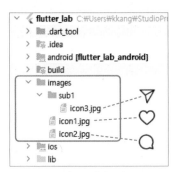

그림 9-1 애셋 구성

icon1.jpg와 icon2.jpg 파일은 images 디렉터리에 두었으며 icon3.jpg 파일은 images/sub1 디렉터리에 두었습니다. 그런 다음 pubspec.yaml 파일에서 **flutter** 아래 **assets**에 애셋 파일을 등록합니다.

> • 애셋 등록하기(pubspec.yaml)

```
... (생략) ...
flutter:
  uses-material-design: true

  assets:
    - images/icon1.jpg
    - images/icon2.jpg
    - images/sub1/icon3.jpg
```

애셋을 등록했으면 이제 다트 파일에서 다음처럼 사용할 수 있습니다. 화면에 이미지를 출력하려면 다음처럼 Image 위젯을 사용합니다. Image 위젯을 사용하는 구체적인 방법은 「09-3」절에서 살펴봅니다.

• 화면에 이미지 출력

```dart
import 'package:flutter/material.dart';
void main() {
  runApp(MyApp());
}

class MyApp extends StatelessWidget {
  @override
  Widget build(BuildContext context) {
    return MaterialApp(
      home: Scaffold(
        appBar: AppBar(
          title: Text('Test'),
        ),
        body: Column(children: [
          Image.asset('images/icon1.jpg'),
          Image.asset('images/icon2.jpg'),
          Image.asset('images/sub1/icon3.jpg'),
        ])),
    );
  }
}
```

▶ 실행 결과

pubspec.yaml 파일에 애셋 파일을 등록하는 기본은 파일 단위지만, 파일이 많을 때는 일일이 등록하기가 부담스럽습니다. 이럴 때는 애셋이 있는 디렉터리를 등록할 수도 있습니다. 디렉터리를 등록할 때는 이름 뒤에 /를 추가합니다. 이렇게 하면 이 디렉터리에 있는 모든 애셋 파일이 등록됩니다.

• 애셋 디렉터리 등록하기

```yaml
assets:
  - images/
```

그런데 이 방법은 하위 디렉터리까지 포함하지는 않으므로 다음처럼 별도로 등록해야 합니다.

> • 하위 디렉터리 등록하기

```
assets:
  - images/
  - images/sub1/
```

애셋 변형하기

애셋 변형^{variants}이란 상황에 맞는 애셋을 적용하는 개념입니다. 여러 상황에 대비해 여러 애셋 파일을 준비해 두면 프레임워크가 각 상황에 맞게 적용해 줍니다. 대부분 프레임워크에서 애셋 변형을 지원하지만, 플러터는 현재 이미지 해상도만 지원합니다. 그러나 앞으로 언어나 화면 방향 등 다양한 변형을 지원할 계획이라고 합니다.

각 단말기는 해상도에 차이가 있습니다. 안드로이드폰은 hdpi, xhdpi, xxhdpi, xxxhdpi 등으로 해상도를 구분하며, 아이폰은 1x, 2x, 3x 등으로 구분합니다. 용어만 차이가 있을 뿐이지 개념은 같습니다. 1x와 2x의 차이는 똑같은 크기일 때 1x보다 2x 단말기가 2배 많은 픽셀을 가집니다. 흔히 밀도로 표현하기도 하는데 1x보다 2x가 2배의 밀도를 가진다는 의미입니다.

예를 들어 1x 단말기에서 1in가 72px로 구성됐다면, 2x, 3x 단말기는 똑같은 1in가 각각 144px, 216px로 구성됐다는 의미입니다.

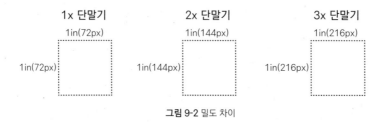

그림 9-2 밀도 차이

만약 이미지 애셋을 하나만 준비하면 모든 해상도의 단말기에 눈으로 볼 때는 똑같은 크기로 나오지만, 픽셀 수가 달라서 이미지가 확대되거나 축소됩니다. 예를 들어 다음 그림처럼 만약 72×72px의 이미지를 하나만 준비했다면 1x 단말기에서는 이미지가 정상으로 나오지만, 2x에서는 가로, 세로 2배씩, 3x에서는 3배씩 이미지가 확대됩니다. 이처럼 이미지가 확대되거나 축소되면 깨지거나 흐릿해 보이는 문제가 있습니다. 따라서 해상도별로 크기가 다른 이미지를 여러 개 준비해야 합니다.

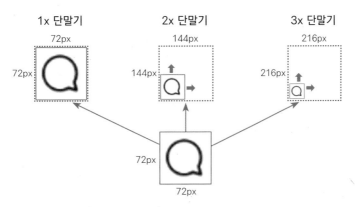

그림 9-3 이미지를 하나만 적용했을 때

그런데 한 이미지를 출력하는 데 이미지가 여러 개이므로 어떤 이미지를 어느 단말기에 적용해야 하는지를 판단해 줘야 합니다. 이 작업을 개발자가 코드로 작성하지 않고 플러터가 대신하게 할 수 있습니다. 그러려면 애셋 파일을 보관하는 디렉터리를 규칙에 맞게 구성해야 합니다.

플러터는 pubspec.yaml에 등록된 애셋과 똑같은 이름의 파일이 하위 디렉터리에 있으면 해당 애셋을 등록하지 않아도 자동으로 적용해 줍니다. 예를 들어 애셋 파일을 오른쪽 그림처럼 구성했다고 가정해 보겠습니다.

그림 9-4 같은 이름의 애셋

서로 다른 이미지 애셋 파일이 2개인데 이름이 같습니다. 그리고 pubspec.yaml 파일에 다음처럼 images 폴더의 icon.jpg만 등록합니다.

```
assets:
  - images/
```

그리고 다트 파일에서 다음처럼 애셋을 사용해 봅시다.

```
Image.asset('images/icon.jpg'),
```

▶ **실행 결과**

분명 pubspec.yaml 파일에 images/icon.jpg만 등록하고 다트 파일에서도 images/icon.jpg로 작성했지만, 애셋 이미지는 images/sub/icon.jpg가 출력됩니다.

이처럼 pubspec.yaml 파일에 등록한 애셋과 똑같은 이름의 애셋이 하위 디렉터리에 있으면 별도로 등록하지 않아도 하위 디렉터리의 애셋을 적용해 줍니다. 결국 pubspec.yaml 파일에 등록한 애셋은 하위 디렉터리에 같은 이름의 애셋이 없을 때나 적용되는 기본 애셋이라는 의미입니다.

이런 규칙을 이용하면 해상도에 따라서 이미지 애셋을 다르게 적용하게 할 수 있습니다. 예를 들어 오른쪽 그림처럼 이미지 애셋을 준비했다고 가정해 봅시다. 똑같은 이미지를 해상도만 다르게 해서 user.png라는 같은 이름으로 준비했습니다. 그리고 기본 이미지 애셋보다 2배, 3배 큰 이미지 파일은 images/icon 아래에 2.0x와 3.0x 디렉터리를 만들어서 각각 넣어뒀습니다.

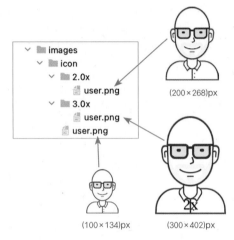

그림 9-5 해상도별 애셋 준비

각 단말기의 해상도에 따라서 이미지 애셋 파일을 다르게 적용하게 하려면 이처럼 하위 디렉터리 이름을 반드시 2.0x, 3.0x처럼 지어야 합니다. 플러터가 이 디렉터리 이름을 보고 어느 단말기에서 어느 애셋을 적용할지 판단하기 때문입니다.

이렇게 애셋을 준비한 후에 pubspec.yaml 파일에는 다음처럼 등록합니다.

```
assets:
  - images/icon/
```

그리고 다트 파일에서 images/icon/user.png 애셋을 이용하면 단말기별로 각 하위 디렉터리에 있는 애셋을 알아서 적용합니다.

```
Image.asset('images/icon/user.png'),
```

▶ 실행 결과

애셋 이용하기

여기서는 애셋 파일을 코드에서 이용하는 방법을 살펴보겠습니다. 애셋은 AssetBundle 클래스의 loadString()이나 load() 함수로 이용합니다.* 이 함수의 매개변수에 애셋이 있는 경로를 전달합니다.

> * 앞에서 살펴본 이미지 애셋은 Image.asset() 로 이용했지만 내부적으로는 AssetBundle을 이용합니다.

loadString()은 애셋의 데이터를 문자열로 불러오는 함수이며, load()는 반환 타입이 Byte Data인 이미지나 바이너리 데이터를 불러오는 함수입니다.

그런데 AssetBundle은 추상 클래스이므로 직접 생성해서 사용할 수 없고 rootBundle이나 DefaultAssetBundle을 이용해서 AssetBundle 타입의 객체로 사용해야 합니다.

- rootBundle: 애플리케이션 전역에서 사용하는 AssetBundle
- DefaultAssetBundle: 위젯에서 사용하는 AssetBundle

rootBundle은 flutter/services.dart에 선언된 AssetBundle 타입의 속성입니다. 이 rootBundle 을 이용하면 애플리케이션 전역에서 애셋을 이용할 수 있습니다.

> **• rootBundle로 애셋 이용하기**

```
await rootBundle.loadString('assets/text/my_text.txt');
```

그런데 될 수 있으면 rootBundle 대신 DefaultAssetBundle을 사용하는 것이 좋습니다. Default AssetBundle은 위젯에서 사용하는 AssetBundle을 만들어 주므로 rootBundle보다 테스트가 쉽습니다. 그러나 DefaultAssetBundle을 이용하려면 BuildContext 객체가 있어야 하며 이를 이용할 수 없을 때는 어쩔 수 없이 애셋을 rootBundle로 이용해야 합니다.

> **• DefaultAssetBundle로 애셋 이용하기**

```
await DefaultAssetBundle.of(context).loadString('assets/text/my_text.txt');
```

Do it! 실습 　애셋 활용하기

애셋을 활용하는 방법으로 오른쪽 그림과 같은 화면을 출력하는 앱을 만들어 보겠습니다.

그림 9-6 애셋 활용 앱 실행 결과

1단계 **프로젝트에 애셋 파일 불러오기**

먼저 필자가 공유한 실습 파일에서 ch9_1_asset의 images와
assets 디렉터리를 프로젝트에 복사합니다. assets/text 디렉터리
에는 간단한 문자열이 등록된 my_text.txt 파일이 있으며,
images/icon 디렉터리에는 user.png 파일이 있습니다.

그림 9-7 위젯 파일 불러오기

2단계 **메인 환경 파일에 애셋 등록하기**

pubspec.yaml 파일을 열고 다음과 같은 코드를 작성해 앞 단계에서 불러온 위젯을 등록합니다.

Do it! • pubspec.yaml

```
... (생략) ...
flutter:
  uses-material-design: true
  assets:
    - images/
    - images/icon/
    - assets/text/
```

3단계 **다트 파일 작성하기**

lib 아래 **ch9_1_asset**이라는 디렉터리를 만들고 여기에 **test.dart** 파일을 만든 후 다음처럼 코드
를 작성합니다. 그리고 앱을 실행해 앞서 보인 실행 결과 화면이 정상으로 나오는지 확인합니다.

Do it! • lib/ch9_1_asset/test.dart

```
import 'package:flutter/material.dart';
import 'package:flutter/services.dart';   // 애셋 이용을 위한 rootBundle 제공

void main() {
  runApp(MyApp());
}

class MyApp extends StatelessWidget {
```

```dart
// rootBundle을 이용해 애셋 파일을 읽어 반환하는 함수
// Future는 비동기 데이터를 의미하며 이후에 자세히 다룸
Future<String> useRootBundle() async {
  return await rootBundle.loadString('assets/text/my_text.txt');
}
// DefaultAssetBundle을 이용해 애셋 파일을 읽어 반환하는 함수
Future<String> useDefaultAssetBundle(BuildContext context) async {
  return await DefaultAssetBundle.of(context).loadString('assets/text/my_text.txt');
}

@override
Widget build(BuildContext context) {
  return MaterialApp(
    home: Scaffold(
        appBar: AppBar(
          title: Text('Test'),
        ),
        body: Column(
          children: [
            Image.asset('images/icon.jpg'),
            Image.asset('images/icon/user.png'),
            // FutureBuilder는 비동기 데이터를 이용해 화면을 구성하는 위젯
            FutureBuilder(
                future: useRootBundle(),          // useRootBundle() 함수 호출
                builder: (context, snapshot) {    // useRootBundle() 함수의
                                                  // 결괏값이 snapshot에 전달되며
                                                  // 이 값으로 화면 구성
                  return Text('rootBundle : ${snapshot.data}');
                }
            ),
            FutureBuilder(
                future: useDefaultAssetBundle(context),
                builder: (context, snapshot) {
                  return Text('DefaultAssetBundle : ${snapshot.data}');
                }
            )
          ],
        )),
  );
}
}
```

09-2 텍스트 위젯

Text는 문자열을 출력하는 위젯입니다. 화면을 구성하는 가장 기본 콘텐츠가 문자열이므로 Text 위젯도 플러터에서 가장 많이 활용됩니다. Text는 다음처럼 2가지 생성자를 제공합니다. Text() 생성자는 매개변수로 대입한 문자열을 출력해 주며, Text.rich()는 Text로 출력하는 문자열을 다양하게 꾸밀 수 있습니다.

> **• 텍스트 위젯 생성자**
>
> ```
> Text(String data, { ... (생략) .... })
> Text.rich(InlineSpan textSpan, { ... (생략) .... })
> ```

텍스트 정렬하기 — textAlign

텍스트 위젯에 출력할 문자열을 정렬하려면 textAlign 속성을 이용합니다. 이때 TextAlign 클래스가 제공하는 상수로 가로 방향 정렬 방법을 지정합니다. 상수는 start, end, center, left, right 등을 제공합니다.

> **• 텍스트 정렬하기**
>
> ```
> Text('Hello World'),
> Text(
>   'Hello World',
>   textAlign: TextAlign.center,
> ),
> ```

▶ 실행 결과

텍스트 스타일 지정하기 — TextStyle

문자열을 꾸밀 때는 style 속성에 TextStyle 객체로 지정합니다. TextStyle 생성자에는 문자열의 스타일과 관련된 많은 정보를 설정할 수 있으며 대표적으로 다음과 같은 값을 이용할 수 있습니다.

- Color color

- Color backgrondColor

- TextDecoration decoration

- FontWeight fontWeight

- FontStyle fontStyle

- double fontSize

- double height

color와 backgroundColor를 이용하면 문자열이 출력될 곳의 전경색과 바탕색을 지정할 수 있습니다. TextDecoration 클래스의 underline, overline 등의 상수를 decoration에 지정하면 문자열에 줄을 그을 수 있고, 굵게 표시는 fontWeight에 FontWeight.bold를, 기울임꼴로 표시는 fontStyle에 FontStyle.italic을 지정하면 됩니다. 또한 문자열 크기는 fontSize에 지정하며 전체 Text의 세로 크기는 height에 지정합니다.

• 텍스트 스타일 지정하기

```
Text(
  'Hello World',
  style: TextStyle(
    fontWeight: FontWeight.bold,     // 굵게
    fontStyle: FontStyle.italic,     // 기울임꼴
    color: Colors.red,               // 글꼴 색상
    fontSize: 20,     // 글꼴 크기
    height: 2,        // 세로 크기(줄 간격)
    backgroundColor: Colors.yellow,          // 바탕색
    decoration: TextDecoration.underline,    // 밑줄 장식
    decorationColor: Colors.red,             // 장식 색상
    decorationStyle: TextDecorationStyle.wavy,    // 장식 모양(물결)
  ),
)
```

▶ 실행 결과

코드에서 height에 대입한 값 2는 fontSize의 2배라는 의미입니다. 문자열의 크기는 fontSize로 지정합니다. height에 지정하는 크기는 문자열의 크기가 아니라 Text 위젯이 세로 방향으로 차지하는 크기이며 fontSize의 배수로 지정합니다. 결국 height의 크기를 이용해 줄 간격을 조정할 수 있습니다.

줄 수 제한하기 — maxLines

텍스트에 긴 문자열을 출력하면 자동으로 줄 바꿈해서 여러 줄로 출력합니다.

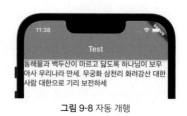

그림 9-8 자동 개행

만약 특정 줄 수만큼만 출력하고 싶다면 maxLines 속성을 지정합니다. 다음 코드는 maxLines로 2줄 까지만 출력한 예입니다.

> • 줄 수 제한하기

```
Text(
  longTxt,
  style: TextStyle(
    fontSize: 20
  ),
  maxLines: 2,
)
```

▶ **실행 결과**

이처럼 문자열이 생략됐음을 알리는 효과를 주고 싶다면 overflow를 이용합니다. overflow에는 TextOverflow 클래스의 4가지 상수 가운데 하나를 사용할 수 있습니다.

- visible: 자동 개행(기본값)
- ellipsis: 말 줄임표(…) 표시
- fade: 흐리게 표시
- clip: 생략 효과 없음

• 생략 효과

```
Text(
  longTxt,
  style: TextStyle(
    fontSize: 20
  ),
  maxLines: 2,
  overflow: TextOverflow.ellipsis,
)
```

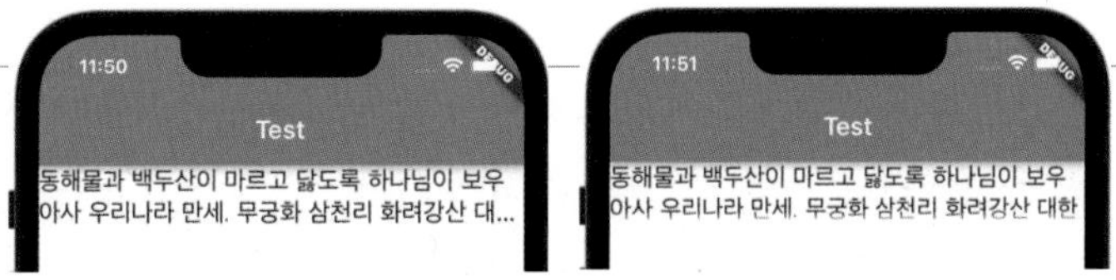

그림 9-9 ellipsis(왼쪽)와 fade(오른쪽) 효과 비교

문자열 일부만 꾸미기 — TextSpan

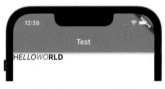

Text의 또 다른 생성자인 Text.rich()는 TextSpan 위젯으로 문자열의 스타일을 지정할 때 사용합니다. 앞에서 살펴본 style 속성은 전체 문자열을 대상으로 하지만, TextSpan은 문자열 중 일부분에만 특정 스타일을 적용하고 싶을 때 사용합니다.

그림 9-10 TextSpan 사용 예

만약 그림과 같은 스타일로 HELLOWORLD 문자열을 출력해야 한다면 Text.rich()로 다음처럼 작성할 수 있습니다.

• 문자열 일부분에만 스타일 지정 — Text.rich()

```
Text.rich(
  TextSpan(
    text: 'HE',
    children: [
      TextSpan(
        text: 'L',
        style: TextStyle(fontStyle: FontStyle.italic),
        children: [
          TextSpan(text: 'LO'),
          TextSpan(text: 'WO', style: TextStyle(color: Colors.red))
```

```
      ]
    ),
    TextSpan(text: 'RLD', style: TextStyle(fontWeight: FontWeight.bold))
  ]
),
style: TextStyle(fontSize: 20),
)
```

Text.rich() 생성자로 작성한 코드를 RichText 위젯으로 작성할 수도 있습니다. 둘 다 TextSpan
으로 문자열의 다양한 스타일을 지정할 때 사용합니다. 앞선 코드를 RichText로 다음처럼 작
성할 수 있습니다.

• 문자열 일부분에만 스타일 지정 ─ RichText

```
RichText(
  text: TextSpan(
    text: 'HE',
    style: TextStyle(fontSize: 20, color: Colors.black),
    children: [
      TextSpan(
        text: 'L',
        style: TextStyle(fontStyle: FontStyle.italic),
        children: [
          TextSpan(text: 'LO'),
          TextSpan(text: 'WO', style: TextStyle(color: Colors.red))
        ]),
      TextSpan(
        text: 'RLD',
        style: TextStyle(fontWeight: FontWeight.bold))
    ]))
```

Do it! 실습 텍스트 위젯 활용하기

텍스트 위젯을 활용해 다음 그림처럼 화면을 출력하는 앱을
만들어 보겠습니다.

그림 9-11 텍스트 위젯 활용 앱 실행 결과

다트 파일 작성하기

lib 아래 ch9_2_text라는 디렉터리를 만들고 여기에 test.dart 파일을 만든 후 다음처럼 코드를 작성합니다. 그리고 앱을 실행해 앞서 보인 실행 결과 화면이 정상으로 나오는지 확인합니다.

Do it! • lib/ch9_2_text/test.dart

```dart
import 'package:flutter/material.dart';

void main() {
  runApp(MyApp());
}

class MyApp extends StatelessWidget {
  String longTxt =
      '동해물과 백두산이 마르고 닳도록 하느님이 보우하사 우리나라만세. 무궁화 삼천리 화려강산 대한 사람
대한으로 기리 보전하세';

  @override
  Widget build(BuildContext context) {
    return MaterialApp(
      home: Scaffold(
        appBar: AppBar(
          title: Text('Test'),
        ),
        body: Column(
          crossAxisAlignment: CrossAxisAlignment.stretch,
          children: [
            Text(
              'Hello World',
              style: TextStyle(
                fontWeight: FontWeight.bold,
                fontStyle: FontStyle.italic,
                color: Colors.red,
                fontSize: 20,
                height: 2,
                backgroundColor: Colors.yellow,
                decoration: TextDecoration.underline,
                decorationColor: Colors.red,
```

```
                    decorationStyle: TextDecorationStyle.wavy,
                ),
            ),
          Text(
            longTxt,
            style: TextStyle(
              fontSize: 20
            ),
            maxLines: 2,
            overflow: TextOverflow.fade,
          ),
        RichText(
            text: TextSpan(
                text: 'HE',
                style: TextStyle(fontSize: 20, color: Colors.black),
                children: [
                  TextSpan(
                      text: 'L',
                      style: TextStyle(fontStyle: FontStyle.italic),
                      children: [
                        TextSpan(text: 'LO'),
                        TextSpan(
                            text: 'WO', style: TextStyle(color: Colors.red))
                      ]),
                  TextSpan(
                      text: 'RLD',
                      style: TextStyle(fontWeight: FontWeight.bold))
                ]))
      ],
    )),
  );
 }
}
```

09-3 이미지 위젯

이미지를 출력할 때는 Image 위젯을 사용합니다. 그런데 Image 위젯으로 출력할 데이터는 ImageProvider로 가져와야 합니다. ImageProvider는 추상 클래스이며 이 클래스를 상속받은 다음의 클래스를 이용합니다.

- AssetImage: 애셋 이미지
- FileImage: 파일 이미지
- MemoryImage: 메모리의 데이터 이미지
- NetworkImage: 네트워크의 이미지
- ResizeImage: 이미지 크기 변경

애셋 이미지를 AssetImage로 가져와 Image 위젯으로 출력하는 코드는 다음처럼 작성합니다.

> • 이미지 출력

```
Image(image: AssetImage('images/icon/user.png'),),
```

ResizeImage는 이미지를 원하는 크기로 변경합니다.

> • 이미지 크기 변경

```
Image(image: ResizeImage(AssetImage('images/icon/user.png'), width: 70, height: 80)),
```

FileImage는 단말기의 이미지를 파일 경로로 읽어 올 때 사용합니다. 대표적으로 갤러리 앱과 연동해 사용자가 선택한 이미지를 가져올 때 FileImage를 사용합니다. NetworkImage를 이용한다면 이미지의 URL을 다음처럼 NetworkImage에 지정만 하면 됩니다.

> • 네트워크의 이미지 가져오기

```
Image(image: NetworkImage('https://flutter.github.io/assets-for-api-docs/assets/
widgets/owl.jpg'),),
```

이미지를 이용하려면 ImageProvider로 가져와서 Image 위젯으로 출력합니다. 그런데 Image 는 두 기능을 모두 제공하는 다음의 생성자를 제공합니다. 이를 이용하면 이미지를 가져와 출 력할 수 있습니다.

- Image.asset(): AssetImage 이용
- Image.network(): NetworkImage 이용
- Image.file(): FileImage 이용
- Image.memory(): MemoryImage 이용

> • Image.asset() 생성자로 이미지 애셋 출력하기

```
Image.asset('images/icon/user.png'),
```

이미지 채우기

이미지에는 가로, 세로 자체 크기가 있습니다. 그리고 Image 위젯도 크기를 지정할 수 있습니다. 이미지와 이를 출력할 위젯의 크기가 같을 때는 문제가 없지만 대부분은 두 크기가 서로 다릅니다. 이때 이미지를 어떻게 출력할지 fit에 지정할 수 있습니다.

예를 들어 300×200px 크기인 이미지를 200×200px로 지정한 Image 위젯에 출력하면 다음처럼 나옵니다. 화면에서 Image가 차지하는 영역을 표현하고자 Container를 사용해 빨간 색으로 칠했습니다.

> • 이미지와 위젯의 크기가 다른 예

```
Container(
  color: Colors.red,
  child: Image.asset(
    'images/big.jpeg',
    width: 200,
    height: 200,
  ),
)
```

▶ 실행 결과

이미지가 출력됐지만 위젯을 채우지 못하고 빨간색이 보입니다. 이처럼 이미지와 Image 위젯의 크기가 다를 때 이미지를 어떻게 출력할지는 fit으로 설정할 수 있습니다. fit에는 Boxfit 클래스의 상수를 지정합니다.

- BoxFit.fill: 높이와 너비를 가득 채워 이미지 출력. 비율이 변경될 수 있음
- BoxFit.contain: 이미지가 잘리거나 비율 변화 없이 가능한 한 크게 출력
- BoxFit.cover: 비율 변화 없이 위젯에 꽉 채워 출력. 이미지가 잘릴 수 있음
- BoxFit.fitWidth: 너비를 채워 출력. 이미지가 잘릴 수 있음
- BoxFit.fitHeight: 높이를 채워 출력. 이미지가 잘릴 수 있음
- BoxFit.none: 이미지 원본을 그대로 출력. 이미지가 잘릴 수 있음
- BoxFit.scaleDown: 이미지 전체가 나오도록 크기 조절 후 출력

다음은 앞에서 나열한 순서대로 7가지 fit 속성값의 결과를 보여 줍니다.

• 이미지 채우기 설정

```
Container(
  color: Colors.red,
  child: Image.asset(
    'images/big.jpeg',
    width: 100,
    height: 200,
    fit: BoxFit.fill
  ),
)
```

▶ 실행 결과

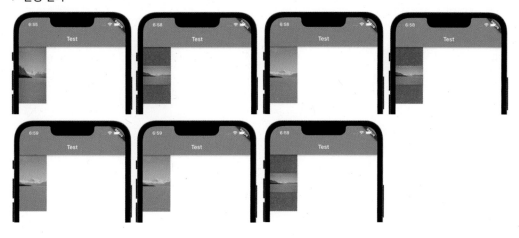

Do it! 실습 > 이미지 위젯 활용

이미지 위젯을 활용해 오른쪽 그림처럼 화면을 출력하는 앱을 만들어 보겠습니다. 이미지를 2개 출력하는데 하나는 네트워크에서 불러오고, 또 하나는 애셋으로 등록한 이미지입니다.

그림 9-12 이미지 위젯 활용 앱 실행 결과

1단계 프로젝트에 애셋 파일 불러오기

먼저 필자가 공유한 실습 파일에서 ch9_3_image 디렉터리의 big.jpeg 파일을 프로젝트의 images 디렉터리에 복사합니다. 만약 「09-1」절의 [Do it! 실습]을 진행하지 않아서 프로젝트에 images 디렉터리가 없다면 새로 만들어야 합니다.

2단계 메인 환경 파일에 애셋 등록하기

pubspec.yaml 파일을 열고 **assets**에 images 디렉터리가 등록돼 있는지 확인하고 등록되어 있지 않으면 등록합니다.

```yaml
Do it!                                                    • pubspec.yaml
... (생략) ...
flutter:
  uses-material-design: true
  assets:
    - images/
```

lib 아래 ch9_3_image라는 디렉터리를 만들고 여기에 test.dart 파일을 만든 후 다음처럼 코드를 작성합니다. 이 코드는 NetworkImage로 네크워크에 있는 이미지를 출력하고, Image. asset()으로 1단계에서 추가한 이미지 애셋을 출력합니다. 그리고 앱을 실행해 앞서 보인 실행 결과 화면이 정상으로 나오는지 확인합니다.

Do it! • lib/ch9_3_image/test.dart

```
import 'package:flutter/material.dart';

void main() {
  runApp(MyApp());
}

class MyApp extends StatelessWidget {
  @override
  Widget build(BuildContext context) {
    return MaterialApp(
        home: Scaffold(
            appBar: AppBar(
              title: Text('Test'),
            ),
            body: Column(children: [
              Image(
                image: NetworkImage(
                    'https://flutter.github.io/assets-for-api-'
                        'docs/assets/widgets/owl.jpg'),
              ),
              Container(
                color: Colors.red,
                child: Image.asset(
                  'images/big.jpeg',
                  width: 200,
                  height: 100,
                  fit: BoxFit.fill,
                ),
              )
            ])));
  }
}
```

09-4 아이콘과 아이콘 버튼

아이콘을 출력할 때는 Icon 위젯을 사용합
니다. Icon의 생성자는 오른쪽처럼 선언되
어 있습니다.

Icon 위젯을 사용하려면 아이콘을 지정해
야 하는데 그 역할을 IconData 객체가 합
니다. 결국 Icon은 IconData에 크기나 색
상 등을 설정하는 위젯입니다. IconData
로 아이콘을 만들어 적용할 수도 있고 플
러터나 외부에서 제공하는 아이콘을 사용
할 수도 있습니다.

```
• Icon 생성자

const Icon(
  IconData? icon,
  { Key? key,
    double? size,
    Color? color,
    String? semanticLabel,
    TextDirection? textDirection }
)
```

플러터에서 제공되는 아이콘은 다음 주소에서 확인할 수 있습니다.

- 플러터 아이콘 모음: https://api.flutter.dev/flutter/material/Icons-class.html

플러터가 제공하는 아이콘에서 alarm이라는 이름의 알람 아이콘을 사용해 보겠습니다. 알람
아이콘은 다음처럼 선언된 IconData 타입의 상수입니다.

```
static const IconData alarm = IconData(0xe072, fontFamily: 'MaterialIcons');
```

이 alarm 상수에 대입된 IconData 객체의 데이터를 그대로 Icon 위젯에 적용하면 알람 아이
콘을 출력할 수 있습니다.

```
Icon(
  IconData(0xe072, fontFamily: 'MaterialIcons'),
  size: 100,
  color: Colors.red,
),
```

물론 **IconData**로 선언된 상수 변수가 **alarm**이므로 주로 다음처럼 사용합니다.

• 알람 아이콘 출력하기

```
Icon(
  Icons.alarm,
  size: 100,
  color: Colors.red
),
```

▶ 실행 결과

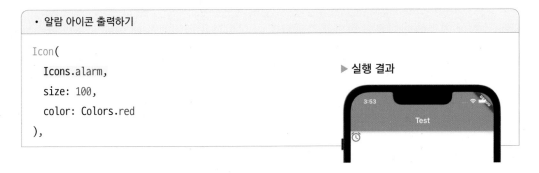

폰트 어섬 아이콘 사용하기

플러터에서 제공하는 아이콘 말고도 다양한 아이콘을 이용할 수 있습니다. 그중 많은 사람이 이용하는 **폰트 어섬**(fontawesome.com)에서 제공하는 아이콘은 FontAwesomeIcons 패키지로 이용할 수 있습니다. 이 패키지를 이용하려면 다음처럼 pubspec.yaml 파일에 의존성 등록을 해줘야 합니다.

• FontAwesomeIcons 패키지 등록

```
dependencies:
  font_awesome_flutter: ^10.1.0
```

폰트 어섬에서 제공하는 아이콘은 FontAwesomeIcons 패키지의 FaIcon 위젯으로 사용하며, fontawesome.com/icons에서 아이콘 모양과 이름을 확인할 수 있습니다.

• 폰트어섬 아이콘 사용하기

```
FaIcon(
  FontAwesomeIcons.bell
),
```

이처럼 플러터나 폰트 어섬에서 제공하는 아이콘을 사용하면 앱을 빌드할 때 네트워크에서 내려받아 내장됩니다.

아이콘으로 버튼 만들기 — IconButton

만약 아이콘을 클릭할 수 있는 버튼으로 만들려면 다음처럼 IconButton 위젯을 사용합니다. icon 속성에 지정한 아이콘이 화면에 출력되며 이 아이콘을 클릭했을 때 이벤트 처리 함수는 onPressed 속성에서 지정합니다.

• 아이콘 버튼 사용법

```
IconButton(
    onPressed: onPressed,
    icon: Icon(Icons.alarm)
)
```

Do it! 실습 아이콘과 아이콘 버튼 활용하기

Icon과 IconButton 위젯을 활용해 오른쪽 그림처럼 화면을 출력하는 앱을 만들어 보겠습니다. 폰트 어섬에서 아이콘을 불러와 출력합니다.

1단계 패키지 등록하기

먼저 폰트 어섬에서 제공하는 아이콘을 사용하고자 메인 환경 파일에 FontAwesomeIcons 패키지를 등록합니다. pubspec. yaml 파일을 열고 dependencies 항목에 다음처럼 패키지 의존성을 등록합니다.

그림 9-13 아이콘 활용 앱 실행 결과

Do it!   • pubspec.yaml

```
... (생략) ...
dependencies:
  flutter:
    sdk: flutter
  font_awesome_flutter: ^10.1.0
... (생략) ...
```

그리고 pubspec.yaml 파일 위쪽에 있는 플러터 명령 줄에서 〈Pub get〉을 클릭해 패키지를 내려받습니다.

다트 파일 작성하기

lib 아래 ch9_4_icon이라는 디렉터리를 만들고 여기에 **test.dart** 파일을 만든 후 다음처럼 코드를 작성합니다. 이 코드는 플러터에서 제공하는 알람과 폰트 어섬에서 제공하는 벨 아이콘을 출력하고 버튼으로 동작하는 알람 아이콘을 하나 더 출력합니다.

Do it! • lib/ch9_4_icon/test.dart

```dart
import 'package:flutter/material.dart';
import 'package:font_awesome_flutter/font_awesome_flutter.dart';

void main() {
  runApp(MyApp());
}

class MyApp extends StatelessWidget {
  onPressed() {
    print('icon button click....');
  }

  @override
  Widget build(BuildContext context) {
    return MaterialApp(
      home: Scaffold(
        appBar: AppBar(
          title: Text('Test'),
        ),
        body: Column(children: [
          Icon(Icons.alarm, size: 100, color: Colors.red),
          FaIcon(
            FontAwesomeIcons.bell,
            size: 100,
          ),
          IconButton(
            onPressed: onPressed,
            icon: Icon(
              Icons.alarm,
              size: 100,
```

```
                )))
        ]))));
    }
}
```

3단계 **앱 실행하기**

앱을 실행해 앞서 보인 실행 결과 화면이 정상으로 나오는지 확인합니다. 그리고 아래쪽 알람
아이콘을 클릭하면 안드로이드 스튜디오의 [Run] 창에 "icon button click...."이 출력됩니다.

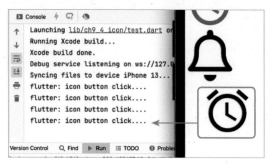

그림 9-14 아이콘 클릭하기

09-5 제스처 감지기와 엘리베이트 버튼

제스처 감지기 — GestureDetector

GestureDetector 위젯은 사용자가 화면을 탭하거나 드래그하는 등의 행위를 감지해 특정 로직을 실행해 줍니다. 즉, 사용자 이벤트를 처리하는 위젯입니다. 그런데 GestureDetector는 자체적으로 화면에 무언가를 그리지는 않습니다. 따라서 GestureDetector의 child에 화면 구성을 대입하고 이 화면에서 발생하는 사용자 이벤트를 처리해 줍니다. 다양한 위젯으로 화면을 구성하고 이를 GestureDetector의 child에 추가하면 이벤트를 처리할 수 있습니다.

물론 IconButton, ElevatedButton, FloatingActionButton 등 다양한 위젯에서 이벤트를 처리할 수 있지만, 이런 클래스도 내부에서는 GestureDetector를 이용합니다. 결국 플러터에서 이벤트 처리의 기본은 GestureDetector입니다.

• GestureDetector의 생성자

```
GestureDetector(
  { Key? key,
    Widget? child,
    GestureTapDownCallback? onTapDown,
    GestureTapUpCallback? onTapUp,
    GestureTapCallback? onTap,
    GestureTapCallback? onDoubleTap,
    GestureLongPressCallback? onLongPress,
    GestureDragStartCallback? onVerticalDragStart,
    GestureDragEndCallback? onVerticalDragEnd,
    GestureDragStartCallback? onHorizontalDragStart,
    GestureDragEndCallback? onHorizontalDragEnd,
    ... (생략) ...
  }
)
```

GestureDetector의 생성자를 보면 key와 child를 제외하고는 모두 이벤트 처리 콜백 함수를 등록하는 매개변수입니다. 주로 onTab, onDoubleTab, onLongPress, onVerticalDragStart, onHorizontalDragStart를 이용합니다.

예를 들어 GestureDetector를 이용해 Image 위젯에서 발생하는 이벤트를 처리하겠다면 다음처럼 작성할 수 있습니다.

```
GestureDetector(
  child: Image.asset('images/icon/user.png'),
  onTap: () {
    print('image click...');
  },
)
```

Drag와 관련된 이벤트인 onVerticalDragStart, onHorizontalDragStart 등의 이벤트 콜백 함수에는 매개변수로 DragStartDetails 객체가 전달되며 이 객체로 이벤트가 발생한 지점의 좌푯값을 얻을 수 있습니다. DragStartDetails 클래스의 globalPosition 속성에는 단말기에서의 좌푯값이 전달되며 localPosition에는 위젯에서의 좌푯값이 전달됩니다.

```
GestureDetector(
    child: Image.asset('images/icon/user.png'),
    onVerticalDragStart: (DragStartDetails details) {
      print(
          'vertical drag start...global position : '
          '${details.globalPosition.dx}, '
          '${details.globalPosition.dy}');
      print(
          'vertical drag start...local position : '
          '${details.localPosition.dx}, '
          '${details.localPosition.dy}');
    })
```

엘리베이트 버튼 — ElevatedButton

모든 사용자 이벤트는 GestureDetector로 처리할 수 있지만 화면 구성은 직접 해줘야 합니다. 그런데 IconButton, ElevatedButton, FloatingActionButton처럼 자주 이용하는 위젯은 자체에서 이벤트 처리 기능을 지원합니다. 이 가운데 버튼 모양을 제공하는 ElevatedButton은 가장 범용으로 사용됩니다.

```
const ElevatedButton(
  { Key? key,
    required VoidCallback? onPressed,
    ButtonStyle? style,
    required Widget? Child
    ... (생략) ...
  }
)
```

ElevatedButton은 child 속성에 화면을 구성합니다. child에 위젯을 지정하는 것은 Getsture Detector와 같지만 ElevatedButton은 child에 지정한 위젯을 상자로 감싸서 버튼 모양이 나오게 해줍니다.

그리고 onPressed 속성에 이벤트 콜백 함수를 등록하는데 만약 null이 대입되면 버튼이 비활성됩니다. 또한 style 속성에 ButtonStyle을 적용해 배경색 등을 설정할 수 있습니다.

```
ElevatedButton(
  onPressed: () {
    print('ElevatedButton click....');
  },
  child: Text('Click Me'),
),
ElevatedButton(
  onPressed: null,
  child: Text('Disabled Button'),
),
ElevatedButton(
  onPressed: () {
    print('ElevatedButton click....');
  },
  child: Text('Click Me'),
  style: ButtonStyle(
    backgroundColor: MaterialStateProperty.all<Color>(Colors.red)
  ),
)
```

▶ 실행 결과

GestureDetector와 ElevatedButton 위젯을 활용해 오른쪽
그림처럼 화면을 출력하는 앱을 만들어 보겠습니다.

그림 9-15 제스터 감지와 엘리베이트 버튼
활용 앱 실행 결과

1단계 애셋 등록 확인하기

이번 실습은 프로젝트에 images/icon/user.png 파일이 애셋으로 등록돼 있어야 합니다. 만
약 등록하지 않았다면 「09-1」절의 [Do it! 실습]을 참조해서 등록해 주세요.

2단계 다트 파일 작성하기

lib 아래 ch9_5_gesture이라는 디렉터리를 만들고 여기에 test.dart 파일을 만든 후 다음처
럼 코드를 작성합니다. 그리고 앱을 실행해 앞서 보인 실행 결과 화면과 버튼이 제대로 동작하
는지 확인합니다. 버튼을 클릭하면 안드로이드 스튜디오의 [Run] 창에 메시지가 출력됩니다.

Do it! • lib/ch9_5_gesture/test.dart

```dart
import 'package:flutter/material.dart';

void main() {
  runApp(MyApp());
}

class MyApp extends StatelessWidget {
  @override
  Widget build(BuildContext context) {
    return MaterialApp(
      home: Scaffold(
        appBar: AppBar(
          title: Text('Test'),
        ),
        body: Column(
```

```
            children: [
              GestureDetector(
                child: Image.asset('images/icon/user.png'),
                onTap: (){
                  print('image click...');
                },
                onVerticalDragStart: (DragStartDetails details){
                  print('vertical drag start...global position : ${details.
globalPosition.dx}, ${details.globalPosition.dy}');
                  print('vertical drag start...local position : ${details.localPo-
sition.dx}, ${details.localPosition.dy}');
                }
              ),
              ElevatedButton(
                onPressed: (){
                  print('ElevatedButton click....');
                },
                child: Text('Click Me'),
                style: ButtonStyle(
                    backgroundColor: MaterialStateProperty.all<Color>(Colors.red)
                ),
              )
            ]
          )
        )
    );
  }
}
```

09-6 컨테이너와 센터 위젯

영역을 표현하는 컨테이너 — Container

Container는 화면의 영역을 표현하는 위젯입니다. 자체 화면은 가지지 않으며 child로 Container 영역에 표시할 위젯을 지정할 수는 있습니다. 특정 영역의 margin, border, padding 등을 지정할 수 있으며 배경 색상, 배경 이미지 등 다양하게 꾸미는 방법을 제공합니다.

다음은 Container를 이용해 가로, 세로 100px 크기의 영역에 빨강 배경색을 칠한 예입니다.

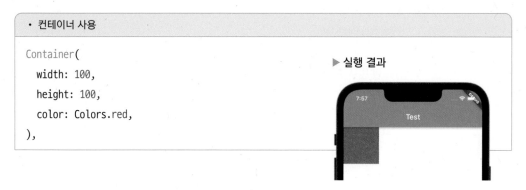

• 컨테이너 사용

```
Container(
  width: 100,
  height: 100,
  color: Colors.red,
),
```

▶ 실행 결과

이처럼 Container는 특정 영역의 크기만 한정 지을 수도 있지만, 다음처럼 다른 위젯을 포함해 영역과 관련된 다양한 설정을 할 수 있습니다.

• 컨테이너 활용

```
Container(
  decoration: BoxDecoration(
    border: Border.all(width: 10, color: Colors.black),
    borderRadius: BorderRadius.all(const Radius.circular(8)),
  ),
  margin: const EdgeInsets.all(10),
  padding: EdgeInsets.all(10),
  child: Image.asset('images/big.jpeg'),
)
```

▶ 실행 결과

코드에 사용한 `Margin`은 위젯과 위젯의 간격이며, `Padding`은 위젯 테두리와 위젯에 출력되는 콘텐츠(예에서는 이미지)와의 간격입니다.

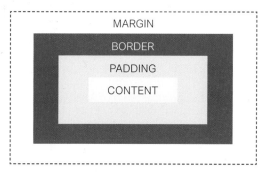

그림 9-16 마진과 패딩(출처: flutter.dev)

마진과 패딩값 지정하기 — EdgeInsets

`EdgeInsets`는 마진과 패딩값을 지정할 때 사용하는 클래스입니다. 상하좌우 네 방향에 똑같은 크기의 마진이나 패딩값을 지정하려면 `EdgeInsets.all()` 생성자를 이용하며, 한 방향의 값을 설정하려면 `EdgInsets.only()` 함수를 이용합니다.

• 한 방향(왼쪽) 마진 설정

```
Container(
    width: 100,
    height: 100,
    color: Colors.red,
    margin: EdgeInsets.only(left: 30, top: 60),
),
```

▶ 실행 결과

또한 가로나 세로 방향의 값을 지정하고 싶으면 `EdgeInsets.symmetric()` 생성자를 이용합니다. 예를 들어 다음처럼 작성하면 빨강 컨테이너의 위아래에 30px만큼의 여백이 발생합니다.

• 세로 방향(위아래) 마진 설정

```
Column(
    children: [
      Container(
        width: 100,
```

```
      height: 100,
      color: Colors.red,
      margin: EdgeInsets.symmetric(vertical: 30.0)
    ),
    Container(
      width: 100,
      height: 100,
      color: Colors.blue,
    ),
  ]
)
```

▶ 실행 결과

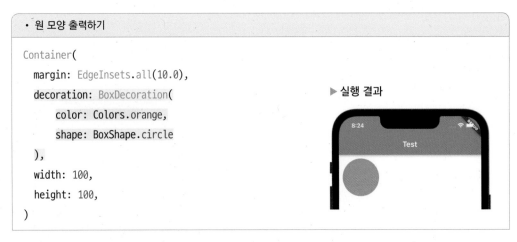

원 영역 출력하기

Container를 이용해 사각형이 아닌 원 영역으로 출력할 수도 있습니다. Container로 출력할
영역의 모양은 decoration 속성에 지정할 수 있습니다. 단순히 특정 영역에 원을 출력하고자
한다면 다음처럼 BoxDecoration의 shape 속성에 BoxShape.circle을 지정하면 됩니다.

• 원 모양 출력하기

```
Container(
  margin: EdgeInsets.all(10.0),
  decoration: BoxDecoration(
    color: Colors.orange,
    shape: BoxShape.circle
  ),
  width: 100,
  height: 100,
)
```

▶ 실행 결과

만약 Container를 이용해 이미지를 원 모양으로 출력한다면 다음처럼 이미지를 BoxDecoration
에 지정하면 됩니다.

• 이미지를 원 모양으로 출력하기

```
Container(
  margin: EdgeInsets.all(10.0),
  decoration: BoxDecoration(
    color: Colors.orange,
```

```
      shape: BoxShape.circle,
      image: DecorationImage(image: AssetImage('images/big.jpeg'), fit: BoxFit.cover)
   ),
   width: 100,
   height: 100,
)
```

▶ 실행 결과

그래디언트 색상 표현하기

다음은 gradient 속성에 LinearGradient를 이용하여 왼쪽 위에서 오른쪽 아래로, 빨강에서
노랑으로 점차 색상이 기울어지도록 한 예입니다.

• 그래디언트 색상 표현하기

```
Container(
  height: Size.infinite.height,
  decoration: BoxDecoration(
      gradient: LinearGradient(
        begin: Alignment.topLeft,
        end: Alignment.bottomRight,
        colors: [
          Colors.red,
          Colors.yellow,
        ],
      )
  ),
  child: Center(
    child: Text(
      'Hello World!!!',
      style: TextStyle(
        fontSize: 48.0,
        fontWeight: FontWeight.bold,
        color: Colors.white,
      ),
    ),
  ),
),
```

▶ 실행 결과

가운데 정렬하는 센터 — Center

Center 위젯은 대상 위젯을 Center 영역의 가운데에 배치해 줍니다. 물론 특정 위젯을 정렬하는 위젯은 Center 말고도 여럿이지만, 대부분은 특정 영역에서 가운데에 배치하는 경우가 많으며 이때 Center를 많이 사용합니다.

• 가운데 정렬하기

```
Center(
  child: Text(
    'Hello',
    style: TextStyle(
      fontSize: 48.0,
      fontWeight: FontWeight.bold,
      color: Colors.blue,
    ),
  ),
),
```

▶ 실행 결과

Center는 이처럼 단순하게 사용할 수 있는데 child 이외에 widthFactor, heightFactor를 지정할 수도 있습니다. 이 속성들은 Center가 차지하는 크기를 지정할 때 사용합니다. Center의 크기는 widthFactor, heightFactor를 지정하지 않으면 가능한 한 최대 크기를 차지합니다. widthFactor, heightFactor에는 Center의 크기를 child에 추가하는 위젯의 배수로 지정합니다. 예를 들어 두 속성값을 모두 2라고 지정하면 child에 추가한 위젯의 가로, 세로 2배의 크기를 차지합니다.

다음 코드에서는 Center가 차지하는 영역을 표시하고자 Center를 Container에 추가하고 배경색을 노랑으로 지정했습니다. 즉, 결과에서 노란색이 Center의 영역입니다.

```
Container(
  color: Colors.yellow,
  child: Center(
    heightFactor: 2,
    widthFactor: 2,
    child: Image.asset(
      'images/big.jpeg',
      width: 50,
      height: 50,
      fit: BoxFit.fill,
    )
  ),
),
```

▶ 실행 결과

Center에 추가한 Image 위젯의 크기는 가로, 세로 50입니다. 따라서 Center의 widthFactor, heightFactor에 2를 설정하면 가로, 세로 100의 크기를 차지합니다. 그리고 그 영역에서 child를 가운데에 배치합니다.

Do it! 실습 컨테이너와 센터 위젯 활용하기

Container와 Center 위젯을 활용해 오른쪽 그림처럼 화면을 출력하는 앱을 만들어 보겠습니다. 배경은 빨강에서 노랑으로 그래디언트가 적용됐으며 가운데 원 영역에 이미지 애셋이 나옵니다.

그림 9-17 컨테이너와 센터 위젯 활용 앱 실행 결과

애셋 등록 확인하기

이번 실습은 프로젝트에 images/big.jpeg 파일이 애셋으로 등록돼 있어야 합니다. 만약 등록하지 않았다면 「09-3」절의 [Do it! 실습]을 참조해서 등록해 주세요.

2단계 **다트 파일 작성하기**

lib 아래 ch9_6_container라는 디렉터리를 만들고 여기에 **test.dart** 파일을 만든 후 다음처럼 코드를 작성합니다. 그리고 앱을 실행해 앞서 보인 실행 결과 화면이 정상으로 나오는지 확인합니다.

Do it! • lib/ch9_6_container/test.dart

```dart
import 'package:flutter/material.dart';

void main() {
  runApp(MyApp());
}

class MyApp extends StatelessWidget {
  @override
  Widget build(BuildContext context) {
    return MaterialApp(
      home: Scaffold(
        appBar: AppBar(
          title: Text('Test'),
        ),
        body: Container(
          height: Size.infinite.height,
          decoration: BoxDecoration(
            gradient: LinearGradient(
              begin: Alignment.topLeft,
              end: Alignment.bottomRight,
              colors: [
                Colors.red,
                Colors.yellow,
              ],
            ),
          ),
```

```
      child: Center(
        child: Container(
          margin: EdgeInsets.all(10.0),
          decoration: BoxDecoration(
            shape: BoxShape.circle,
            image: DecorationImage(
                image: AssetImage('images/big.jpeg'), fit: BoxFit.cover),
          ),
          width: 200,
          height: 200,
        ),
      ),
    ),
  );
 }
}
```

위젯 배치하기

화면을 구성할 때 보통은 여러 가지 위젯을 사용하므로 적절하게 배치해 줘야 하는데, 이때 레이아웃 위젯을 사용합니다. 이번 장에서는 위젯을 배치하는 방향, 정렬, 크기 등 다양한 레이아웃 관련 위젯을 살펴봅니다.

10-1 방향 설정하기

가로로 배치하기 — Row

레이아웃 위젯은 Row와 Column이 대표적입니다. 먼저 Row는 가로 방향으로 위젯을 배치합니다. 예를 들어 다음 코드는 Row에 Container 2개를 추가한 예입니다. 자신의 하위에 추가할 위젯이 하나라면 Center처럼 child에 하지만, 여러 개를 추가하는 Row, Column 같은 위젯은 children에 추가합니다.

• 가로 방향으로 배치하기

```
Row(
  children: [
    Container(
      width: 100,
      height: 100,
      color: Colors.red,
    ),
    Container(
      width: 100,
      height: 100,
      color: Colors.blue,
    )
  ],
),
```

▶ 실행 결과

세로로 배치하기 — Column

앞에서 예로 든 Container 2개를 Column에 추가하면 다음처럼 세로로 배치합니다.

• 세로 방향으로 배치하기

```
Column(
  children: [
    Container(
      width: 100,
```

```
        height: 100,
        color: Colors.red,
      ),
      Container(
        width: 100,
        height: 100,
        color: Colors.blue,
      )
    ],
  ),
),
```

▶ 실행 결과

레이아웃 중첩하기

앞에서 살펴본 Row와 Column으로 위젯을 가로나 세로로 배치할 수 있지만 대부분 화면은 그렇게 단순하지 않습니다. 예를 들어 다음처럼 인스타그램 같은 화면을 구성한다고 가정하면 크게 4개 영역으로 나누어 설계할 수 있습니다.

top 영역에는 아이콘, 문자열 등이 가로로 배치되었고 그 아래 이미지가 출력되며 icons 영역에는 아이콘 4개가 가로로 출력됩니다. 그리고 마지막 bottom 부분에 문자열 2개가 세로로 나열됩니다.

이 화면은 Row와 Column을 한 번만 사용하면 안 되고 중첩해야 합니다. 즉, Row나 Column 하위에 다른 Row, Column을 추가해야 합니다. 예를 들어 다음처럼 구성할 수 있습니다.

그림 10-1 인스타그램 같은 화면

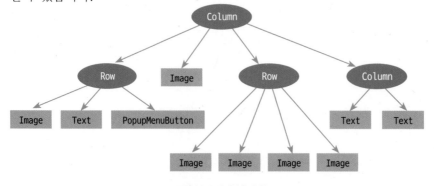

그림 10-2 레이아웃 중첩

즉, 레이아웃도 하나의 위젯이므로 다른 레이아웃 하위에 추가할 수 있습니다. 이런 식으로 레이아웃을 중첩해서 원하는 화면을 구성합니다.

• 레이아웃 중첩

```
Column(
  children: [
    Row(
      children: [
        Image(... (생략) ...),
        Text(... (생략) ...),
        PopupMenuButton(... (생략) ...),
      ],
    ),
    Image(... (생략) ...),
    Row(
      children: [
        Image(... (생략) ...),
        Image(... (생략) ...),
        Image(... (생략) ...),
        Image(... (생략) ...),
      ],
    ),
    Column(
      children: [
        Text(... (생략) ...),
        Text(... (생략) ...),
      ],
    ),
  ],
),
```

크기 설정하기 ─ mainAxisSize

Row와 Column은 **기본축**[main axis]과 **교차축**[cross axis]이라는 2개의 축이 있습니다. Row는 위젯을 가로로 배치하므로 가로 방향이 기본축이며 세로 방향이 교차축입니다. 반면에 Column은 위젯을 세로로 배치하므로 세로 방향이 기본축이며 가로 방향이 교차축입니다. Row나 Column으로 위젯을 배치하면서 크기나 정렬을 조정할 때 이러한 축 개념을 이용합니다.

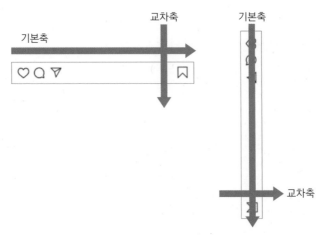

그림 10-3 기본축과 교차축

먼저 Row나 Column이 차지하는 크기를 조정하는 방법을 살펴보겠습니다. Row나 Column에 크기를 설정하지 않으면 기본축 크기는 차지할 수 있는 최대로 설정되며, 교차축은 추가된 위젯을 출력할 최소 크기로 설정됩니다.

다음 코드에서는 Row가 차지하는 영역을 노란색으로 칠하고 그 안에 위젯을 3개 추가했습니다. 실행 결과를 보면 Row의 가로는 전체를 차지하며, 세로는 자신에게 추가된 위젯 가운데 세로로 가장 큰 위젯의 크기만큼만 차지하는 것을 알 수 있습니다.

• 영역 확인하기

```
Container(
  color: Colors.yellow,
  child: Row(
    children: [
      Container(
        width: 50, height: 100, color: Colors.red,
      ),
      Container(
        width: 50, height: 50, color: Colors.green,
      ),
      Container(
        width: 50, height: 150, color: Colors.blue,
      ),
    ],
  ),
)
```

▶ 실행 결과

Row나 Column의 기본축 크기를 조정하는 속성은 mainAxisSize입니다. mainAxisSize에는 MainAxisSize.max나 MainAxisSize.min값을 설정할 수 있는데 전자는 최대 크기, 후자는 출력할 위젯의 크기만큼을 의미합니다.

다음 코드에서는 mainAxisSize 속성에 MainAxisSize.min을 설정하여 Row에 포함된 위젯을 출력할 수 있을 정도의 가로 크기를 차지합니다.

• 위젯 크기만큼으로 영역 설정

```
Container(
  color: Colors.yellow,
  child: Row(
    mainAxisSize: MainAxisSize.min,
    children: [
      ... (생략) ...
    ],
  ),
)
```

▶ 실행 결과

배치 설정하기 — Alignment

배치[alignment]는 Row나 Column에 추가하는 위젯을 어떻게 배치할 것인지를 정할 때 사용합니다. Row와 Column의 기본 배치는 가로와 세로지만 대상 위젯의 크기가 다를 때는 가운데 정렬할지 아니면 시작이나 끝부터 배치할지를 정할 수 있습니다. 이때 Alignment를 사용합니다.

배치를 설정하지 않으면 기본축은 start이며 교차축은 center입니다. 기본축 배치를 설정한다면 mainAxisAlignment 속성에 다음과 같은 MainAxisAlignment 클래스의 상수를 이용합니다.

- center: 중앙에 배치
- end: 끝에 배치
- start: 시작에 배치
- spaceAround: 각 위젯의 앞뒤 공백을 균등하게 배치
- spaceBetween: 위젯 간 공백을 균등하게 배치
- spaceEvenly: 앞뒤 그리고 각 위젯 간 공백을 균등하게 배치

교차축 배치도 설정할 수 있으며 crossAxisAlignment 속성에 다음과 같은 CrossAxisAlignment 클래스의 상수를 이용합니다.

- baseline: 기준선에 맞춰 배치
- center: 가운데에 배치
- end: 끝에 배치
- start: 시작에 배치
- stretch: 교차축을 모두 차지하게 배치

mainAxisAlignment와 crossAxisAlignment값을 조정해 보겠습니다. 다음 코드는 main AxisAlignment 속성에 MainAxisAlignment.center값을 설정하여 위젯을 기본축 가운데에 배치하며, crossAxisAlignment 속성에 CrossAxisAlignment.start값을 설정하여 위젯을 위쪽(시작)에 붙여서 배치합니다.

• 기본축과 교차축 배치 설정하기

```
Container(
  color: Colors.yellow,
  child: Row(
    mainAxisAlignment: MainAxisAlignment.center,
    crossAxisAlignment: CrossAxisAlignment.start,
    children: [
      Container(width: 50, height: 100, color: Colors.red,),
      Container(width: 50, height: 50,  color: Colors.green,),
      Container(width: 50, height: 150, color: Colors.blue,),
    ],
  ),
)
```

▶ 실행 결과

이번에는 MainAxisAlignment 클래스의 spaceBetween, spaceAround, spaceEvenly를 알아보겠습니다. spaceBetween은 각 위젯 사이의 공백을 균등한 크기로 설정하며, spaceAround는

각 위젯의 앞뒤 공백을 균등한 크기로 설정합니다. 그리고 spaceEvenly는 전체 위젯의 앞뒤 공백과 각 위젯 사이의 공백을 균등한 크기로 설정합니다.

• 기본축 배치 설정하기

```
Row(
  mainAxisAlignment: MainAxisAlignment.spaceBetween,
  children: [
    Container(width: 50, height: 50, color: Colors.red,),
    Container(width: 50, height: 50,  color: Colors.green,),
    Container(width: 50, height: 50, color: Colors.blue,),
  ],
),
Row(
  mainAxisAlignment: MainAxisAlignment.spaceAround,
  children: [
    Container(width: 50, height: 50, color: Colors.red,),
    Container(width: 50, height: 50,  color: Colors.green,),
    Container(width: 50, height: 50, color: Colors.blue,),
  ],
),
Row(
  mainAxisAlignment: MainAxisAlignment.spaceEvenly,
  children: [
    Container(width: 50, height: 50, color: Colors.red,),
    Container(width: 50, height: 50,  color: Colors.green,),
    Container(width: 50, height: 50, color: Colors.blue,),
  ],
),
```

▶ 실행 결과

이번에는 교차축의 배치 설정을 알아보겠습니다. crossAxisAlignment 속성에 CrossAxis Alignment.start를 설정하면 위젯을 교차축의 시작 위치에 배치하며, CrossAxisAlignment. end를 설정하면 끝 위치에 배치합니다. 그리고 CrossAxisAlignment.stretch는 각 위젯에 설정된 교차축 크기를 무시하고 전체 공간을 차지하도록 확대합니다.

```
Container(
  margin: EdgeInsets.only(bottom: 5),
  color: Colors.grey,
  child: Row(
    mainAxisAlignment: MainAxisAlignment.center,
    crossAxisAlignment: CrossAxisAlignment.start,
    children: [
      ... (생략) ...
    ],
  )
),
Container(
    color: Colors.grey,
    margin: EdgeInsets.only(bottom: 5),
    child: Row(
      mainAxisAlignment: MainAxisAlignment.center,
      crossAxisAlignment: CrossAxisAlignment.end,
      children: [
        ... (생략) ...
      ],
    )
),
Container(
    color: Colors.grey,
    margin: EdgeInsets.only(bottom: 5),
    height: 200,
    child: Row(
      mainAxisAlignment: MainAxisAlignment.center,
      crossAxisAlignment: CrossAxisAlignment.stretch,
      children: [
        ... (생략) ...
      ],
    )
),
```

▶ 실행 결과

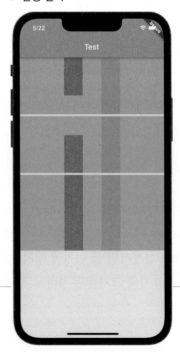

겹쳐서 모두 보이기 — Stack

Stack은 위젯을 겹쳐서 배치할 때 사용합니다. Stack의 children 속성에 위젯을 추가하면 추가된 순서대로 겹쳐서 출력됩니다. 다음 코드는 Stack에 색상을 다르게 한 Container 3개를 추가한 예입니다. 첫 번째 빨간색 Container가 먼저 출력되고, 그 위에 두 번째로 추가한 녹색 Container가, 그리고 세 번째 노란색 Container가 겹쳐서 출력됩니다.

• 겹쳐서 배치하기

```
Stack(
  children: [
    Container(
      color: Colors.red,
    ),
    Container(
      width: 300,
      height: 300,
      color: Colors.green,
    ),
    Container(
      width: 150,
      height: 150,
      color: Colors.yellow,
    )
  ],
),
```

▶ 실행 결과

Stack이 차지하는 크기는 children에 추가한 위젯 중 가장 큰 위젯의 크기입니다. 예에서 빨간색 Container에 크기를 설정하지 않았으므로 화면 전체를 차지하고, Stack이 차지하는 크기도 빨간색 Container의 크기와 같게 됩니다.

또한 Stack에 추가되는 위젯의 위치를 조정할 수 있지만 설정하지 않으면 기본으로 Left-Top이 적용됩니다.

겹쳐서 하나만 보이기 — IndexedStack

IndexedStack은 Stack처럼 위젯을 겹쳐서 배치하는 위젯입니다. 그런데 Stack은 여러 위젯이 겹쳐서 보이지만, IndexedStack은 하나만 보여 주는 위젯입니다. 이때 화면에 출력할 위젯은 index 속성으로 설정합니다. 다음 코드에서는 IndexedStack에 위젯을 3개 추가하고 index 속성값을 1로 설정하여 녹색 Container만 출력한 예입니다.

• 하나만 보이기

```
IndexedStack(
  index: 1,
  children: [
    Container(
      color: Colors.red,
    ),
    Container(
      width: 300,
      height: 300,
      color: Colors.green,
    ),
    Container(
      width: 150,
      height: 150,
      color: Colors.yellow,
    )
  ],
),
```

▶ 실행 결과

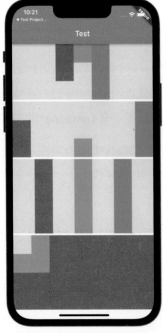

Do it! 실습 방향 설정 위젯 활용하기

방향을 설정하는 위젯을 활용해 오른쪽 그림처럼 화면을 출력하는 앱을 만들어 보겠습니다.

그림 10-4 방향 설정 위젯을 활용한 앱 실행 결과

lib 아래 ch10_1_row_column_stack라는 디렉터리를 만들고 여기에 test.dart 파일을 만든 후 다음처럼 코드를 작성합니다. 그리고 앱을 실행해 앞서 보인 실행 결과 화면이 정상으로 나오는지 확인합니다.

Do it!   • lib/ch10_1_row_column_stack/test.dart

```dart
import 'package:flutter/material.dart';

void main() {
  runApp(MyApp());
}

class MyApp extends StatelessWidget {

  @override
  Widget build(BuildContext context) {
    return MaterialApp(
        home: Scaffold(
          appBar: AppBar(
            title: Text('Test'),
          ),

          body: SingleChildScrollView(
            child: Column(
              children: [
                Container(
                    margin: EdgeInsets.only(bottom: 5),
                    color: Colors.yellow,
                    child: Row(
                      mainAxisAlignment: MainAxisAlignment.center,
                      crossAxisAlignment: CrossAxisAlignment.start,
                      children: [
                        Container(width: 50, height: 100, color: Colors.red,),
                        Container(width: 50, height: 50,  color: Colors.green,),
                        Container(width: 50, height: 150, color: Colors.blue,),
                      ],
                    )
                ),
```

```
Container(
    color: Colors.yellow,
    margin: EdgeInsets.only(bottom: 5),
    child: Row(
      mainAxisAlignment: MainAxisAlignment.spaceBetween,
      crossAxisAlignment: CrossAxisAlignment.end,
      children: [
        Container(width: 50, height: 100, color: Colors.red,),
        Container(width: 50, height: 50,  color: Colors.green,),
        Container(width: 50, height: 150, color: Colors.blue,),
      ],
    )
),
Container(
    color: Colors.yellow,
    margin: EdgeInsets.only(bottom: 5),
    height: 200,
    child: Row(
      mainAxisAlignment: MainAxisAlignment.spaceEvenly,
      crossAxisAlignment: CrossAxisAlignment.stretch,
      children: [
        Container(width: 50, height: 100, color: Colors.red,),
        Container(width: 50, height: 50,  color: Colors.green,),
        Container(width: 50, height: 150, color: Colors.blue,),
      ],
    )
),
Container(
  color: Colors.yellow,
  margin: EdgeInsets.only(bottom: 5),
  height: 200,
  child: Stack(
    children: [
      Container(
        color: Colors.red,
      ),
      Container(
        width: 100,
        height: 100,
```

```
                color: Colors.green,
              ),
              Container(
                width: 50,
                height: 50,
                color: Colors.yellow,
              )
            ],
          ),
        ),
      ]
    ),
  )

);
  }
}
```

10-2 위치 설정하기

Row나 Column을 이용해 위젯을 배치하면 추가한 순서대로 가로나 세로 방향으로 배치됩니다. 그런데 Row나 Column을 사용하지 않고 특정 위젯을 원하는 위치에 나오게 하고 싶을 때가 있습니다. 특히 Stack은 여러 위젯이 겹쳐서 나오므로 특정 위치를 설정해야 할 때가 많습니다. 이럴 때 Align과 Positioned 위젯을 사용합니다. Align은 Stack뿐만 아니라 독립적으로 사용할 수 있지만, Positioned는 Stack에서만 사용할 수 있습니다.

특정 위치에 배치하기 — Align

Align은 위치를 alignment 속성으로 설정합니다. 다음 코드는 Align 위젯에 alignment값을 Alignment.topRight로 설정하여 위젯이 화면의 오른쪽 윗부분에 위치합니다. Align 위젯은 독립적으로 사용해도 되고 Stack과 함께 사용해도 됩니다.

• 특정 위치에 배치하기(독립 사용)

```
Align(
  alignment: Alignment.topRight,
  child: Container(
    color: Colors.red,
    width: 100,
    height: 100,
  ),
)
```

▶ 실행 결과

그리고 다음 코드는 녹색과 노란색으로 나오는 Container 위젯을 Align으로 감싸고 각각 alignment 속성값을 Alignment.center, Alignment.bottomRight로 설정한 예입니다.

```
Stack(
  children: [
    Container(
      color: Colors.red,
    ),
    Align(
      alignment: Alignment.center,
      child: Container(
        width: 300,
        height: 300,
        color: Colors.green,
      ),
    ),
    Align(
      alignment: Alignment.bottomRight,
      child: Container(
        width: 150,
        height: 150,
        color: Colors.yellow,
      )
    )
  ],
),
```

▶ 실행 결과

이처럼 Alignment 클래스에 정의된 center, bottomRight 등의 상수로 위젯의 위치를 설정할 수도 있지만, Alignment 생성자의 매개변수에 숫자를 넘겨 위치를 설정할 수도 있습니다. Alignment 생성자는 다음과 같습니다.

```
Alignment(double x, double y)
```

생성자의 매개변수 x는 X축의 위치, y는 Y축의 위칫값입니다. x와 y에는 −1.0~1.0까지의 값을 설정할 수 있으며 0.0은 사각형의 중앙입니다. −1.0은 X축 왼쪽 Y축 위를 의미하며, 1.0은 X축 오른쪽 Y축 아래를 의미합니다.

다음 코드에서는 전체 청록색 영역에 `Align` 위젯을 추가하면서 위치를 `Alignment(0.0, 0.0)`으로 설정했습니다. 따라서 노란색 `Align` 위젯은 전체에서 가운데에 출력됩니다.

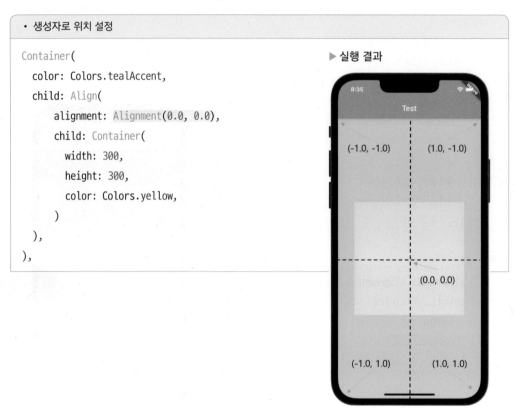

• 생성자로 위치 설정

```
Container(
  color: Colors.tealAccent,
  child: Align(
    alignment: Alignment(0.0, 0.0),
    child: Container(
      width: 300,
      height: 300,
      color: Colors.yellow,
    )
  ),
),
```

`Alignment` 생성자에 직접 X·Y축 위칫값을 설정해도 되지만, 자주 이용되는 위치는 다음처럼 상수로 제공합니다.

- `bottomCenter`: Alignment(0.0, 1.0)
- `bottomLeft`: Alignment(-1.0, 1.0)
- `bottomRight`: Alignment(1.0, 1.0)
- `center`: Alignment(0.0, 0.0)
- `centerLeft`: Alignment(-1.0, 0.0)
- `centerRight`: Alignment(1.0, 0.0)
- `topCenter`: Alignment(0.0, -1.0)
- `topLeft`: Alignment(-1.0, -1.0)
- `topRight`: Alignment(1.0, -1.0)

Alignment로 설정하는 위치는 Align 위젯이 포함되는 사각형 내에서의 위치입니다. 즉, 전체 화면이 아니라 Align 위젯의 부모 위젯이 기준입니다. 다음 코드에서는 파란색으로 출력할 위젯의 위치를 Alignment(0.0, 1.0)으로 설정했습니다. 앞서 보인 상수로 치면 bottomCenter로 설정한 것인데, 이 위치는 전체 화면이 아니라 Align이 추가된 부모 위젯(예에서는 노란색) 내에서의 bottomCenter입니다.

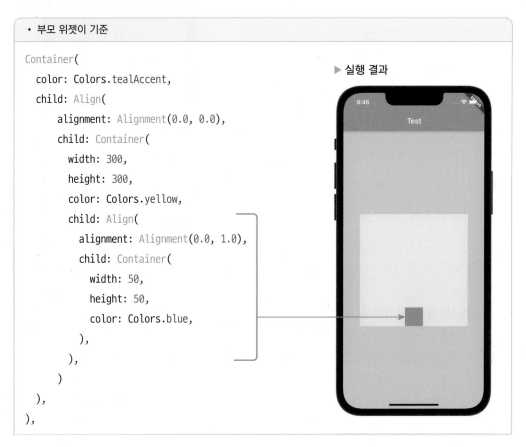

• 부모 위젯이 기준

```
Container(
  color: Colors.tealAccent,
  child: Align(
    alignment: Alignment(0.0, 0.0),
    child: Container(
      width: 300,
      height: 300,
      color: Colors.yellow,
      child: Align(
        alignment: Alignment(0.0, 1.0),
        child: Container(
          width: 50,
          height: 50,
          color: Colors.blue,
        ),
      ),
    )
  ),
),
```

▶ 실행 결과

왼쪽 위를 기준으로 배치하기 — FractionalOffset

Alignment는 주어진 위칫값을 부모 위젯의 중심을 기준으로 계산합니다. 즉, Alignment(0.0 0.0)이 원점입니다. 그런데 만약 일반 좌표 시스템처럼 왼쪽 위를 원점으로 계산하려면 FractionalOffset 클래스를 이용합니다. FractionalOffset 생성자에 X·Y축의 위칫값을 0.0~1.0으로 설정하면 됩니다.

```
Align(
    alignment: FractionalOffset(0.5, 0.5),
    child: Container(
      width: 300,
      height: 300,
      color: Colors.yellow,
    )
),
```

▶ 실행 결과

FractionalOffset 생성자에 직접 X·Y축 위칫값을 설정해도 되지만, 자주 이용되는 위치는 다음처럼 상수로 제공합니다.

- **bottomCenter**: FractionalOffset(0.5, 1.0)
- **bottomLeft**: FractionalOffset(0.0, 1.0)
- **bottomRight**: FractionalOffset(1.0, 1.0)
- **center**: FractionalOffset(0.5, 0.5)
- **centerLeft**: FractionalOffset(0.0, 0.5)
- **centerRight**: FractionalOffset(1.0, 0.5)
- **topCenter**: FractionalOffset(0.5, 0.0)
- **topLeft**: FractionalOffset(0.0, 0.0)
- **topRight**: FractionalOffset(1.0, 0.0)

상대 위칫값으로 배치하기 — Positioned

Positioned는 Align과 마찬가지로 위젯의 위치를 설정하는 위젯입니다. 그런데 Align은 독립적으로 사용할 수 있지만, Positioned는 꼭 Stack의 하위에서 사용해야 합니다. Positioned는 right, left, top, bottom 속성으로 위치를 설정합니다. 각 속성값을 기준으로 부모 위젯에서 얼마나 떨어져야 하는지를 표현합니다. 다음 코드에서는 Positioned 위젯의 오른쪽 위 모서리가 부모 위젯(Stack)의 오른쪽 위 모서리에서 각각 40.0, 40.0씩 떨어지도록 설정했습니다.

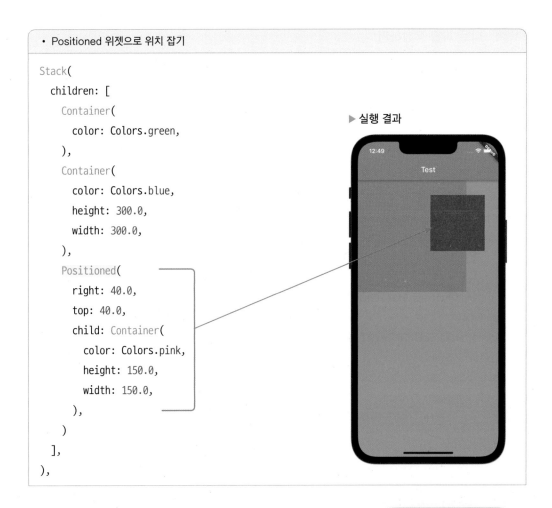

```
Stack(
  children: [
    Container(
      color: Colors.green,
    ),
    Container(
      color: Colors.blue,
      height: 300.0,
      width: 300.0,
    ),
    Positioned(
      right: 40.0,
      top: 40.0,
      child: Container(
        color: Colors.pink,
        height: 150.0,
        width: 150.0,
      ),
    )
  ],
),
```

▶ 실행 결과

Do it! 실습 위치 설정 위젯 활용하기

위치를 설정하는 위젯을 활용해 다음 그림처럼 화면을 출력하는 앱을 만들어 보겠습니다.

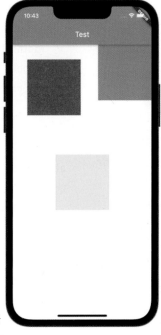

그림 10-5 위치 설정 위젯을 활용한 앱 실행 결과

다트 파일 작성하기

lib 아래 ch10_2_align_positioned라는 디렉터리를 만들고 여기에 test.dart 파일을 만든 후 다음처럼 코드를 작성합니다. 그리고 앱을 실행해 앞서 보인 실행 결과 화면이 정상으로 나오는지 확인합니다.

Do it! • lib/ch10_2_align_positioned/test.dart

```dart
import 'package:flutter/material.dart';

void main() {
  runApp(MyApp());
}

class MyApp extends StatelessWidget {
  @override
  Widget build(BuildContext context) {
    return MaterialApp(
      home: Scaffold(
        appBar: AppBar(
          title: Text('Test'),
        ),
        body: Stack(
          children: [
            Align(
              alignment: Alignment(0.0, 0.0),
              child: Container(
                width: 150,
                height: 150,
                color: Colors.yellow,
              )
            ),
            Align(
              alignment: FractionalOffset(1.0, 0.0),
              child: Container(
                width: 150,
                height: 150,
                color: Colors.blue,
              ),
```

```
          ),
          Positioned(
            left: 40.0,
            top: 40.0,
            child: Container(
              color: Colors.pink,
              height: 150.0,
              width: 150.0,
            ),
          )
        ],
      ),
    )
  );
 }
}
```

10-3 크기 설정하기

각각의 위젯은 자체나 Container를 이용해 크기를 설정할 수 있습니다. 그런데 이보다 조금 더 세밀하거나 편하게 크기를 설정할 수도 있습니다. 이 절에서는 위젯의 크기를 설정하는 방법을 살펴보겠습니다.

똑같은 크기로 배치하기 — IntrinsicWidth, IntrinsicHeight

IntrinsicWidth와 IntrinsicHeight는 Row나 Column에 추가한 여러 위젯의 크기를 똑같이 설정할 때 사용합니다. IntrinsicWidth와 IntrinsicHeight를 이용하면 크기가 가장 큰 것을 기준으로 모두 통일합니다.

먼저 IntrinsicWidth와 IntrinsicHeight를 사용하지 않은 상태에서 각 위젯의 크기가 다른 예를 보겠습니다.

- 위젯의 크기가 다른 예

```
Container(
  color: Colors.yellow,
  child: Column(
    children: <Widget>[
      Container(color: Colors.red, width: 50,
          height: 50.0),
      Container(color: Colors.green, width: 150.0,
          height: 150.0),
      Container(color: Colors.blue, width: 100,
          height: 100.0,)),
    ],
  ),
)
```

▶ 실행 결과

3개의 위젯이 각각의 크기대로 출력됐습니다. 이제 `IntrinsicWidth`를 사용해 위젯들의 가로 크기를 통일해 보겠습니다.

• **똑같은 크기로 배치하기**

```
Container(
  color: Colors.yellow,
  child: IntrinsicWidth(
    child: Column(
      crossAxisAlignment: CrossAxisAlignment.stretch,
      children: <Widget>[
        Container(color: Colors.red, width: 50, height: 50.0),
        Container(color: Colors.green, width: 150.0, height: 150.0),
        Container(color: Colors.blue, width: 100, height: 100.0,),
      ],
    ),
  )
)
```

▶ 실행 결과

`Column`에 추가된 세 위젯의 가로 크기가 가장 큰 위젯(예에서는 녹색 `Container`)에 맞추고자 `IntrinsicWidth`를 사용했습니다. 그런데 `IntrinsicWidth`나 `IntrinsicHeight`를 사용했다고 위젯의 크기가 같아지지는 않습니다. `IntrinsicWidth`나 `IntrinsicHeight`를 사용하고 `crossAxisAlignment`의 값을 `CrossAxisAlignment.stretch`로 설정해 주어야 합니다. 결국 `IntrinsicWidth`와 `CrossAxisAlignment.stretch`가 작동하여 가장 크기가 큰 위젯의 크기대로 나머지 위젯의 크기가 늘어나는 것입니다.

최소, 최대 범위로 배치하기 — ConstrainedBox

`ConstrainedBox`는 위젯 크기의 허용 범위를 설정합니다. `ConstrainedBox`로 최소·최대 마지노선을 정해놓으면 위젯이 그보다 작거나 크게 표시되지 않도록 할 수 있습니다.

다음은 `ConstrainedBox`의 생성자입니다.

```
ConstrainedBox({
  Key key,
  @required BoxConstraints constraints,
  Widget child
})
```

ConstrainedBox의 크기는 constraints 속성에 BoxConstraints 객체로 설정합니다. 다음은 BoxConstraints의 생성자입니다. 결국 ConstrainedBox의 크기는 BoxConstraints의 minWidth, maxWidth, minHeight, maxHeight 속성으로 설정합니다.

```
BoxConstraints({
  double minWidth: 0.0,
  double maxWidth: double.infinity,
  double minHeight: 0.0,
  double maxHeight: double.infinity
})
```

먼저 BoxConstraints.expand() 함수를 살펴보겠습니다. 다음 코드에서는 ConstrainedBox에 추가되는 빨간색 Container 위젯의 크기를 가로·세로 각각 150으로 설정했습니다. 그런데 constraints 속성값을 BoxConstraints.expand() 함수로 설정했습니다. 이렇게 하면 위젯의 크기와 상관없이 가능한 한 최대 크기로 확장합니다. 그래서 빨간색 Container 위젯이 화면 전체로 출력됩니다.

```
ConstrainedBox(
  constraints: BoxConstraints.expand(),
  child: Container(color: Colors.red, width: 150, height: 150.0),
)
```

▶ 실행 결과

expand() 함수의 매개변수로 확장할 크기를 설정할 수도 있습니다.

• 확장할 크기 설정하기

```
ConstrainedBox(
  constraints: BoxConstraints.expand(width: 300, height: 300),
  child: Container(color: Colors.red, width: 150, height: 150.0),
)
```

▶ 실행 결과

이제 마지노선 크기를 설정하는 minWidth, maxWidth, minHeight, maxHeight 속성을 살펴보겠습니다. 4가지 속성을 모두 설정할 필요는 없으며 필요한 속성만 설정하면 됩니다. 예를 들어 위젯의 크기가 min값보다 작다면 min값이 적용되며, min보다 크고 max보다 작다면 위젯에 설정한 크기가 적용됩니다. 또한 위젯의 크기가 max보다 크다면 max값이 적용됩니다.

• 위젯 크기 < min: min값 적용
• min < 위젯 크기 < max: 위젯 크기 적용
• max < 위젯 크기: max값 적용

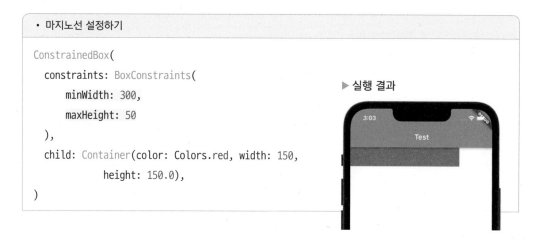

• 마지노선 설정하기

```
ConstrainedBox(
  constraints: BoxConstraints(
      minWidth: 300,
      maxHeight: 50
  ),
  child: Container(color: Colors.red, width: 150,
          height: 150.0),
)
```

▶ 실행 결과

실행 결과를 보면 위젯의 가로·세로 크기는 각각 150입니다. 그런데 BoxConstraints의 minWidth 값을 300으로 설정했습니다. 이는 위젯의 가로 크기가 최소 300 이상이어야 한다는 의미입니다. 따라서 위젯의 가로 크기는 무시되며 minWidth에 설정한 값이 적용되어 300 크기로 표시됩니다. 세로로는 maxHeight값을 50으로 설정했습니다. 이는 위젯이 최대 50을 넘을 수 없

다는 의미입니다. 따라서 위젯의 크기가 무시되고 maxHeight에 설정한 50으로 세로 크기가
결정됩니다.

Do it! 실습 크기 설정 위젯 활용하기

크기를 설정하는 위젯을 활용해 다음 그림처럼 화면을 출력
하는 앱을 만들어 보겠습니다.

그림 10-6 크기 설정 위젯을 활용한 앱
실행 결과

1단계 다트 파일 작성하기

lib 아래 ch10_3_intrinsic_constrained라는 디렉터리를
만들고 여기에 test.dart 파일을 만든 후 다음처럼 코드를 작
성합니다. 그리고 앱을 실행해 앞서 보인 실행 결과 화면이
정상으로 나오는지 확인합니다.

Do it!	• lib/ch10_3_intrinsic_constrained/test.dart

```dart
import 'package:flutter/material.dart';

void main() {
  runApp(MyApp());
}

class MyApp extends StatelessWidget {
  @override
  Widget build(BuildContext context) {
    return MaterialApp(
      home: Scaffold(
        appBar: AppBar(
          title: Text('Test'),
        ),
```

```
      body: Column(
        children: [
          IntrinsicWidth(
            child: Column(
              crossAxisAlignment: CrossAxisAlignment.stretch,
              children: <Widget>[
                Container(color: Colors.red, width: 50, height: 50.0),
                Container(color: Colors.green, width: 150.0, height: 150.0),
                Container(color: Colors.blue, width: 100, height: 100.0,),
              ],
            ),
          ),
          ConstrainedBox(
            constraints: BoxConstraints(
                minWidth: 300,
                maxHeight: 50
            ),
            child: Container(color: Colors.amber, width: 150, height: 150.0),
          )
        ],
      )
    )
  );
}
}
```

10-4 기타 배치와 관련된 위젯

이번에는 위젯을 추가하지는 못하지만 다른 위젯의 배치에 영향을 미치는 위젯들을 살펴보 겠습니다.

비율로 배치하기 — Expanded

위젯의 크기는 보통 수치로 설정하지만 비율로 설정하는 것 이 효율적일 때도 있습니다. 예를 들어 다음 그림처럼 위젯 을 가로로 2개 나열할 때 두 위젯이 가로 방향 전체를 차지 하며, 첫 번째 위젯이 두 번째 위젯의 2배로 나오게 하고 싶 습니다.

단순히 첫 번째 위젯의 가로를 두 번째 위젯의 가로보다 2배 크게 하면 될 것 같습니다. 그러나 이렇게 하면 다양한 크기 의 기기에서 두 위젯이 가로로 전체를 차지하게 할 수 없습 니다.

이럴 때는 위젯의 크기를 비율로 설정하면 되는데 Expanded 위젯이 그 역할을 합니다. Expanded를 이용하면 위젯에 설 정한 크기는 무시됩니다. 예를 들어 Row에 Expanded를 설정 하면 Expanded에 추가한 위젯의 가로 크기가 무시되며, Column에 Expanded를 설정하면 Expanded에 추가한 위젯의 세로 크기가 무시됩니다.

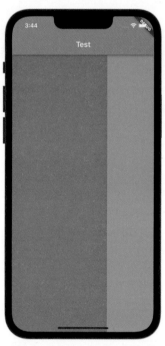

그림 10-7 위젯을 2:1 비율로 출력한 예

다음 코드에서는 Row에 Expanded를 3개 추가했습니다. 이렇게 하면 각 Expanded에 추가한 위 젯의 가로 크기가 무시되어 같은 비율로 출력됩니다.

```
Row(
  children: <Widget>[
    Expanded(
        child: Container(
          color: Colors.red,
          width: 50.0,
        )
    ),
    Expanded(
        child: Container(
          color: Colors.green,
          width: 50.0,
        )
    ),
    Expanded(
        child: Container(
          color: Colors.yellow,
          width: 50.0,
        )
    ),
  ],
)
```

▶ 실행 결과

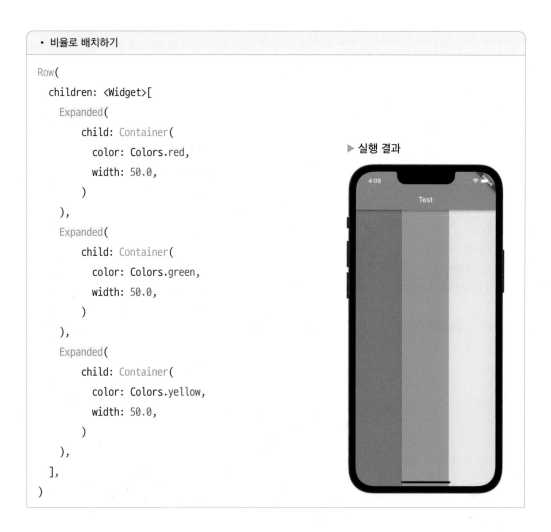

만약 각 Expanded의 비율을 다르게 설정하고 싶다면 flex 속성를 이용하면 됩니다. flex 속성에는 숫자를 설정하며 전체 flex값을 더한 값에서 등분됩니다. 예를 들어 다음 코드에서는 3개의 Expanded에 flex값을 각각 2, 1, 2로 설정했습니다. 이를 더하면 5이므로 첫 번째와 세 번째 위젯의 가로는 전체에서 5분의 2씩, 두 번째 위젯의 가로는 전체에서 5분의 1만큼 차지합니다.

• 등분 비율로 설정하기

```
Row(
  children: <Widget>[
    Expanded(
        flex: 2,
        child: Container(
          color: Colors.red,
```

```
        width: 50.0,
      )
    ),
    Expanded(
      flex: 1,
      child: Container(
        color: Colors.green,
        width: 50.0,
      )
    ),
    Expanded(
      flex: 2,
      child: Container(
        color: Colors.yellow,
        width: 50.0,
      )
    ),
  ],
)
```

▶ 실행 결과

그렇다면 Row나 Column에 Expanded와 Expanded가 아닌 위젯을 함께 추가하면 어떻게 될까요? Expanded가 아닌 위젯은 설정된 크기대로 유지되며 나머지 크기를 Expanded 위젯이 비율로 나누어 차지합니다.

다음 코드를 보면 Row에 위젯을 3개 추가했는데 두세 번째 위젯만 Expanded입니다. 따라서 첫 번째 위젯은 설정한 대로 300만큼 차지하며, 나머지 공간을 두세 번째 위젯이 나누어 차지합니다. flex값이 모두 1이므로 나머지 공간을 절반씩 차지합니다.

• Expanded 혼합 사용 예

```
Row(
  children: <Widget>[
    Container(
      color: Colors.red,
      width: 300,
    ),
    Expanded(
      flex: 1,
```

```
      child: Container(
        color: Colors.green,
        width: 50.0,
      )
    ),
    Expanded(
      flex: 1,
      child: Container(
        color: Colors.yellow,
        width: 50.0,
      )
    ),
  ],
)
```

▶ 실행 결과

빈 공간 넣기 — Spacer

Spacer는 빈 공간을 차지하는 위젯입니다. 화면을 구성할 때 순서대로 위젯을 나열하다가 빈 공간을 두고 특정 위젯을 오른쪽에 딱 붙여서 출력하거나 화면 아래에 붙여서 출력해야 할 때가 있습니다. 예를 들어 화면을 다음 그림처럼 구성하고 싶다고 가정해 보겠습니다.

그림 10-8 빈 공간이 필요한 예

각 이미지를 출력하는 Image 위젯을 가로로 나열하면 되므로 Row를 이용합니다. 그런데 마지막 Image 위젯을 화면 오른쪽에 붙어서 출력해야 합니다. 이때 Spacer를 이용하면 유용합니다. 즉, 앞의 3개 위젯 다음에 Spacer를 추가하면 빈 공간을 모두 차지하므로 4번째 Image 위젯은 화면 오른쪽으로 밀리게 됩니다.

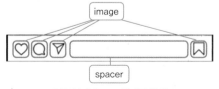

그림 10-9 Spacer를 추가한 예

```
Row(
  children: <Widget>[
    Image.asset('images/lab_instagram_icon_1.jpg'),
    Image.asset('images/lab_instagram_icon_2.jpg'),
    Image.asset('images/lab_instagram_icon_3.jpg'),
    Spacer(),
    Image.asset('images/lab_instagram_icon_4.jpg')
  ],
)
```

▶ 실행 결과

스크롤 제공하기 — SingleChildScrollView

Row나 Column을 이용해 위젯을 배치하다 보면 화면을 벗어나는 상황이 자주 발생합니다. 위젯의 크기가 크거나 개수가 많아서 한 화면에 출력하지 못할 때입니다. 이런 상황이 발생하면 플러터 앱은 다음 그림처럼 검정·노랑 패턴의 경고 화면을 출력합니다.

이처럼 경고 화면이 나올 때는 스크롤을 제공해야 합니다. 화면에 출력되는 위젯들의 스크롤을 제공하려면 Single ChildScrollView나 ListView를 이용하는데, ListView는 이후에 살펴보도록 하고 여기서는 SingleChildScrollView를 살펴보겠습니다.

SingleChildScrollView는 위젯 1개를 스크롤되게 합니다. 만약 여러 위젯을 스크롤되게 하려면 Row나 Column으로 묶어서 SingleChildScrollView에 추가하면 됩니다. 다음 코드에서는 SingleChildScrollView의 child 속성에 추가한 위젯이 스크롤됩니다. SingleChildScrollView를 이용할 때 scrollDirection으로 스크롤 방향을 꼭 설정해야 하며, Axis.vertical(수직)이나 Axis.horizontal(수평)을 설정할 수 있습니다.

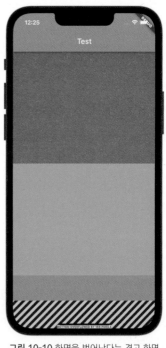

그림 10-10 화면을 벗어난다는 경고 화면

```
SingleChildScrollView(
  scrollDirection: Axis.vertical,
  child: Column(
    children: <Widget>[
      Container(
        color: Colors.red,
        height: 300,
      ),
      Container(
        color: Colors.green,
        height: 300,
      ),
      Container(
        color: Colors.blue,
        height: 300,
      ),
    ],
  ),
)
```

▶ 실행 결과

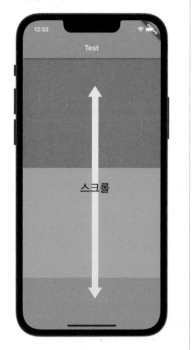

Do it! 실습   기타 배치 관련 위젯 활용하기

기타 배치 관련 위젯을 활용해 오른쪽 그림처럼 화면을 출력하는 앱을 만들어 보겠습니다.

그림 10-11 배치 위젯을 활용한 앱 실행 결과

1단계 **애셋 준비하기**

필자가 제공한 실습 파일에서 ch10_4 디렉터리의 이미지들을 복사해 프로젝트의 images 디렉터리에에 추가하고 pubspce.yaml 파일에 등록합니다. 만약 images 디렉터리가 없으면 프로젝트 루트에 새로 만들고 이미지를 pubspce.yaml 파일에 등록하는 방법은 「09-1」절을 참고해 주세요.

2단계 **다트 파일 작성하기**

lib 아래 **ch10_4**라는 디렉터리를 만들고 여기에 **test.dart** 파일을 만든 후 다음처럼 코드를 작성합니다. 그리고 앱을 실행해 앞서 보인 실행 결과 화면이 정상으로 나오는지 확인합니다.

Do it! • lib/ch10_4/test.dart

```dart
import 'package:flutter/material.dart';

void main() {
  runApp(MyApp());
}

class MyApp extends StatelessWidget {
  @override
  Widget build(BuildContext context) {
    return MaterialApp(
      home: Scaffold(
        appBar: AppBar(
          title: Text('Test'),
        ),
        body: SingleChildScrollView(
          scrollDirection: Axis.vertical,
          child: Column(
            children: <Widget>[
              Container(
                height: 300,
                child: Row(
                  children: <Widget>[
                    Container(
                      color: Colors.red,
                      width: 100,
                    ),
                    Expanded(
```

```
                flex: 1,
                child: Container(
                  color: Colors.amber,
                )
              ),
            Expanded(
                flex: 1,
                child: Container(
                  color: Colors.yellow,
                )
              ),
          ],
        ),
      ),
      Container(
        color: Colors.green,
        height: 300,
        child: Row(
          children: <Widget>[
            Image.asset('images/lab_instagram_icon_1.jpg'),
            Image.asset('images/lab_instagram_icon_2.jpg'),
            Image.asset('images/lab_instagram_icon_3.jpg'),
            Spacer(),
            Image.asset('images/lab_instagram_icon_4.jpg')
          ],
        ),
      ),
      Container(
        color: Colors.blue,
        height: 300,
      ),
    ],
  ),
 )
)
);
}
}
```

넷째
마당

화면 구성하기

사용자 입력 처리 위젯

앱의 화면을 구성할 때 사용자에게 직접 글을 입력받거나 체크박스, 라디오 버튼 등으로 데이터를 입력받는 경우가 많습니다. 이 장에서는 사용자에게 데이터를 입력받을 때 사용하는 위젯을 소개합니다. 또한 폼 위젯으로 데이터 유효성을 검증하고 관리하는 방법도 살펴봅니다.

11-1 텍스트 필드

텍스트 필드(TextField)는 사용자에게 글을 입력받는 위젯입니다. 입력된 글을 출력해야 하므로 Text 위젯에서 살펴본 TextAlign, TextStyle 등으로 출력할 문자열을 정렬하거나 스타일을 지정할 수 있습니다.

> • 텍스트 필드

```
TextField(
  style: TextStyle(fontSize: 15),
  textAlign: TextAlign.center
)
```

▶ 실행 결과

입력된 데이터 얻기 — TextEditingController

텍스트 필드에 사용자가 입력한 글은 프로그램으로 가져와 서버에 전송하거나 데이터베이스에 저장하는 등 다양하게 이용됩니다. TextEditingController를 이용하면 텍스트 필드에 입력된 데이터 획득, 변경 이벤트 감지 등의 작업을 할 수 있습니다.

TextEditingController 객체를 TextField의 controller 속성에 지정하면 텍스트 필드에 입력된 데이터가 자동으로 TextEditingController에 저장됩니다. 그러므로 텍스트 필드에 입력된 데이터를 가져오려면 TextEditingController의 text 속성을 이용하면 됩니다.

> • 텍스트 필드에 입력된 데이터 얻기

```
class TextState extends State<TestScreen> {
  final controller = TextEditingController();
  ... (생략) ...
  @override
  Widget build(BuildContext context) {
```

```
    return Column(
        children: [
          TextField(
            style: TextStyle(fontSize: 15.0),
            controller: controller,
          ),
          ElevatedButton(
            child: Text('submit'),
            onPressed: () {
              print('submit : ' + controller.text);
            },
          ),
        ],
    );
  }
}
```

버튼을 클릭하는 순간 TextEditingController에 저장된 데이터를 가져오는 예인데, 만약 텍
스트 필드에 한 자 한 자 입력될 때마다 처리해야 할 로직이 있다면 addListener() 함수로 데
이터가 변경될 때마다 실행할 함수를 지정하면 됩니다.

예를 들어 다음처럼 initState() 함수*에 controller.addListener(_printValue)라고 지정
하면 controller가 등록된 텍스트 필드에 값이 변경될 때마다 _printValue 함수가 자동으로
호출됩니다. 그리고 더 이상 텍스트 필드에 값을 감지할
필요가 없다면 dispose() 함수를 호출합니다.

* 리스너를 왜 initState() 함수에 등록해야 하는
지는 「08-5」절을 참고 바랍니다.

• **텍스트 필드값 변경 감지 방법**

```
@override
void initState() {
  super.initState();
  controller.addListener(_printValue);
}


@override
void dispose() {
  super.dispose();
  controller.dispose();
}
```

꾸미기 — InputDecoration

텍스트 필드에 라벨이나 테두리를 설정하는 등 다양하게 꾸미려면 decoration 속성에 Input
Decoration 객체를 지정합니다. InputDecoration의 속성 몇 가지를 소개하면 다음과 같습니다.

- labelText: 라벨 문자열

- helperText: 아래쪽에 출력되는 설명 문자열

- hintText: 입력 상자 안쪽에 출력되었다가 글 입력 시 사라지는 문자열

- errorText: 아래쪽에 출력되는 오류 문자열

- prefixIcon: 입력 앞 부분에 고정으로 출력되는 아이콘 이미지

- counterText: 아래쪽에 출력되는 문자열

- border: 테두리 지정. OutlineInputBoarder, UnderlineInputBoarder 중 하나 이용

errorText는 사용자 입력 오류처럼 오류가 발생할 때 출력할 문자열입니다. errorText를 지
정하면 텍스트 필드의 테두리는 자동으로 빨간색이 되며 helperText에 지정한 문자열은 출
력되지 않습니다. 다음 코드에서 주석을 해제하면 예제 아래 실행 결과에서 오른쪽 화면처럼
나옵니다.

• 텍스트 필드 꾸미기

```
TextField(
  style: TextStyle(fontSize: 15.0),
  controller: controller,
    decoration: InputDecoration(
        labelText: 'Name',
        prefixIcon: Icon(Icons.input),
        border: OutlineInputBorder(),
        hintText: "Hint Text",
        helperText: "이름을 입력하세요.",
        counterText: "$textCounter characters",
        // errorText: "error text"
    )
),
```

▶ 실행 결과

액션 버튼 — textInputAction

TextField에 글을 입력하려고 포커스를 주면 화면 아래쪽에서 소프트 키보드(SoftKeyboard)가 자동으로 올라오며 사용자는 이 키보드로 글을 입력합니다. 소프트 키보드는 플랫폼(안드로이드나 iOS)에서 제공하며 사용자가 키를 눌렀을 때 텍스프 필드에 글이 입력되지만 앱에서 키를 직접 제어할 수는 없습니다.

그런데 소프트 키보드에서 오른쪽 아래에 있는 액션 버튼만은 앱에서 제어할 수 있습니다. 즉, 액션 버튼을 엔터, 전송, 포커스 이동 등으로 동작하도록 설정할 수 있습니다. textInputAction 속성에 다음의 상수를 대입해 설정합니다.

- TextInputAction.next: 다음 위젯으로 포커스 이동
- TextInputAction.previous: 이전 위젯으로 포커스 이동
- TextInputAction.search: 검색 버튼
- TextInputAction.send: 전송 버튼

• 액션 버튼 설정

```
TextField(
  style: TextStyle(fontSize: 15.0),
    controller: controller,
    decoration: InputDecoration(
      ... (생략) ...
    ),
    textInputAction: TextInputAction.search,
),
```

▶ 실행 결과

키보드 유형 — keyboardType

소프트 키보드가 나타날 때 키보드 유형을 설정할 수 있습니다. 기본은 문자열을 입력하는 키보드로 나타나지만, 숫자만 입력해야 하는 곳에서는 숫자 키보드가 나타나게 할 수 있습니다. 이처럼 사용자가 텍스트 필드에 데이터를 입력할 때 어떤 키보드 유형으로 보일지는 keyboardType에 다음의 상수로 설정합니다.

- TextInputType.number: 숫자 입력
- TextInputType.text: 문자 입력
- TextInputType.phone: 전화번호 입력
- TextInputType.emailAddress: 이메일 주소 입력
- TextInputType.url: URL 입력

• 키보드 유형 설정

```
TextField(
  style: TextStyle(fontSize: 15.0),
    controller: controller,
    decoration: InputDecoration(
      ... (생략) ...
    ),
    // textInputAction: TextInputAction.search,
    keyboardType: TextInputType.number,
),
```

▶ 실행 결과

텍스트 감추기 — obscureText

사용자가 입력하는 글이 텍스트 필드에 ****처럼 보여야 할 때가 있습니다. 보통 비밀번호처럼 보안과 관련된 텍스트를 감춰야 할 때입니다. 이 기능은 obscureText 속성을 true로 설정하면 됩니다.

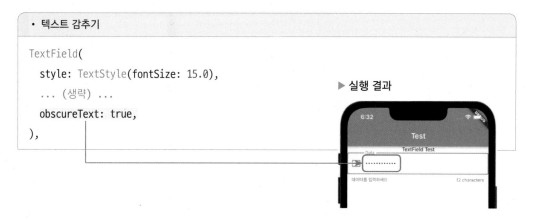

• 텍스트 감추기

```
TextField(
  style: TextStyle(fontSize: 15.0),
  ... (생략) ...
  obscureText: true,
),
```

▶ 실행 결과

여러 줄 입력 — maxLines, minLines

사용자 입력은 한 줄이 기본입니다. 그런데 여러 줄을 입력해야 할 수도 있습니다. 이때 maxLines와 minLines를 사용합니다. 둘은 꼭 함께 사용해야 하는 것은 아니며 maxLines만 사용해도 여러 줄을 입력할 수 있습니다. 예를 들어 maxLines: 3으로 설정하면 텍스트 필드가 3줄 크기로 나오지만 그 안에서 세로로 여러 줄을 입력할 수 있습니다.

그런데 minLines와 함께 사용하면 텍스트 필드가 화면에 출력될 때 minLines에 설정한 줄 수 크기로 출력되다가 글을 채우면 maxLines에 설정한 크기만큼 늘어납니다. 예를 들어 minLines: 2와 maxLines: 5로 지정하면 처음에는 2줄 입력 크기로 출력되고 사용자의 입력에 따라 최대 5줄까지 늘어납니다.

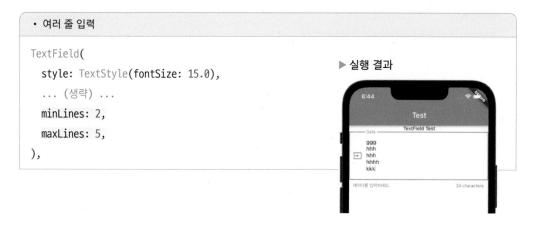

• 여러 줄 입력

```
TextField(
  style: TextStyle(fontSize: 15.0),
  ... (생략) ...
  minLines: 2,
  maxLines: 5,
),
```

▶ 실행 결과

텍스트 필드 위젯 활용하기

텍스트 필드를 활용해 오른쪽 그림처럼 출력하는 앱을 만들어
보겠습니다.

그림 11-1 텍스트 필드 활용 앱 실행 결과

1단계 **다트 파일 작성하기**

lib 아래 ch11_1_textfield라는 디렉터리를 만들고 여기에
test.dart 파일을 만든 후 다음처럼 코드를 작성합니다. 그리
고 앱을 실행해 앞서 보인 실행 화면이 정상으로 나오는지 확
인합니다.

Do it! • lib/ch11_1_textfield/test.dart

```dart
import 'package:flutter/material.dart';

void main() {
  runApp(MyApp());
}

class MyApp extends StatelessWidget {
  @override
  Widget build(BuildContext context) {
    return MaterialApp(
        home: Scaffold(
            appBar: AppBar(
              title: Text('Test'),
            ),
            body: TestScreen()
        )
    );
  }
```

```
}

class TestScreen extends StatefulWidget {
  @override
  TextState createState() => TextState();
}

class TextState extends State<TestScreen> {

  final controller = TextEditingController();
  int textCounter = 0;

  _printValue() {
    print("_printValue(): ${controller.text}");
    setState(() {
      textCounter = controller.text.length;
    });
  }

  @override
  void initState() {
    super.initState();
    controller.addListener(_printValue);
  }

  @override
  void dispose() {
    controller.dispose();
    super.dispose();
  }

  @override
  Widget build(BuildContext context) {
    print("build....");
    return Column(
      children: [
        Text('TextField Test'),
        TextField(
          style: TextStyle(fontSize: 15.0),
```

```
        controller: controller,
        decoration: InputDecoration(
          labelText: 'Data',
          prefixIcon: Icon(Icons.input),
          border: OutlineInputBorder(),
          hintText: "Hint Text",
          helperText: "데이터를 입력하세요.",
          counterText: "$textCounter characters",
        ),
        textInputAction: TextInputAction.search,
        keyboardType: TextInputType.emailAddress,
        minLines: 5,
        maxLines: 5,
      ),
    ],
  );
  }
}
```

11-2 체크박스, 라디오 버튼, 슬라이더, 스위치

이 절에서는 체크박스, 라디오 버튼, 슬라이더, 스위치 위젯을 알아보겠습니다. 모두 사용자에게 데이터를 입력받는 위젯으로 어떤 동작을 선택하게 할 때 이용합니다.

체크박스 ― Checkbox

체크박스는 사용자에게 true나 false를 입력받는 기본 위젯입니다. value 속성으로 체크박스의 값을 설정하며 사용자가 체크 상태를 변경할 때 호출할 이벤트 콜백 함수는 onChanged 속성에 등록합니다.

• 체크박스 출력하기

```
Row(
  children: [
    Checkbox(
      value: isChecked,
      onChanged: (bool? value) {
        setState(() {
          isChecked = value;
        });
      }
    ),
    Text('checkbox value is $isChecked')
  ],
)
```

▶ 실행 결과

라디오 버튼 ― Radio

체크박스와 더불어 라디오 버튼도 사용자에게 true나 false를 입력받는 위젯입니다. 그런데 라디오 버튼은 체크박스와 다르게 여러 항목 중 하나만 선택할 수 있습니다. 즉, groupValue 속성이 똑같은 위젯 가운데 하나만 선택할 수 있습니다.

```
Row(
  children: [
    Radio(
        value: "android",
        groupValue: selectPlatform,
        onChanged: (String? value) {
          setState(() {
            selectPlatform = value;
          });
        }
    ),
    Text('android')
  ],
),
Row(
  children: [
    Radio(
        value: "ios",
        groupValue: selectPlatform,
        onChanged: (String? value) {
          setState(() {
            selectPlatform = value;
          });
        }
    ),
    Text('ios')
  ],
),

Text('select platform is $selectPlatform')
```

▶ 실행 결과

Radio의 value 속성은 라디오 버튼을 선택했을 때 onChanged의 함수에 매개변수로 전달되는 값입니다. 예에서는 android와 ios 중 하나를 선택받고자 라디오 버튼을 2개 출력했는데 첫 번째 라디오 버튼을 선택하면 value에 지정한 "android" 문자열이, 두 번째 라디오 버튼을 선택하면 "ios" 문자열이 selectPlatform에 입력됩니다.

두 라디오 버튼 모두 groupValue에 selectPlatform값을 설정했으므로 한 묶음이 되어 둘 중 하나만 선택할 수 있습니다. 또한 처음 라디오 버튼이 출력될 때는 groupValue값과 value값이 같은 라디오 버튼이 선택된 채로 출력됩니다.

슬라이더 — Slider

슬라이더는 앱에서 음량을 조절할 때처럼 막대를 밀어서 숫자를 입력받는 위젯입니다. 슬라이더 위젯은 min, max 속성으로 값을 설정하며 사용자가 막대를 왼쪽이나 오른쪽으로 밀면 그 사이의 값이 onChanged에 지정한 함수의 매개변수에 전달됩니다.

• 슬라이더 출력하기

```
Slider(
    value: selectValue,
    min: 0,
    max: 10,
    onChanged: (double value) {
        setState(() {
            selectValue = value;
        });
    }
),
```

▶ 실행 결과

스위치 — Switch

스위치도 사용자에게 true나 false를 입력받는 위젯입니다. 주로 활성·비활성 상태를 선택받을 때 사용합니다.

• 스위치 출력하기

```
Switch(
    value: selectValue,
    onChanged: (bool value) {
        setState(() {
            selectValue = value;
        });
    }
),
```

▶ 실행 결과

Do it! 실습 체크박스, 라디오 버튼, 슬라이더, 스위치 활용하기

체크박스, 라디오 버튼, 슬라이더, 스위치를 활용해 오른
쪽 그림처럼 출력하는 앱을 만들어 보겠습니다.

그림 11-2 사용자 입력 위젯 활용 앱 실행 결과

1단계 다트 파일 작성하기

lib 아래 **ch11_2**라는 디렉터리를 만들고 여기에 **test.dart** 파일을 만든 후 다음처럼 코드를
작성합니다. 그리고 앱을 실행해 앞서 보인 실행 화면이 정상으로 나오는지 확인합니다.

Do it! • ch11_2/test.dart

```
import 'package:flutter/material.dart';

void main() {
  runApp(MyApp());
}
class MyApp extends StatelessWidget {
  @override
  Widget build(BuildContext context) {
    return MaterialApp(
        home: Scaffold(
            appBar: AppBar(
              title: Text('Test'),
            ),
            body: TestScreen()
        )
    );
  }
}
class TestScreen extends StatefulWidget {
  @override
```

```dart
  TextState createState() => TextState();
}

class TextState extends State<TestScreen> {

  bool? isChecked = true;
  String? selectPlatform;
  double sliderValue = 5.0;
  bool switchValue = true;

  @override
  Widget build(BuildContext context) {
    return Column(
      children: [
        Text('Checkbox Test'),
        Row(
          children: [
            Checkbox(
                value: isChecked,
                onChanged: (bool? value){
                  setState(() {
                    isChecked = value;
                  });
                }
            ),
            Text('checkbox value is $isChecked')
          ],
        ),
        Text('Radio Test'),
        Row(
          children: [
            Radio(
                value: "android",
                groupValue: selectPlatform,
                onChanged: (String? value){
                  setState(() {
                    selectPlatform = value;
                  });
                }
            ),
            Text('android')
          ],
```

```dart
            ),
            Row(
              children: [
                Radio(
                    value: "ios",
                    groupValue: selectPlatform,
                    onChanged: (String? value){
                      setState(() {
                        selectPlatform = value;
                      });
                    }
                ),
                Text('ios')
              ],
            ),
            Text('select platform is $selectPlatform'),
            Text('Slider Test'),
            Slider(
                value: sliderValue,
                min: 0,
                max: 10,
                onChanged: (double value){
                  setState(() {
                    sliderValue = value;
                  });
                }
            ),
            Text('slider value is $sliderValue'),
            Text('Switch Test'),
            Switch(
                value: switchValue,
                onChanged: (bool value){
                  setState(() {
                    switchValue = value;
                  });
                }
            ),
            Text('select value is $switchValue')
          ],
      );
    }
}
```

11-3 폼 이용하기

사용자에게 데이터를 입력받는 화면을 만들 때 폼(Form) 위젯을 이용할 수도 있습니다. 폼 자체는 위젯이지만 특정 화면을 제공하지는 않습니다. 폼을 이용하면 사용자가 입력한 데이터의 유효성 검증, 데이터 관리 등의 도움을 받을 수 있습니다.

사용자가 입력한 데이터는 유효한지 검증해야 합니다. 필수 항목을 입력하지 않았거나 이메일을 유형에 맞지 않게 입력했을 수 있습니다. 만약 유효하지 않은 데이터를 입력했으면 오류 메시지를 출력해 사용자에게 알립니다. 물론 폼을 사용하지 않고도 이런 기능을 구현할 수 있지만 폼을 사용하면 좀 더 쉽게 구현할 수 있습니다.

폼을 이용할 때는 FormField<T> 형태로 사용자 입력 위젯을 폼 하위에 추가해서 연동해야 합니다. 예를 들어 사용자에게 글을 입력받으려고 텍스트 필드를 사용한다면 FormField<TestField>로 추가합니다. 또는 FormField<TextField>를 추상화한 TextFormField를 사용할 수도 있습니다.

폼에 키값 대입하기

폼을 사용한다면 꼭 Form 위젯에 key값을 대입해 주어야 합니다. 폼 하위에 추가한 위젯들의 데이터 유효성 검증과 저장이 필요할 때 key값으로 Form 객체를 얻어서 FormState 객체의 함수를 호출해 유효성 검증(validate())이나 입력 데이터를 저장(save())합니다.

• 폼에 키값 대입하기

```
class MyFormState extends State<TestScreen> {

  final _formKey = GlobalKey<FormState>();

  @override
  Widget build(BuildContext context) {
    return Column(
      children: [
        Form(
```

```
      key: _formKey,
      ... (생략) ...
    ),
  ],
);
}
}
```

폼에 추가한 TextFormField에는 validator와 onSaved 속성에 함수를 설정할 수 있습니다.
validator와 onSaved에 설정한 함수의 매개변수에는 사용자가 입력한 데이터가 전달됩니다.
따라서 TextFormField를 이용하면 사용자 입력 데이터를 받으려고 TextEditingController
를 사용하지 않아도 됩니다.

유효성 검증과 데이터 저장하기

validator와 onSaved 속성에 설정한 함수가 호출되는 시점이 중요한데, 두 함수 모두 FormState
가 제공하는 validate(), save() 함수가 실행될 때 호출됩니다.

• 폼의 유효성 검증과 데이터 저장 함수 사용하기

```
Form(
  key: _formKey,
  child: Column(
    children: [
      TextFormField(
        decoration: InputDecoration(
          labelText: 'FirstName'
        ),
        validator: (value) {
          if (value?.isEmpty ?? false) {
            return 'Please enter first name';
          }
          return null;
        },
        onSaved: (String? value){
          firstName = value;
        },
```

```
        ),
      ],
    ),
  ),
),

ElevatedButton(
    onPressed: () {
      if (_formKey.currentState?.validate() ?? false) {
        _formKey.currentState?.save();
        print('firstName: $firstName, lastName : $lastName');
      }
    },
    child: Text('submit')
),
```

▶ 실행 결과

FormState는 폼에 지정한 key의 currentState 속성으로 획득하며 FormState의 validate()
함수가 호출되면 폼에 추가된 모든 TextFormField의 validator에 설정한 함수가 자동으로
호출됩니다. 이때 validator에 설정한 함수가 null을 반환하면 사용자가 입력한 데이터가 유
효하다는 의미이며, 문자열을 반환하면 유효하지 않다는 의미입니다. 따라서 validator의 함
수에서는 유효성 검증을 진행하고 유효하지 않을 때 사용자에게 보일 메시지를 반환하는 코
드를 작성합니다. validator에 설정한 함수가 반환한 문자열은 자동으로 TextFormField 아
래에 빨간색으로 출력됩니다.

FormState의 validate() 함수가 호출되면 폼에 추가된 모든 TextFormField의 validator 속
성에 설정한 함수가 호출되며 이 함수들이 모두 null을 반환하면 모든 데이터가 유효하다는 의
미입니다. 그러면 validate() 함수는 true를 반환합니다. 반면에 TextFormField의 validator에
설정한 함수 중 하나라도 문자열을 반환하면 유효하지 않다는 의미이므로 FormState의 vali
date() 함수는 false를 반환합니다.

FormState의 validate() 함수가 true를 반환하면 모든 입력 데이터가 유효하다는 의미이므로 이때 FormState의 save() 함수를 호출합니다. FromState의 save() 함수를 호출하면 모든 TextFormField의 onSaved에 설정한 함수가 자동으로 호출되며 이 함수에서 매개변수로 전달된 각각의 데이터를 적절한 변수에 저장하면 됩니다.

Do it! 실습 폼 활용하기

폼을 활용해 오른쪽 그림처럼 출력하는 앱을 만들어 보겠습니다.

그림 11-3 폼을 활용한 앱 실행 결과

1단계 다트 파일 작성하기

lib 아래 ch11_3_form이라는 디렉터리를 만들고 여기에 test.dart 파일을 만든 후 다음처럼 코드를 작성합니다. 그리고 앱을 실행해 앞서 보인 실행 화면이 정상으로 나오는지 확인합니다.

```
Do it!                                                      • ch11_3_form/test.dart
import 'package:flutter/material.dart';

void main() {
  runApp(MyApp());
}

class MyApp extends StatelessWidget {
  @override
  Widget build(BuildContext context) {
    return MaterialApp(
      home: Scaffold(
        appBar: AppBar(
          title: Text('Test'),
        ),
```

```dart
      body: TestScreen()
    )
  );
  }
}


class TestScreen extends StatefulWidget {
  @override
  MyFormState createState() => MyFormState();
}


class MyFormState extends State<TestScreen> {

  final _formKey = GlobalKey<FormState>();
  String? firstName;
  String? lastName;

  @override
  Widget build(BuildContext context) {
    return Column(
      children: [
        Text('Form Test'),
        Form(
          key: _formKey,
          child: Column(
            children: [
              TextFormField(
                decoration: InputDecoration(
                    labelText: 'FirstName'
                ),
                validator: (value) {
                  if (value?.isEmpty ?? false) {
                    return 'Please enter first name';
                  }
                  return null;
                },
                onSaved: (String? value){
                  firstName = value;
```

```dart
            },
          ),
          TextFormField(
            decoration: InputDecoration(
                labelText: 'LastName'
            ),
            validator: (value) {
              if (value?.isEmpty ?? false) {
                return 'Please enter last name';
              }
              return null;
            },
            onSaved: (String? value){
              lastName = value;
            },
          ),
        ],
      ),
    ),
    ElevatedButton(
        onPressed: (){
          if(_formKey.currentState?.validate() ?? false) {
            _formKey.currentState?.save();
            print('firstName: $firstName, lastName : $lastName');
          }
        },
        child: Text('submit')
    ),
  ],
  );
}
}
```

목록 구성과 다이얼로그 위젯

이번 장에서는 목록을 구성하는 리스트 뷰와 그리드 화면을 만드는 그리드 뷰를 살펴보겠습니다. 또한 여러 화면을 순서에 따라 제공하는 페이지 뷰, 탭 화면을 만드는 탭바 뷰, 그리고 다양한 다이얼로그 위젯도 알아보겠습니다.

12-1 리스트 뷰

리스트 뷰는 크게 2가지 목적으로 사용합니다. 여러 위젯을 세로나 가로로 나열하면서 화면을 벗어날 때 스크롤을 지원하고자 사용하고, 일반 목록 화면처럼 항목을 나열하고자 사용합니다. 물론 목록 화면도 항목을 여러 개 나열하여 화면을 벗어날 때 자동 스크롤을 지원하므로 리스트 뷰의 목적은 하나라고 봐도 됩니다. 단지 위젯을 항목처럼 나열할 것인지 차이만 있습니다.

화면 스크롤 지원하기

다음은 위젯 여러 개가 나열되다가 화면을 벗어나서 스크롤이 필요한 상황입니다.

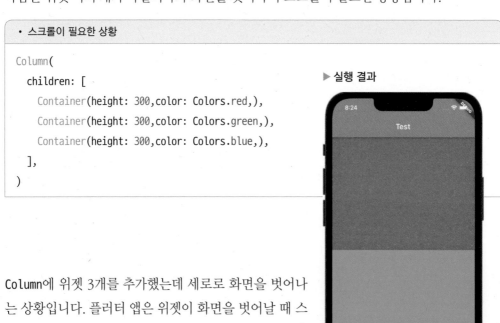

• 스크롤이 필요한 상황

```
Column(
  children: [
    Container(height: 300,color: Colors.red,),
    Container(height: 300,color: Colors.green,),
    Container(height: 300,color: Colors.blue,),
  ],
)
```

▶ 실행 결과

스크롤 경고

Column에 위젯 3개를 추가했는데 세로로 화면을 벗어나는 상황입니다. 플러터 앱은 위젯이 화면을 벗어날 때 스크롤을 지원하지 않으면 노랑과 검정 패턴의 경고 영역으로 보여 줍니다.

똑같은 위젯을 스크롤이 지원되는 ListView로 바꾸면 스크롤 경고 영역이 사라집니다.

```
ListView(
  children: [
    Container(height: 300,color: Colors.red,),
    Container(height: 300,color: Colors.green,),
    Container(height: 300,color: Colors.blue,),
  ],
)
```

▶ 실행 결과

리스트 뷰는 위젯을 세로로 나열할 때 주로 사용하지만 원한다면 가로로 나열할 수도 있습니다.
scrollDirection 속성을 Axis.horizontal로 설정하면 됩니다.

```
ListView(
  scrollDirection: Axis.horizontal,
  children: [
    Container(width: 150,color: Colors.red,),
    Container(width: 150,color: Colors.green,),
    Container(width: 150,color: Colors.blue,),
  ],
)
```

▶ 실행 결과

깡샘!
질문 있어요!

ListView로 여러 위젯을 스크롤되게 하는 것은 SingleChildScrollView + Column 조합과 똑같지 않나요?

맞습니다. ListView를 SingleChildScrollView + Column 조합으로 작성해도 됩니다.
그런데 ListView는 똑같은 형태의 항목을 세로로 출력하는 것에 최적화된 위젯입니다. 따라서 같은 타입의 위젯들을 비슷한 형태로 출력해야 한다면 ListView가 편하며, 다양한 형태의 위젯들이라면 SingleChildScrollView + Column 조합으로 작성하는 게 더 편합니다.

목록 구성하기

리스트 뷰를 이용할 때 생성자는 `ListView()`를 이용해도 되고 `ListView.builder()`를 이용해도 됩니다. 둘 다 똑같은 화면을 만들 수 있습니다. 그런데 `ListView()` 생성자를 이용하면 children 속성에 리스트 뷰에 보일 항목을 나열해야 하는데, 항목이 많아지면 문제가 될 수 있습니다.

예를 들어 항목이 100개이고 처음 리스트 뷰가 화면에 나올 때 4개만 보인다면 아직 보이지 않는 96개 항목까지 모두 준비해야 하므로 비효율적입니다. 항목이 많더라도 초기 화면에 보일 항목만 구성하고 나머지는 사용자가 스크롤할 때 준비해서 나오게 하면 효율적입니다. `ListView.builder()` 생성자는 바로 이런 기능을 제공합니다.

항목을 스크롤에 따라 불러오기 — ListView.builder()

`ListView.builder()` 생성자에는 `itemCount`와 `itemBuilder`라는 속성을 설정합니다. `itemCount`는 리스트 뷰에 출력할 항목 수이며, `itemBuilder`는 항목을 구성하는 위젯을 만들어 주는 함수입니다. 이 함수에서 반환한 위젯이 각 항목에 출력됩니다.

여기서 중요한 점은 `itemCount`에 100을 설정하더라도 `itemBuilder`에 지정한 항목 위젯을 만드는 함수가 처음부터 100번 호출되지는 않는다는 것입니다. 처음 화면에 나올 개수만큼만 호출되며 이후 스크롤이 발생하여 항목이 더 필요해지면 그때 다시 호출됩니다.

> • 항목을 스크롤에 따라 불러오기

```
List<String> citys = [
  '서울시', '인천시', '부산시', '대구시', '대전시', '광주시', '울산시', '세종시'
];
@override
Widget build(BuildContext context) {
  return ListView.builder(
    itemCount: citys.length,
    itemBuilder: (context, index){
      return Container(
        padding: EdgeInsets.only(left: 10, top: 10),
        height: 100,
        child: Text(citys[index]),
      );
    },
  );
}
```

▶ 실행 결과

항목 구분자 설정하기 — ListView.seperated()

ListView.seperated() 생성자는 itemCount와 itemBuilder를 이용해 항목의 개수와 항목을 구성하는 위젯을 지정한다는 면에서 ListView.builder()와 같습니다. 그런데 ListView. builder()는 항목의 구분자를 나타내는 별도의 속성을 제공하지 않습니다. 물론 item Builder에 지정하는 함수에서 구분자 역할을 하는 위젯을 따로 준비해도 되지만, ListView. seperated() 생성자를 이용하면 항목 구분자를 조금 더 쉽게 지정할 수 있습니다.

ListView.seperated() 생성자의 seperatorBuilder 속성에 지정하는 함수에서 구분자로 사용할 위젯을 준비해 반환하면 자동으로 반환한 위젯이 구분자로 출력됩니다. 구분자 위젯으로는 다음처럼 Divider를 주로 사용합니다. Divider 위젯은 가로선을 출력하는 위젯이며 선의 두께, 색상 등을 지정할 수 있습니다.

• 항목 구분자 설정하기

```
ListView.separated(
  itemCount: citys.length,
  itemBuilder: (context, index){
    return Container(
      padding: EdgeInsets.only(left: 10, top: 10),
      height: 100,
      child: Text(citys[index]),
    );
  },
  separatorBuilder: (context, index){
    return Divider(height: 2, color: Colors.black,);
  },
)
```

▶ 실행 결과

항목 구성하기 — ListTile

ListTile은 항목을 구성하는 위젯입니다. 리스트 뷰에 나오는 항목은 ListTile을 사용하지 않고도 다양한 위젯으로 구성할 수 있습니다. 그러나 대부분의 리스트 뷰는 문자열을 하나 출력하거나 두 개를 위아래로 배치합니다. 또한 문자열 왼쪽에는 이미지, 오른쪽에는 아이콘 등의 콘텐츠가 나오게 합니다. 항목을 이런 스타일로 구성할 때 ListTile 위젯을 사용하면 편리합니다.

ListTile 생성자에는 title, subtitle, leading, trailing 등의 속성이 있습니다. 이 속성에 원하는 위젯을 대입하면 항목을 다음 그림처럼 구성할 수 있습니다.

그림 12-1 ListTile로 항목 구성 예

ListTile 생성자에 모든 속성을 설정하지 않고 필요한 것만 설정해도 됩니다.

• 항목 구성하기

```
ListView.separated(
  itemCount: users.length,
  itemBuilder: (context, index){
    return ListTile(
      leading: CircleAvatar(
        radius: 25,
        backgroundImage: AssetImage('images/big.jpeg'),
      ),
      title: Text(users[index].name),
      subtitle: Text(users[index].phone),
      trailing: Icon(Icons.more_vert),
      onTap: (){
        print(users[index].name);
      },
    );
  },
  separatorBuilder: (context, index){
    return Divider(height: 2, color: Colors.black,);
  },
)
```

▶ 실행 결과

리스트 뷰 활용하기

리스트 뷰를 활용해 앞의 실행 결과처럼 출력하는 앱을 만들어 보겠습니다.

1단계　다트 파일 작성하기

lib 아래 **ch12_1_listview**라는 디렉터리를 만들고 여기에 **test.dart** 파일을 만든 후 다음처럼 코드를 작성합니다. 그리고 앱을 실행해 앞서 보인 실행 화면이 정상으로 나오는지 확인합니다.

참고로 이번 실습에서 사용한 big.jpeg 이미지 파일은 이미 「09-3」절의 [Do it! 실습]에서 등록했습니다. 해당 실습을 진행하지 않았다면 「09-3」절을 참고해 이미지 파일을 등록해야 다음 코드가 정상으로 동작합니다.

Do it! • ch12_1_listview/test.dart

```dart
import 'package:flutter/material.dart';

void main() {
  runApp(MyApp());
}

class User {
  String name;
  String phone;
  String email;
  User(this.name, this.phone, this.email);
}

class MyApp extends StatelessWidget {
  List<User> users = [
    User('홍길동','0100001','a@a.com'), User('김길동','0100002','b@a.com'),
    User('이길동','0100003','c@a.com'), User('박길동','0100004','d@a.com'),
    User('홍길동','0100001','a@a.com'), User('김길동','0100002','b@a.com'),
    User('이길동','0100003','c@a.com'), User('박길동','0100004','d@a.com'),
  ];
  @override
  Widget build(BuildContext context) {
    return MaterialApp(
      home: Scaffold(
```

```
            appBar: AppBar(
              title: Text('Test'),
            ),
            body: ListView.separated(
              itemCount: users.length,
              itemBuilder: (context, index){
                return ListTile(
                  leading: CircleAvatar(
                    radius: 25,
                    backgroundImage: AssetImage('images/big.jpeg'),
                  ),
                  title: Text(users[index].name),
                  subtitle: Text(users[index].phone),
                  trailing: Icon(Icons.more_vert),
                  onTap: (){
                    print(users[index].name);
                  },
                );
              },
              separatorBuilder: (context, index){
                return Divider(height: 2, color: Colors.black,);
              },
            ),
          )
      );
    }
}
```

12-2 그리드 뷰

그리드 뷰는 항목을 나열한다는 면에서 리스트 뷰와 같지만 그리드 형태로 나열할 수 있습니다. 즉, 가로·세로 방향으로 나열하지 않고 한 줄에 여러 개를 함께 나열할 수 있습니다.

리스트 뷰처럼 그리드 뷰도 `GridView.builder()` 생성자를 제공하며 이 생성자의 `itemCount`, `itemBuilder` 속성을 이용해 항목의 개수와 위젯을 지정합니다. 그런데 `GridView.builder()`에는 꼭 `gridDelegate` 속성을 설정해 줘야 합니다. 이 속성에 `SliverGridDelegateWithFixedCrossAxisCount` 객체를 지정해 주면 되는데, 이 객체의 `crossAxisCount`값이 한 줄에 함께 나와야 하는 항목의 개수입니다.

그리드 뷰에 방향을 지정하지 않으면 항목을 세로로 나열하며 이때 `crossAxisCount`는 가로를 가리킵니다. 만약 항목을 가로로 나열하려면 `scrollDirection` 속성에 `Axis.horizontal`이라고 설정하며 이때 `crossAxisCount`는 세로 방향을 가리킵니다.

• 항목을 세로로 배치하기

```
GridView.builder(
  itemCount: citys.length,
  itemBuilder: (context, index){
    return Card(
      child: Text(citys[index]),
    );
  },
  gridDelegate: SliverGridDelegateWithFixedCrossAxisCount(crossAxisCount: 2),
)
```

• 항목을 가로로 배치하기

```
GridView.builder(
  ...(생략)...
  scrollDirection: Axis.horizontal,
  gridDelegate: SliverGridDelegateWithFixedCrossAxisCount(crossAxisCount: 3),
)
```

▶ 실행 결과

(기본값)

(scrollDirection: Axis.horizontal 지정)

Do it! 실습 ▶ 그리드 뷰 활용하기

그리드 뷰를 활용해 오른쪽 그림처럼 출력하는 앱을 만들어 보겠습니다.

1단계 다트 파일 작성하기

lib 아래 **ch12_2_gridview**라는 디렉터리를 만들고 여기에 **test.dart** 파일을 만든 후 다음처럼 코드를 작성합니다. 그리고 앱을 실행해 실행 화면이 정상으로 나오는지 확인합니다.

그림 12-2 그리드 뷰 활용 앱 실행 결과

Do it! • ch12_2_gridview/test.dart

```dart
import 'package:flutter/material.dart';

void main() {
  runApp(MyApp());
}

class MyApp extends StatelessWidget {
  List<String> citys = ['서울시', '인천시', '부산시', '대구시', '대전시', '광주시', '울산시',
'세종시'];
  @override
  Widget build(BuildContext context) {
```

```
    return MaterialApp(
      home: Scaffold(
        appBar: AppBar(
          title: Text('Test'),
        ),
        body: GridView.builder(
          itemCount: citys.length,
          itemBuilder: (context, index) {
            return Card(
              child: Column(
                children: [Text(citys[index]), Image.asset('images/big.jpeg')],
              ),
            );
          },
          scrollDirection: Axis.horizontal,
          gridDelegate:
              SliverGridDelegateWithFixedCrossAxisCount(crossAxisCount: 3),
        ),
      ),
    );
  }
}
```

12-3 페이지 뷰

페이지 뷰도 리스트 뷰, 그리드 뷰와 마찬가지로 항목을 나열하는 위젯입니다. 차이가 있다면 페이지 뷰는 항목을 하나만 보여주며 사용자가 항목을 왼쪽이나 오른쪽으로 밀었을 때(스와이프) 차례로 나타납니다. 즉, PageView의 children에 지정한 여러 위젯이 스와이프 이벤트가 발생할 때 순서대로 출력됩니다.

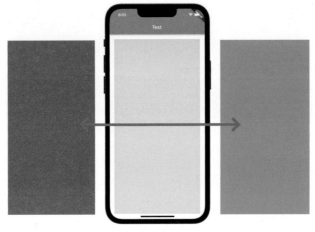

그림 12-3 페이지 뷰 동작

페이지 뷰를 이용할 때 PageController 객체에 맨 처음 보일 페이지를 설정할 수 있습니다. 첫 페이지 번호와 왼쪽 오른쪽에 있는 페이지를 현재 화면에서 어느 정도 보이게 할 것인지 설정할 수 있습니다.

다음 코드에서는 페이지 뷰의 children에 컨테이너 3개를 추가했습니다. 빨강, 노랑, 초록의 컨테이너가 각각 페이지가 되고 사용자 스와이프 이벤트로 나오게 됩니다. 그런데 PageController의 initialPage 속성을 1로 설정했으므로 처음에 노랑 컨테이너가 보입니다. 또한 viewportFraction 속성을 0.8로 설정했으므로 현재 페이지가 화면의 80%를 차지하고 나머지 20%에 이전과 다음 페이지가 걸쳐서 보입니다. 만약 viewportFraction 속성을 1.0으로 설정하면 현재 페이지만 보입니다.

```
PageController controller = PageController(
  initialPage: 1,
  viewportFraction: 0.8
);
@override
Widget build(BuildContext context) {
  return PageView(
    controller: controller,
    children: [
      Container(margin: EdgeInsets.all(20), color: Colors.red,),
      Container(margin: EdgeInsets.all(20), color: Colors.yellow,),
      Container(margin: EdgeInsets.all(20), color: Colors.green,),
    ],
  );
}
```

▶ 실행 결과

Do it! 실습 페이지 뷰 활용하기

페이지 뷰를 활용해 오른쪽 그림처럼 출력하는 앱을 만들어 보겠습니다. 처음에 빨강 화면에서 왼쪽으로 밀면 초록, 파랑 등으로 페이지가 바뀝니다. 다시 오른쪽으로 밀어서 이동할 수도 있습니다.

그림 12-4 페이지 뷰 활용 앱 실행 결과

1단계 다트 파일 작성하기

lib 아래 **ch12_3_pageview**라는 디렉터리를 만들고 여기에 **test.dart** 파일을 만든 후 다음처럼 코드를 작성합니다. 그리고 앱을 실행해 앞서 보인 실행 화면이 정상으로 나오는지 확인합니다. 화면을 오른쪽이나 왼쪽으로 밀어서 페이지 뷰가 제대로 동작하는지도 확인합니다.

Do it! • ch12_3_pageview/test.dart

```dart
import 'package:flutter/material.dart';

void main() {
  runApp(MyApp());
}

class MyApp extends StatelessWidget {
  PageController controller =
      PageController(initialPage: 1, viewportFraction: 0.8);

  @override
  Widget build(BuildContext context) {
    return MaterialApp(
        home: Scaffold(
            appBar: AppBar(
              title: Text('Test'),
            ),
            body: PageView(
              controller: controller,
              children: [
                Container(
                  margin: EdgeInsets.all(20),
                  color: Colors.red,
                  child: Center(
                    child: Text('OnePage',
                        style: TextStyle(color: Colors.white, fontSize: 30)),
                  ),
                ),
                Container(
                  margin: EdgeInsets.all(20),
                  color: Colors.green,
```

```
          child: Center(
            child: Text('TwoPage',
                style: TextStyle(color: Colors.white, fontSize: 30)),
          ),
        ),
        Container(
          margin: EdgeInsets.all(20),
          color: Colors.blue,
          child: Center(
            child: Text('ThreePage',
                style: TextStyle(color: Colors.white, fontSize: 30)),
          ),
        ),
      ],
    )));
  }
}
```

12-4 다이얼로그 띄우기

알림 창 — AlertDialog

앱에서 다이얼로그를 띄우려면 AlertDialog 위젯을 사용합니다. 그런데 다이얼로그는 처음부터 화면에 보이지 않으므로 필요할 때 showDialog()를 호출해야 하며, builder 속성에 지정한 함수에서 AlertDialog 객체를 반환해 주어야 합니다.

showDialog()에 설정하는 정보 중 barrierDismissible은 다이얼로그 바깥을 터치했을 때 닫히는지를 결정합니다. true로 설정하면 닫히고 false면 닫히지 않습니다.

AlertDialog는 title과 content, actions 속성을 설정합니다. title에는 상단에 출력할 문자열, content에는 본문, actions에는 하단에 나열할 버튼을 설정합니다.

다음 코드는 AlertDialog의 actions에 TextButton을 추가한 예입니다. 화면에 버튼은 잘 나오지만 이 버튼을 누르는 것만으로는 다이얼로그가 닫히지 않습니다. 버튼을 눌러 다이얼로그가 닫히게 하려면 이벤트 함수에서 Navigator.of(context).pop()을 호출해야 합니다.

• 기본 알림 창 띄우기

```
showDialog(
    context: context,
    barrierDismissible: false,
    builder: (BuildContext context) {
      return AlertDialog(
        title: Text("Dialog Title"),
        content: Text("Dialog Message"),
        actions: [
          TextButton(
              onPressed: () {
                Navigator.of(context).pop();
              },
              child: Text("OK")
          )
        ],
      );
    }
);
```

▶ 실행 결과

앞의 예는 문자열 정보를 출력하는 다이얼로그를 띄운 것인데 AlertDialog의 content에 다양한 위젯을 설정할 수 있습니다. 다음은 간단한 사용자 입력을 받는 다이얼로그를 구성한 예입니다.

• 사용자 입력을 받는 알림 창 띄우기

```
AlertDialog(
  title: Text("Dialog Title"),
  content: Column(
    mainAxisSize: MainAxisSize.min,
    children: [
      TextField(
        decoration: InputDecoration(border: OutlineInputBorder()),
      ),
      Row(
        children: [
          Checkbox(value: true, onChanged: (value){}),
          Text('수신동의')
        ],
      )
    ],
  ),
  actions: [
    TextButton(
      onPressed: (){
        Navigator.of(context).pop();
      },
      child: Text("OK")
    )
  ],
)
```

▶ 실행 결과

보텀 시트 — BottomSheet

보텀 시트는 화면 아래쪽에서 올라오는 다이얼로그입니다. 보텀 시트를 띄우려면 showBottomSheet()나 showModalBottomSheet() 함수를 이용합니다. showBottomSheet() 함수를 이용하면 보텀 시트가 화면에 떠도 원래 화면에 있는 위젯에 이벤트를 가할 수 있지만, showModal

BottomSheet() 함수를 이용하면 보텀 시트가 닫히기 전까지는 원래 화면에 있는 위젯에 이벤트를 가할 수 없습니다.

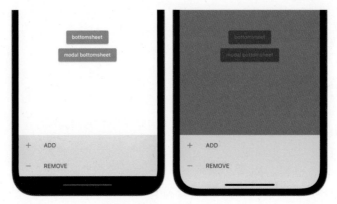

그림 12-5 showBottomSheet() 사용(왼쪽)과 showModalBottomSheet() 사용(오른쪽)

showBottomSheet()나 showModalBottomSheet()의 builder 속성에 지정한 함수에서 반환하는 위젯이 화면 아래쪽에서 올라옵니다. 다음 코드는 ListTile을 이용해 보텀 시트를 구성했으며 각 ListTile을 클릭하면 Navigator.of(context).pop()을 호출해 보텀 시트를 닫습니다.

• 보텀 시트 띄우기

```
showModalBottomSheet(
    context: context,
    backgroundColor: Colors.yellow,
    builder: (context){
      return SafeArea(
          child: Column(
            mainAxisSize: MainAxisSize.min,
            children: [
              ListTile(
                leading: Icon(Icons.add),
                title: Text('ADD'),
                onTap: () {
                  Navigator.of(context).pop();
                },
              ),
              ListTile(
                leading: Icon(Icons.remove),
```

```
            title: Text('REMOVE'),
            onTap: () {
              Navigator.of(context).pop();
            },
          )
        ],
      )
    );
  }
);
```

날짜, 시간 선택 창 — DatePickerDialog, TimePickerDialog

사용자에게 날짜를 입력받는 DatePickerDialog를 띄울 때는 showDatePicker() 함수를 사용하
며, 시간을 입력받는 TimePickerDialog를 띄울 때는 showTimePicker() 함수를 사용합니다.

날짜 선택 창에서 showDatePicker() 함수의 initialDate 매개변수에 달력의 초기 날짜를 지
정할 수 있으며 firstDate와 lastDate 매개변숫값으로 사용자가 선택할 날짜의 범위를 한정
할 수 있습니다. DatePickerDialog에서 사용자가 선택한 날짜는 showDatePicker() 함수의
반환값으로 전달됩니다.

• 날짜 선택 창

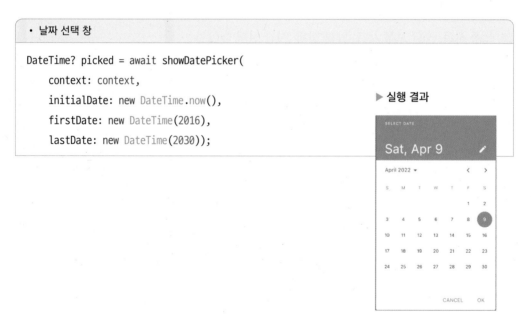

```
DateTime? picked = await showDatePicker(
    context: context,
    initialDate: new DateTime.now(),
    firstDate: new DateTime(2016),
    lastDate: new DateTime(2030));
```

▶ 실행 결과

시간 선택 창에서 showTimePicker() 함수의 initialTime 매개변수에 초기 출력될 시간을 지정하며 TimePickerDialog에서 사용자가 선택한 시간은 showTimePicker() 함수의 반환값으로 전달됩니다.

• 시간 선택 창

```
TimeOfDay? selectedTime = await showTimePicker(
  initialTime: TimeOfDay.now(),
  context: context,
);
```

▶ 실행 결과

Do it! 실습 ▶ 다이얼로그 활용하기

여러 가지 다이얼로그를 띄우는 앱을 만들어 보겠습니다. 오른쪽 그림과 같은 화면에서 각 버튼을 클릭하면 다이얼로그, 보톰 시트, 모달 보톰 시트, 날짜 선택, 시간 선택 다이얼로그가 실행됩니다.

1단계 패키지 등록하기

DatePickerDialog에서 사용자가 설정한 날짜를 원하는 형식으로 출력하고자 intl라는 패키지를 사용하겠습니다. pubspec.yaml 파일에 intl 패키지를 등록하고 〈Pub get〉을 클릭해 적용합니다.

그림 12-6 다이얼로그 활용 앱 실행 결과

Do it! • pubspec.yaml

```
... (생략) ...
dependencies:
  intl: ^0.17.0
... (생략) ...
```

다트 파일 작성하기

lib 아래 ch12_4_dialog라는 디렉터리를 만들고 여기에 test.dart 파일을 만든 후 다음처럼 코드를 작성합니다. 그리고 앱을 실행해 앞서 보인 실행 화면이 정상으로 나오는지 확인합니다.

Do it! • ch12_4_dialog/test.dart

```dart
import 'package:flutter/material.dart';
import 'package:intl/intl.dart';

void main() {
  runApp(MyApp());
}

class MyApp extends StatelessWidget {
  @override
  Widget build(BuildContext context) {
    return MaterialApp(
        home: Scaffold(
            appBar: AppBar(
              title: Text('Test'),
            ),
            body: TestScreen()));
  }
}

class TestScreen extends StatefulWidget {
  @override
  TextState createState() => TextState();
}

class TextState extends State<TestScreen> {
  DateTime dateValue = DateTime.now();
  TimeOfDay timeValue = TimeOfDay.now();

  _dialog() {
    showDialog(
        context: context,
        barrierDismissible: false,
        builder: (BuildContext context) {
          return AlertDialog(
```

```
        title: Text("Dialog Title"),
        content: Column(
          mainAxisSize: MainAxisSize.min,
          children: [
            TextField(
              decoration: InputDecoration(border: OutlineInputBorder()),
            ),
            Row(
              children: [
                Checkbox(value: true, onChanged: (value) {}),
                Text('수신동의')
              ],
            )
          ],
        ),
        actions: [
          TextButton(
            onPressed: () {
              Navigator.of(context).pop();
            },
            child: Text("OK"))
        ],
      );
    });
}

_bottomSheet() {
  showBottomSheet(
    context: context,
    backgroundColor: Colors.yellow,
    builder: (context) {
      return Column(
        mainAxisSize: MainAxisSize.min,
        children: [
          ListTile(
            leading: Icon(Icons.add),
            title: Text('ADD'),
            onTap: () {
              Navigator.of(context).pop();
            },
```

```
          ),
          ListTile(
            leading: Icon(Icons.remove),
            title: Text('REMOVE'),
            onTap: () {
              Navigator.of(context).pop();
            },
          )
        ],
      );
    });
}

_modalBottomSheet() {
  showModalBottomSheet(
      context: context,
      backgroundColor: Colors.yellow,
      builder: (context) {
        return SafeArea(
          child: Column(
            mainAxisSize: MainAxisSize.min,
            children: [
              ListTile(
                leading: Icon(Icons.add),
                title: Text('ADD'),
                onTap: () {
                  Navigator.of(context).pop();
                },
              ),
              ListTile(
                leading: Icon(Icons.remove),
                title: Text('REMOVE'),
                onTap: () {
                  Navigator.of(context).pop();
                },
              )
            ],
          ),
        );
      });
}
```

```dart
  }

  Future datePicker() async {
    DateTime? picked = await showDatePicker(
        context: context,
        initialDate: new DateTime.now(),
        firstDate: new DateTime(2016),
        lastDate: new DateTime(2030));
    if (picked != null) setState(() => dateValue = picked);
  }

  Future timePicker() async {
    TimeOfDay? selectedTime = await showTimePicker(
      initialTime: TimeOfDay.now(),
      context: context,
    );
    if (selectedTime != null) setState(() => timeValue = selectedTime);
  }

  @override
  Widget build(BuildContext context) {
    return Center(
      child: Column(
        mainAxisAlignment: MainAxisAlignment.center,
        children: [
          ElevatedButton(onPressed: _dialog, child: Text('dialog')),
          ElevatedButton(onPressed: _bottomSheet, child: Text('bottomsheet')),
          ElevatedButton(
              onPressed: _modalBottomSheet, child: Text('modal bottomsheet')),
          ElevatedButton(onPressed: datePicker, child: Text('datepicker')),
          Text('date : ${DateFormat('yyyy-MM-dd').format(dateValue)}'),
          ElevatedButton(onPressed: timePicker, child: Text('timepicker')),
          Text('time : ${timeValue.hour}:${timeValue.minute}'),
        ],
      ),
    );
  }
}
```

12-5 탭바 뷰

탭바 뷰는 탭 화면을 구성하는 위젯입니다. 탭 화면을 구성하려면 탭 버튼과 이를 눌렀을 때 출력할 탭 화면이 있어야 합니다. 탭 화면은 탭 버튼 개수만큼 필요하며 한 번에 하나만 출력해야 합니다. TabBar 위젯으로 탭 버튼을 구성하고 TabBarView 위젯으로 탭 화면을 만들면 됩니다.

TabBar의 버튼을 눌렀을 때 TabBarView의 위젯이 화면에 나오는 것은 TabController가 자동으로 처리해 줍니다. 따라서 TabBar와 TabBarView의 controller 속성에 똑같은 TabController 객체를 지정해 주기만 하면 됩니다. 또한 위젯이 애니메이션 효과로 나타나게 하려면 SingleTickerProviderStateMixin 속성을 with로 설정하고, TabController를 생성할 때 vsync를 this로 설정합니다. 이렇게 하면 탭이 바뀔 때 애니메이션 효과가 나타납니다.

• 탭 화면 구성하기

```
class _HomeScreenState extends State<MyApp>
    with SingleTickerProviderStateMixin {

  late TabController controller;

  @override
  void initState() {
    super.initState();
    controller = TabController(length: 3, vsync: this);
  }

  @override
  Widget build(BuildContext context) {
    return MaterialApp(
      home: Scaffold(
        appBar: AppBar(
          title: Text('Tab Test'),
          bottom: TabBar(
            controller: controller,
            tabs: <Widget>[
```

```
                  Tab(text: 'One'),
                  Tab(text: 'Two'),
                  Tab(text: 'Three'),
                ],
              ),
            ),
            body:TabBarView(
              controller: controller,
              children: <Widget>[
                Center(
                  ... (생략) ...
                ),
                Center(
                  ... (생략) ...
                ),
                Center(
                  ... (생략) ...
                )
              ],
            )
          )
        );
      }
    }
```

▶ 실행 결과

Do it! 실습 탭바 뷰 활용하기

탭바 뷰를 활용해 앞의 실행 결과처럼 동작하는 앱을 만들어 보겠습니다. 탭을 클릭하면 각 화면이 나타납니다.

1단계 다트 파일 작성하기

lib 아래 ch12_5_tab이라는 디렉터리를 만들고 여기에 test.dart 파일을 만든 후 다음처럼 코드를 작성합니다. 그리고 앱을 실행해 앞서 보인 실행 화면이 정상으로 나오는지 확인합니다. 각 탭을 선택할 때 화면이 해당 내용으로 바뀌는 것도 확인합니다.

```dart
import 'package:flutter/material.dart';

void main() {
  runApp(MyApp());
}

class MyApp extends StatefulWidget {
  @override
  _HomeScreenState createState() => _HomeScreenState();
}

class _HomeScreenState extends State<MyApp>
    with SingleTickerProviderStateMixin {
  late TabController controller;

  @override
  void initState() {
    super.initState();
    controller = TabController(length: 3, vsync: this);
  }

  @override
  Widget build(BuildContext context) {
    return MaterialApp(
      home: Scaffold(
        appBar: AppBar(
          title: Text('Tab Test'),
          bottom: TabBar(
            controller: controller,
            tabs: <Widget>[
              Tab(text: 'One'),
              Tab(text: 'Two'),
              Tab(text: 'Three'),
            ],
          ),
        ),
        // 탭바 화면
```

```
          body: TabBarView(
            controller: controller,
            children: <Widget>[
              Center(
                child: Text(
                  'One Screen',
                  style: TextStyle(fontSize: 25, fontWeight: FontWeight.bold),
                ),
              ),
              Center(
                child: Text(
                  'Two Screen',
                  style: TextStyle(fontSize: 25, fontWeight: FontWeight.bold),
                ),
              ),
              Center(
                child: Text(
                  'Three Screen',
                  style: TextStyle(fontSize: 25, fontWeight: FontWeight.bold),
                ),
              )
            ],
          )));
  }
}
```

머티리얼과 쿠퍼티노 디자인

학습 포인트

지금까지는 앱의 화면을 구성하면서 MaterialApp을 이용해 안드로이드 앱과 iOS 앱 모두에 머티리얼 디자인을 적용했습니다. 그런데 앱의 화면을 iOS의 쿠퍼티노 디자인으로도 만들 수 있으며, 이 둘을 함께 사용해 안드로이드용 앱에는 머티리얼 디자인, iOS용 앱에는 쿠퍼티노 디자인을 적용할 수 있습니다. 이번 장에서는 MaterialApp과 CupertinoApp, Scaffold, SafeArea 위젯를 이용하는 방법을 살펴보겠습니다. 그리고 CustomScrollView와 SliverAppBar 위젯도 알아보겠습니다.

13-1 머티리얼 디자인

MaterialApp은 머티리얼 디자인을 적용하는 위젯입니다. **머티리얼**[Material]은 "플랫[flat] 디자인의 장점을 살리면서 빛에 따른 종이의 그림자 효과를 이용하여 입체감을 살리는 디자인 방식"으로 소개하는 구글의 디자인 지침입니다. MaterialApp을 이용하면 안드로이드 앱에서 많이 보던 스타일대로 플러터 앱을 만들 수 있습니다.

MaterialApp은 필수 위젯은 아니지만 대부분 플러터 앱은 위젯 트리의 루트를 Material App으로 구성합니다. Material App 위젯에는 타이틀, 테마, 라우팅 정보 등을 설정할 수 있습니다. 라우팅은 나중에 화면 내비게이션을 처리하는 부분에서 자세히 다루겠습니다.

그림 13-1 안드로이드폰(왼쪽)과 아이폰(오른쪽)에서 MaterialApp을 적용한 모습

디버그 배너 보이기 — debugShowCheckedModeBanner

MaterialApp 위젯을 사용하면 화면 오른쪽 위에 DEBUG라는 배너가 출력됩니다. 이 배너는 Material App의 debugShowCheckedModeBanner 속성이 true라서 나옵니다. 이 값을 false로 바꾸면 배너가 사라집니다.

그림 13-2 디버그 배너

> • 디버그 배너 빼기
>
> ```
> MaterialApp(
>     debugShowCheckedModeBanner: false,
>     ... (생략) ....
> )
> ```
>
> ▶ 실행 결과

테마 설정하기 — Theme

MaterialApp을 이용하면 앱바 부분이 파란색 바탕에 흰색 글씨로 나옵니다. 또한 체크박스가 체크된 상태도 파란색이 적용됩니다. 이는 MaterialApp에 테마가 기본으로 지정돼서 그렇습니다. 만약 테마를 변경하려면 ThemeData의 다양한 속성에 원하는 색상을 설정한 후 이 ThemeData 객체를 MaterialApp의 theme 속성에 지정하면 됩니다.

다음 코드는 primarySwatch 색상을 pink로 설정한 예인데 앱바, 버튼 등이 모두 분홍색으로 나옵니다.

```
• 테마 설정하기
MaterialApp(
    debugShowCheckedModeBanner: false,
    theme: ThemeData(
      primarySwatch: Colors.pink,
    ),
    … (생략) …
)
```

▶ 실행 결과

만약 앱바의 색상만 변경하려면 appBarTheme를 이용합니다.

```
• 앱바 색상만 변경하기
MaterialApp(
    debugShowCheckedModeBanner: false,
    theme: ThemeData(
      primarySwatch: Colors.pink,
      appBarTheme: AppBarTheme(
        backgroundColor: Colors.orange,
        foregroundColor: Colors.black
      ),

    ),
    … (생략) …
)
```

▶ 실행 결과

머티리얼 디자인을 활용해 오른쪽 그림처럼 출력하는
앱을 만들어 보겠습니다.

1단계   **다트 파일 작성하기**

lib 아래 ch13_1_materialapp이라는 디렉터리를 만
들고 여기에 test.dart 파일을 만든 후 다음처럼 코드
를 작성합니다. 그리고 앱을 실행해 앞서 보인 실행 화
면이 정상으로 나오는지 확인합니다.

그림 13-3 머티리얼 디자인을 활용한 앱 실행 결과

Do it!	• ch13_1_materialapp/test.dart

```dart
import 'package:flutter/material.dart';

void main() {
  runApp(MyApp());
}

class MyApp extends StatelessWidget {
  @override
  Widget build(BuildContext context) {
    return MaterialApp(
        debugShowCheckedModeBanner: false,
        theme: ThemeData(
          primarySwatch: Colors.pink,
          appBarTheme: AppBarTheme(
            backgroundColor: Colors.orange,
            foregroundColor: Colors.black,
          ),
        ),
        home: Scaffold(
          appBar: AppBar(
            title: Text('Test'),
          ),
          body: Center(
```

```
        child: Column(
          children: [
            ElevatedButton(onPressed: () {}, child: Text('Button')),
            Checkbox(value: true, onChanged: (value) {}),
            Text('HelloWorld'),
          ],
        ),
      ),
      floatingActionButton: FloatingActionButton(
        child: Icon(Icons.add),
        onPressed: () {},
      ),
    ));
  }
}
```

13-2 쿠퍼티노 디자인

쿠퍼티노^{Cupertino}는 iOS를 만든 애플의 디자인 지침입니다. 플러터 앱을 iOS 스타일로 만들고 싶으면 CupertinoApp 위젯을 이용합니다. 앱의 루트 위젯으로 CupertinoApp을 사용하고 package:flutter/cupertino.dart 패키지에서 제공하는 위젯으로 화면을 구성하면 iOS 앱스러운 스타일로 만들 수 있습니다.

다음 코드는 CupertinoApp, CupertinoPageScaffold, CupertinoNavigationBar, Cupertino Button 등의 위젯으로 화면을 구성한 예입니다. 이렇게 하면 iOS뿐만 아니라 안드로이드에서도 쿠퍼티노 스타일로 나옵니다.

• 쿠퍼티노 디자인 적용

```
CupertinoApp(
    debugShowCheckedModeBanner: false,
    theme: CupertinoThemeData(brightness: Brightness.light),
    home: CupertinoPageScaffold(
      navigationBar: CupertinoNavigationBar(
          middle: Text('Cupertino Title')
      ),
      child: ListView(
        children: <Widget>[
          CupertinoButton(
            onPressed: () {},
            child: Text('click'),
          ),
          Center(
            child: Text('HelloWorld'),
          ),
        ],
      ),
    )
)
```

▶ 실행 결과

Platform API 활용하기

MaterialApp이나 CupertinoApp 위젯을 이용하면 안드로이드와 iOS에서 똑같은 스타일이 적용됩니다. 그런데 플러터 앱이 안드로이드에서는 머티리얼 스타일로 나오고, iOS에서는 쿠퍼티노 스타일로 나오게 할 수도 있습니다.

이렇게 하려면 앱이 실행되는 플랫폼을 식별해야 하는데, 이때 dart:io에서 제공하는 Platform을 이용합니다. Platform은 화면 스타일을 플랫폼별로 다르게 제공하는 것뿐만 아니라 플랫폼별로 다르게 처리해야 할 때 활용할 수 있습니다.

다음은 플랫폼을 식별하기 위한 Platform의 정적 속성$^{\text{static property}}$입니다.

- isAndroid: 안드로이드 식별
- isFuchsia: 푸크시아 식별
- isIOS: iOS 식별
- isLinux: 리눅스 식별
- isMacOS: macOS 식별
- isWindows: 윈도우 식별

다음 코드는 앱이 동작하는 플랫폼을 Platform API로 식별하여 각기 다른 문자열을 출력하는 예입니다.

• 플랫폼 식별하기

```
Widget platformUI() {
  if (Platform.isIOS) {
    return Text('I am iOS Phone',
              style: TextStyle(fontWeight: FontWeight.bold, fontSize: 25),);
  } else if (Platform.isAndroid) {
    return Text('I am Android Phone',
              style: TextStyle(fontWeight: FontWeight.bold, fontSize: 25),);
  } else {
    return Text('unKnown Device',
              style: TextStyle(fontWeight: FontWeight.bold, fontSize: 25),);
  }
}
```

이런 방식으로 Platform을 이용하여 안드로이드에서는 MaterialApp을, iOS에서는 Cupertino App을 적용하게 할 수 있습니다.

• 플랫폼별 다른 UI 적용하기

```
Widget platformUI() {
  if (Platform.isIOS) {
    return CupertinoApp(
        debugShowCheckedModeBanner: false,
        theme: CupertinoThemeData(brightness: Brightness.light),
        home: CupertinoPageScaffold(
          navigationBar: CupertinoNavigationBar(
              middle: Text('Cupertino Title')
          ),
          child: Column(
            mainAxisAlignment: MainAxisAlignment.center,
            children: <Widget>[
              CupertinoButton(
                onPressed: () {},
                child: Text('click'),
              ),
              Center(
                child: Text('HelloWorld'),
              ),
            ],
          ),
        )
    );
  } else if (Platform.isAndroid) {
    return MaterialApp(
        debugShowCheckedModeBanner: false,
        home: Scaffold(
          appBar: AppBar(
            title: Text('Material Title'),
          ),
          body: Column(
            mainAxisAlignment: MainAxisAlignment.center,
            children: <Widget>[
              ElevatedButton(
```

```
              onPressed: () {},
              child: Text('click'),
            ),
            Center(
              child: Text('HelloWorld'),
            ),
          ],
        ),
      )
    );
  } else {
    return Text('unKnown Device',
            style: TextStyle(fontWeight: FontWeight.bold, fontSize: 25),);
  }
}
```

▶ 실행 결과

플랫폼별로 머티리얼과 쿠퍼티노 디자인을 적용하는 앱을 만들어 보겠습니다.

1단계   다트 파일 작성하기

lib 아래 ch13_2_cupertino라는 디렉터리를 만들고 여기에 test.dart 파일을 만든 후 다음처럼 코드를 작성합니다. 그리고 안드로이드와 iOS 시뮬레이터에서 앱이 어떻게 보이는지 확인합니다.

Do it!   • ch13_2_cupertino/test.dart

```dart
import 'package:flutter/material.dart';
import 'package:flutter/cupertino.dart';
import 'dart:io';

void main() {
  runApp(MyApp());
}

class MyApp extends StatelessWidget {
  Widget platformUI() {
    if (Platform.isIOS) {
      return CupertinoApp(
        debugShowCheckedModeBanner: false,
        theme: CupertinoThemeData(brightness: Brightness.light),
        home: CupertinoPageScaffold(
          navigationBar:
              CupertinoNavigationBar(middle: Text('Cupertino Title')),
          child: Column(
            mainAxisAlignment: MainAxisAlignment.center,
            children: <Widget>[
              CupertinoButton(
                onPressed: () {},
                child: Text('click'),
              ),
              Center(
                child: Text('HelloWorld'),
```

```
          ),
        ],
      ),
    ));
  } else if (Platform.isAndroid) {
    return MaterialApp(
      debugShowCheckedModeBanner: false,
      home: Scaffold(
        appBar: AppBar(
          title: Text('Material Title'),
        ),
        body: Column(
          mainAxisAlignment: MainAxisAlignment.center,
          children: <Widget>[
            ElevatedButton(
              onPressed: () {},
              child: Text('click'),
            ),
            Center(
              child: Text('HelloWorld'),
            ),
          ],
        ),
    ));
  } else {
    return Text(
      'unKnown Device',
      style: TextStyle(fontWeight: FontWeight.bold, fontSize: 25),
    );
  }
}


@override
Widget build(BuildContext context) {
  return platformUI();
}
}
```

13-3 기기 모양에 대처하기

앱이 실행되는 기기의 모양은 다양합니다. 기기가 사각형이라면 화면이 문제 없이 출력되지만 모서리가 둥글거나 스피커 등이 화면을 차지하는 기기도 있습니다. 또 어떤 기기는 노치 notch 디자인을 적용해 기기의 전면부 전체를 스크린으로 사용하면서 센서와 카메라 등을 넣고자 화면이 파인 것처럼 보입니다.

이처럼 기기의 모양이 다양하다 보니 앱의 화면이 정상으로 출력되지 않을 수 있습니다. 다음 그림은 iOS 시뮬레이터에서 앱을 실행한 예입니다. 항목을 세로로 나열한 단순한 화면인데 기기가 노치 디자인이 적용되고 둥근 사각형이어서 앱에서 출력하는 내용이 정상으로 출력되지 않습니다.

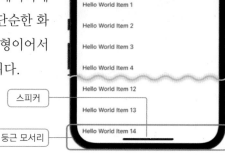

그림 13-4 iOS 시뮬레이터에서 콘텐츠가 정상으로 출력되지 않는 예

이런 문제를 해결하려면 SafeArea 위젯을 이용합니다. 화면에 출력할 내용을 SafeArea로 감싸면 다양한 기기에서 콘텐츠를 정상으로 출력할 수 있게 알아서 조정해 줍니다. 다음 코드는 노치나 스피커 등으로 내용이 가려지지 않게 SafeArea를 사용한 예입니다.

• 기기 모양 대처하기

```
Scaffold(
  body: SafeArea(
    child: SingleChildScrollView(
      child: Column(
        children: getWidgets(),
      )
    )
  )
)
```

▶ 실행 결과

기기 모양 대처하기

기기의 모양에 대처하여 콘텐츠를 정상으로 출력하는 앱을 만들어 보겠습니다.

1단계 다트 파일 작성하기

lib 아래 ch13_3_safearea라는 디렉터리를 만들고 여기에 test.dart 파일을 만든 후 다음처럼 코드를 작성합니다. 그리고 다양한 모양의 기기에서 앱을 실행해 내용이 정상으로 출력되는지 확인합니다.

Do it! • ch13_3_safearea/test.dart

```dart
import 'package:flutter/material.dart';

void main() {
  runApp(MyApp());
}

class MyApp extends StatelessWidget {
  List<Widget> getWidgets() {
    List<Widget> widgets = [];
    for (var i = 0; i < 100; i++) {
      widgets.add(ListTile(
        title: Text('Hello World Item $i'),
      ));
    }
    return widgets;
  }

  @override
  Widget build(BuildContext context) {
    return MaterialApp(
      debugShowCheckedModeBanner: false,
      home: Scaffold(
        body: SafeArea(
          child: SingleChildScrollView(
            child: Column(
      children: getWidgets(),
    )))));
  }
}
```

13-4 스캐폴드 위젯

스캐폴드(Scaffold)는 앱 화면의 골격을 제공하는 위젯입니다. 앱의 화면 상단에 타이틀, 메뉴 아이콘 등을 출력하는 앱바, 화면 하단에 탭 버튼, 화면 오른쪽 아래에 둥근 버튼, 화면 왼쪽이나 오른쪽 가장자리에서 열리는 드로어 등을 포함할 수 있습니다. 이런 화면의 기본 골격을 스캐폴드 위젯으로 구성할 수 있습니다.

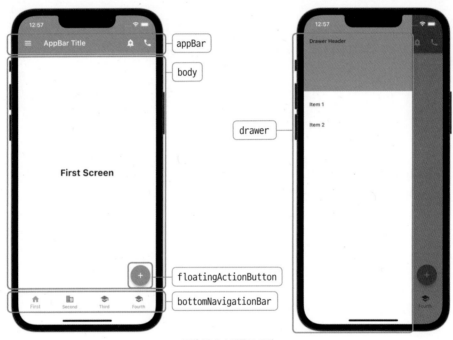

그림 13-5 스캐폴드 구성

Scaffold는 앱의 화면을 구성하는 다음의 속성을 제공합니다. 각 속성에 위젯을 지정하면 해당 영역에 콘텐츠를 구성할 수 있습니다.

- appBar: 앱 상단 구성
- body: 앱 본문 구성
- floatingActionButton: 화면에서 떠 있는 듯한 둥근 버튼 구성
- drawer: 가로로 열리는 콘텐츠 구성
- bottomNavigationBar: 화면 하단의 버튼 구성

앱바 — appBar

appBar는 화면 상단에 앱바를 설정하는 속성이며 여기에는 보통 **AppBar** 위젯을 적용합니다. **AppBar** 위젯에는 다음처럼 다양한 구성 요소를 설정할 수 있습니다.

- leading: 왼쪽에 출력할 위젯
- title: 타이틀 위젯
- actions: 오른쪽에 사용자 이벤트를 위한 위젯들
- bottom: 앱바 하단을 구성하기 위한 위젯
- flexibleSpace: 앱바 상단과 하단 사이의 여백을 구성하기 위한 위젯

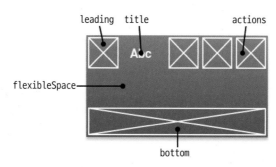

그림 13-6 AppBar의 구성 요소(출처: flutter.dev)

다음은 화면 상단에 앱바 영역을 구성한 예입니다. 타이틀 문자열, 하단 구성 요소, 액션 버튼 등을 추가할 수 있습니다.

> • 앱바 출력하기

```
Scaffold(
    appBar: AppBar(
        bottom: PreferredSize(
          preferredSize: const Size.fromHeight(48.0),
          child: Theme(
            data: ThemeData.from(
              colorScheme: ColorScheme.fromSwatch(accentColor: Colors.white),
            ),
            child: Container(
                height: 48.0,
                alignment: Alignment.center,
                child: Text('AppBar Bottom Text')),
          ),
```

```
        ),
        flexibleSpace: Container(
          decoration: BoxDecoration(
              image: DecorationImage(
                  image: AssetImage('images/big.jpeg'),
                  fit: BoxFit.fill)),
        ),
        title: Text('AppBar Title'),
        actions: <Widget>[
          IconButton(
            icon: const Icon(Icons.add_alert),
            onPressed: () {},
          ),
          IconButton(
            icon: const Icon(Icons.phone),
            onPressed: () {},
          ),
        ]),
    ... (생략) ...
),
```

▶ 실행 결과

하단 내비게이션 바 — bottomNavigationBar

bottomNavigationBar는 스캐폴드 하단에 화면 전환 버튼을 설정하는 속성이며 보통은 Bottom NavigationBar 위젯으로 구성합니다. 각 버튼은 BottomNavigationBarItem 위젯으로 구성하는데, icon, label 속성으로 아이콘 이미지와 문자열을 지정합니다.

그런데 버튼에 배경색(backgroundColor)을 지정하면 해당 버튼을 선택할 때 하단 내비게이션 바의 전체 배경색이 바뀝니다. 이처럼 버튼을 선택했을 때 하단 내비게이션 바의 배경색이 바뀌게 하려면 BottomNavigationBarType 속성값을 shifting으로 지정해야 합니다. 이 속성에는 fixed나 shifting을 지정할 수 있습니다. 만약 fixed로 지정하면 하단 내비게이션 바의 색상은 고정되고 버튼을 선택해도 애니메이션이 적용되지 않습니다.

하단 내비게이션 바에 출력할 화면은 버튼을 선택했을 때 호출되는 onTap에 지정한 함수에서 조정합니다. 또한 선택한 버튼의 색상은 selectedItemColor 속성으로 지정합니다.

다음 코드에서는 하단 내비게이션 바를 버튼 4개로 구성한 예인데, 배경색을 각각 다르게 지정했습니다. 첫 번째 버튼을 선택하면 하단 내비게이션 바의 전체 배경색이 녹색이 되며, 두 번째 버튼을 선택하면 빨간색이 됩니다.

• 하단 내비게이션 바 구현하기

```
Scaffold(
    ... (생략) ...
    bottomNavigationBar: BottomNavigationBar(
        type: BottomNavigationBarType.shifting,    // fixed, shifting
        items: <BottomNavigationBarItem>[
            BottomNavigationBarItem(
                icon: Icon(Icons.home),
                label: 'First',
                backgroundColor: Colors.green
            ),
            BottomNavigationBarItem(
                icon: Icon(Icons.business),
                label: 'Second',
                backgroundColor: Colors.red
            ),
            BottomNavigationBarItem(
                icon: Icon(Icons.school),
                label: 'Third',
                backgroundColor: Colors.purple
            ),
            BottomNavigationBarItem(
                icon: Icon(Icons.school),
                label: 'Fourth',
                backgroundColor: Colors.pink
            )
        ],
        currentIndex: _selectedIndex,
        selectedItemColor: Colors.amber[800],
        onTap: _onItemTapped,
    ),
)
```

하단 내비게이션 바의 selectedItemColor에 지정한 색상 적용

▶ 실행 결과

선택한 버튼의 backgroundColor에 지정한 색상 적용

드로어 — drawer

drawer는 화면에 보이지 않다가 왼쪽이나 오른쪽에서 밀면 나타나는 드로어를 설정하는 속성이며, 보통은 Drawer 위젯으로 구성합니다. 드로어를 어떻게 구성할 것인지는 개발자 마음이지만 보통은 사용자에게 이벤트를 받는 항목을 나열할 목적으로 사용합니다. 그래서 드로어를 리스트 뷰로 구성합니다. 또한 필요하다면 DrawerHeader 위젯으로 리스트 뷰의 항목 윗부분을 다양하게 꾸밀 수도 있습니다.

스캐폴드에 드로어를 추가하면 AppBar 왼쪽에 자동으로 토글 버튼이 나오며 이 버튼으로 드로어가 화면에 나타나게 할 수 있습니다. 물론 토글 버튼을 누르지 않고 사용자가 화면 가장자리를 밀어서 나타나게 할 수도 있습니다.

• 드로어 구현하기

```
Scaffold(
    ... (생략) ...
    drawer: Drawer(
      child: ListView(
        padding: EdgeInsets.zero,
        children: <Widget>[
          DrawerHeader(
            child: Text('Drawer Header'),
            decoration: BoxDecoration(
              color: Colors.blue,
            ),
          ),
          ListTile(
            title: Text('Item 1'),
            onTap: () {},
          ),
          ListTile(
            title: Text('Item 2'),
            onTap: () {},
          ),
        ],
      ),
    )
)
```

▶ 실행 결과

토글 버튼

일반적으로 드로어는 화면의 왼쪽에서 열리는데 만약 오른쪽에서 열리게 하려면 스캐폴드의 endDrawer 속성을 이용합니다.

```
Scaffold(
    ... (생략) ...
    endDrawer: Drawer(
        ... (생략) ...
    )
)
```

▶ 실행 결과

Do it! 실습 〉 스캐폴드 활용하기

스캐폴드를 이용하여 앱바와 하단 내비게이션 바, 드로어 등으로 구성된 화면을 만들어 보겠습니다.

1단계 다트 파일 작성하기

lib 아래 ch13_4_scaffold라는 디렉터리를 만들고 여기에 test.dart 파일을 만든 후 다음처럼 코드를 작성합니다. 그리고 앱을 실행해 앱바와 하단 내비게이션 바, 드로어 등이 제대로 동작하는지 확인합니다.

그림 13-7 스캐폴드를 활용한 앱 실행 결과

Do it! • ch13_4_scaffold/test.dart

```
import 'package:flutter/material.dart';

void main() => runApp(MyApp());

class MyApp extends StatefulWidget {
  MyAppState createState() => MyAppState();
}

class MyAppState extends State<MyApp> {
  int _selectedIndex = 0;
```

```dart
List<Widget> _widgetOptions = <Widget>[
  Text(
    'First Screen',
    style: TextStyle(fontSize: 25, fontWeight: FontWeight.bold),
  ),
  Text(
    'Second Screen',
    style: TextStyle(fontSize: 25, fontWeight: FontWeight.bold),
  ),
  Text(
    'Third Screen',
    style: TextStyle(fontSize: 25, fontWeight: FontWeight.bold),
  ),
  Text(
    'Fourth Screen',
    style: TextStyle(fontSize: 25, fontWeight: FontWeight.bold),
  ),
];

void _onItemTapped(int index) {
  setState(() {
    _selectedIndex = index;
  });
}

@override
Widget build(BuildContext context) {
  return MaterialApp(
    debugShowCheckedModeBanner: false,
    home: Scaffold(
      appBar: AppBar(
        bottom: PreferredSize(
          preferredSize: const Size.fromHeight(48.0),
          child: Theme(
            data: ThemeData.from(
              colorScheme: ColorScheme.fromSwatch(accentColor: Colors.white),
            ),
            child: Container(
              height: 48.0,
```

```
                alignment: Alignment.center,
                child: Text('AppBar Bottom Text')),
          ),
        ),
      flexibleSpace: Container(
        decoration: BoxDecoration(
            image: DecorationImage(
                image: AssetImage('images/big.jpeg'),
                fit: BoxFit.fill)),
      ),
      title: Text('AppBar Title'),
      actions: <Widget>[
        IconButton(
          icon: const Icon(Icons.add_alert),
          onPressed: () {},
        ),
        IconButton(
          icon: const Icon(Icons.phone),
          onPressed: () {},
        ),
      ]),
  body: Center(
    child: _widgetOptions.elementAt(_selectedIndex),
  ),
  floatingActionButton: FloatingActionButton(
    onPressed: () {},
    child: const Icon(Icons.add),
  ),
  bottomNavigationBar: BottomNavigationBar(
    type: BottomNavigationBarType.shifting,
    //fixed, shifting
    items: <BottomNavigationBarItem>[
      BottomNavigationBarItem(
          icon: Icon(Icons.home),
          label: 'First',
          backgroundColor: Colors.green),
      BottomNavigationBarItem(
          icon: Icon(Icons.business),
          label: 'Second',
```

```
            backgroundColor: Colors.red),
        BottomNavigationBarItem(
            icon: Icon(Icons.school),
            label: 'Third',
            backgroundColor: Colors.purple),
        BottomNavigationBarItem(
            icon: Icon(Icons.school),
            label: 'Fourth',
            backgroundColor: Colors.pink)
      ],
      currentIndex: _selectedIndex,
      selectedItemColor: Colors.amber[800],
      onTap: _onItemTapped,
    ),
    drawer: Drawer(
      child: ListView(
        padding: EdgeInsets.zero,
        children: <Widget>[
          DrawerHeader(
            child: Text('Drawer Header'),
            decoration: BoxDecoration(
              color: Colors.blue,
            ),
          ),
          ListTile(
            title: Text('Item 1'),
            onTap: () {},
          ),
          ListTile(
            title: Text('Item 2'),
            onTap: () {},
          ),
        ],
      ),
    )),
  );
 }
}
```

13-5 커스텀 스크롤 뷰와 슬리버 앱바

앞 절에서 알아본 것처럼 스캐폴드의 앱바를 이용하면 화면 상단을 다양하게 꾸밀 수 있습니다. 그런데 앱바의 세로 크기를 크게 하면 본문 크기가 줄어드는 문제가 있습니다. 따라서 화면 상단이 커지면 본문이 스크롤될 때 함께 스크롤되어 접혔다가 다시 나오게 해야 합니다.

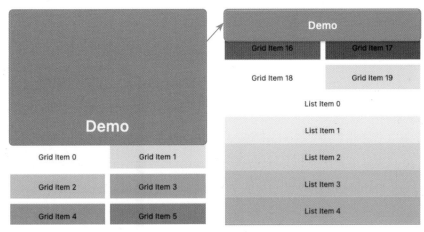

그림 13-8 스크롤하여 앱바가 접힌 모습(출처: api.flutter.dev)

이처럼 화면의 한 영역에서 스크롤이 발생할 때 다른 영역도 함께 스크롤되게 하려면 Custom ScrollView를 이용합니다. CustomScrollView에 함께 스크롤할 위젯을 배치해야 합니다. 즉, 화면 상단을 구성하는 위젯과 스크롤이 발생할 위젯을 모두 CustomScrollView 하위에 추가해야 합니다.

그런데 CustomScrollView에 추가한 모든 위젯이 스크롤되는 것은 아닙니다. CustomScrollView 하위에서 스크롤 정보를 공유할 수 있는 위젯이어야 합니다. 이를 위해 SliverList, Sliver FixedExtentList, SliverGrid, SliverAppBar 등을 제공합니다. 결국 CustomScrollView 하위에 SliverList나 SliverGrid로 화면을 구성하고, 이 위젯이 스크롤될 때 함께 스크롤할 화면 상단을 SliverAppBar로 구현해야 합니다.

다음 코드처럼 CustomScrollView의 sliver 속성에 SliverAppBar와 SliverFixedExtentList를 추가하기만 해도 목록을 스크롤할 때 슬리버 앱도 함께 스크롤되어 접히거나 다시 나옵니다.

```
CustomScrollView(
  slivers: [
    SliverAppBar(
      ... (생략) ...
    ),
    SliverFixedExtentList(
        itemExtent: 50.0,
        delegate: SliverChildBuilderDelegate(
            (BuildContext context, int index) {
          return ListTile(title: Text('Hello World Item $index'),);
        },
      ),
    ),
  ],
)
```

▶ 실행 결과

CustomScrollView

SliverAppBar

SliverFixedExtentList

슬리버 앱바에는 다음과 같은 속성을 적용할 수 있습니다.

```
SliverAppBar(
  ... (생략) ...
  floating: true,————— 다시 나타날 때 가장 먼저 나타나야 하는지 설정
  pinned: true,————— 스크롤되어 접힐 때 모두 사라져야 하는지 설정
  snap: true,————— 스크롤이 멈추었을 때 계속 나타나야 하는지 설정
  ... (생략) ...
)
```

pinned 속성은 슬리버 앱바가 접힐 때 모두 사라져야 하는지, 한 줄 정도는 유지해야 하는지를 설정합니다. pinned 속성값이 true이면 접히더라도 한 줄 정도는 남고, false이면 접혀서 모두 사라집니다.

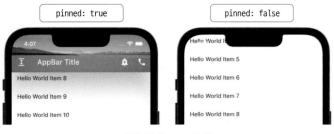

그림 13-9 pinned 설정

floating 속성은 슬리버 앱바가 접혔다가 다시 나올 때 가장 먼저 나와야 하는지를 설정합니다. floating 속성값을 false로 지정하면 항목이 스크롤되어 모두 나온 후 마지막에 슬리버 앱바가 나오고, true로 설정하면 항목이 스크롤되자마자 슬리버 앱바가 나옵니다.

그림 13-10 floating 설정

snap은 floating 속성값이 true일 때만 설정할 수 있습니다. 슬리버 앱바가 다시 나올 때 목록의 스크롤을 멈추면 슬리버 앱바도 멈춰야 하는지, 아니면 끝까지 확장되어 모두 나와야 하는지를 설정합니다. false로 지정하면 스크롤을 멈출 때 슬리버 앱바가 확장되어 다시 나오는 것도 멈추고, true로 설정하면 스크롤을 멈춰도 슬리버 앱바는 끝까지 확장됩니다.

Do it! 실습 커스텀 스크롤 뷰 활용하기

커스텀 스크롤뷰와 슬리버 앱바를 활용해 오른쪽 그림처럼 출력하는 앱을 만들어 보겠습니다.

그림 13-11 커스텀 스크롤 뷰를 활용한 앱 실행 결과

1단계 다트 파일 작성하기

lib 아래 ch13_5_sliverappbar라는 디렉터리를 만들고 여기에 test.dart 파일을 만든 후 다음처럼 코드를 작성합니다. 그리고 앱을 실행해 목록을 스크롤할 때 앱바가 축소되고 확장되는지 확인합니다.

Do it! • ch13_5_sliverappbar/test.dart

```dart
import 'package:flutter/material.dart';

void main() => runApp(MyApp());

class MyApp extends StatefulWidget {
  MyAppState createState() => MyAppState();
}

class MyAppState extends State<MyApp> {
  @override
  Widget build(BuildContext context) {
    return MaterialApp(
      debugShowCheckedModeBanner: false,
      home: Scaffold(
        body: CustomScrollView(
          slivers: [
            SliverAppBar(
              leading: IconButton(
                icon: Icon(Icons.expand),
                onPressed: () {},
              ),
              expandedHeight: 200,
              floating: true,
              pinned: false,
              snap: true,
```

```
              elevation: 50,
              backgroundColor: Colors.pink,
              flexibleSpace: Container(
                decoration: BoxDecoration(
                    image: DecorationImage(
                        image: AssetImage('images/big.jpeg'),
                        fit: BoxFit.fill)),
              ),
              title: Text('AppBar Title'),
              actions: <Widget>[
                IconButton(
                  icon: const Icon(Icons.add_alert),
                  onPressed: () {},
                ),
                IconButton(
                  icon: const Icon(Icons.phone),
                  onPressed: () {},
                ),
              ]),
          SliverFixedExtentList(
            itemExtent: 50.0,
            delegate: SliverChildBuilderDelegate(
              (BuildContext context, int index) {
                return ListTile(
                  title: Text('Hello World Item $index'),
                );
              },
            ),
          ),
        ],
      ),
    ));
  }
}
```

내비게이션을 이용한 화면 전환

학습 포인트

이번 장에서는 화면 내비게이션을 살펴보겠습니다. 대부분의 앱은 화면을 여러 개 제공하므로 다른 화면으로 전환하거나 이전 화면으로 되돌아 갈 수 있어야 합니다. 플러터 앱을 작성하면서 화면 전환은 기본 내비게이션을 사용할 수도 있고 내비게이션 2.0을 사용할 수도 있습니다. 이번 장에서 이 둘을 이용해 앱에서 화면을 전환하는 방법을 살펴보겠습니다.

14-1 내비게이션 사용하기

라우트 이해하기

플러터에서는 화면과 관련된 모든 것이 위젯입니다. 화면을 구성하는 문자열, 이미지도 위젯
이며 화면 전체도 위젯입니다. 이제껏 살펴본 것처럼 위젯은 계층 구조로 구성됩니다. 그런데
대부분의 앱은 여러 화면으로 구성됩니다. 예를 들어 쇼핑 앱이라면 다음 그림처럼 로그인,
상품 목록, 장바구니 화면 등으로 구성됩니다. 이런 화면도 하나의 위젯으로 만들어 계층 구
조로 구성해야 합니다.

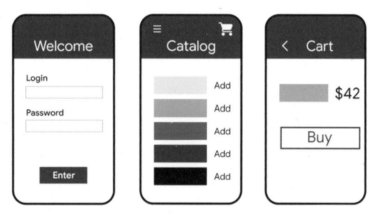

그림 14-1 앱의 화면 구성

이 그림처럼 화면이 3개인 앱을 만든다고 가정해 보겠습니다. 각각의 화면을 MyLoginScreen,
MyCatalogScreen, MyCartScreen이라는 위젯 클래스로 만들 수 있습니다. 그리고 이 위젯을
다시 MyApp이라는 루트 위젯에 추가해서 다음처럼 계층으로 구성할 수 있습니다.

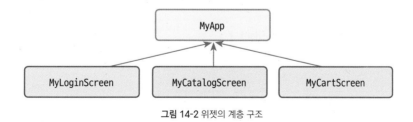

그림 14-2 위젯의 계층 구조

그런데 MyApp은 한 번에 한 화면씩 나오게 해야 합니다. 즉, 화면을 구성하는 여러 위젯을 준비하고 한 순간에 하나의 위젯만 보이게 화면을 전환해 줘야 합니다. 이처럼 화면 전환을 제공하려면 Route와 Navigator를 사용합니다.

Route는 화면을 지칭하는 객체입니다. 화면은 위젯 클래스로 만들어야 하지만, 그 위젯 클래스를 포함해 화면을 구성하는 다양한 정보를 Route 객체에 설정하여 화면을 표현합니다. 그리고 Navigator 위젯은 Route 객체로 화면을 전환해 줍니다. Navigator는 화면이 전환되면서 생성된 Route들을 스택 구조로 관리하는데, 화면 전환뿐만 아니라 이전 화면으로 되돌아가거나 화면 전환 애니메이션 효과 등 다양한 기법을 제공합니다.

예를 들어 앱의 화면을 다음처럼 만들었다고 가정해 보겠습니다.

• 앱 화면 구성

```
void main() {
  runApp(MyApp());
}

class MyApp extends StatelessWidget {
  @override
  Widget build(BuildContext context) {
    return MaterialApp(
      home: OneScreen(),
    );
  }
}

class OneScreen extends StatelessWidget {
  ... (생략) ...
}

class TwoScreen extends StatelessWidget {
  ... (생략) ...
}
```

runApp() 함수로 출력할 앱의 루트 위젯인 MyApp에서 OneScreen 위젯을 home으로 지정했으므로 처음엔 OneScreen 위젯이 출력됩니다.

OneScreen 화면에서 버튼을 누를 때 TwoScreen으로 화면을 전환하고 싶다면 Navigator. push() 함수를 호출합니다.

• 화면 전환하기

```
ElevatedButton(
  child: Text('Go Two Screen'),
  onPressed: () {
    Navigator.push(
      context,
      MaterialPageRoute(builder: (context) => TwoScreen()),
    );
  },
),
```

Navigator.push() 함수의 두 번째 매개변수가 전환할 화면을 지칭하는 라우트 객체입니다. 라우트 객체는 추상형으로 직접 구현하거나 머티리얼 디자인에서 제공하는 애니메이션 기능 등이 포함된 MaterialPageRoute를 이용합니다. 라우트 객체의 builder 함수에서 전환할 화면의 위젯 객체를 생성해 반환하면 됩니다.

Navigator.push() 함수는 두 번째 매개변수로 지정한 라우트 객체를 Navigator가 관리하는 스택에 추가해 줍니다. 화면에는 Navigator 스택에서 맨 위에 있는 라우트의 위젯이 출력되므로 TwoScreen 화면이 출력됩니다.

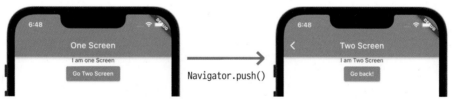

그림 14-3 Navigator.push()로 화면 전환

또한 TwoScreen 화면에서 이전 화면으로 되돌아가자면 Navigator.pop() 함수를 이용합니다. 오른쪽은 TwoScreen의 버튼을 누를 때 이전 화면으로 되돌아가는 코드입니다.

• 이전 화면으로 돌아가기

```
ElevatedButton(
  onPressed: () {
    Navigator.pop(context);
  },
  child: Text('Go back!'),
),
```

이처럼 화면을 구성하는 위젯을 여러 개 만든 후 원하는 순간에 `Navigator.push()` 함수로 화면을 전환하고, `Navigator.pop()` 함수를 이용해 이전 화면으로 쉽게 되돌아갈 수 있습니다.

라우트 이름으로 화면 전환하기

그런데 `Navigator.push()` 함수로 화면을 전환하는 방법은 화면이 많아지고 화면과 화면이 복잡하게 연결되는 구조에서는 비효율적일 수 있습니다. 이때 `MaterialApp`의 routes 속성을 이용하면 앱의 화면을 등록하고 이 정보를 바탕으로 화면을 전환할 수 있습니다.

다음 코드는 routes 속성에 라우트 이름과 화면 위젯을 등록한 예입니다. 이렇게 하면 화면 전환이 필요한 곳에서 라우트 이름으로 쉽게 이용할 수 있습니다.

```
• 라우트 등록하기

class MyApp extends StatelessWidget {
  @override
  Widget build(BuildContext context) {
    return MaterialApp(
      initialRoute: '/',
      routes: {
        '/': (context) => OneScreen(),
        '/two': (context) => TwoScreen(),
        '/three': (context) => ThreeScreen()
      },
    );
  }
}
```

이 코드에서 `MaterialApp`의 routes 속성에 등록한 라우트 이름 '/', '/two', '/three'는 개발자가 임의로 지정하는 문자열입니다. 또한 `initialRoute` 속성에는 처음 출력할 라우트 이름을 설정합니다. 예에서는 `OneScreen`이 첫 화면으로 출력됩니다.

routes에 등록한 이름으로 화면을 전환하려면 `Navigator`의 `pushNamed()` 함수를 이용합니다. 다음은 `OneScreen` 화면에서 `TwoScreen` 화면으로 전환하는 코드입니다.

```
ElevatedButton(
  child: Text('Go Two Screen'),
  onPressed: () {
    Navigator.pushNamed(context, '/two');
  },
),
```

Navigator.pushNamed() 함수의 두 번째 매개변수에 전환할 라우트 이름만 명시하면 해당 라우트에 등록된 화면으로 전환됩니다. 결국 라우트 이름을 이용하면 화면 전환이 필요한 곳에서 전환할 위젯 클래스에 종속적인 코드를 작성하지 않아도 되며, 단지 문자열로 이름만 명시하면 되므로 편리합니다. 또한 MaterialApp의 routes 속성에 앱의 화면을 일관되게 등록하므로 전체 화면 구조를 한눈에 파악하기도 좋습니다.

Do it! 실습   라우트 이름으로 화면 전환하기

라우트 이름으로 화면을 전환하는 앱을 만들어 보겠습니다. 화면을 4개 준비하고 각 버튼으로 다음 화면을 전환거나 이전 화면으로 되돌아가도록 합니다.

그림 14-4 화면을 전환하는 앱의 실행 결과

1단계   디렉터리와 다트 파일 만들기

lib 아래 ch14_1_navigation이라는 디렉터리를 만들고 그 안에 각 화면을 구성하는 위젯을 다트 파일로 만듭니다. one_screen.dart, two_screen.dart, three_screen.dart, four_screen.dart 그리고 main.dart 파일을 만듭니다.

2단계 네 번째 화면 작성하기

네 번째 화면인 four_screen.dart 파일을 열고 다음처럼 코드를 작성합니다.

Do it! • ch14_1_navigation/four_screen.dart

```dart
import 'package:flutter/material.dart';

class FourScreen extends StatelessWidget {
  @override
  Widget build(BuildContext context) {
    return MaterialApp(
      home: Scaffold(
        appBar: AppBar(
          title: Text('FourScreen'),
        ),
        body: Container(
          color: Colors.cyan,
          child: Center(
            child: Column(
              mainAxisAlignment: MainAxisAlignment.center,
              children: [
                Text(
                  'FourScreen',
                  style: TextStyle(color: Colors.white, fontSize: 30),
                ),
                ElevatedButton(
                  onPressed: () {
                    Navigator.pop(context);
                  },
                  child: Text('Pop'),
                ),
              ],
            ),
          ),
        ),
      ),
    );
  }
}
```

세 번째 화면인 three_screen.dart 파일을 열고 다음처럼 코드를 작성합니다.

Do it! • ch14_1_navigation/three_screen.dart

```dart
import 'package:flutter/material.dart';

class ThreeScreen extends StatelessWidget {
  @override
  Widget build(BuildContext context) {
    return MaterialApp(
      home: Scaffold(
        appBar: AppBar(
          title: Text('ThreeScreen'),
        ),
        body: Container(
          color: Colors.yellow,
          child: Center(
            child: Column(
              mainAxisAlignment: MainAxisAlignment.center,
              children: [
                Text(
                  'ThreeScreen',
                  style: TextStyle(color: Colors.white, fontSize: 30),
                ),
                ElevatedButton(
                  onPressed: () {
                    Navigator.pushNamed(context, '/four');
                  },
                  child: Text('Go Four'),
                ),
                ElevatedButton(
                  onPressed: () {
                    Navigator.pop(context);
                  },
                  child: Text('Pop'),
                ),
              ],
            ),
          ),
```

```
        ),
      ),
    ),
  );
  }
}
```

4단계 두 번째 화면 작성하기

두 번째 화면인 two_screen.dart 파일을 열고 다음처럼 코드를 작성합니다.

Do it! • ch14_1_navigation/two_screen.dart

```
import 'package:flutter/material.dart';

class TwoScreen extends StatelessWidget {
  @override
  Widget build(BuildContext context) {
    return MaterialApp(
        home: Scaffold(
      appBar: AppBar(
        title: Text('TwoScreen'),
      ),
      body: Container(
        color: Colors.green,
        child: Center(
          child: Column(
            mainAxisAlignment: MainAxisAlignment.center,
            children: [
              Text(
                'TwoScreen',
                style: TextStyle(color: Colors.white, fontSize: 30),
              ),
              ElevatedButton(
                onPressed: () {
                  Navigator.pushNamed(context, '/three');
                },
                child: Text('Go Three'),
              ),
```

```
          ElevatedButton(
            onPressed: () {
              Navigator.pop(context);
            },
            child: Text('Pop'),
          ),
        ],
      ),
    ),
  ),
));
  }
}
```

5단계 **첫 번째 화면 작성하기**

첫 번째 화면인 one_screen.dart 파일을 열고 다음처럼 코드를 작성합니다.

Do it! • ch14_1_navigation/one_screen.dart

```
import 'package:flutter/material.dart';

class OneScreen extends StatelessWidget {
  @override
  Widget build(BuildContext context) {
    return MaterialApp(
      home: Scaffold(
        appBar: AppBar(
          title: Text('OneScreen'),
        ),
        body: Container(
          color: Colors.red,
          child: Center(
            child: Column(
              mainAxisAlignment: MainAxisAlignment.center,
              children: [
                Text(
                  'OneScreen',
                  style: TextStyle(color: Colors.white, fontSize: 30),
```

```
            ),
            ElevatedButton(
              onPressed: () {
                Navigator.pushNamed(context, '/two');
              },
              child: Text('Go Two'),
            )
          ],
        ),
      ),
    ),
  );
}
}
```

6단계 메인 다트 파일 작성하기

마지막으로 main.dart 파일을 열고 다음처럼 코드를 작성합니다. 이 파일을 대상으로 앱을
실행해 각 화면의 버튼을 눌렀을 때 다음 화면, 이전 화면으로 전환하는지 확인합니다.

Do it! • ch14_1_navigation/main.dart

```
import 'package:flutter/material.dart';
import 'four_screen.dart';
import 'one_screen.dart';
import 'three_screen.dart';
import 'two_screen.dart';

void main() {
  runApp(MyApp());
}

class MyApp extends StatelessWidget {
  @override
  Widget build(BuildContext context) {
    return MaterialApp(
      initialRoute: '/one',
```

```
    routes: {
      '/one': (context) => OneScreen(),
      '/two': (context) => TwoScreen(),
      '/three': (context) => ThreeScreen(),
      '/four': (context) => FourScreen()
    },
  );
 }
}
```

화면 전환할 때 데이터 전달하기

화면을 전환할 때 대부분은 데이터를 전달합니다. 예를 들어 목록 화면에서 항목을 선택하여
상세 보기 화면으로 전환할 때 사용자가 선택한 항목의 식별 데이터를 상세 보기 화면으로 전
달해야 그에 맞는 내용을 출력할 수 있습니다. 또한 이전 화면으로 되돌아갈 때도 현재 화면
에서 발생한 데이터를 이전 화면에 전달해야 할 수 있습니다.

이처럼 화면을 전환할 때 데이터를 전달하는 방법은 push(), pushNamed(), pop() 함수로 화면
을 전환하는지에 따라서 다릅니다. 차례로 알아보겠습니다.

push() 함수로 화면 전환할 때 데이터 전달

Navigator.push() 함수로 화면을 전환하려면 push() 함수의 두 번째 매개변수에 라우트를
직접 준비해야 하며 라우트에서 전환할 위젯 객체를 생성해야 합니다. 따라서 다음 화면에 전
달할 데이터는 생성자의 매개변수로 전달하면 됩니다.

다음 코드는 TwoScreen으로 화면을 전환할 때 "hello" 문자열을 전달하는 예입니다.

> • 데이터 전달하기
```
Navigator.push(
  context,
  MaterialPageRoute(builder: (context) => TwoScreen("hello"))
);
```

pushNamed() 함수로 화면 전환할 때 데이터 전달

Navigator.pushNamed() 함수로 화면을 전환할 때 데이터를 전달하려면 arguments라는 매개변수를 이용합니다. 오른쪽 코드는 arguments 속성에 10을 지정하여 라우트 이름이 /three인 화면에 10을 전달하는 예입니다.

```
• 데이터 전달하기

ElevatedButton(
  onPressed: () {
    Navigator.pushNamed(
      context,
      '/three',
      arguments: 10
    );
  },
  child: Text('Go Three Screen'),
),
```

이렇게 전달한 데이터는 다음처럼 ModalRoute.of()를 이용해 얻을 수 있습니다.

```
• 데이터 얻기

int arg = ModalRoute.of(context)?.settings.arguments as int;
```

만약 여러 개의 데이터를 전달하려면 JSON으로 데이터를 구성합니다.

```
• JSON 타입으로 데이터 여러 개 전달하기

Navigator.pushNamed(
    context,
    '/three',
    arguments: {
      "arg1": 10,
      "arg2": "hello"
    });
```

그러면 데이터를 받는 곳에서는 JSON 타입의 데이터를 Map 객체로 얻어서 이용하면 됩니다.

```
• JSON 타입의 데이터 얻기

Map<String, Object> args = ModalRoute.of(context)?.settings.arguments as Map<String,
Object>;
```

arguments 속성으로 전달할 데이터는 String, int뿐만 아니라 개발자가 만든 클래스의 객체도 가능합니다.

```
Navigator.pushNamed(
    context,
    '/three',
    arguments: {
      "arg1": 10,
      "arg2": "hello",
      "arg3": User('kkang','seoul')
    });
```

pop() 함수로 화면 전환할 때 데이터 전달

Navigator.pop() 함수를 이용해 이전 화면으로 되돌아갈 때 데이터를 전달하려면 pop() 함수의 두 번째 매개변수를 이용합니다. 오른쪽 코드는 이전 화면으로 되돌아갈 때 'world' 문자열을 전달하는 예입니다.

```
ElevatedButton(
    onPressed: () {
      Navigator.pop(context, 'world');
    },
    child: Text('Go Back')
),
```

이처럼 pop() 함수로 전달한 데이터는 화면을 전환할 때 사용했던 push()나 pushNamed() 함수의 반환값으로 받을 수 있습니다.

```
onPressed: () async {
  final result = await Navigator.push(
    context,
    MaterialPageRoute(builder: (context) => TwoScreen("hello"))
  );
  print('result: ${result}');
},
```

pop() 함수로 데이터를 전달할 때 문자열이나 숫자뿐만 아니라 개발자가 만든 클래스의 객체도 가능합니다. 다음 코드는 User 클래스의 객체를 전달하는 예입니다.

```
ElevatedButton(
    onPressed: () {
      Navigator.pop(context, User('kim', 'busan'));
    },
    child: Text('Go Back')
),
```

이렇게 전달한 사용자 정의 객체는 다음처럼 얻을 수 있습니다.

```
onPressed: () async {
  final result = await Navigator.pushNamed(
      context,
      '/three'
  );
  print('result:${(result as User).name}');
},
```

동적 라우트 등록 방법 — onGenerateRoute

앞에서 MaterialApp의 routes 속성에 라우트 이름을 등록하고 이 이름으로 화면을 전환하는 방법을 알아보았습니다. 그런데 MaterialApp에 라우트를 등록할 때 onGenerateRoute 속성을 이용하는 방법도 있습니다. routes와 onGenerateRoute 속성의 차이점을 알아보겠습니다.

다음처럼 routes 속성에 라우트를 등록하면 '/two' 이름으로 화면을 전환할 때 항상 TwoScreen이 실행됩니다.

```
routes: {
    ... (생략) ...
    '/two': (context) => TwoScreen(),
},
```

그런데 때로는 같은 라우트 이름으로 화면을 전환하더라도 상황에 따라 다른 화면이 나와야 할 수도 있습니다. 또한 화면을 전환할 때 전달된 데이터를 분석해 데이터를 추가하거나 제거하는 작업이 필요할 수도 있습니다. 이처럼 동적인 라우트가 필요할 때 onGenerateRoute 속성을 이용합니다.

예를 들어 MaterialApp의 onGenerateRoute 속성을 다음처럼 설정했다면 어디선가 '/two' 이름으로 화면 전환을 시도할 때 TwoScreen이 나오거나 ThreeScreen이 나옵니다.

• 동적 라우트 등록

```
onGenerateRoute: (settings) {
  if (settings.name == '/two') {
    final arg = settings.arguments;
    if (arg != null) {
      return MaterialPageRoute(
          builder: (context) => ThreeScreen(),
          settings: settings
      );
    } else {
      return MaterialPageRoute(
          builder: (context) => TwoScreen(),
      );
    }
  }
}
```

onGenerateRoute 속성에 등록하는 함수의 매개변수는 라우트 정보가 담긴 RouteSettings 객체입니다. 이 객체의 name 속성은 화면을 전환할 때 지정한 라우트 이름이며, arguments 속성은 전달한 데이터입니다. 예에서는 arguments 속성값이 있으면 ThreeScreen으로, 없으면 TwoScreen으로 화면을 전환합니다.

그리고 원한다면 MaterialApp의 routes와 onGenerateRoute 속성을 함께 등록해도 됩니다. 이때 routes 속성에 등록한 라우트 이름과 onGenerateRoute 속성에서 RouteSettings로 분석한 라우트 이름이 같을 수 있습니다. 예를 들어 다음 코드는 '/two'라는 이름의 라우트 정보를 routes와 onGenerateRoute 속성에 함께 적용한 예입니다.

```
return MaterialApp(
  initialRoute: '/',
  routes: {
    '/': (context) => OneScreen(),
    '/two': (context) => TwoScreen(),
    '/three': (context) => ThreeScreen()
  },
  onGenerateRoute: (settings) {
    if (settings.name == '/two') {
      return MaterialPageRoute(
        builder: (context) => ThreeScreen(),
        settings: settings
      );
    } else if (settings.name == '/four') {
      return MaterialPageRoute(
        builder: (context) => ThreeScreen(),
        settings: settings
      );
    }
  },
);
```

이렇게 하면 '/two' 이름으로 화면 전환을 시도할 때 routes 속성에 등록된 정보대로 이동합니다. 즉, TwoScreen이 나오며 onGenerateRoute의 함수는 호출되지 않습니다. 또한 '/three' 이름으로 화면 전환을 시도하면 routes 속성에 등록된 ThreeScreen이 나오고, '/four' 이름으로 화면 전환을 시도하면 onGenerateRoute에 등록된 함수가 호출되어 ThreeScreen이 나옵니다.

Do it! 실습 ▶ 데이터 전달과 동적 라우트 등록하기

라우트 이름으로 화면을 전환하면서 데이터를 주고받는 앱을 만들어 보겠습니다. 이전 [Do it! 실습]에서 진행했던 코드에서 추가나 변경하는 방식으로 만들겠습니다.

그림 14-5 데이터 전달과 동적 라우트 등록 앱의 실행 결과

1단계 **user.dart 파일 작성하기**

기존 ch14_1_navigation 디렉터리에 user.dart 파일을 만들고 다음처럼 작성합니다. User 클래스는 OneScreen에서 TwoScreen으로 전환할 때와 TwoScreen에서 OneScreen으로 되돌아올 때 전달할 데이터 형식입니다.

Do it! • ch14_1_navigation/user.dart

```dart
class User {
  String name;
  String address;
  User(this.name, this.address);
}
```

2단계 **첫 번째 화면 수정하기**

기존 one_screen.dart 파일을 열고 다음처럼 수정합니다. TwoScreen으로 이동하면서 데이터를 전달하고 TwoScreen에서 되돌아올 때 전달받은 데이터를 로그로 출력하는 코드입니다.

```dart
import 'package:flutter/material.dart';
import 'user.dart';
... (생략) ...
ElevatedButton(
  onPressed: () async {
    final result = await Navigator.pushNamed(
        context,
        '/two',
        arguments: {
          "arg1": 10,
          "arg2": "hello",
          "arg3": User('kkang','seoul')
        });

    print('result:${(result as User).name}');
  },
  child: Text('Go Two'),
)
```

3단계 **두 번째 화면 수정하기**

기존 two_screen.dart 파일을 열고 다음처럼 작성합니다. OneScreen에서 전달한 데이터를
화면에 출력하고 되돌아갈 때 데이터를 전달하는 코드입니다.

```dart
import 'package:flutter/material.dart';
import 'user.dart';
//생략..................
Map<String, Object> args = ModalRoute.of(context)?.settings.arguments as Map<String,
Object>;
//생략..................
Text('TwoScreen', style: TextStyle(color: Colors.white,fontSize: 30)),
Text('sendData:${args["arg1"]}, ${args["arg2"]}, ${(args["arg3"] as User).name}'),
ElevatedButton(
  onPressed: (){
    Navigator.pushNamed(context, '/three');
  },
```

```
        child: Text('Go Three'),
      ),
      ElevatedButton(
        onPressed: (){
          Navigator.pop(context,User('kim', 'busan'));
        },
        child: Text('Pop'),
      )
```

4단계   메인 다트 파일 수정하기

마지막으로 기존 main.dart 파일을 열고 **onGenerateRoute**를 이용하여 동적 라이트를 등록하는 코드로 수정합니다. 그리고 이 파일을 대상으로 앱을 실행해 화면 전환과 데이터 전달이 제대로 동작하는지 확인합니다.

Do it!   • ch14_1_navigation/main.dart

```
return MaterialApp(
  initialRoute: '/one',
  routes: {
    '/one': (context) => OneScreen(),
    '/two': (context) => TwoScreen(),
    // '/three': (context) => ThreeScreen(),
    // '/four': (context) => FourScreen()
  },
  onGenerateRoute: (settings) {
    if (settings.name == '/three') {
      return MaterialPageRoute(
          builder: (context) => ThreeScreen(),
          settings: settings
      );
    } else if(settings.name == '/four') {
      return MaterialPageRoute(
          builder: (context) => FourScreen(),
          settings: settings
      );
    }
  },
);
```

내비게이터 스택 제어하기

Navigator는 라우트 객체를 스택 구조로 관리하는 위젯입니다. 이미 살펴본 것처럼 push()나 pushNamed() 함수로 라우트 객체를 생성하면 스택에 추가합니다. 만약 OneScreen 화면에서 TwoScreen으로 화면 전환을 시도하면 Navigator의 스택에 라우트 정보가 다음 그림처럼 쌓입니다.

그림 14-6 push(), pushNamed() 호출 후 스택 구조

그리고 pop() 함수가 호출되면 스택에서 맨 위에 있는 라우트 객체를 제거한 후 그다음 라우트에 해당하는 화면이 출력됩니다.

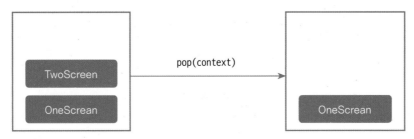

그림 14-7 pop() 호출 후 스택 구조

그런데 만약 이미 화면이 출력돼서 스택에 있는 위젯을 대상으로 다시 push()나 pushNamed()를 호출하면 어떻게 될까요? Navigator로 화면을 전환할 때 위젯은 싱글톤^{singleton}으로 동작하지 않습니다. 즉, OneScreen 화면이 나온 적이 있어서 스택에 있더라도 다시 OneScreen으로 화면을 전환하면 객체가 다시 생성되어 스택에 쌓입니다.

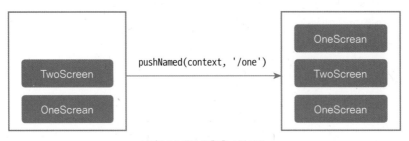

그림 14-8 중복 호출 후 스택 구조

maybePop()과 canPop() 함수

pop() 함수는 스택에서 위젯을 제거하고 이전 화면으로 되돌아갈 때 사용합니다. 그런데 만약 스택 맨 아래에 있는 위젯에서 pop() 함수를 호출하면 스택에 위젯이 없으므로 앱이 종료됩니다. 그런데 때로는 스택에 하나뿐인 위젯에서 pop() 함수를 호출하더라도 종료되지 않게 해야 할 수도 있습니다. 이때는 maybePop() 함수를 이용합니다.

maybePop() 함수는 위젯이 스택 맨 아래에 있지 않다면 이전 화면으로 되돌아가고 스택 맨 아래에 있다면 아무 일도 일어나지 않습니다.

> • 맨 아래 스택 보호

```
Navigator.maybePop(context);
```

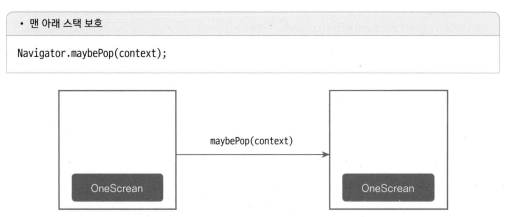

그림 14-9 maybePop() 호출 후 스택 구조

또한 현재 위젯을 스택에서 제거할 수 있는지를 판단해야 할 때가 있습니다. 즉, 스택에서 맨 아래에 있는지를 확인하는 겁니다. 이때 canPop() 함수를 이용합니다. canPop() 함수는 스택에서 제거할 수 있으면(스택 맨 아래에 있지 않다면) true, 제거할 수 없으면(스택 맨 아래에 있다면) false를 반환합니다.

> • 스택에서 제거할 수 있는지 확인

```
onPressed: () {
  if (Navigator.canPop(context)) {
    Navigator.pop(context);
  }
},
```

pushReplacementNamed(), popAndPushNamed() 함수

pushReplacementNamed(), popAndPushNamed()는 현재 위젯을 대체하거나 제거한 후 새로운 위젯을 실행하는 함수입니다. 두 함수는 위젯을 대체하거나 제거하므로 이 함수를 호출하는 위젯은 더 이상 스택에 남지 않습니다.

만약 다음처럼 pushReplacementNamed()나 popAndPushNamed() 함수를 호출한 위젯이 TwoScreen이라면 ThreeScreen 화면으로 이동하고 스택 구조는 다음 그림과 같습니다.

• 위젯 대체와 제거 후 새 위젯 실행 함수

```
Navigator.pushReplacementNamed(context, '/three');
// 또는
Navigator.popAndPushNamed(context, '/three');
```

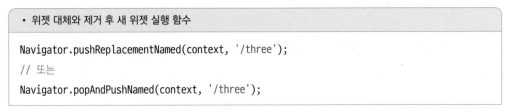

그림 14-10 pushReplacementNamed() 혹은 popAndPushNamed() 호출 후 스택 구조

pushNamedAndRemoveUntil() 함수

pushNamedAndRemoveUntil() 함수도 특정 위젯을 화면에 출력하는 함수입니다. 그런데 원하는 위치까지 스택에서 제거한 후 화면을 이동할 수 있습니다. pushNamedAndRemoveUntil() 함수는 매개변수가 3개인데 두 번째 매개변수는 이동할 위젯의 이름입니다. 그런데 세 번째 매개변수에 따라서 다르게 동작합니다.

예를 들어 OneScreen → TwoScreen → ThreeScreen까지 화면을 이동한 상태에서 pushNamedAndRemoveUntil() 함수로 화면을 전환하려고 합니다. pushNamedAndRemoveUntil() 함수의 세 번째 매개변수에 지정한 함수가 true를 반환하면 pushNamed() 함수와 똑같이 동작합니다. 즉, 새로운 위젯을 스택에 추가합니다.

• 위젯 추가하기

```
Navigator.pushNamedAndRemoveUntil(context, '/four', (route) => true);
```

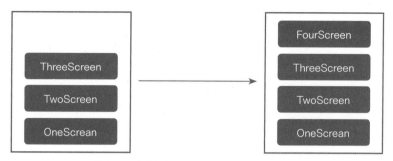

그림 14-11 세 번째 매개변수의 함수에서 true를 반환한 경우

그런데 pushNamedAndRemoveUntil() 함수의 세 번째 매개변수에 지정한 함수가 false를 반환하면 스택을 비우고 새로운 위젯을 추가합니다.

• 스택을 비우고 추가하기

```
Navigator.pushNamedAndRemoveUntil(context, '/four', (route) => false);
```

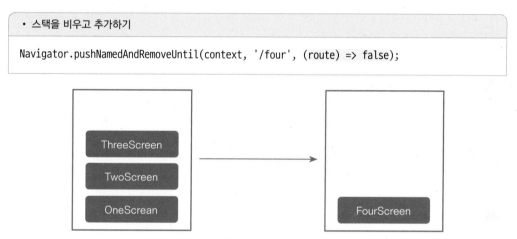

그림 14-12 세 번째 매개변수의 함수에서 false 가 리턴되는 경우

만약 pushNamedAndRemoveUntil() 함수의 세 번째 매개변수에 withName() 함수로 스택에 있는 특정 위젯을 지정하면 해당 위젯 위에 있는 위젯들만 스택에서 제거한 후 새로운 위젯을 추가합니다.

• 특정 위젯까지만 남기고 추가하기

```
Navigator.pushNamedAndRemoveUntil(context, '/four', ModalRoute.withName('/one'));
```

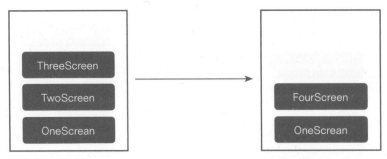

그림 14-13 세 번째 매개변수의 함수에서 특정 위젯이 지정된 경우

popUntil() 함수

pop() 함수는 스택에서 맨 위에 있는 위젯을 제거하여 이전 화면으로 되돌아갈 때 사용합니다. 그런데 popUntil() 함수를 이용하면 특정 위젯으로 한 번에 되돌아갈 수 있습니다. popUntil() 함수의 두 번째 매개변수에 스택에 있는 위젯을 설정하면 이 위젯 위에 있는 모든 위젯을 제거합니다.

• **특정 위젯으로 되돌아가기**

```
ElevatedButton(
  onPressed: () {
    Navigator.popUntil(context, ModalRoute.withName('/two'));
  },
  child: Text('Pop Until'),
),
```

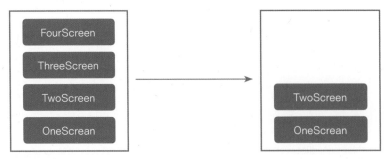

그림 14-14 popUntil() 호출 후 스택 구조

14-2 내비게이션 2.0 사용하기

내비게이션 2.0은 플러터 2에서 추가된 API를 총칭하는 이름입니다. 내비게이션 2.0은 앞 절에서 살펴본 플러터의 기본 내비게이션에서 화면을 전환하는 일부 API를 추가했습니다. 즉, 앞 절에서 살펴본 내비게이션을 여전히 이용할 수 있습니다.

내비게이션 2.0은 앱의 화면이 복잡해지면서 다양한 화면 전환 기법이 필요해졌고 이를 지원하고자 만들었습니다. 기본 내비게이션으로는 여러 페이지를 추가하거나 제거하는 게 어려웠으며, 현재 화면의 스택 아래에 있는 화면을 제거하려면 복잡했습니다. 또한 플러터 2에서 웹 앱을 지원하기 시작했는데 웹 앱은 모바일 앱보다 훨씬 복잡한 화면 전환 기법이 필요합니다. 이처럼 복잡한 화면 전환에 대응하고자 내비게이션 2.0이 등장했습니다.

내비게이션 2.0 기본 구조

내비게이션 2.0에서 화면 전환에 이용되는 핵심 클래스는 다음과 같습니다.

- Page: 출력할 화면 정보
- Router: 페이지 정보를 스택 구조로 가지는 위젯
- RouteInformationParser: 라우팅 요청 분석
- RouterDelegate: 다양한 상황에 맞는 라우팅 처리

먼저 Page는 전환할 대상 화면에 관한 정보입니다. Page의 서브 클래스로 만들어진 Material Page나 CupertinoPage 위젯을 이용합니다. MaterialPage나 CupertinoPage의 child에 화면을 구성할 위젯을 설정합니다. 그리고 RouteInformationParser는 플랫폼에서 앱에 전달하는 라우팅 정보를 분석하는 역할을 합니다. RouteInformationParser에서 분석한 라우팅 정보는 RouteDelegate에 전달되며, RouteDelegate에서 라우팅을 위한 다양한 처리가 진행되고 Page를 만들어 Router에 추가하면 해당 정보대로 화면이 출력됩니다.

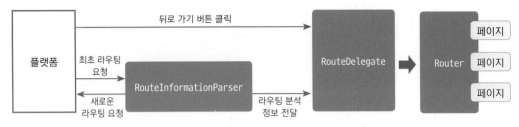

그림 14-15 내비게이션 2.0 구조

내비게이터와 페이지

내비게이션 2.0의 구성 요소 중 내비게이터(Navigator)와 페이지(Page)를 살펴보겠습니다. 페이지는 위젯을 포함한 하나의 화면을 구성하는 정보이며, 이 Page를 스택 구조로 출력해 주는 위젯이 내비게이터입니다. 즉, 내비게이터로 화면을 구성하면서 내비게이터 내에 여러 페이지를 스택 구조로 만듭니다.

내비게이터와 페이지를 이용해 화면을 간단하게 구성한다면 다음처럼 작성할 수 있습니다. MyApp의 build 함수에서 반환한 위젯이 내비게이터입니다. 내비게이터에 pages와 onPopPage 속성을 설정해야 하는데 pages 속성에는 내비게이터의 스택에 포함할 페이지를 여러 개 추가할 수 있습니다. 예에서는 pages 속성에 머티리얼 디자인이 적용된 MaterialPage를 추가했습니다. 이렇게 하면 내비게이터 스택에 한 페이지만 포함되고 화면에는 페이지의 child에 명시한 OneScreen이 나옵니다.

내비게이터에 onPopPage 속성도 꼭 설정해야 합니다. 이 속성에 설정한 함수는 앱바(AppBar)에서 제공하는 뒤로 가기 버튼[back button]을 누를 때 호출됩니다. 예에서는 내비게이터 스택에 페이지가 하나만 있으므로 이전 페이지가 없습니다. 따라서 실행 결과를 보면 앱바에 뒤로 가기 버튼이 나오지 않습니다.

• 내비게이터와 페이지로 화면 구성

```
class MyApp extends StatelessWidget {
  @override
  Widget build(BuildContext context) {
    return MaterialApp(
      title: 'Navigator Test',
      home: Navigator(
        pages: [
          MaterialPage(
            child: OneScreen()
```

```
        ),
      ],
      onPopPage: (route, result) => route.didPop(result)
    ),
  );
 }
}
```

▶ 실행 결과

8:42

OneScreen

One Screen

이번에는 페이지를 2개 포함해서 내비게이터를 구성해 보겠습니다. 대부분 앱은 첫 화면부터 출력하지만 때로는 첫 화면이 아닌 다른 화면부터 출력할 수도 있습니다. 이를 흔히 **딥 링크** deep link라고 하는데 앱을 딥 링크로 실행하면 특정 화면부터 출력합니다. 그리고 사용자가 앱바의 뒤로 가기 버튼을 눌렀을 때 이전 화면으로 되돌아가게 제공할 수도 있습니다.

예를 들어 다음 그림처럼 화면이 2개인 앱의 아이콘을 눌러 실행한 첫 화면이 OneScreen이라고 가정해 보겠습니다. OneScreen에서 TwoScreen으로 화면을 전환할 수 있습니다. 이처럼 첫 화면부터 실행되어 TwoScreen까지 출력되면 이전 화면이 내비게이터 스택에 있으므로 앱바에 뒤로 가기 버튼이 자동으로 나오고 이 버튼을 눌렀을 때 이전 화면으로 되돌아갈 수 있습니다.

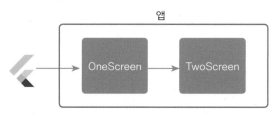

그림 14-16 앱이 첫 화면부터 실행될 때

그런데 앱은 딥 링크로 실행될 수도 있습니다. 다음 그림은 첫 화면인 OneScreen이 아닌 TwoScreen부터 실행된 예입니다. 그런데 내비게이터 스택에는 TwoScreen의 이전 화면이 없으므로 앱바에 뒤로 가기 버튼이 출력되지 않습니다.

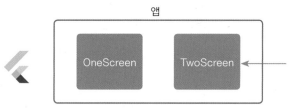

그림 14-17 딥 링크로 실행될 때

이처럼 앱이 딥 링크로 실행될 때 첫 화면 등을 내비게이터 스택에 추가해서 TwoScreen부터 나왔더라도 앱바의 뒤로 가기 버튼으로 OneScreen으로 되돌아가게 할 수도 있습니다.

다음 코드에서는 _isDeepLink 속성값을 true로 지정했습니다. 딥 링크 상황이라는 가정입니다. 내비게이터에 페이지를 2개 추가했습니다. 이 상태에서 실행하면 스택의 최상위에 위치한 페이지가 화면에 출력되므로 TwoScreen이 나옵니다.

하지만 내비게이터 스택에는 TwoScreen 페이지 아래에 OneScreen 페이지가 있으므로 TwoScreen의 앱바에 뒤로 가기 버튼이 자동으로 나오고 사용자가 이 버튼을 누르면 OneScreen 화면이 나옵니다.

• 딥 링크 상황 페이지 구성

```
class MyApp extends StatelessWidget {
  bool _isDeepLink = true;
  @override
  Widget build(BuildContext context) {
    return MaterialApp(
      title: 'Navigator Test',
      home: Navigator(
        pages: [
          MaterialPage(
              child: OneScreen()
          ),
          if (_isDeepLink) MaterialPage(child: TwoScreen())
        ],
        onPopPage: (route, result) => route.didPop(result)
      ),
    );
  }
}
```

▶ 실행 결과

내비게이터를 활용해 오른쪽 그림처럼 출력하는 앱을 만들어
보겠습니다. 뒤로 가기 버튼을 누르면 이전 페이지로 이동합
니다.

그림 14-18 내비게이터를 활용한 앱 실행 결과

1단계 다트 파일 작성하기

lib 아래 **ch14_2_1_navigator**라는 디렉터리를 만들고 여기에 **test.dart** 파일을 만든 후 다음
처럼 코드를 작성합니다. 그리고 앱을 실행해 처음에 TwoScreen 화면이 나오고 뒤로 가기
버튼이나 〈Pop〉을 누르면 OneScreen으로 이동하는지 확인합니다.

Do it!   • ch14_2_1_navigator/test.dart

```
import 'package:flutter/material.dart';

void main() {
  runApp(MyApp());
}

class MyApp extends StatelessWidget {
  bool _isDeepLink = true;

  @override
  Widget build(BuildContext context) {
    return MaterialApp(
```

```
      title: 'Navigator Test',
      home: Navigator(pages: [
        MaterialPage(child: OneScreen()),
        if (_isDeepLink) MaterialPage(child: TwoScreen())
      ], onPopPage: (route, result) => route.didPop(result)),
    );
  }
}

class OneScreen extends StatelessWidget {
  @override
  Widget build(BuildContext context) {
    return Scaffold(
      appBar: AppBar(
        title: Text('OneScreen'),
      ),
      body: Container(
        color: Colors.red,
        child: Center(
          child: Column(
            mainAxisAlignment: MainAxisAlignment.center,
            children: [
              Text(
                'OneScreen',
                style: TextStyle(color: Colors.white, fontSize: 30),
              ),
            ],
          ),
        ),
      ),
    );
  }
}

class TwoScreen extends StatelessWidget {
  @override
  Widget build(BuildContext context) {
    return Scaffold(
```

```dart
    appBar: AppBar(
      title: Text('TwoScreen'),
    ),
    body: Container(
      color: Colors.cyan,
      child: Center(
        child: Column(
          mainAxisAlignment: MainAxisAlignment.center,
          children: [
            Text(
              'TwoScreen',
              style: TextStyle(color: Colors.white, fontSize: 30),
            ),
            ElevatedButton(
              onPressed: () {
                Navigator.pop(context);
              },
              child: Text('Pop'),
            )
          ],
        ),
      ),
    );
  }
}
```

라우터 델리게이트와 정보 분석기

화면 구성이 복잡할 때는 **라우터 델리게이트**(RouterDelegate)와 **라우트 정보 분석기**(Route InformationParser)를 이용할 수도 있습니다. 라우트 정보 분석기는 화면을 전환하는 라우트 정보를 분석해 경로(RoutePath)에 담아 줍니다. 라우터 델리게이트는 라우팅 대리자로서 정보 분석기가 분석한 경로를 받아 내비게이터를 만들어 줍니다. 따라서 라우터 델리게이트를 이용하면 RouterDelegate가 라우팅을 담당합니다.

라우터 델리게이트와 라우트 정보 분석기를 알아보고자 다음과 같은 화면 구성을 가정해 보겠습니다. 앱을 실행하면 첫 화면인 홈(HomeScreen)을 출력하며 버튼을 누르면 상세 보기 화면(DetailScreen)으로 이동합니다. 이때 첫 번째 버튼을 누르면 상세 보기 화면에 1이 전달되며, 두 번째 버튼을 누르면 2가 전달됩니다. 이 값을 데이터의 식별자로 가정하며 여기서는 id 값으로 부르겠습니다.

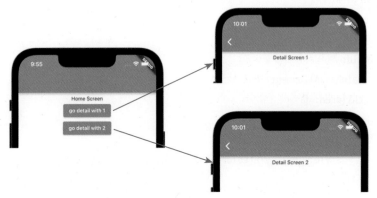

그림 14-19 HomeScreen에서 DetailScreen으로 이동하는 화면 구성

라우트 경로 클래스 작성하기

라우트 경로는 라우팅을 위한 정보를 담는 개발자 클래스입니다. 이 클래스를 작성하는 규칙은 특별히 없으며 앱의 라우팅 설계에 맞게 작성하면 됩니다.

다음 코드에서는 라우팅 정보로 상세 보기 화면에 전달할 id값을 속성으로 선언했습니다. 이 id값이 없으면 홈 화면을 출력하고, 있으면 상세 보기 화면을 출력하면서 id값을 전달합니다. 그리고 이 객체를 쉽게 생성할 수 있도록 생성자를 2개 선언했습니다.

• 라우트 경로 클래스

```
class MyRoutePath {
  String? id;

  MyRoutePath.home() : this.id = null;
  MyRoutePath.detail(this.id);
}
```

라우트 정보 분석기 작성하기

라우트 정보 분석기는 RouteInformationParser를 상속받아 작성하는 개발자 클래스입니다. 이 클래스에서 이용할 라우트 경로 객체를 제네릭 타입으로 지정해 줍니다.

> **· 라우트 정보 분석기**
>
> ```
> class MyRouteInformationParser extends RouteInformationParser<MyRoutePath> {
>   ... (생략) ...
> }
> ```

RouteInformationParser는 2가지 작업을 하는 클래스입니다.

- **앱의 라우팅 정보 분석**: 플랫폼이 앱을 처음 실행하거나 라우팅될 때 정보를 분석합니다.
- **앱의 라우팅 정보 저장**: 라우팅이 결정된 후 현재 라우팅 상태를 저장합니다.

앱의 라우팅 정보 분석은 parseRouteInformation() 함수에 구현하며 저장은 restoreRoute Information() 함수에 구현합니다. parseRouteInformation() 함수는 꼭 재정의해야 하며 restoreRouteInformation() 함수는 선택입니다.

다음 코드는 parseRouteInformation() 함수를 구현한 예입니다.

> **· parseRouteInformation() 함수**
>
> ```
> @override
> Future<MyRoutePath> parseRouteInformation(
>     RouteInformation routeInformation) async {
>   final uri = Uri.parse(routeInformation.location ?? '/');
>   print(routeInformation.location : ${routeInformation.location}');
>   if (uri.pathSegments.length >= 2) {
>     var remaining = uri.pathSegments[1];
>     return MyRoutePath.detail(remaining);
>   } else {
>     return MyRoutePath.home();
>   }
> }
> ```

parseRouteInformation() 함수의 매개변수가 RouteInformation 객체이며 플랫폼에서 앱에 전달한 라우팅 정보입니다. RouteInformation.location값은 문자열이며 일종의 앱이 실행되기 위한 URL이라고 보면 됩니다. 안드로이드, iOS 앱으로 빌드해서 실행하면 대부분 null 입니다. 즉, 앱을 실행하기 위한 특별한 URL 조건이 없다는 의미입니다.

그런데 웹 앱으로 빌드해서 실행하면 특정 URL 문자열이 전달될 수 있습니다. 만약 앱의 URL을 http://localhost:54603/#/으로 가정하면 `RouteInformation.location`값은 null입니다. 그런데 앱의 URL을 http://localhost:54603/#/detail/world/10으로 가정하면 `RouteInformation.location`값은 /hello/world/10입니다. 결국 앱이 실행되었을 때 이런 URL 등의 정보를 매개변수로 받아 어떤 정보로 실행된 것인지를 분석해 그 결과를 라우트 경로에 담아서 반환해 주면 됩니다.

`restoreRouteInformation()` 함수는 앱의 현재 라우팅 상태를 저장합니다. 이 함수는 앱이 실행되면서 여러 번 호출될 수 있으며 라우터 델리게이트에서 특정 화면으로 이동이 결정되면 자동으로 호출됩니다. 따라서 매개변수는 라우트 경로이며 반환값은 저장할 정보를 담고 있는 `RouteInformation` 객체입니다.

- restoreRouteInformation() 함수 구현하기

```
@override
RouteInformation restoreRouteInformation(MyRoutePath configuration) {
  print('restoreRouteInformation.. id : ${configuration.id}');

  if (configuration.id != null)
    return RouteInformation(location: '/detail/${configuration.id}');
  else
    return RouteInformation(location: '/');
}
```

라우터 델리게이트 작성하기

라우터 델리게이트는 라우트 경로를 분석해 적절하게 라우팅하는 내비게이터를 만들어 줍니다. 라우터 델리게이트는 `RouterDelegate`를 상속받아 작성해야 하며, `with`로 `ChangeNotifier`와 `PopNavigatorDelegateMixin`을 등록해야 합니다.

- 라우트 델리게이트

```
class MyRouterDelegate extends RouterDelegate<MyRoutePath>
    with ChangeNotifier, PopNavigatorRouterDelegateMixin<MyRoutePath> {
  ... (생략) ...
}
```

라우터 델리게이트는 라우팅 정보에 맞는 화면을 구성해 라우팅되게 하는 역할이므로 build() 함수에서 상황에 맞는 페이지를 포함하는 내비게이터를 반환해야 하며, 이 내비게이터 구성대로 화면이 출력됩니다.

```
final GlobalKey<NavigatorState> navigatorKey = GlobalKey<NavigatorState>();

@override
Widget build(BuildContext context) {
  return Navigator(
    key: navigatorKey,
    pages: [
      MaterialPage(child: HomeScreen(_handleOnPressed)),
      if(selectId != null) MaterialPage(child: DetailScreen(selectId))
    ],
    onPopPage: (route, result) {
      ... (생략) ...
    },
  );
}
```

RouteDelegate 클래스에는 currentConfiguration() 함수를 등록할 수도 있습니다. 필수는 아니지만 currentConfiguration() 함수를 등록하면 build() 함수 호출 직전에 자동으로 호출됩니다. 이 함수에서 만드는 라우트 경로가 정보 분석기의 restoreRouteInformation() 함수에 전달되어 앱의 라우팅 상태로 저장됩니다. 결국 라우팅 때마다 호출되는 currentConfiguration() 함수에서 만든 정보가 앱의 라우팅 정보로 저장됩니다.

```
@override
MyRoutePath get currentConfiguration {
  if (selectId != null) {
    return MyRoutePath.detail(selectId);
  } else {
    return MyRoutePath.home();
  }
}
```

setNewRoutePath() 함수는 꼭 재정의해야 하며 라우터 델리게이트가 초기화될 때 한 번만 호출됩니다. setNewRoutePath() 함수의 매개변수로 전달되는 라우트 경로는 정보 분석기의 parseRouteInformation() 함수에서 반환한 값입니다. 즉, 정보 분석기에서 처음에 앱의 라우팅 정보를 분석하고 그 결과를 델리게이트의 setNewRoutePath()에 전달해 초기 라우팅 정보를 만듭니다.

• setNewRoutePath() 함수 구현하기

```
@override
Future<void> setNewRoutePath(MyRoutePath configuration) async {
  print('MyRouterDelegate... setNewRoutePath ... id : ${configuration.id}');
  if(configuration.id != null){
    selectId = configuration.id;
  }
}
```

라우터 델리게이트와 정보 분석기를 이용하면 화면이 나오기까지 여러 함수가 호출되는데 이를 그림으로 나타내면 다음과 같습니다. 처음 라우팅되는 순간의 흐름입니다.

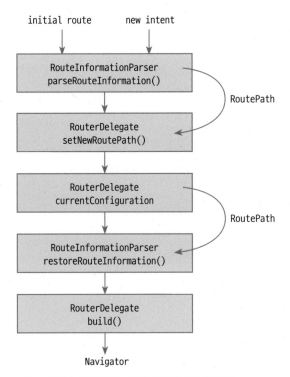

그림 14-20 라우터 델리게이트와 정보 분석기 초기 상태 흐름

앱에서 버튼을 누를 때 화면을 전환하려면 라우터 델리게이트의 `notifyListeners()` 함수를 호출합니다. 다음 코드는 사용자가 버튼을 누를 때 호출할 함수입니다. 함수에서 적절한 이벤트를 처리한 후 `notifyListeners()` 함수를 호출해 화면을 전환합니다.

• 버튼을 누를 때 호출 함수

```
void _handleOnPressed(String id) {
  selectId = id;
  print('MyRouterDelegate... notifylistener call..');
  notifyListeners();
}
```

앱의 화면이 전환될 때 라우터 델리게이터와 정보 분석기의 함수 호출 흐름은 다음 그림과 같습니다.

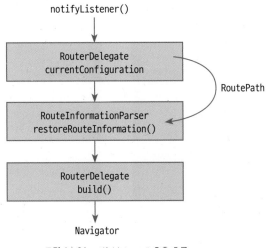

그림 14-21 notifyListener() 호출 흐름

라우터 델리게이트와 정보 분석기 등록하기

라우터 델리게이트와 정보 분석기를 만들었으면 이제 `MaterialApp`에 다음처럼 등록합니다.

• 라우터 델리게이트와 정보 분석기 등록하기

```
class _MainAppState extends State<MainApp> {
  @override
  Widget build(BuildContext context) {
    return MaterialApp.router(
```

```
      routerDelegate: MyRouterDelegate(),
      routeInformationParser: MyRouteInformationParser(),
    );
  }
}
```

Do it! 실습 라우터 델리게이트와 정보 분석기 활용하기

라우터 델리게이트와 정보 분석기를 활용해 앞에서 설명한 것처럼 동작하는 앱을 만들어 보
겠습니다.

그림 14-22 라우터 델리게이트와 정보 분석기를 활용한 앱 실행 결과

1단계 다트 파일 작성하기

lib 아래 ch14_2_2_delegate라는 디렉터리를 만들고 여기에 test.dart 파일을 만든 후 다음
처럼 코드를 작성합니다. 그리고 앱을 실행해 각 버튼이 제대로 동작하는지, 상세 보기 화면
으로 값을 제대로 전달하는지 확인합니다.

```dart
import 'package:flutter/material.dart';

void main() {
  runApp(MainApp());
}

class MainApp extends StatefulWidget {
  @override
  State<StatefulWidget> createState() => _MainAppState();
}

class _MainAppState extends State<MainApp> {
  @override
  Widget build(BuildContext context) {
    return MaterialApp.router(
      routerDelegate: MyRouterDelegate(),
      routeInformationParser: MyRouteInformationParser(),
    );
  }
}

class MyRoutePath {
  String? id;

  MyRoutePath.home() : this.id = null;

  MyRoutePath.detail(this.id);
}

class MyRouteInformationParser extends RouteInformationParser<MyRoutePath> {
  @override
  Future<MyRoutePath> parseRouteInformation(
      RouteInformation routeInformation) async {
    final uri = Uri.parse(routeInformation.location ?? '/');
    if (uri.pathSegments.length >= 2) {
      var remaining = uri.pathSegments[1];
      return MyRoutePath.detail(remaining);
```

```
    } else {
      return MyRoutePath.home();
    }
  }


  @override
  RouteInformation restoreRouteInformation(MyRoutePath configuration) {
    if (configuration.id != null)
      return RouteInformation(location: '/detail/${configuration.id}');
    else
      return RouteInformation(location: '/');
  }
}

class MyRouterDelegate extends RouterDelegate<MyRoutePath>
    with ChangeNotifier, PopNavigatorRouterDelegateMixin<MyRoutePath> {
  String? selectId;
  final GlobalKey<NavigatorState> navigatorKey = GlobalKey<NavigatorState>();

  @override
  MyRoutePath get currentConfiguration {
    if (selectId != null) {
      return MyRoutePath.detail(selectId);
    } else {
      return MyRoutePath.home();
    }
  }

  @override
  Widget build(BuildContext context) {
    return Navigator(
      key: navigatorKey,
      pages: [
        MaterialPage(child: HomeScreen(_handleOnPressed)),
        if (selectId != null) MaterialPage(child: DetailScreen(selectId))
      ],
      onPopPage: (route, result) {
        if (!route.didPop(result)) {
          return false;
```

```
        }
        selectId = null;
        notifyListeners();
        return true;
      },
    );
  }

  @override
  Future<void> setNewRoutePath(MyRoutePath configuration) async {
    if (configuration.id != null) {
      selectId = configuration.id;
    }
  }

  void _handleOnPressed(String id) {
    selectId = id;
    notifyListeners();
  }
}

class HomeScreen extends StatelessWidget {
  final ValueChanged<String> onPressed;

  HomeScreen(this.onPressed);

  @override
  Widget build(BuildContext context) {
    return Scaffold(
      appBar: AppBar(),
      body: Container(
        color: Colors.red,
        child: Center(
          child: Column(
            mainAxisAlignment: MainAxisAlignment.center,
            children: [
              Text(
                'Home Screen',
                style: TextStyle(color: Colors.white, fontSize: 30),
```

```
          ),
          ElevatedButton(
            child: Text('go detail with 1'),
            onPressed: () => onPressed('1'),
          ),
          ElevatedButton(
            child: Text('go detail with 2'),
            onPressed: () => onPressed('2'),
          )
        ],
      ),
    ),
  ),
);
}
}

class DetailScreen extends StatelessWidget {
  String? id;

  DetailScreen(this.id);

  @override
  Widget build(BuildContext context) {
    return Scaffold(
      appBar: AppBar(),
      body: Container(
        color: Colors.green,
        child: Center(
          child: Text(
            'Detail Screen $id',
            style: TextStyle(color: Colors.white, fontSize: 30),
          ),
        ),
      ),
    );
  }
}
```

다섯째 마당

네트워크와
비동기 프로그래밍

네트워크 프로그래밍

이번 장에서는 네트워크 프로그래밍에 관해 살펴보겠습니다. 대부분 앱은 서버와 통신하면서 데이터를 서비스하므로 네트워크 프로그래밍은 기본입니다. 플러터에서 네트워크 프로그래밍을 할 때 사용하는 http와 dio 패키지를 살펴보겠습니다. 또한 서버와 주고받는 데이터는 대부분 JSON 형식이므로 JSON을 파싱하는 방법도 알아보겠습니다.

15-1 JSON 파싱하기

대부분 앱에서는 관련 있는 여러 데이터를 이용합니다. 예를 들어 고객의 정보를 다룬다면 이름, 이메일, 전화번호, 주소 등의 데이터가 필요합니다. 프로그래밍에서 이런 데이터는 클래스의 객체로 표현합니다. User라는 클래스를 만들고 name, email, phone, address 등의 속성에 각각의 데이터를 담습니다. 결국 하나의 User 객체는 고객 한 명을 표현합니다.

대부분 앱은 네트워크 통신으로 서버와 데이터를 주고받는데 이때 객체를 그대로 이용할 수 없습니다. 객체란 앱이 실행되면서 기기에 할당된 메모리에서만 유효한 데이터이기 때문입니다. 그렇다고 이름, 전화번호, 이메일 등 여러 데이터를 따로따로 주고받자니 번거롭습니다. 뭔가 구조화된 데이터 표현 방법이 필요한데, 이때 JSON^{JavaScript object notation}을 가장 많이 사용합니다.

앱에서 서버와 JSON 데이터를 주고받으려면 **인코딩**^{encoding}과 **디코딩**^{decoding} 작업이 필요합니다. 인코딩은 Map 형식의 데이터를 문자열로 변환하는 작업이며, 데이터를 서버에 전송할 때 필요합니다. 디코딩은 JSON 문자열을 Map 타입으로 변환하는 작업이며, 서버에서 전송된 문자열을 앱에서 사용할 때 필요합니다.

JSON 데이터 디코딩과 인코딩하기

플러터 앱에서 JSON 데이터를 디코딩하거나 인코딩하려면 dart:convert 패키지에서 제공하는 jsonDecode()와 jsonEncode() 함수를 이용합니다. JSON 문자열을 Map 형식으로 변경할 때는 jsonDecode() 함수를 이용하며, 반대로 Map 데이터를 문자열로 변경할 때는 jsonEncode() 함수를 이용합니다.

먼저 jsonDecode() 함수로 JSON 문자열을 디코딩하는 예를 보겠습니다. 다음처럼 선언된 JSON 문자열이 있다고 가정해 보겠습니다.

* JSON 문자열

```
String jsonStr = '{"id": 1, "title": "HELLO", "completed": false}';
```

이를 Map 형식으로 변경할 때는 다음처럼 jsonDecode() 함수를 이용합니다. jsonDecode() 함수의 매개변수에 JSON 문자열을 대입하면 Map 타입으로 반환해 줍니다. Map<String, dynamic>처럼 키는 String 타입으로 지정하면 되지만, 값은 문자열, 숫자, 불리언 타입일 수 있으므로 dynamic 타입으로 선언합니다.

• Map 형식으로 변환하기

```
Map<String, dynamic> map = jsonDecode(jsonStr);

setState(() {
  result = "decode : id: ${map['id']}, title: ${map['title']},
          completed: ${map['completed']}";
});
```

만약 {}로 묶인 데이터가 여러 건이어서 [{}, {}] 형식의 문자열이라면 결과를 List 타입으로 받을 수 있습니다.

• List 타입 데이터 디코딩

```
String jsonStr = '[{"id": 1, "title": "HELLO", "completed": false},{"id": 2, "title": "WORLD", "completed": false}]';

... (생략) ...

onPressDecode() {
  List list = jsonDecode(jsonStr);
  var list1 = list[0];
  if (list1 is Map) {
    setState(() {
      result = "decode : id: ${list[0]['id']}, title: ${list[0]['title']},
              completed: ${list[0]['completed']}";
    });
  }
}
```

반대로 Map 데이터를 JSON 문자열로 변환할 때는 jsonEncode() 함수를 이용합니다.

> • Map 데이터를 JSON 문자열로 변환하기

```
result = "encode : ${jsonEncode(map)}";
```

List<Map> 타입으로 선언한 데이터를 JSON 문자열로 만들 때는 jsonEncode() 함수의 매개변수에 List 객체를 대입하면 됩니다.

> • List 타입 데이터 인코딩

```
result = "encode : ${jsonEncode(list)}";
```

모델 클래스로 JSON 데이터 이용하기

앞에서 살펴본 jsonDecode(), jsonEncode() 함수만으로 쉽게 JSON 데이터를 디코딩하고 인코딩할 수 있습니다. 그런데 이 데이터를 앱에서 이용할 때는 약간 불편함이 있습니다. 먼저 Map을 선언할 때 Map<String, dynamic>처럼 값을 dynamic으로 선언했으므로 각 데이터에 맞는 정확한 타입으로 더 정교한 프로그래밍을 할 수 없습니다. 또한 키 문자열의 오타 등을 감지할 수 없습니다. 만약 키로 title이라는 문자열을 쓰고 싶었는데 tile라고 잘못 써도 디코딩, 인코딩에는 문제가 없습니다.

꼭 이런 문제가 아니어도 많은 개발자가 JSON 데이터를 객체에 대입해서 이용하기를 바랍니다. 이때 모델 클래스를 만들어 사용합니다. 예를 들어 앞서 보인 예에서 이용한 문자열이 할일 데이터라면 Todo라는 클래스를 만들고 JSON 데이터를 Todo 클래스의 객체에 대입해 놓고 쓰면 편리합니다. 그리고 Todo 클래스에서 변수명과 각 타입이 지정되므로 개발자의 실수를 예방할 수 있습니다.

이처럼 JSON 데이터를 모델 클래스로 이용하려면 키값을 모델 클래스의 각 속성에 대입해 주어야 합니다. 다음 코드는 JSON 데이터를 매핑하는 모델 클래스를 구현한 예입니다.

> • 모델 클래스 구현하기(JSON 데이터 매핑)

```
class Todo {
  int id;
  String title;
  bool completed;
```

```
  Todo(this.id, this.title, this.completed);

  Todo.fromJson(Map<String, dynamic> json)
    : id = json['id'], title = json['title'], completed = json['completed'];

  Map<String, dynamic> toJson() => {
    'id': id,
    'title': title,
    'completed': completed
  };
}
```

jsonDecode() 함수의 결괏값인 Map 데이터를 객체의 속성에 대입하는 fromJson() 생성자를
만들었으며, 모델 객체를 JSON 문자열로 변환하는 toJson() 함수를 만들었습니다. toJson()
함수는 개발자가 직접 호출하지 않고 JSON 문자열로 변환할 때 사용하는 jsonEncode() 함수
내부에서 자동으로 호출합니다. 따라서 함수 이름을 toJson()이라고 작성해야 합니다.

• 모델 클래스 이용하기

```
Map<String, dynamic> map = jsonDecode(jsonStr);
Todo todo = Todo.fromJson(map);
.... (생략) ....
String str = jsonEncode(todo);
```

깡샘!
질문 있어요!

**JSON과 모델 클래스 객체 간에 자동 매핑을 지원하는 프레임워크가 많은데 플러터
에는 이런 기능이 없나요?**

네, 그렇습니다. JSON과 객체의 자동 매핑을 경험해 본 사람은 불편해 보일 수 있습니다.
플러터 공식 문서를 보면 JSON과 객체의 자동 매핑을 지원하지 않는 이유는 '트리 쉐이킹
(tree shaking)' 때문이라고 합니다. 자동 매핑을 지원하려면 런타임 시점에 리플렉션을 지
원해야 하는데 이 리플렉션이 트리 쉐이킹을 방해한다고 합니다. 트리 쉐이킹은 빌드 시점에
사용하지 않는 코드를 제거하는 기법인데, 앱의 크기를 최적화하려고 리플렉션을 지원하지
않으며 이 때문에 자동 매핑을 지원하지 않습니다. 리플렉션은 실행 시점에 타입 분석 정도의
개념으로 이해하면 됩니다.

JSON 데이터 파싱하기

JSON 데이터를 활용해 오른쪽 그림처럼 출력하는 앱을 만
들어 보겠습니다. 각 버튼을 누르면 JSON 데이터를 디코
딩, 인코딩해서 출력합니다.

그림 15-1 JSON 데이터 파싱 앱 실행 결과

1단계 **다트 파일 작성하기**

lib 아래 ch15_1_1_json이라는 디렉터리를 만들고 여기에 test.dart 파일을 만든 후 다음처
럼 코드를 작성합니다. 그리고 앱을 실행해 각 버튼이 제대로 동작하는지 확인합니다.

Do it!   • ch15_1_1_json/test.dart

```dart
import 'dart:convert';
import 'package:flutter/material.dart';

void main() {
  runApp(MyApp());
}

class MyApp extends StatefulWidget {
  @override
  State<StatefulWidget> createState() {
    return MyAppState();
  }
}
class Todo {
  int id;
  String title;
  bool completed;

  Todo(this.id, this.title, this.completed);

  Todo.fromJson(Map<String, dynamic> json)
      : id = json['id'],
        title = json['title'],
        completed = json['completed'];

  Map<String, dynamic> toJson() =>
```

```
          {'id': id, 'title': title, 'completed': completed};
}

class MyAppState extends State<MyApp> {
  String jsonStr = '{"id": 1, "title": "HELLO", "completed": false}';
  Todo? todo;
  String result = '';

  onPressDecode() {
    Map<String, dynamic> map = jsonDecode(jsonStr);
    todo = Todo.fromJson(map);
    setState(() {
      result =
        "decode : id: ${todo?.id}, title: ${todo?.title}, completed: ${todo?.completed}";
    });
  }

  onPressEncode() {
    setState(() {
      result = "encode : ${jsonEncode(todo)}";
    });
  }

  @override
  Widget build(BuildContext context) {
    return MaterialApp(
      home: Scaffold(
        appBar: AppBar(
          title: Text('Test'),
        ),
        body: Center(
          child: Column(
            mainAxisAlignment: MainAxisAlignment.center,
            children: [
              Text('$result'),
              ElevatedButton(
                onPressed: onPressDecode,
                child: Text('Decode'),
              ),
              ElevatedButton(
```

```
                onPressed: onPressEncode,
                child: Text('Encode'),
              ),
            ],
          ),
        ),
      ),
    );
  }
}
```

JSON 데이터 자동 매핑하기 — json_serializable

플러터는 JSON 데이터 자동 매핑을 지원하지 않지만 패키지를 이용하면 좀 더 편리하게 매핑할 수 있습니다. json_serializable 패키지를 이용합니다. json_serializable은 JSON 매핑 코드를 자동으로 만들어 줍니다.

json_serializable을 이용하려면 pubspec.yaml 파일에 오른쪽처럼 3가지 패키지를 추가해야 합니다.

> • json_serializable 패키지 추가하기
>
> ```
> dependencies:
>   json_annotation: ^4.5.0
> dev_dependencies:
>   build_runner: ^2.1.11
>   json_serializable: ^6.2.0
> ```

json_serializable을 이용해 모델 클래스를 만들려면 우선 다트 파일 윗부분에 다음처럼 선언해야 합니다. json_serializable가 JSON을 매핑한 모델 클래스 파일을 만들고 **part**로 현재의 다트 파일에 포함합니다.

> • json_serializable 사용하기
>
> ```
> import 'package:json_annotation/json_annotation.dart';
> part 'test_json_serializable.g.dart';   // 이 파일이 자동 생성
> ```

자동으로 만들어지는 모델 클래스의 파일 이름은 '**파일명.g.dart**' 형식을 따릅니다. 만약 현재 다트 파일명이 example.dart라면 example.g.dart로 만들어집니다. 이 파일은 다음과 같은 코드를 작성한 다음에 **flutter** 명령으로 만듭니다.

json_serializable 패키지로 모델 클래스를 만들려면 @JsonSerializable() 애너테이션을 추가해야 합니다. 그리고 JSON 데이터의 키와 모델 클래스의 속성 이름이 다를 때는 해당 속성 위에 키 이름이 명시된 @JsonKey() 애너테이션을 추가합니다. 예에서는 JSON의 id 키가 todoId 속성과 매핑됩니다. 만약 키와 속성 이름이 같으면 애너테이션을 추가하지 않아도 해당 이름으로 매핑됩니다.

• 모델 클래스 파일

```
@JsonSerializable()
class Todo {
  @JsonKey(name: "id")
  int todoId;
  String title;
  bool completed;
  Todo(this.todoId, this.title, this.completed);
  factory Todo.fromJson(Map<String, dynamic> json) => _$TodoFromJson(json);
  Map<String, dynamic> toJson() => _$TodoToJson(this);
}
```

코드에서 마지막 2줄이 중요한데 jsonDecode() 함수로 만들어진 Map 객체를 클래스에 대입하는 생성자(예에서 fromJson())를 factory로 만든 후 _$TodoFromJson() 함수를 이용해 실제 JSON 데이터를 매핑해 객체를 생성합니다.

_$TodoFromJson() 함수는 자동으로 만들어진 함수이며 이름은 '_$클래스명FromJson' 형태를 따릅니다. 예를 들어 클래스명이 Todo라면 _$TodoFromJson, 클래스명이 User라면 _$UserFromJson이 됩니다. 또한 객체를 JSON 문자열로 만드는 함수도 자동으로 만들어지며 이름은 '_$클래스명ToJson' 형태를 따릅니다.

정리하자면 json_serializable은 애너테이션이 추가된 모델 클래스를 JSON 문자열이나 JSON 문자열을 모델 클래스 객체로 생성하는 코드를 자동으로 만들어 주며, 이 코드를 만드는 시점은 개발자가 별도의 명령을 내려야 합니다.

윈도우에서는 명령 프롬프트, macOS에서는 터미널에서 다음 명령을 내리는 순간 코드가 자동으로 만들어집니다. 잠시 후 [Do it! 실습]에서 직접 해보겠습니다. 참고로 안드로이드 스튜디오에서 Alt + F12를 누르면 터미널이 열리는데 여기에 명령을 입력해도 됩니다.

```
> flutter pub run build_runner build
```

그런데 json_serializable을 이용할 때 한 가지 주의할 점이 있습니다. 모델 클래스에 모델 클래스를 중복해서 사용하는 경우입니다. 흔히 중첩 클래스^{nested class}라고 하는데, 예를 들어 Todo 클래스의 속성으로 Location 클래스의 객체를 선언하는 경우입니다. 이때에는 Todo, Location 클래스 모두에 @JsonSerializable()을 추가해야 합니다.

- 중첩 클래스 매핑(Location 클래스)

```
@JsonSerializable()
class Location {
  String latitude;
  String longitude;

  Location(this.latitude, this.longitude);

  factory Location.fromJson(Map<String, dynamic> json) => _$LocationFromJson(json);
  Map<String, dynamic> toJson() => _$LocationToJson(this);

}
```

그리고 Location 클래스를 이용하는 Todo 클래스를 다음처럼 작성할 수 있습니다.

- 중첩 클래스 매핑(Todo 클래스)

```
@JsonSerializable()
class Todo {
  @JsonKey(name: "id")
  int todoId;
  String title;
  bool completed;
  Location location;   // 중첩 클래스

  Todo(this.todoId, this.title, this.completed, this.location);
  factory Todo.fromJson(Map<String, dynamic> json) => _$TodoFromJson(json);
  Map<String, dynamic> toJson() => _$TodoToJson(this);
}
```

그런데 이렇게만 작성하면 JSON 문자열로 변경할 때 중첩된 클래스의 데이터가 이상하게 나옵니다. jsonDecode() 함수로 Todo 객체를 만들어 print()로 출력해 보면 다음과 같습니다.

• Todo 객체 출력하기

```
Map<String, dynamic> map = jsonDecode(jsonStr);
todo = Todo.fromJson(map);
print(todo?.toJson());
```

▶ 실행 결과

```
{id: 1, title: HELLO, completed: false, location: Instance of 'Location'}
```

location 부분에 Location 객체에 담긴 값이 출력돼야 하는데 타입 정보가 출력됐습니다. 이 문제를 해결하려면 Todo 클래스에 추가하는 애너테이션에 explicitToJson: true를 지정해 줘야 합니다. 그러면 중첩 클래스의 객체에 담긴 값이 출력됩니다.

• Location 객체에 담긴 값 출력하기

```
@JsonSerializable(explicitToJson: true)
class Todo {
  ... (생략) ...
  Location location;   // 중첩 클래스
  ... (생략) ...
}
```

▶ 실행 결과

```
{id: 1, title: HELLO, completed: false, location: {latitude: 37.5, longitude: 127.1}}
```

Do it! 실습 json_serializable 패키지 활용하기

json_serializable 패키지를 활용해 JSON 데이터를 자동으로 매핑하는 방식으로 JSON 파싱 앱을 만들어 보겠습니다.

그림 15-2 json_serializable 패키지를 활용한 앱 실행 결과

1단계 패키지 등록하기

먼저 pubspec.yaml 파일을 열고 dependencies 부분에 다음처럼 json_annotation을 추가합니다.

> **Do it!** • pubspec.yaml

```
... (생략) ...
dependencies:
  json_annotation: ^4.5.0
... (생략) ...
```

이어서 dev_dependencies 부분에 다음처럼 build_runner와 json_serializable을 추가합니다. 그리고 편집 창 위에 보이는 명령 줄에서 〈Pub get〉을 클릭해서 적용합니다.

> **Do it!** • pubspec.yaml

```
... (생략) ...
dev_dependencies:
  build_runner: ^2.1.11
  json_serializable: ^6.2.0
... (생략) ...
```

2단계 다트 파일 작성하기

lib 아래 ch15_1_2_serializable이라는 디렉터리를 만들고 여기에 test.dart 파일을 만든 후 다음처럼 코드를 작성합니다. 아직 test.g.dart 파일을 만들지 않았으므로 코드에 빨간 줄이 표시됩니다.

> **Do it!** • ch15_1_2_serializable/test.dart

```
import 'dart:convert';
import 'package:flutter/material.dart';
import 'package:json_annotation/json_annotation.dart';

part 'test.g.dart';

void main() {
  runApp(MyApp());
}
```

```dart
class MyApp extends StatefulWidget {
  @override
  State<StatefulWidget> createState() {
    return MyAppState();
  }
}

@JsonSerializable()
class Location {
  String latitude;
  String longitude;

  Location(this.latitude, this.longitude);
  factory Location.fromJson(Map<String, dynamic> json) =>
      _$LocationFromJson(json);
  Map<String, dynamic> toJson() => _$LocationToJson(this);
}

@JsonSerializable(explicitToJson: true)
class Todo {
  @JsonKey(name: "id")
  int todoId;
  String title;
  bool completed;

  Location location;
  Todo(this.todoId, this.title, this.completed, this.location);
  factory Todo.fromJson(Map<String, dynamic> json) => _$TodoFromJson(json);
  Map<String, dynamic> toJson() => _$TodoToJson(this);
}

class MyAppState extends State<MyApp> {
  String jsonStr =
      '{"id": 1, "title": "HELLO", "completed": false, "location":{"latitude":"37.5","longitude":"127.1"}}';
  Todo? todo;
  String result = '';

  onPressDecode() {
    Map<String, dynamic> map = jsonDecode(jsonStr);
    todo = Todo.fromJson(map);
```

```
      print(todo?.toJson());
      setState(() {
        result = "decode : ${todo?.toJson()}";
      });
    }

    onPressEncode() {
      setState(() {
        result = "encode : ${jsonEncode(todo)}";
      });
    }

    @override
    Widget build(BuildContext context) {
      return MaterialApp(
        home: Scaffold(
          appBar: AppBar(
            title: Text('Test'),
          ),
          body: Center(
            child: Column(
              mainAxisAlignment: MainAxisAlignment.center,
              children: [
                Text('$result'),
                ElevatedButton(
                  onPressed: onPressDecode,
                  child: Text('Decode'),
                ),
                ElevatedButton(
                  onPressed: onPressEncode,
                  child: Text('Encode'),
                ),
              ],
            ),
          ),
        ),
      );
    }
}
```

안드로이드 스튜디오에서 ⌈Alt⌉+⌈F12⌉를 눌러 터미널을 열고 다음 명령어를 입력한 후 ⌈Enter⌉를 누릅니다. 프로젝트 디렉터리에서 명령어를 입력하면 됩니다.

> **T** build_runner로 파일 생성하기
>
> ```
> > flutter pub run build_runner build
> ```

그러면 다음처럼 test.g.dart 파일이 자동으로 만들어지고 test.dart 파일에 빨간 줄이 사라집니다. 이제 앱을 실행해 각 버튼이 제대로 동작하는지 확인합니다.

Do it! • ch15_1_2_serializable/test.g.dart

```dart
part of 'test.dart';
Location _$LocationFromJson(Map<String, dynamic> json) => Location(
      json['latitude'] as String,
      json['longitude'] as String,
    );

Map<String, dynamic> _$LocationToJson(Location instance) => <String, dynamic> {
      'latitude': instance.latitude,
      'longitude': instance.longitude,
    };

Todo _$TodoFromJson(Map<String, dynamic> json) => Todo(
      json['id'] as int,
      json['title'] as String,
      json['completed'] as bool,
      Location.fromJson(json['location'] as Map<String, dynamic>),
    );

Map<String, dynamic> _$TodoToJson(Todo instance) => <String, dynamic> {
      'id': instance.todoId,
      'title': instance.title,
      'completed': instance.completed,
      'location': instance.location.toJson(),
    };
```

15-2 http 패키지 이용하기

네트워크 프로그래밍은 HTTP 통신을 이용합니다. 플러터 앱에서 서버와 HTTP 통신을 하려면 http 패키지를 이용합니다. 이 패키지는 pubspec.yaml 파일에 다음처럼 추가합니다.

> **• http 패키지 추가하기**
>
> ```
> dependencies:
>   http: ^0.13.4
> ```

http 패키지는 HTTP 통신을 하는 데 필요한 여러 가지 함수를 제공합니다. 이를 http라는 이름으로 식별해서 사용하려면 다음처럼 import 문에 as http를 추가합니다.

> **• http 패키지 임포트**
>
> ```
> import 'package:http/http.dart' as http;
> ```

다음 코드는 서버에 요청하는 get() 함수를 이용하는 예입니다.

> **• 서버에 요청하기**
>
> ```
> http.Response response =
>     await http.get(Uri.parse('https://jsonplaceholder.typicode.com/posts/1'));
> ```

get() 함수에 서버가 있는 URL을 매개변수로 지정하면 해당 서버에 요청을 보내며 응답 결과는 http.Response 타입으로 전달됩니다. 이 Response 객체의 statusCode 속성으로 응답 상태 코드를 확인할 수 있으며 서버에서 전달한 데이터는 body 속성으로 얻습니다.

> **• 서버에서 전달한 데이터 얻기**
>
> ```
> if (response.statusCode == 200) {
>   String result =  response.body;
> }
> ```

만약 서버에 요청할 때 헤더를 지정하고 싶다면 Map 객체에 담은 후 get() 함수를 호출할 때 headers 매개변수에 지정합니다.

```
Map<String, String> headers = {
  "content-type": "application/json",
  "accept": "application/json",
};
http.Response response =
    await http.get(Uri.parse('https://jsonplaceholder.typicode.com/posts/1'),
                   headers: headers);
```

HTTP 통신에서 서버 요청 방식은 GET, POST, PUT, DELETE 등이 이용되며 위의 예에서 사용한 get() 함수는 GET 방식으로 요청할 때 사용합니다. GET 이외에 post(), put(), delete() 함수를 이용해 각 방식으로 서버에 요청할 수 있습니다.

다음 코드는 post() 함수를 이용해 POST 방식으로 서버에 요청하는 예입니다.

```
http.Response response =
await http.post(Uri.parse('https://jsonplaceholder.typicode.com/posts'),
                body: {'title':'hello', 'body':'world', 'userId': '1'});
```

POST 방식으로 요청한다는 것은 서버에 전송할 데이터를 URL 뒤에 추가하지 않고 본문에 포함해 전달하겠다는 의도입니다. 따라서 전송할 데이터를 Map 형식으로 만들어 post() 함수의 body 매개변수에 지정해야 합니다.

만약 같은 URL로 반복해서 요청할 때는 매번 서버와 접속했다 끊었다 반복하는 것이 비효율적일 수 있습니다. 이때는 한 번 연결된 접속을 유지하는 것이 효율적이며 이때 Client 객체를 사용할 수 있습니다.

다음 코드는 http 패키지가 제공하는 Client 객체를 생성한 후 post()와 get() 함수로 서버에 2번 요청하는 예입니다. Client를 이용할 때 접속을 더 이상 유지할 필요가 없다면 close() 함수로 닫아 줍니다.

```
var client = http.Client();
try {
  http.Response response =
      await client.post(Uri.parse('https://jsonplaceholder.typicode.com/posts'),
                    body: {'title':'hello', 'body':'world', 'userId': '1'});

  if (response.statusCode == 200 || response.statusCode == 201) {
    response = await client.get(
      Uri.parse('https://jsonplaceholder.typicode.com/posts/1')
    );
    print('response: ${response.body}');
  } else {
    print('error......');
  }
} finally {
  client.close();
}
```

Do it! 실습 ▶ 네트워크 통신 앱 만들기

http 패키지를 활용해 간단한 네트워크 통신 앱을 만들어
보겠습니다.

1단계 패키지 등록하기

pubspec.yaml 파일을 열고 다음처럼 http 패키지를 추가
한 후 〈Pub get〉을 클릭해 적용합니다.

그림 15-3 네트워크 통신 앱 실행 결과

lib 아래 ch15_2_http라는 디렉터리를 만들고 여기에 test.dart 파일을 만든 후 다음처럼 코드를 작성합니다. 그리고 앱을 실행해 각 버튼이 제대로 동작하는지 확인합니다.

Do it! • ch15_2_http/test.dart

```dart
import 'package:flutter/material.dart';
import 'package:http/http.dart' as http;

void main() {
  runApp(MyApp());
}

class MyApp extends StatefulWidget {
  @override
  State<StatefulWidget> createState() {
    return MyAppState();
  }
}

class MyAppState extends State<MyApp> {
  String result = '';

  onPressGet() async {
    Map<String, String> headers = {
      "content-type": "application/json",
      "accept": "application/json",
    };
    http.Response response = await http.get(
        Uri.parse('https://jsonplaceholder.typicode.com/posts/1'),
        headers: headers);
    if (response.statusCode == 200) {
      setState(() {
        result = response.body;
      });
    } else {
      print('error......');
    }
  }
```

```dart
onPressPost() async {
  try {
    http.Response response = await http.post(
        Uri.parse('https://jsonplaceholder.typicode.com/posts'),
        body: {'title': 'hello', 'body': 'world', 'userId': '1'});
    print('statusCode : ${response.statusCode}');
    if (response.statusCode == 200 || response.statusCode == 201) {
      setState(() {
        result = response.body;
      });
    } else {
      print('error......');
    }
  } catch (e) {
    print('error ... $e');
  }
}

onPressClient() async {
  var client = http.Client();
  try {
    http.Response response = await client.post(
        Uri.parse('https://jsonplaceholder.typicode.com/posts'),
        body: {'title': 'hello', 'body': 'world', 'userId': '1'});

    if (response.statusCode == 200 || response.statusCode == 201) {
      response = await client
          .get(Uri.parse('https://jsonplaceholder.typicode.com/posts/1'));
      setState(() {
        result = response.body;
      });
    } else {
      print('error......');
    }
  } finally {
    client.close();
  }
}

@override
```

```dart
Widget build(BuildContext context) {
  return MaterialApp(
    home: Scaffold(
      appBar: AppBar(
        title: Text('Test'),
      ),
      body: Center(
        child: Column(
          mainAxisAlignment: MainAxisAlignment.center,
          children: [
            Text('$result'),
            ElevatedButton(
              onPressed: onPressGet,
              child: Text('GET'),
            ),
            ElevatedButton(
              onPressed: onPressPost,
              child: Text('POST'),
            ),
            ElevatedButton(
              onPressed: onPressClient,
              child: Text('Client'),
            ),
          ],
        ),
      ),
    ),
  );
}
}
```

15-3 dio 패키지 이용하기

앞에서 서버와 HTTP 통신할 때 http 패키지를 이용하는 방법을 알아봤는데, 만약 더 많은 기능을 제공하는 패키지가 필요하다면 dio가 있습니다. dio를 사용하는 구체적인 방법은 pub.dev/packages/dio에서 확인할 수 있으며 여기서는 기본 사용법만 소개하겠습니다.

우선 dio 패키지를 이용하려면 pubspec.yaml 파일에 다음처럼 추가합니다.

• dio 패키지 등록하기

```
dependencies:
  dio: ^4.0.6
```

간단하게 GET 방식으로 서버에 요청하는 코드는 다음과 같습니다. Dio 객체의 get() 함수를 호출하여 서버에 요청하며 결과는 Response 타입의 객체입니다. Response의 statusCode로 상태 코드를 얻고 서버에서 전송한 데이터는 data 속성으로 얻습니다.

• GET 방식으로 요청하기

```
try {
  var response = await Dio().get('https://reqres.in/api/users?page=2');
  if (response.statusCode == 200) {
    String result = response.data.toString();
    print("result... $result");
  }
} catch (e) {
  print(e);
}
```

예에서는 GET 방식으로 요청을 보내면서 서버에 전송할 데이터를 URL 뒤에 ?로 추가했습니다. 이렇게 작성해도 되지만 서버에 전송할 데이터를 다음처럼 queryParameters 매개변수에 Map 객체로 지정해도 됩니다.

GET 이외에 POST, PUT, DELETE 방식으로 요청하는 post(), put(), delete() 함수도 제공합니다. 다음은 POST 방식으로 서버에 요청하는 예입니다.

request() 함수로 요청하기

서버에 요청할 때 get(), post(), put(), delete() 함수를 이용해도 되지만, request() 함수를 이용해 어떤 방식으로 요청할지 options 매개변수로 지정할 수도 있습니다.

BaseOptions로 Dio 속성 지정하기

Dio 객체를 생성할 때 생성자의 매개변수로 BaseOptions 객체를 지정하여 다양하게 설정할 수 있습니다. connectTimeout, receiveTimeout 등 타임 아웃을 설정할 수 있으며 baseUrl로 서버 URL의 공통 부분을 명시해 놓으면 이후 실제 서버에 요청할 때는 path 부분만 지정할 수 있습니다.

• BaseOptions로 Dio 속성 지정하기

```
var dio = Dio(BaseOptions(
  baseUrl: "https://reqres.in/api/",
  connectTimeout: 5000,
  receiveTimeout: 5000,
  headers: {
    HttpHeaders.contentTypeHeader: 'application/json',
    HttpHeaders.acceptHeader: 'application/json'
  },
));
var response = await dio.get('users?page=2');
```

동시 요청하기

dio에서는 여러 요청을 List 타입으로 지정하여 동시에 처리할 수 있습니다. 다음 코드에서 는 Future.wait()를 이용해 모든 요청이 끝날 때까지 기다립니다. Future에 관해서는 이후에 자세히 살펴보겠습니다. 요청이 여러 개인 만큼 결괏값도 여러 개입니다. 따라서 결과는 List<Response> 타입으로 나옵니다.

• 동시 요청하기

```
List<Response<dynamic>> response =
  await Future.wait([dio.get('https://reqres.in/api/users?page=1'),
  dio.get('https://reqres.in/api/users?page=2')]);

response.forEach((element) {
  if (element.statusCode == 200) {
    String result = element.data.toString();
    print("result... $result");
  }
});
```

파일 전송하기 — MultifileUpload

dio를 이용해 파일을 전송하는 기능을 구현할 수 있습니다. 파일을 전송하려면 가장 먼저 파 일을 MultipartFile 객체로 준비해야 합니다. MultipartFile 객체 하나가 전송할 파일 하나 를 의미하며, MultipartFile 객체 여러 개를 List에 담아 여러 파일을 한꺼번에 전송할 수도 있습니다.

MultipartFile에는 전송할 파일 정보가 담기는데 파일 경로일 수도 있고 파일을 읽어 들인 바이트 데이터일 수도 있습니다. fromFile() 생성자로 전송할 파일을 지정해 MultipartFile 을 생성합니다. 다음 코드에서는 './test.txt'가 전송할 파일이며 filename 매개변수에 지정한 'upload.txt'는 서버에 전송할 파일 이름입니다.

* 파일 전송하기

```
MultipartFile.fromFile('./test.txt',filename: 'upload.txt')
```

만약 파일의 데이터를 지정해 MultipartFile을 생성하려면 다음처럼 fromBytes() 생성자를 이용합니다.

* 파일 데이터를 지정해서 전송하기

```
MultipartFile multipartFile = new MultipartFile.fromBytes(
  imageData,   // 파일 데이터
  filename: 'load_image',
  contentType: MediaType("image", "jpg"),
);
```

MultipartFile을 생성할 때 contentType 매개변수에 전송할 파일의 타입을 지정할 수 있습니다. 이렇게 준비한 MultipartFile 객체를 전송하려면 FormData 객체에 담아야 합니다. FormData는 MultipartFile뿐만 아니라 서버에 전송할 여러 가지 데이터를 표현하는 객체입니다.

FormData의 fromMap() 생성자 매개변수에 서버에 전송할 데이터를 Map 객체로 지정합니다. 다음 코드에서는 MultipartFile 이외에 'name':'kkang'이라는 데이터를 함께 전송합니다. 파일을 전송하려면 POST 방식을 이용해야 하며 post() 함수의 data 매개변수에 준비한 FormData 객체를 지정합니다.

* FormData 객체로 파일 전송하기

```
var formData = FormData.fromMap({
  'name': 'kkang',
  'file': await MultipartFile.fromFile('./test.txt',filename: 'upload.txt')
});
var response = await dio.post('/info', data: formData);
```

요청이나 응답 가로채기 — Interceptor

인터셉터^{interceptor}는 dio에서 제공하는 유용한 기법의 하나입니다. 인터셉터는 데이터를 가로챈다는 의미입니다. Dio의 get(), post() 함수 등으로 요청하면 서버는 요청에 응답해 결과를 앱에 전달합니다. 그런데 인터셉터를 이용하면 요청이나 응답을 가로챌 수 있습니다.

이 기능을 이용하면 서버와 연동할 때마다 똑같이 실행할 코드를 반복하지 않고 인터셉터에 작성할 수 있습니다. 대표적인 예는 로그를 남기는 경우입니다. 서버에 요청할 때 로그를 남기거나 서버의 응답 상태를 로그로 남겨야 한다면 해당 코드를 인터셉터에 작성하고 get()이나 post() 함수로 서버와 연동할 때 실행합니다.

인터셉터를 이용하려면 Interceptor를 상속받는 클래스를 작성하거나 이미 만들어진 Interceptors Wrapper 클래스를 이용할 수 있습니다. 먼저 Interceptor를 상속받아 클래스를 작성하는 방법은 다음과 같습니다.

* 인터셉터 작성하기

```
class MyInterceptor extends Interceptor {
  @override
  void onRequest(RequestOptions options, RequestInterceptorHandler handler) {
    print('request... ${options.method} , ${options.path}');
    print('request data : ${options.data}');
    super.onRequest(options, handler);    // 서버 요청
  }
  @override
  void onResponse(Response response, ResponseInterceptorHandler handler) {
    print('response... ${response.statusCode}, ${response.requestOptions.path}');
    print('response data : ${response.data}');
    super.onResponse(response, handler);    // 결괏값 반환
  }
  @override
  void onError(DioError err, ErrorInterceptorHandler handler) {
    super.onError(err, handler);
    print('error... ${err.response?.statusCode}, ${err.requestOptions.path}');
  }
}
```

Interceptor를 상속받은 클래스에 onRequest(), onResponse(), onError() 함수를 재정의합니다. onRequest()는 서버 요청을 가로채는 함수이며, onResponse()는 서버 응답을 가로채는 함수입니다. 또한 onError()는 서버 연동에 오류가 발생할 때 실행되는 함수입니다. 이 함수를 모두 재정의할 필요는 없으며 필요한 함수만 작성하면 됩니다.

onRequest() 함수의 첫 번째 매개변수가 RequestOptions인데 이 객체로 요청 정보를 전달해 줍니다. RequestOptions의 method 속성으로 요청 방식을 확인할 수 있으며, path로 요청 서버 URL을 확인할 수 있습니다. 또한 data 속성으로 서버에 전송하는 데이터를 확인할 수 있습니다.

onResponse() 함수의 첫 번째 매개변수가 Response 객체인데 여기에 응답 정보가 있습니다. statusCode 속성으로 서버 응답 코드를 확인할 수 있으며, data 속성으로 서버에서 전달한 데이터를 얻을 수 있습니다.

onRequest() 함수에서 서버에 요청하려면 super.onRequest() 함수를 호출합니다. 만약 이 함수를 호출하지 않으면 요청은 발생하지 않습니다. 또한 onResponse() 함수에서도 super.onResponse() 함수를 호출해야 실제 요청한 곳에 서버 응답이 전달됩니다.

이렇게 작성한 Interceptor 클래스의 객체를 서버에 요청하기 전에 dio에 설정해 줍니다. dio 객체의 interceptors.add() 함수로 인터셉터 객체를 지정하며, 원한다면 여러 개의 인터셉터 객체를 지정할 수도 있습니다.

• dio에 인터셉터 추가하기

```
var dio = Dio();
dio.interceptors.add(MyInterceptor());
await dio.post(
    'https://reqres.in/api/users',
    data: {
      "name": "kkang",
      "job": "instructor"
    });
```

Interceptor를 상속받은 클래스를 이용하는 것이 기본이지만, 편의를 고려해 Interceptors Wrapper 클래스를 이용할 수도 있습니다. InterceptorsWrapper를 이용한다면 개발자 클래스를 만들지 않아도 되며 생성자의 onRequest, onResponse 매개변수에 함수를 등록하면 됩니다.

• InterceptorsWrapper 이용하기

```
dio.interceptors.add(InterceptorsWrapper(
  onRequest: (options, handler) {
    print('request... ${options.method} , ${options.path}');
    print('request data : ${options.data}');
    handler.next(options);    // 서버 요청
  },
  onResponse: (response, handler) {
    print('response... ${response.statusCode}, ${response.requestOptions.path}');
    print('response data : ${response.data}');
    handler.next(response);    // 결괏값 반환
  }
));
```

앞 예에서는 onRequest() 함수에서 handler.next(options) 구문으로 서버에 요청하는데 때로는 서버에 요청하지 않고 onRequest() 함수에서 임의의 데이터를 구성해 서버에서 응답한 것처럼 처리할 수도 있습니다.

다음 코드에서 onRequest() 함수가 호출되었다는 것은 어디선가 서버 요청이 발생했다는 의미입니다. 그런데 onRequest() 함수에서 handler.next() 함수를 호출하지 않고 handler.resolve() 함수로 임의의 데이터를 만들어 서버에서 응답한 것처럼 처리할 수 있습니다. 이렇게 하면 resolve() 함수에 명시한 Response 객체가 get()이나 post() 등의 함수를 호출한 곳에 전달됩니다.

• 서버 대신 응답하기

```
onRequest: (options, handler) {
  print('request... ${options.method} , ${options.path}');
  print('request data : ${options.data}');
  // handler.next(options);  // 서버 요청
  handler.resolve(Response(requestOptions: options, data: {"hello":"world"}));
},
```

또한 onRequest() 함수에서 요청을 대기 상태로 만들 수 있습니다. 서버 요청을 취소한 것은 아니지만 먼저 처리해야 할 일이 있을때 대기 상태로 만들었다가 다시 요청할 수 있습니다.

다음 코드를 보면 onRequest()에 handler.next() 구문으로 서버에 요청하는데, handler.next() 이전에 dio.lock() 함수를 이용해 요청을 대기 상태로 만들었습니다. 따라서 실제 서버 요청은 발생하지 않고 대기합니다. 그러다가 dio.unlock() 함수를 호출하는 순간 대기 상태에 있던 요청이 실행됩니다. 예에서는 3초 후에 unlock() 함수를 호출한 예입니다. 결국 서버에 요청은 3초 후에 발생합니다.

• 3초 후 요청하기

```
onRequest: (options, handler) {
  dio.lock();
  handler.next(options);
  Timer(Duration(seconds: 3),() {
    dio.unlock();
  });
},
```

Do it! 실습 dio 패키지 활용하기

dio 패키지를 활용해 다음 그림처럼 서버에서 데이터를 가져오는 앱을 만들어 보겠습니다.

1단계 **패키지 등록하기**

먼저 pubspec.yaml 파일을 열고 dio 패키지를 다음처럼 등록한 후 〈Pub get〉을 클릭해 적용합니다.

Do it! • pubspec.yaml

```
... (생략) ...
dependencies:
  dio: ^4.0.6
... (생략) ...
```

그림 15-4 dio 패키지를 활용한 앱 실행 결과

다트 파일 작성하기

lib 아래 ch15_3_dio라는 디렉터리를 만들고 여기에 **test.dart** 파일을 만든 후 다음처럼 코드를 작성합니다. 그리고 앱을 실행해 서버에서 데이터를 가져오는 버튼이 제대로 동작하는지 확인합니다.

Do it! • ch15_3_dio/test.dart

```dart
import 'dart:async';
import 'dart:io';
import 'package:flutter/material.dart';
import 'package:dio/dio.dart';

void main() {
  runApp(MyApp());
}

class MyApp extends StatefulWidget {
  @override
  State<StatefulWidget> createState() {
    return MyAppState();
  }
}

class MyAppState extends State<MyApp> {
  String result = '';

  dioTest() async {
    try {
      var dio = Dio(BaseOptions(
        baseUrl: "https://reqres.in/api/",
        connectTimeout: 5000,
        receiveTimeout: 5000,
        headers: {
          HttpHeaders.contentTypeHeader: 'application/json',
          HttpHeaders.acceptHeader: 'application/json'
        },
      ));

      List<Response<dynamic>> response = await Future.wait([
```

```dart
        dio.get('https://reqres.in/api/users?page=1'),
        dio.get('https://reqres.in/api/users?page=2')
    ]);
    response.forEach((element) {
      if (element.statusCode == 200) {
        setState(() {
          result = element.data.toString();
        });
      }
    });
  } catch (e) {
    print(e);
  }
}


@override
Widget build(BuildContext context) {
  return MaterialApp(
    home: Scaffold(
      appBar: AppBar(
        title: Text('Test'),
      ),
      body: Center(
        child: Column(
          mainAxisAlignment: MainAxisAlignment.center,
          children: [
            Text('$result'),
            ElevatedButton(
              onPressed: dioTest,
              child: Text('Get Server Data'),
            ),
          ],
        ),
      ),
    ),
  );
}
}
```

16

퓨처와 스트림으로
비동기 프로그래밍

이번 장에서는 퓨처(Future)와 스트림(Stream)에 관해 살펴보겠습니다. 퓨처와 스트림 모두 비동기 프로그래밍을 구현하는 방법으로 플러터 앱을 만들 때 많이 사용됩니다. 또한 퓨처와 스트림으로 발생한 데이터를 화면에 출력하는 퓨처 빌더와 스트림 빌더도 살펴보겠습니다.

16-1 퓨처와 퓨처 빌더

퓨처 — Future

다트 언어에서 제공하는 Future, Stream, await, async는 모두 비동기 프로그래밍을 지원하는 기능입니다. 비동기 프로그래밍이란 시간이 오래 걸리는 작업을 실행한 후 끝날 때까지 기다리지 않고 다음 작업을 실행하는 것입니다. 비동기 프로그래밍과 반대되는 개념은 동기 프로그래밍으로 어떤 작업을 실행하고 끝날 때까지 기다렸다가 그다음 작업을 수행하는 것입니다.

먼저 동기로 실행되는 예를 들어 비동기 프로그래밍이 왜 필요한지 알아보겠습니다. 다음 코드에서 버튼을 클릭하면 onPress() 함수가 호출되고 onPress() 함수에서 sum() 함수를 호출합니다. 여기서는 sum() 함수에서 단순히 더하기를 처리했지만, 시간이 오래 걸리는 작업이라고 가정해 보겠습니다.

• 동기 프로그래밍

```dart
void sum() {
  var sum = 0;
  Stopwatch stopwatch = Stopwatch();
  stopwatch.start();
  for (int i = 0; i < 500000000; i++) {
    sum += i;
  }
  stopwatch.stop();
  print("${stopwatch.elapsed}, result: $sum");
}

void onPress() {
  print('onPress top...');
  sum();
  print('onPress bottom...');
}
```

▶ 실행 결과

```
onPress top...
0:00:01.700258, result: 124999999750000000
onPress bottom...
```

실행 결과를 보면 onPress top이 출력되고 sum() 함수의 결과가 출력된 후에 onPress bottom 이 출력됐습니다. 즉, sum() 함수가 끝나야 onPress() 함수에서 sum() 함수를 호출한 그다음 줄이 실행됩니다. 결국 onPress() 함수는 sum() 함수의 실행이 끝날 때까지 대기합니다.

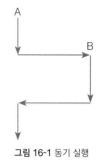

오른쪽 그림은 A가 실행되다 B로 넘어온 다음 B 실행을 마쳐야 다시 A의 나머지를 실행하는 동기 구조를 나타냅니다. 자연스러운 흐름처럼 보이지만 B 작업이 오래 걸린다면 문제가 됩니다. 왜냐하면 B를 마칠 때까지 A 작업의 나머지를 수행할 수 없기 때문입니다.

그림 16-1 동기 실행

퓨처 빌더

플러터 앱어

데이터이므

출력해 주는

다음은 플러

• FutureB

const Fut
  { Key?
  Future
  T? ini
  requir
)

FutureBu
화면은 생
Future 데
합니다.

이 future
부분을 실

다음은 플

이처럼 시간이 오래 걸리는 작업은 다양한데 네트워킹 또는 파일을 읽거나 쓰는 경우가 대표적입니다. 이런 작업을 동기로 프로그래밍하면 그 작업이 끝날 때까지 사용자 이벤트나 화면을 처리할 수 없습니다. 따라서 앱의 성능이 떨어지는 문제가 있습니다.

반면에 시간이 오래 걸리는 작업이 처리되는 동안 다른 작업도 함께 처리하는 것을 비동기 프로그래밍이라고 하며, 이때 Future 클래스를 사용합니다. Future는 다트 언어에서 제공하는 클래스이며 미래에 발생할 데이터를 의미합니다.

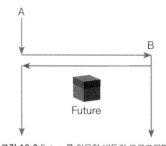

오른쪽 그림은 A에서 B를 실행한 후 곧바로 A에게 Future 를 넘겨줘 A의 나머지 작업도 함께 처리하는 비동기 프로그래밍을 보여 줍니다. 이때 Future는 미래에 발생할 데이터를 담을 수 있는 상자 정도로 이해할 수 있습니다.

Future를 만들 때 아직 B 작업이 끝나지 않았으므로 구체적인 데이터는 없습니다. 하지만 미래의 데이터를 담을 수 있는 Future를 만들어 A 작업을 계속 실행하고, B 작업이 끝나면 그때 구체적인 데이터를 Future에 담습니다.

그림 16-2 Future를 이용한 비동기 프로그래밍

결국 정리하면 시간이 오래 걸리는 부분에서 미래의 데이터를 담을 수 있는 Future 상자를 만들어 다른 작업도 함께 실행하고, 실제 데이터가 발생하는 시점에 Future에 담아 이용할 수 있게 하는 것입니다.

앞에 살펴본 sum() 함수에서 Future를 이용해 onPress()가 대기하지 않게 작성해 보면 다음과 같습니다. 코드를 보면 onPress() 함수는 이전과 차이가 없습니다. 그런데 sum() 함수의 반환 타입을 Future로 선언했으며 실행되자마자 Future 객체를 반환합니다. 이렇게 하면 sum() 함수를 호출한 곳은 호출하자마자 결과를 받으므로 sum() 호출문 그다음 줄을 바로 실행합니다.

• AsyncWidgetBuilder 정의

```
AsyncWidgetBuilder<T> = Widget Function(
  BuildContext context,
  AsyncSnapshot<T> snapshot
)
```

AsyncWidgetBuilder는 함수이며 이 함수의 반환 타입이 위젯입니다. FutureBuilder가 이 위젯을 화면에 출력합니다. AsyncWidgetBuilder의 두 번째 매개변수 타입이 AsyncSnapshot이며 이곳에 Future 데이터를 전달해 줍니다.

FutureBuilder를 이용해 Future 데이터를 화면에 출력하는 코드는 다음처럼 작성할 수 있습니다.

• 퓨처 데이터 출력하기

```
body: Center(
  child: FutureBuilder(
    future: calFun(),
    builder: (context, snapshot) {
      if (snapshot.hasData) {
        return Text('${snapshot.data}');
      }
      return CircularProgressIndicator();
    },
  ),
),
```

AsyncSnapshot 객체의 hasData 속성으로 데이터가 있는지 판단할 수 있으며 실제 데이터는 data 속성으로 얻습니다. AsyncWidgetBuilder의 반환 타입은 위젯이어야 하는데 Future 데이터를 이용하므로 실제 데이터가 발생하기까지 시간이 걸릴 수 있습니다. 따라서 데이터 발생 전에 출력할 위젯을 별도로 명시해 줘야 하는데, 이 예에서는 화면에 빙글빙글 돌아가는 원을 표현하는 CircularProgressIndicator 위젯을 이용했습니다. 이 위젯이 먼저 출력되고 이후에 실제 Future 데이터가 발생하면 if 문 안에서 반환한 Text 위젯이 출력됩니다.

Do it! 실습   Future 활용하기

Future와 FutureBuilder를 활용해 비동기로 동작하는 앱을 만들어 보겠습니다.

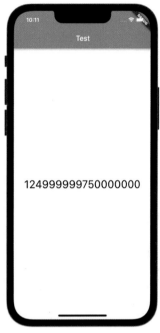

그림 16-4 비동기로 동작하는 앱 실행 결과

1단계   다트 파일 작성하기

lib 아래 ch16_1_future라는 디렉터리를 만들고 여기에 test.dart 파일을 만든 후 다음처럼 코드를 작성합니다. 그리고 앱을 실행해 처음에는 waiting이라는 글씨가 보이다가 잠시 후 숫자로 된 결괏값이 나오는지 확인합니다.

Do it!	• ch16_1_future/test.dart

```dart
import 'dart:async';
import 'package:flutter/material.dart';

void main() {
  runApp(MyApp());
}

class MyApp extends StatelessWidget {
  Future<int> sum() {
    return Future<int>(() {
      var sum = 0;
      for (int i = 0; i < 500000000; i++) {
        sum += i;
      }
```

```
      return sum;
    });
  }


  @override
  Widget build(BuildContext context) {
    return MaterialApp(
      home: Scaffold(
        appBar: AppBar(
          title: Text('Test'),
        ),
        body: FutureBuilder(
          future: sum(),
          builder: (context, snapshot) {
            if (snapshot.hasData) {
              return Center(
                child: Text(
                  '${snapshot.data}',
                  style: TextStyle(color: Colors.black, fontSize: 30),
                ),
              );
            }
            return Center(
              child: Text(
                'waiting',
                style: TextStyle(color: Colors.black, fontSize: 30),
              ),
            );
          },
        ),
      ),
    );
  }
}
```

16-2 await와 async

앞서 살펴본 코드에서는 Future를 이용해 sum() 함수를 비동기로 실행했습니다. 그런데 sum() 함수에서 Future에 담은 데이터를 onPress() 함수에서 얻어야 한다면 어떻게 할까요? sum() 함수의 반환 타입은 Future입니다. 반환받은 Future 객체로 sum() 함수에서 실제 발생한 데이터를 이용할 것처럼 보이지만 그렇지는 않습니다.

예를 들어 다음 코드를 실행하면 결과는 타입 정보만 출력됩니다.

• Future에 담은 데이터 가져오기

```
void onPress() {
  print('onPress top...');
  Future<int> future = sum();
  print('onPress future: $future');
  print('onPress bottom...');
}
```

▶ 실행 결과

```
onPress top...
onPress future: Instance of 'Future<int>'      ── 타입 정보만 출력
onPress bottom...
0:00:01.641200, result: 124999999750000000
```

sum() 함수의 반환값은 미래에 데이터를 담을 수 있는 Future 객체이지 실제 발생한 데이터가 아닙니다. 결국 Future를 이용한다는 것은 데이터가 미래에 발생한다는 것을 의미하며 구체적으로 어느 시점에 발생할지는 모릅니다. 따라서 실제 발생한 데이터를 받으려면 콜백 함수를 등록하고 데이터가 발생한 시점에 그 함수가 전달하도록 해주어야 합니다. 이때 then() 함수를 사용합니다.

then() 함수 사용하기

다음 코드에서는 Future 객체의 then()을 이용하여 매개변수에 콜백 함수를 등록해 주었습니다. 이렇게 하면 Future에 데이터가 담기는 순간 콜백 함수가 호출됩니다. 콜백 함수의 매개변수가 실제 발생한 데이터입니다. 또한 Future 객체의 catchError() 함수로 Future를 반환한 곳에서 발생한 오류를 처리할 수도 있습니다.

> • then() 함수로 Future에 담은 데이터 가져오기

```
void onPress() {
  print('onPress top...');
  Future<int> future = sum();
  future.then((value) => print('onPress then... $value'));
  future.catchError((error) => print('onPress catchError... $error'));
  print('onPress bottom...');
}
```

▶ 실행 결과

```
flutter: onPress top...
flutter: onPress bottom...
flutter: 0:00:01.625221, result: 124999999750000000
flutter: onPress then... 124999999750000000 ─┤ 데이터 출력
```

이처럼 Future에 발생한 데이터를 이용하는 방법을 살펴봤습니다. 그런데 Future의 데이터를 then()으로 이용하는 코드가 복잡해질 수 있습니다. 예를 들어 시간이 오래 걸리는 업무를 담당하는 funA와 funB라는 함수가 있다고 가정해 보겠습니다.

> • 시간이 오래 걸리는 함수 2개

```
Future<int> funA() {
  return Future.delayed(Duration(seconds: 3), () {
    return 10;
  });
}
Future<int> funB(int arg) {
  return Future.delayed(Duration(seconds: 2),() {
    return arg * arg;
  });
}
```

코드에서는 Future.delayed() 함수를 이용해 3초나 2초 후에 실행하도록 처리했지만, 시간이 오래 걸리는 작업을 수행한다고 가정해 봅시다. delayed() 함수의 첫 번째 매개변수인 Duration() 객체에 지정한 값이 대기 시간이며 이 시간이 지나면 두 번째 매개변수에 지정한 함수가 실행됩니다.

그리고 이 두 함수를 호출하는 calFun()가 있다고 가정합니다. calFun()에서 시간이 오래 걸리는 funA와 funB를 비동기로 호출하면 되지만, funA의 실행 결과를 받아서 funB를 호출해야 한다면 어떻게 할까요? 다음처럼 작성할 수 있습니다.

• then() 함수 중첩

```
Future<int> calFun() {
  return funA().then((aResult) {
    return funB(aResult);
  }).then((bResult) {
    return bResult;
  });
}
```

잘 실행되지만 코드가 조금 복잡합니다. 실제로 앱을 개발하다 보면 Future 데이터를 이용하고자 then() 함수를 더 복잡하게 작성할 때가 많습니다. 이럴 때 await, async를 이용하면 좋습니다.

await와 async 사용하기

await는 실행 영역에 작성하며 async는 선언 영역에 작성합니다. await는 한 작업의 처리 결과를 받아서 다음 작업을 처리해야 할 때 먼젓번 작업의 처리가 끝날 때까지 대기시키는 용도로 사용합니다. await는 꼭 async로 선언한 영역에 있어야 합니다. 결국 await를 사용하려면 async를 꼭 사용해야 합니다.

앞에서 then() 중첩으로 처리했던 코드를 await, async로 바꾸면 다음과 같습니다. then()을 이용하던 코드보다 더 간결해졌습니다.

• await, async로 처리

```
Future<int> calFun() async {
  int aResult = await funA();
  int bResult = await funB(aResult);
  return bResult;
}
```

이 코드가 실행되면 funA()가 호출되는데 await가 있으므로 funA()에서 실제 데이터가 반환될 때까지 대기합니다. 이렇게 하면 funA()의 반환값을 Future를 사용하지 않고 실제 발생한 데이터 타입으로 직접 받을 수 있습니다. 그리고 funB()를 호출하고 대기했다가 funB()의 반환값을 calFun()의 최종 결괏값으로 반환합니다.

여기서 중요한 점은 함수를 async로 선언했다면 반환 타입은 꼭 Future여야 한다는 것입니다. async는 asynchronous를 의미하므로 이 함수를 비동기로 처리해 달라는 선언입니다. 따라서 비동기 처리로 미래에 발생할 데이터를 표현하는 Future 타입을 반환해야 합니다.

깡샘!
질문 있어요!

async로 선언한 함수의 반환 타입을 Future로 해야 한다면 비동기 함수는 꼭 데이터를 반환해야 하나요?

아닙니다. 비동기로 처리할 함수에서 꼭 데이터를 반환하지 않아도 됩니다. 함수를 async로 선언했는데 이 함수의 반환값이 없다면 Future<void>나 void로 선언하면 됩니다.

• 반환값이 없는 비동기 함수 선언

```
Future<void> calFun1() async {
  int aResult = await funA();
  int bResult = await funB(aResult);
}
```

Do it! 실습   await, async 활용하기

await와 async를 활용해 그림에서 왼쪽처럼 로딩 중임을 나타내는 위젯이 빙글빙글 돌다가 데이터가 준비되면 오른쪽처럼 숫자가 출력되는 앱을 만들어 보겠습니다.

그림 16-5 await, async 활용 앱 실행 결과

다트 파일 작성하기

lib 아래 **ch16_2_await_async**라는 디렉터리를 만들고 여기에 **test.dart** 파일을 만든 후 다음처럼 코드를 작성합니다. 그리고 앱을 실행해 대기 화면 후에 결괏값이 제대로 나오는지 확인합니다.

Do it! • ch16_2_await_async/test.dart

```dart
import 'dart:async';
import 'package:flutter/material.dart';

void main() {
  runApp(MyApp());
}

class MyApp extends StatelessWidget {
  Future<int> funA() {
    return Future.delayed(Duration(seconds: 3), () {
      return 10;
    });
  }

  Future<int> funB(int arg) {
    return Future.delayed(Duration(seconds: 2), () {
      return arg * arg;
    });
  }

  Future<int> calFun() async {
    int aResult = await funA();
    int bResult = await funB(aResult);
    return bResult;
  }

  @override
  Widget build(BuildContext context) {
    return MaterialApp(
      home: Scaffold(
        appBar: AppBar(
```

```dart
          title: Text('Test'),
        ),
      body: Center(
        child: FutureBuilder(
          future: calFun(),
          builder: (context, snapshot) {
            if (snapshot.hasData) {
              return Center(
                  child: Text(
                '${snapshot.data}',
                style: TextStyle(color: Colors.black, fontSize: 30),
              ));
            }
            return Center(
              child: Column(
                mainAxisAlignment: MainAxisAlignment.center,
                children: [
                  SizedBox(
                    width: 100,
                    height: 100,
                    child: CircularProgressIndicator(),
                  ),
                  Text(
                    'waiting...',
                    style: TextStyle(color: Colors.black, fontSize: 20),
                  )
                ],
              ),
            );
          },
        ),
      ),
    ),
  );
  }
}
```

16-3 스트림과 스트림 빌더

스트림 — Stream

Stream은 반복해서 발생하는 데이터를 다룰 때 사용합니다. Future와 비슷한 목적으로 미래에 반복해서 발생하는 데이터를 다룰 때 주로 사용하지만 비동기가 아닌 곳에서도 사용할 수 있습니다. 비동기 관점으로 보면 Future는 미래에 한 번 발생하는 데이터를 의미한다면, Stream은 미래에 반복해서 발생하는 데이터를 의미합니다.

예를 들어 미래에 데이터가 발생하는 함수는 다음처럼 작성할 수 있습니다. Future 타입과 async, await 예약어를 이용합니다. futureFun() 함수가 실행되면 1초 후에 한 번만 데이터를 반환합니다.

• 데이터 한 번 반환

```
Future<int> futureFun() async {
  return await Future.delayed(Duration(seconds: 1),() {
    return 10;
  });
}

void onPress() async {
  await futureFun().then((value) => print("result: $value"));
}
```

그런데 이 코드를 데이터를 반복해서 반환하도록 바꾼다면 다음처럼 Stream 형식으로 작성할 수 있습니다. streamFun() 함수는 데이터를 여러 번 반환하고자 반환 타입을 Stream<int>로 선언했습니다. 즉, Int 타입의 데이터를 여러 번 반환하는 함수라는 의미입니다. Future 타입을 반환하는 함수를 비동기로 만들 때는 async와 await를 이용하지만, Stream 타입으로 반환하는 함수는 async*과 await를 이용합니다.

• 데이터 5번 반환

```
Stream<int> streamFun() async* {
  for (int i = 1; i <= 5; i++) {
    await Future.delayed(Duration(seconds: 1));
    yield i;
  }
}

void onPress() async {
  await for (int value in streamFun()) {
    print("value : $value");
  }
}
```

또한 Future 타입은 함수에서 데이터를 한 번만 반환하면 되므로 return 문을 사용하지만, Stream 타입은 데이터를 여러 번 반환하므로 yield를 사용합니다. 정리하자면 데이터를 반복해서 반환하는 비동기 함수는 yield를 사용하며 async*로 선언하고 반환 타입이 Stream이어야 합니다.

streamFun() 함수를 호출한 곳에서는 함수가 반환하는 여러 개의 데이터를 받고자 for 문을 이용합니다. 결국 데이터 개수만큼 for 문을 반복해서 실행합니다. 만약 for 문을 사용하지 않는다면 다음처럼 listen() 함수로 여러 번 반환하는 데이터를 받을 수도 있습니다.

• listen() 함수로 반환값 여러 번 받기

```
void onPress() {
  streamFun().listen((value) {
    print('value : $value');
  });
}
```

스트림을 만드는 여러 가지 방법

Stream은 데이터 타입이나 발생 횟수, 주기, 조건에 따라 데이터를 효율적으로 만드는 여러 가지 함수를 제공합니다. 그중 몇 가지를 살펴보겠습니다.

Iterable 타입 데이터 만들기 — fromIterable()

fromIterable()은 Stream의 생성자입니다. 이 생성자로 Stream 객체를 만들면서 매개변수로 List 같은 Iterable 타입의 데이터를 전달합니다. 그러면 Iterable의 데이터를 하나씩 순서대로 만들어 Stream 객체를 생성합니다.

• Iterable 타입 데이터 만들기

```
var stream = Stream.fromIterable([1, 2, 3]);
stream.listen((value) {
  print("value : $value");
});
```

▶ 실행 결과

```
value : 1
value : 2
value : 3
```

Future 타입 데이터 만들기 — fromFuture()

fromFuture()는 Future 타입의 데이터를 Stream 객체로 만들어 주는 생성자입니다.

• Future 타입 데이터 만들기

```
Future<int> futureFun() {
  return Future.delayed(Duration(seconds: 3), () {
    return 10;
  });
}

test4() {
  var stream = Stream.fromFuture(futureFun());
  stream.listen((value) {
    print("value : $value");
  });
}
```

주기 지정하기 — periodic()

periodic()은 주기적으로 어떤 작업을 실행하는 Stream 객체를 만드는 생성자입니다. periodic() 생성자의 첫 번째 매개변수는 주기를 표현하는 Duration 객체이며, 두 번째 매개변수는 주기적으로 실행할 함수입니다. 다음 코드는 2초마다 calFun() 함수를 반복해서 호출합니다.

```
int calFun(int x) {
  return x * x;
}


test1() async {
  Duration duration = Duration(seconds: 2);
  Stream<int> stream = Stream<int>.periodic(duration, calFun);
  await for (int value in stream) {
    print('value : $value');
  }
}
```

횟수 지정하기 — take()

take() 함수는 데이터 발생 횟수를 지정할 때 사용합니다. 다음 코드에서 periodic() 함수는 2초에 한 번씩 데이터를 만드는 Stream 객체를 생성합니다. 그런데 이 객체를 이용하면 데이터가 무한으로 발생합니다. 따라서 Stream 객체에 take() 함수를 호출하여 3번만 데이터가 발생하도록 지정했습니다. 즉, 2초에 한 번씩 3번 데이터가 발생합니다.

```
int calFun(int x) {
  return x * x;
}


test1() async {
  Duration duration = Duration(seconds: 2);
  Stream<int> stream = Stream<int>.periodic(duration, calFun);   // 2초에 한 번씩 데이터 발생
  stream = stream.take(3);
  await for (int value in stream) {
    print('value : $value');
  }
}
```

▶ 실행 결과

```
value : 0
value : 1
value : 4
```

Stream을 이용할 때 periodic(), take() 등을 이용할 수 있는데 이런 함수의 반환 타입이 Stream입니다. 즉, 이런 함수를 하나만 이용할 수도 있고 여러 개를 조합해서 원하는 형태로 데이터를 만들 수도 있습니다.

조건 지정하기 — takeWhile()

take()가 발생 횟수를 설정할 때 사용하는 함수라면 takeWhile() 함수는 발생 조건을 설정할 때 사용합니다. takeWhile() 함수의 매개변수에 조건을 설정한 함수를 지정하면 이 조건 함수에서 true를 반환할 때마다 데이터를 만들고 false를 반환하면 멈춥니다. 결국 특정 조건에 만족하는 동안만 반복해서 데이터를 만드는 함수입니다.

다음 코드는 periodic() 함수로 2초마다 데이터가 발생하는데 이 데이터를 takeWhile() 함수의 매개변수에 지정한 조건 함수에 전달해 줍니다. 조건 함수에서 false를 반환하기 전까지 계속 데이터가 발생합니다.

• 조건 지정하기

```
int calFun(int x) {
  return x * x;
}


test1() async {
  Duration duration = Duration(seconds: 2);
  Stream<int> stream = Stream<int>.periodic(duration, calFun);
  stream = stream.takeWhile((value) {
    return value < 20;
  });
  await for (int value in stream) {
    print('value : $value');
  }
}
```

▶ 실행 결과

```
value : 0
value : 1
value : 4
value : 9
value : 16
```

생략 지정하기 — skip()

skip() 함수는 take() 함수와 반대입니다. skip() 함수에 지정한 횟수만큼만 생략하고 그 이후부터 데이터를 만듭니다. 다음 코드는 Stream의 periodic()과 takeWhile() 함수를 이용해 값이 20보다 작으면 2초마다 데이터를 만듭니다. 그런데 skip(2)를 추가해서 처음 두 번은 데이터는 만들지 않습니다.

• 생략 지정하기

```
int calFun(int x) {
  return x * x;
}


test1() async {
  Duration duration = Duration(seconds: 2);
  Stream<int> stream = Stream<int>.periodic(duration, calFun);
  // stream = stream.take(3);
  stream = stream.takeWhile((value) {
    return value < 20;
  });
  stream = stream.skip(2);
  await for (int value in stream) {
    print('value : $value');
  }
}
```

▶ 실행 결과

```
value : 4
value : 9
value : 16
```

생략 조건 지정하기 — skipWhile()

skipWhile()은 매개변수에 지정한 함수에서 true가 반환될 때 데이터 발생을 생략하는 함수
입니다. 즉, skipWhile()의 매개변수에 지정한 함수에서 false가 반환될 때까지 데이터 발생
을 생략합니다.

다음 코드에서는 periodic()과 take()를 사용해 2초에 한 번씩 10번 데이터를 만드는데,
skipWhile()에 50보다 작은 데이터면 true를 반환하게 했습니다. 따라서 10번 발생하는 데
이터 중 50보다 큰 수로만 만들어집니다.

• 생략 조건 지정하기

```
int calFun(int x) {
  return x * x;
}


test1() async {
  Duration duration = Duration(seconds: 2);
  Stream<int> stream = Stream<int>.periodic(duration, calFun);
```

```
  stream = stream.take(10);
  stream = stream.skipWhile((value) {
    return value < 50;
  });
  await for (int value in stream) {
    print('value : $value');
  }
}
```

▶ 실행 결과

```
value : 64
value : 81
```

List 타입으로 만들기 — toList()

toList() 함수는 Stream으로 발생한 여러 데이터를 모아서 한 번에 List 타입으로 반환해 줍니다. 데이터가 발생할 때마다 받지 않고 완료된 후에 한꺼번에 처리할 때 유용하게 사용할 수 있습니다. toList() 함수는 데이터를 모아서 한 번에 받겠다는 의미이므로 반환 타입은 Future입니다.

다음 코드에서는 Stream 객체의 periodic()과 take()를 이용해 2초마다 3번 데이터가 발생하도록 했습니다. 그리고 toList()를 이용해 3번 발생한 데이터를 모아서 Future<List> 타입으로 만들었습니다.

• List 타입으로 만들기

```
int calFun(int x) {
  return x * x;
}


test2() async {
  Duration duration = Duration(seconds: 2);
  Stream<int> stream = Stream<int>.periodic(duration, calFun);
  stream = stream.take(3);
  Future<List<int>> future = stream.toList();
  future.then((list) {
    list.forEach((value) {
      print('value : $value');
    });
  });
}
```

▶ 실행 결과

```
value : 0
value : 1
value : 4
```

스트림 빌더 — StreamBuilder

Stream으로 미래에 여러 번 발생할 데이터를 받을 수 있습니다. 그런데 여러 번 발생하는 데이터를 앱의 화면에 출력할 때는 StreamBuilder 위젯을 이용합니다.

StreamBuilder 생성자의 stream 매개변수에 반복해서 데이터를 발생시키는 Stream을 지정해 주면 데이터가 발생할 때마다 builder 매개변수에 지정한 함수가 호출됩니다. 이 함수의 두 번째 매개변수가 AsyncSnapshot 객체이며, 이 객체의 hasData 속성으로 발생한 데이터가 있는지를 판단할 수 있습니다. 또한 data 속성으로 발생한 데이터를 받을 수 있습니다.

• 스트림 빌더 사용하기

```
body: Center(
    child: StreamBuilder(
        stream: test(),
        builder: (BuildContext context, AsyncSnapshot<int> snapshot) {
          if (snapshot.hasData) {
            return Text('data : ${snapshot.data}');
          }
          return CircularProgressIndicator();
        }),
    )
),
```

그런데 AsyncSnapshot으로 실제 발생한 데이터를 얻는 것 외에 Stream으로 데이터 발생이 끝난 건지 발생하고 있는지 아니면 대기하고 있는지를 판단할 수 있습니다. Future와 다르게 Stream은 데이터가 여러 번 발생하므로 이런 판단이 필요할 수 있습니다.

이럴 때는 AsyncSnapshot의 connectionState 속성을 이용합니다. 그러면 Stream의 연결 상태를 얻을 수 있습니다. 연결 상태를 나타내는 값은 다음과 같습니다.

- ConnectionState.waiting: 데이터 발생을 기다리는 상태
- ConnectionState.active: 데이터가 발생하고 있으며 아직 끝나지 않은 상태
- ConnectionState.done: 데이터 발생이 끝난 상태

```
Center(
    child: StreamBuilder(
        stream: test(),
        builder: (BuildContext context, AsyncSnapshot<int> snapshot) {
          if (snapshot.connectionState == ConnectionState.done) {
            return Text(
              'Completed',
              style: TextStyle(
                fontSize: 30.0,
              ),
            );
          } else if (snapshot.connectionState == ConnectionState.waiting) {
            return Text(
              'Waiting For Stream',
              style: TextStyle(
                fontSize: 30.0,
              ),
            );
          }
          return Text(
            'data :${snapshot.data}',
            style: TextStyle(
              fontSize: 30.0,
            ),
          );
        }),
    )
```

Do it! 실습 ▶ 스트림 활용하기

스트림을 활용해 다음처럼 동작하는 앱을 만들어 보겠습니다. 3초에 한 번씩 총 5번 데이터가 발생하는 스트림을 만들고 연결이 끝나면 Completed를 출력합니다.

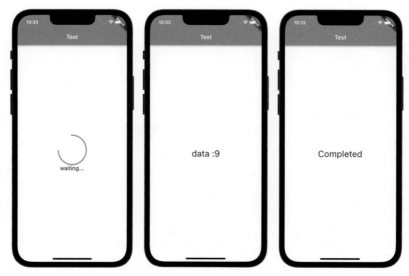

그림 16-6 스트림을 활용한 앱 실행 결과

1단계 **다트 파일 작성하기**

lib 아래 ch16_3_stream이라는 디렉터리를 만들고 여기에 test.dart 파일을 만든 후 다음처럼 코드를 작성합니다. 그리고 앱을 실행해 스트림 데이터가 제대로 출력되는지 확인합니다.

Do it! • ch16_3_stream/test.dart

```dart
import 'dart:async';
import 'package:flutter/material.dart';

void main() {
  runApp(MyApp());
}

class MyApp extends StatelessWidget {
  int calFun(int x) {
    return x * x;
  }

  Stream<int> test() {
    Duration duration = Duration(seconds: 3);
    Stream<int> stream = Stream<int>.periodic(duration, calFun);
    return stream.take(5);
  }
```

```dart
@override
Widget build(BuildContext context) {
  return MaterialApp(
    home: Scaffold(
      appBar: AppBar(
        title: Text('Test'),
      ),
      body: Center(
        child: StreamBuilder(
            stream: test(),
            builder: (BuildContext context, AsyncSnapshot<int> snapshot) {
              if (snapshot.connectionState == ConnectionState.done) {
                return Center(
                  child: Text(
                    'Completed',
                    style: TextStyle(
                      fontSize: 30.0,
                    ),
                  ),
                );
              } else if (snapshot.connectionState ==
                  ConnectionState.waiting) {
                return Center(
                  child: Column(
                    mainAxisAlignment: MainAxisAlignment.center,
                    children: [
                      SizedBox(
                        width: 100,
                        height: 100,
                        child: CircularProgressIndicator(),
                      ),
                      Text(
                        'waiting...',
                        style: TextStyle(fontSize: 20),
                      )
                    ],
                  ),
```

```
                );
            }
            return Center(
              child: Text(
                'data :${snapshot.data}',
                style: TextStyle(
                  fontSize: 30.0,
                ),
              ),
            );
          }),
        ),
      ),
    );
  }
}
```

16-4 스트림 구독, 제어기, 변환기

스트림 구독자 — StreamSubscription

StreamSubscription은 스트림의 데이터를 소비하는 구독자입니다. 즉, 스트림에서 반복해서 발생하는 데이터를 별도의 구독자로도 이용할 수 있습니다. 지금까지 for 문이나 listen() 함수를 이용해 스트림에서 발생하는 데이터를 얻었는데, 이 listen() 함수의 반환 타입이 StreamSubscription입니다. listen() 함수는 다음처럼 간단하게 사용할 수 있습니다.

• 스트림 데이터 얻기

```
var stream = Stream.fromIterable([1, 2, 3]);
stream.listen((value) {
  print("value : $value");
});
```

listen() 함수의 매개변수에는 데이터를 받는 기능 외에 오류나 데이터 발생이 끝났을 때 실행할 함수 등을 등록할 수 있습니다. 다음 코드에서 listen() 함수의 onError 매개변수에 지정한 함수는 오류가 발생할 때 호출되며, onDone 매개변수에 지정한 함수는 데이터 발생이 끝났을 때 호출됩니다.

• onError와 onDone 함수

```
var stream = Stream.fromIterable([1, 2, 3]);
stream.listen((value) {
  print("value : $value");
},
onError: (error) {
  print('error : $error');
},
onDone: () {
  print('stream done...');
});
```

▶ 실행 결과

```
value : 1
value : 2
value : 3
stream done...
```

그런데 listen() 함수에 등록할 게 많고 복잡하다면 StreamSubscription을 이용해 다음처럼 따로 정의할 수도 있습니다.

```
var stream = Stream.fromIterable([1, 2, 3]);
StreamSubscription subscription = stream.listen(null);

subscription.onData((data) {
  print('value : $data');
});
subscription.onError((error) {
  print('error : $error');
});
subscription.onDone(() {
  print('stream done...');
});
```

코드를 보면 listen() 함수에 null을 전달했습니다. 즉, listen() 함수의 매개변수로 별도의 데이터 처리를 명시하지 않겠다는 의미입니다. 대신 listen() 함수의 반환값으로 Stream Subscription 객체를 받아 이 객체에 onData(), onError(), onDone()을 이용해 데이터를 어떻게 처리할지 명시했습니다. 또한 StreamSubscription 객체의 cancel(), pause(), resume() 함수로 데이터 구독을 취소하거나 잠시 멈추었다 다시 구독할 수도 있습니다.

스트림 제어기 — StreamController

StreamController는 스트림의 제어기입니다. 스트림 제어기를 사용하지 않고도 스트림을 이용할 수 있지만, 만약 스트림이 여러 개라면 제어기를 이용하는 것이 편리할 수 있습니다. 하나의 스트림 제어기는 하나의 내부 스트림만 가질 수 있으며 스트림 선언 이후에도 스트림을 조작할 수 있게 해줍니다.

다음 코드는 2개의 Stream에서 발생하는 데이터를 StreamController에 추가해서 마지막 부분인 controller.stream.listen() 부분에서 처리한 예입니다.

```
var controller = StreamController();

var stream1 = Stream.fromIterable([1, 2, 3]);
var stream2 = Stream.fromIterable(['A','B','C']);

stream1.listen((value) {
  controller.add(value);
});
stream2.listen((value) {
  controller.add(value);
});

controller.stream.listen((value) {
  print('$value');
});
```

물론 스트림 제어기에 데이터를 추가하는 것은 꼭 스트림으로 발생하는 데이터뿐만 아니라 다른 데이터도 담을 수 있습니다.

```
controller.stream.listen((value) {
  print('$value');
});

controller.add(100);
controller.add(200);
```

또한 같은 스트림을 2번 이상 listen()으로 가져오면 두 번째 listen()부터 오류가 발생합니다.

```
var stream1 = Stream.fromIterable([1, 2, 3]);
stream1.listen((value) {print('listen1 : $value');});   // 정상
stream1.listen((value) {print('listen2 : $value');});   // 오류
```

이때 스트림 제어기를 이용하면 listen() 함수를 여러 번 호출할 수 있습니다. 그러려면 Stream Controller를 만들 때 broadcast() 함수를 이용합니다 .

• 방송용 스트림 제어기 만들기

```
var controller = StreamController.broadcast();
controller.stream.listen((value) {print('listen1 : $value');});
controller.stream.listen((value) {print('listen2 : $value');});
controller.add(100);
controller.add(200);
```

스트림 변환기 — StreamTransformer

StreamTransformer는 스트림으로 발생한 데이터를 변환하는 역할을 합니다. 스트림으로 발생한 데이터를 이용하기 전에 스트림 변환기로 데이터를 변환하고 그 결과를 listen()에서 이용할 때 사용합니다.

다음 코드는 StreamTransformer를 선언하고 stream.transform() 함수의 매개변수로 지정하여 스트림으로 발생한 데이터가 스트림 변환기를 거치도록 했습니다.

• 스트림 변환기

```
var stream = Stream.fromIterable([1, 2, 3]);

StreamTransformer<int, dynamic> transformer =
    StreamTransformer.fromHandlers(handleData: (value, sink) {
  print('in transformer... $value');
});

stream.transform(transformer).listen((value) {
  print('in listen... $value');
});
```

▶ 실행 결과

```
in transformer... 1
in transformer... 2
in transformer... 3
```

그런데 실행 결과를 보면 스트림으로 발생한 3개의 데이터가 스트림 변환기에 전달되었지만, listen()까지 전달되지는 않았습니다. 스트림의 데이터를 변환기에서 받은 후에 listen()에 전달하려면 fromHandlers()의 매개변수에 지정한 함수의 두 번째 매개변수를 이용해야 합니다. 예에서는 sink라는 이름의 매개변수입니다.

다음 코드에서는 스트림 변환기 내에 sink.add(value * value)라고 한 줄을 추가했는데, 이렇게 하면 add() 함수의 매개변수에 지정한 값이 listen()에 전달됩니다. 이처럼 스트림 변환기를 이용하면 스트림 데이터의 로그를 출력하거나 필터링 적용, 데이터 변환 작업 등을 할 수 있습니다.

• sink 매개변수 이용하기

```
var stream = Stream.fromIterable([1, 2, 3]);

StreamTransformer<int, dynamic> transformer = StreamTransformer.fromHandlers(handleData:
(value, sink) {
  print('in transformer... $value');
  sink.add(value * value);
});

stream.transform(transformer).listen((value) {
  print('in listen... $value');
});
```

▶ 실행 결과

```
in transformer... 1
in listen... 1
in transformer... 2
in listen... 4
in transformer... 3
in listen... 9
```

Do it! 실습 ▷ 스트림의 다양한 기법 활용하기

스트림 구독자와 제어기, 변환기를 활용해 오른쪽 그림처럼 출력하는 앱을 만들어 보겠습니다.

그림 16-7 스트림의 다양한 기법을 활용한 앱 실행 결과

1단계 다트 파일 작성하기

lib 아래 ch16_4_stream_etc이라는 디렉터리를 만들고 여기에 test.dart 파일을 만든 후 다음처럼 코드를 작성합니다. 그리고 앱을 실행해 각 버튼을 클릭하고 콘솔 창의 출력 결과를 확인합니다.

Do it! • ch16_4_stream_etc/test.dart

```
import 'dart:async';
import 'package:flutter/material.dart';

void main() {
```

```dart
  runApp(MyApp());
}

class MyApp extends StatelessWidget {
  subscriptionTest() {
    var stream = Stream.fromIterable([1, 2, 3]);
    StreamSubscription subscription = stream.listen(null);
    subscription.onData((data) {
      print('value : $data');
    });
    subscription.onError((error) {
      print('error : $error');
    });
    subscription.onDone(() {
      print('stream done...');
    });
  }

  controllerTest() {
    var controller = StreamController();

    var stream1 = Stream.fromIterable([1, 2, 3]);
    var stream2 = Stream.fromIterable(['A', 'B', 'C']);

    stream1.listen((value) {
      controller.add(value);
    });
    stream2.listen((value) {
      controller.add(value);
    });

    controller.stream.listen((value) {
      print('$value');
    });
  }

  transformerTest() {
    var stream = Stream.fromIterable([1, 2, 3]);

    StreamTransformer<int, dynamic> transformer =
```

```dart
      StreamTransformer.fromHandlers(handleData: (value, sink) {
    print('in transformer... $value');
    sink.add(value * value);
  });

  stream.transform(transformer).listen((value) {
    print('in listen... $value');
  });
}


@override
Widget build(BuildContext context) {
  return MaterialApp(
    home: Scaffold(
      appBar: AppBar(
        title: Text('Test'),
      ),
      body: Center(
        child: Column(
          mainAxisAlignment: MainAxisAlignment.center,
          children: [
            ElevatedButton(
              child: Text('subscription'),
              onPressed: subscriptionTest,
            ),
            ElevatedButton(
              child: Text('controller'),
              onPressed: controllerTest,
            ),
            ElevatedButton(
              child: Text('transformer'),
              onPressed: transformerTest,
            ),
          ],
        ),
      ),
    ),
  );
}
}
```

아이솔레이트로
비동기 프로그래밍

이번 장에서는 다트의 아이솔레이트에 관해 살펴보겠습니다. 16장에서 살펴
본 퓨처와 스트림은 비동기 프로그래밍 기법입니다. 그런데 조금 더 복잡한 비
동기 프로그래밍은 스레드를 이용합니다. 다트에서는 스레드를 '아이솔레이트
(isolate)'라고 합니다. 아이솔레이트를 이용하면 별도의 수행 흐름을 만들어
어떤 작업을 그 흐름에 따라 비동기로 처리할 수 있습니다.

17-1 아이솔레이트 소개

퓨처와 스트림은 한 줄기 수행 흐름에서 비동기 처리를 합니다. 다트 애플리케이션은 메인 함수부터 실행되는데 이 메인 함수의 수행 흐름을 메인 아이솔레이트(또는 루트 아이솔레이트)라고 합니다. 이 메인 아이솔레이트에서 퓨처나 스트림 등의 비동기 처리가 수행됩니다.

만약 메인 아이솔레이트 하위에 새로운 수행 흐름을 만들고 싶다면 별도의 아이솔레이트를 만들어야 합니다.

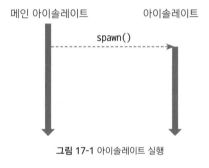

그림 17-1 아이솔레이트 실행

이처럼 새로운 아이솔레이트를 만들려면 spawn() 함수를 이용합니다. 그리고 아이솔레이트에서 처리할 로직은 함수로 작성합니다. 이 함수는 클래스의 맴버로 선언할 수도 있고 톱 레벨에 선언할 수도 있습니다. 아이솔레이트에서 실행할 함수를 spawn() 함수의 매개변수로 지정하면 새로운 아이솔레이트가 시작될 때 실행됩니다.

다음 코드에서 onPress()는 화면의 버튼을 클릭할 때 호출되는 함수로 메인 아이솔레이트에서 실행됩니다. 이 함수에서 spawn() 함수로 아이솔레이트를 2개 만들었습니다. spawn() 함수의 첫 번째 매개변수는 아이솔레이트가 실행할 함수이며, 두 번째 매개변수는 아이솔레이트를 실행할 때 전달할 데이터입니다. 아이솔레이트는 비동기로 동작하므로 메인 아이솔레이트에서 새로운 아이솔레이트를 실행하고 대기하지 않으며, 각각의 아이솔레이트는 개별적으로 실행됩니다.

```dart
import 'dart:isolate';
... (생략) ...
myIsolate1(var arg) {
  Future.delayed(Duration(seconds: 3), () {
    print('in myIsolate1... $arg');
  });
}

class MyApp extends StatelessWidget {

  myIsolate2(var arg) {
    Future.delayed(Duration(seconds: 2), () {
      print('in myIsolate2... $arg');
    });
  }

  void onPress() {
    print('onPress... before run isolate...');
    Isolate.spawn(myIsolate1, 10);
    Isolate.spawn(myIsolate2, 20);
    print('onPress... after run isolate...');
  }
... (생략) ...
}
```

▶ 실행 결과

```
onPress... before run isolate...
onPress... after run isolate...
in myIsolate2... 20
in myIsolate1... 10
```

17-2 포트로 데이터 주고받기

아이솔레이트는 스레드^{thread}처럼 동작합니다. 그런데 이름이 아이솔레이트(isolate, 격리)인 이유는 한 줄기 수행 흐름이 독립된 메모리에서 진행되기 때문입니다. 이 메모리는 다른 아이솔레이트에서 접근할 수 없으며, 이 메모리에서 실행되는 아이솔레이트 역시 다른 메모리에 접근할 수 없습니다. 즉, 완전히 격리된 상태에서 동작하므로 아이솔레이트라는 이름이 붙었습니다.

다음 코드는 앞에서 작성한 것과 유사합니다. onPress() 함수는 사용자가 화면에서 버튼을 클릭할 때 호출됩니다. 즉, 메인 아이솔레이트에서 실행됩니다. 이 함수에서 아이솔레이트를 2개 만들었습니다. 그리고 각 아이솔레이트에서 2초 후에 topData와 classData라는 속성을 출력했습니다.

• 독립된 메모를 사용하는 아이솔레이트

```
String topData = 'hello';
myIsolate1(var arg) {
  Future.delayed(Duration(seconds: 2), () {
    print('in myIsolate1... $arg, $topData');
  });
}

class MyApp extends StatelessWidget {
  String classData = 'hello';

  myIsolate2(var arg) {
    Future.delayed(Duration(seconds: 2), () {
      print('in myIsolate2... $arg, $topData, $classData');
    });
  }

  void onPress() {
    print(
        'onPress... before run isolate... topData: $topData,
```

```
        classData: $classData');
    Isolate.spawn(myIsolate1, 10);
    Isolate.spawn(myIsolate2, 20);
    topData = 'world';
    classData = 'world';
    print(
        'onPress... after run isolate... topData: $topData,
        classData: $classData');
  }
  ... (생략) ...
}
```

▶ 실행 결과

```
onPress... before run isolate... topData: hello, classData: hello
onPress... after run isolate... topData: world, classData: world
in myIsolate1... 10, hello
in myIsolate2... 20, hello, hello
```

이 코드에서 중요한 부분은 메인 아이솔레이트에서 아이솔레이트를 구동하자마자 `topData`
와 `classData` 값을 변경했습니다. 만약 메인 아이솔레이트와 아이솔레이트가 같은 메모리를
참조하고 있다면 메인 아이솔레이트에서 변경한 값이 아이솔레이트에도 그대로 적용돼야 합
니다.

그러나 실행 결과를 보면 메인 아이솔레이트에서 `"hello"`를 `"world"`로 바꿨지만 새로 만든
아이솔레이트에서 접근하면 여전히 `"hello"`입니다. 이는 메인 아이솔레이트와 새로 만든 아
이솔레이트가 다른 메모리에서 동작하기 때문입니다.

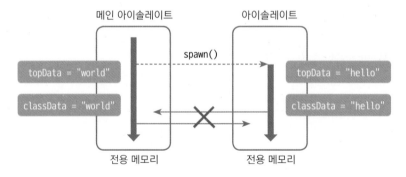

그림 17-2 아이솔레이트별 전용 메모리

정리하자면 아이솔레이트는 전용 메모리$^{private\ memory}$에 격리된 상태로 실행되므로 다른 아이솔레이트와 직접 데이터를 주고받을 수 없습니다. 그런데 동시에 실행되는 여러 아이솔레이트 간에 데이터를 주고받아야 할 때가 있습니다.

이처럼 아이솔레이트에서 다른 아이솔레이트와 데이터를 주고받으려면 ReceivePort와 SendPort를 이용합니다. ReceivePort와 SendPort는 아이솔레이트 간에 데이터를 주고받는 통로라고 생각하면 됩니다. ReceivePort와 SendPort로 데이터를 주고받는 통로를 만들고 SendPort를 이용해 데이터를 전송하면 ReceivePort로 받는 구조입니다.

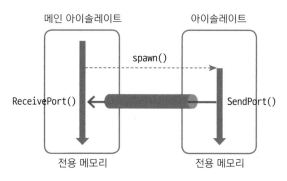

그림 17-3 ReceivePort와 SendPort

이처럼 ReceivePort와 SendPort를 이용하려면 먼저 데이터를 받는 곳에서 ReceivePort를 만들고 이 ReceivePort를 이용해 SendPort를 만들어야 합니다. 즉, ReceivePort로 SendPort를 만들므로 두 객체는 같은 포트에 있다고 표현합니다. 따라서 SendPort로 데이터를 전송하면 별도로 명시하지 않아도 이 포트를 만든 ReceivePort에 전달됩니다.

이처럼 ReceivePort와 SendPort가 쌍을 이루는 구조이므로 한 아이솔레이트에서 여러 개의 ReceivePort, SendPort를 이용할 수도 있습니다.

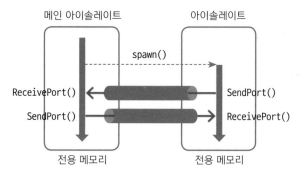

그림 17-4 여러 포트 이용하기

ReceivePort와 SendPort를 이용하는 코드를 살펴보겠습니다. 포트로 데이터를 주고받으려면 먼저 ReceivePort를 만들고 이를 이용해 SendPort를 만듭니다. 그리고 아이솔레이트를 실행할 때 SendPort를 아이솔레이트에 전달합니다.

spawn() 함수로 아이솔레이트를 실행할 때 두 번째 매개변수로 데이터를 전달할 수 있습니다. 이 데이터는 아이솔레이트를 실행할 때 초기에 전달합니다. 일반 문자열, 숫자 등의 데이터도 전달할 수 있지만 서로 데이터를 주고받으려면 SendPort를 전달합니다. SendPort는 ReceivePort의 sendPort 속성으로 만듭니다. 이처럼 아이솔레이트에서 SendPort로 전달한 데이터를 받으려면 ReceivePort의 first 속성을 이용합니다. first는 아이솔레이트가 전달한 첫 번째 데이터를 받는 속성입니다.

• 포트로 데이터 주고받기

```
void onPress() async{
  // 아이솔레이트에서 데이터를 수신할 포트 준비
  ReceivePort receivePort = ReceivePort();
  // ReceivePort에 데이터를 전달할 sendPort를 준비해서 아이솔레이트 구동
  await Isolate.spawn(myIsolate, receivePort.sendPort);

  String data = await receivePort.first;
  print("main isolate... data read : " + data);
}
```

이제 아이솔레이트에서 데이터를 전달하는 코드를 살펴보겠습니다. 아이솔레이트에서 실행할 함수의 매개변수로 데이터를 보내는 SendPort를 받습니다. 이 SendPort의 send() 함수를 이용해 데이터를 보내면 SendPort를 만든 ReceivePort에 전달됩니다. 다음 코드는 2초 후에 데이터를 보냅니다.

• 아이솔레이트에서 데이터 전달하기

```
myIsolate(SendPort sendPort) {
  Future.delayed(Duration(seconds: 2), () {
    sendPort.send("hello world");
  });
}
```

이처럼 아이솔레이트 간의 데이터 전달은 ReceivePort와 SendPort를 이용하는데, 이번 예에서는 ReceivePort의 first 속성으로 데이터를 받았습니다. 처음 전달한 데이터를 받겠다는 의미입니다. 그렇다면 두 번째, 세 번째 데이터를 받는 second, third 속성도 있을 것 같지만 first만 제공합니다. 반복해서 전달되는 데이터를 받으려면 다른 방법을 이용해야 합니다. first는 처음 전달되는 데이터 하나만 받을 때 사용합니다. 또한 first로 데이터를 받은 후에는 데이터를 전달할 때 사용한 포트가 자동으로 닫힙니다. 그러므로 first를 이용한 포트는 사용할 수 없습니다.

반복해서 데이터 주고받기 — listen()

포트를 이용해 반복해서 데이터를 주고받으려면 ReceivePort의 listen() 함수를 이용합니다. 이 함수는 어디선가 강제로 포트를 닫기 전까지는 계속 열려 있으므로 반복해서 데이터를 받을 수 있습니다.

먼저 아이솔레이트에서 데이터를 보내는 함수를 다음처럼 작성합니다. 아이솔레이트 함수에서 매개변수로 SendPort를 전달받았습니다. 또한 데이터를 여러 번 보내려고 Timer를 사용했습니다. 이렇게 하면 어디선가 포트를 닫기 전까지 1초마다 반복해서 데이터를 보냅니다.

* 반복해서 데이터 보내기

```
void myIsolate2(SendPort sendPort) {
  int counter = 0;
  Timer.periodic(new Duration(seconds: 1), (Timer t) {
    sendPort.send(++counter);
  });
}
```

이 함수를 실행해 반복해서 데이터를 전달받는 코드를 보겠습니다. 다음 코드에서 onPressListen() 함수는 사용자가 버튼을 클릭할 때 호출된다고 가정합니다. 이 함수에서 아이솔레이트를 실행하고 데이터를 전달받으려면 ReceivePort 객체의 listen() 함수를 이용합니다. 아이솔레이트에서 전달받은 데이터는 listen() 함수의 매개변수로 지정한 함수가 호출될 때 그 함수의 매개변수로 전달됩니다.

• 반복해서 데이터 받기

```
void onPressListen() async {
  ReceivePort receivePort = ReceivePort();
  Isolate isolate = await Isolate.spawn(myIsolate2, receivePort.sendPort);
  receivePort.listen((data) {
    print('receive : $data');
  });
}
```

이 코드로 실행하면 1초마다 계속 데이터를 받는데 이렇게 반복해서 전달받는 데이터는 더 이상 필요가 없을 때 포트를 닫아야 합니다. 포트를 닫으려면 ReceivePort의 close() 함수를 이용합니다. 다음 코드는 전달받은 값이 5 이상이면 포트를 닫습니다.

• 포트 닫기

```
void onPressListen() async {
  ReceivePort receivePort = ReceivePort();
  Isolate isolate = await Isolate.spawn(myIsolate2, receivePort.sendPort);
  receivePort.listen((data) {
    if (int.parse(data.toString()) > 5) {
      receivePort.close();
    } else {
      print('receive : $data');
    }
  });
}
```

또한 구독 중인 아이솔레이트를 종료할 때는 kill() 함수를 이용합니다.

• 아이솔레이트 종료하기

```
isolate.kill(priority: Isolate.immediate);
```

포트를 여러 개 이용하기

지금까지 메인 아이솔레이트와 새로 만든 아이솔레이트 간에 데이터를 주고받는 방법을 살펴봤습니다. 즉, 아이솔레이트에서 전달하는 데이터를 메인 아이솔레이트에서 받는 방법이었습니다. 그런데 메인 아이솔레이트에서 전달하는 데이터를 아이솔레이트에서 받아야 할 때도 있고 서로 데이터를 주고받아야 할 때도 있습니다. 이때는 포트가 여러 개 필요합니다.

먼저 아이솔레이트에서 실행할 함수를 살펴보겠습니다. 다음 코드에서 myIsolate() 함수는 아이솔레이트에서 호출됩니다. 이 함수의 매개변수에 전달된 SendPort는 메인 아이솔레이트가 준비한 포트이며, 이 SendPort를 이용해 데이터를 보내면 메인 아이솔레이트에 전달됩니다. 그런데 메인 아이솔레이트가 전달한 데이터를 받아야 할 수도 있습니다. 이때는 함수의 첫 줄에 새로운 ReceivePort를 만듭니다. 그런 다음 새로 만든 ReceivePort를 이용해 SendPort를 만들고 이 포트로 메인 아이솔레이트에 데이터를 전달합니다.

• 아이솔레이트(데이터 받기 추가)

```
myIsolate(SendPort mainPort) {
  // 메인 아이솔레이트에서 전달하는 데이터를 받는 포트 준비
  ReceivePort isoPort = ReceivePort();
  mainPort.send({'port':isoPort.sendPort});
  isoPort.listen((message) {
    if (message['msg'] != 'bye') {
      int count = message['msg'];
      mainPort.send({'msg': count * count});
    } else {
      isoPort.close();
    }
  });
}
```

이렇게 하면 포트가 2개 만들어집니다. 두 포트를 식별하고자 객체명을 mainPort와 isoPort로 지정했는데 mainPort는 아이솔레이트에서 전달한 데이터를 메인 아이솔레이트가 받을 때 사용하며, isoPort는 반대로 아이솔레이트에서 만들었으므로 메인 아이솔레이트가 전달한 데이터를 아이솔레이트에서 받을 때 사용합니다.

myIsolate() 함수를 아이솔레이트로 실행하는 메인 아이솔레이트 코드를 보겠습니다. spawn() 함수로 아이솔레이트를 실행하면서 SendPort를 전달했습니다. 그리고 아이솔레이트에서 전달받은 SendPort를 이용해 1초에 한번씩 5번 숫자를 보냅니다.

```dart
void onPress() async {
  ReceivePort mainPort = ReceivePort();
  Isolate isolate = await Isolate.spawn(myIsolate, mainPort.sendPort);

  SendPort? isoPort;
  mainPort.listen((message) {
    if (message['port'] != null) {
      isoPort = message['port'];
    } else if (message['msg'] != null) {
      print('msg : ${message['msg']}');
    }
  });

  int count = 0;
  Timer.periodic(Duration(seconds: 1), (timer) {
    count++;
    if (count < 6) {
      isoPort?.send({'msg':count});
    } else {
      isoPort?.send({'msg':'bye'});
      mainPort.close();
    }
  });
}
```

코드가 복잡해 보이므로 그림으로 설명하겠습니다. 다음 그림을 보면 ReceivePort와 SendPort가 2개씩 있습니다. ReceiverPort로 SendPort를 만들므로 mainPort라는 이름을 가진 Receiver Port와 SendPort가 한 쌍을 이루며, iosPort라는 이름을 가진 ReceiverPort와 SendPort가 한 쌍을 이룹니다.

```
void onPress() async {                              myIsolate(SendPort mainPort) {
  ReceivePort mainPort = ReceivePort();               ReceivePort isoPort = ReceivePort();
  Isolate isolate = await Isolate.spawn(myIsolate,    mainPort.send({'port':isoPort.sendPort});
                    mainPort.sendPort);
                                                      isoPort.listen((message) {
  SendPort? isoPort;                                    ... (생략) ...
  mainPort.listen((message) {                         });
    ... (생략) ...                                    }
  });

    ... (생략) ...
}
```

그림 17-5 2개의 ReceiverPort와 SendPort

mainPort는 메인 아이솔레이트에서 만든 포트이므로 아이솔레이트에서 보낸 데이터를 메인
아이솔레이트에서 받을 때 사용하며, isoPort는 아이솔레이트에서 만든 포트이므로 메인 아
이솔레이트에서 보낸 데이터를 아이솔레이트에서 받을 때 사용됩니다.

```
void onPress() async {                              myIsolate(SendPort mainPort) {
  ReceivePort mainPort = ReceivePort();               ReceivePort isoPort = ReceivePort();
  Isolate isolate = await Isolate.spawn(myIsolate,    mainPort.send({'port':isoPort.sendPort});
                    mainPort.sendPort);
                                                      isoPort.listen((message) {
  SendPort? isoPort;                                    if (message['msg'] != 'bye') {
  mainPort.listen((message) {                             int count = message['msg'];
    if (message['port'] != null) {                        mainPort.send({'msg': count*count});
      isoPort = message['port'];                        } else {
    } else if (message['msg'] != null) {                  isoPort.close();
      print('msg : ${message['msg']}');               }
    }                                               });
  });                                               }

  int count = 0;
  Timer.periodic(Duration(seconds: 1), (timer) {
    count++;
    if (count < 6) {
      isoPort?.send({'msg':count});
    } else {
      isoPort?.send({'msg':'bye'});
      mainPort.close();
    }
  });
}
```

그림 17-6 데이터 보내기와 받기

작업 완료 후 최종 결괏값 받기 — compute()

시간이 오래 걸리는 작업을 실행하고 그 결과를 이용해야 할 때 아이솔레이트를 이용할 수 있습니다. 그런데 compute() 함수를 이용하면 조금 더 편리합니다. compute() 함수는 특정 작업을 아이솔레이트로 실행하고 최종 결과를 받을 때 이용합니다. 즉, 데이터를 반복해서 주고받는 구조가 아니라 모든 작업을 완료한 후 최종 결괏값을 받을 때 사용합니다.

다음 코드에서 myIsolate()는 compute()가 실행할 함수입니다. 매개변수로 전달된 숫자까지 더한 후 그 결과를 반환합니다. 이 함수는 톱 레벨에 선언하는 것이 좋습니다.

> • 최종 결괏값 받기

```
int myIsolate(int no) {
  int sum = 0;
  for (int i = 1; i <= no; i++) {
    sleep(Duration(seconds: 1));
    sum += i;
  }
  return sum;
}
```

이 함수를 compute() 함수로 실행하는 코드는 다음처럼 작성할 수 있습니다. compute() 함수의 첫 번째 매개변수는 아이솔레이트에서 실행할 함수이며, 두 번째 매개변수는 그 함수에 전달할 데이터입니다. 아이솔레이트의 spawn() 함수를 사용하지 않았지만 내부적으로 아이솔레이트에서 실행됩니다. 또한 데이터를 받는 ReceiverPort와 SendPort를 준비하지도 않았습니다. compute() 함수는 최종 결괏값을 한 번만 받으면 되므로 다음 코드처럼 then()을 이용해 쉽게 데이터를 구할 수 있습니다.

> • compute() 함수로 실행하기

```
compute(myIsolate, 10).then((value) => print("result : $value"));
```

Do it! 실습 아이솔레이트 활용하기

아이솔레이트를 활용해 1초 간격으로 1~5까지 제곱을 출력하는 앱을 만들어 보겠습니다.

그림 17-7 아이솔레이트 활용 앱 실행 결과

다트 파일 작성하기

lib 아래 ch17_isolate라는 디렉터리를 만들고 여기에 test.dart 파일을 만든 후 다음처럼 코드를 작성합니다. 그리고 앱을 실행해 버튼을 눌렀을 때 제대로 동작하는지 확인합니다.

Do it! • ch17_isolate/test.dart

```dart
import 'dart:async';
import 'dart:isolate';
import 'package:flutter/material.dart';

void main() {
  runApp(MyApp());
}

class MyApp extends StatefulWidget {
  @override
  State<StatefulWidget> createState() {
    return MyAppState();
  }
}

myIsolate(SendPort mainPort) {
  ReceivePort isoPort = ReceivePort();
  mainPort.send({'port': isoPort.sendPort});
  isoPort.listen((message) {
    if (message['msg'] != 'bye') {
      int count = message['msg'];
      mainPort.send({'msg': count * count});
    } else {
      isoPort.close();
    }
  });
}

class MyAppState extends State<MyApp> {
  String result = '';

  void onPress() async {
    ReceivePort mainPort = ReceivePort();
```

```dart
    await Isolate.spawn(myIsolate, mainPort.sendPort);

    SendPort? isoPort;
    mainPort.listen((message) {
      if (message['port'] != null) {
        isoPort = message['port'];
      } else if (message['msg'] != null) {
        setState(() {
          result = 'msg : ${message['msg']}';
        });
      }
    });

    int count = 0;
    Timer.periodic(Duration(seconds: 1), (timer) {
      count++;
      if (count < 6) {
        isoPort?.send({'msg': count});
      } else {
        isoPort?.send({'msg': 'bye'});
        mainPort.close();
      }
    });
  }

  @override
  Widget build(BuildContext context) {
    return MaterialApp(
      home: Scaffold(
        appBar: AppBar(
          title: Text('Test'),
        ),
        body: Center(
          child: Column(
            mainAxisAlignment: MainAxisAlignment.center,
            children: [
              Text(
                result,
```

```dart
              style: TextStyle(fontSize: 30),
            ),
            ElevatedButton(
              child: Text('test1'),
              onPressed: onPress,
            ),
          ],
        ),
      ),
    ),
  );
  }
}
```

여섯째
마당

앱의 상태 관리하기

18

상태 관리하기

학습 포인트

플러터 앱은 상태에 따라 렌더링이 일어나므로 상태 관리는 중요합니다. 위젯의 상태 관리란 무엇이며 왜 필요한지 살펴보고 여러 위젯에서 공통으로 이용할 상태 관리 위젯을 만드는 InheritedWidget을 살펴봅니다. 이번 장의 내용을 배우면 이후에 다룰 프로바이더와 Bloc 패턴, GetX를 이용한 상태 관리를 이해하는 데 도움이 됩니다.

18-1 위젯의 상태 관리하기

위젯의 **상태**^{state}는 데이터입니다. 하지만 위젯의 모든 데이터를 상태라고 하지는 않습니다. 위젯을 초기화할 때 생성한 값을 위젯이 소멸할 때까지 변하지 않고 이용한다면 이런 데이터는 상태라고 하지 않습니다. 결국 상태란 위젯에서 다양한 이유로 변경되는 데이터를 의미합니다. 따라서 위젯의 상태 관리란 이런 상태 데이터를 관리하는 방법이라고 할 수 있습니다.

단순하게 생각하면 위젯에서 사용하는 데이터이므로 위젯의 속성에 선언하고 적절하게 변경하면서 이용하면 될 것 같습니다. 하지만 실제로 개발을 하다 보면 상태 관리가 그렇게 단순하지만은 않습니다. 한 위젯에서 이용하는 상태 데이터를 상위나 하위 위젯에서도 이용할 수 있습니다. 이때 상태 데이터를 어디서 관리해야 하며 상위나 하위 위젯에서 어떻게 접근해야 하는지 고민해야 합니다.

상태 관리를 어떻게 해야 한다는 정답은 없습니다. 또한 위젯의 상태 관리를 도와주는 패키지도 여러 가지가 있으므로 어떤 식으로 상태 관리를 할지, 어떤 패키지를 이용할지 판단해야 합니다. 이곳에서는 위젯의 상태 관리 개념과 상태 관리를 도와주는 다양한 패키지를 살펴보겠습니다.

위젯의 상태 관리 기본 개념

위젯의 상태를 관리하는 경우는 크게 3가지로 나누어 볼 수 있습니다.

- 위젯 자체의 상태를 이용
- 상위 위젯의 상태를 이용
- 위젯 자체의 상태와 상위 위젯의 상태를 함께 이용

먼저 위젯 자체의 상태는 그 상태 데이터를 해당 위젯에서만 사용하는 경우입니다. 상태 데이터가 변경되면 화면을 변경해야 하지만 해당 위젯에만 필요하며, 화면을 함께 구성하는 다른 위젯에서는 이용하지 않는 데이터입니다. 이런 상태 데이터는 해당 위젯에서 선언하고 관리하면 그만입니다. 이런 위젯은 보통 StatefulWidget으로 만들면 됩니다.

그런데 상태를 상위 위젯에서 관리한다는 것은 상태 데이터를 한 위젯에서만 이용하지 않고 위젯 트리의 다른 위젯이 함께 이용한다는 의미입니다. 예를 들어 화면을 다음 그림처럼 구성한다고 가정해 보겠습니다. 화면을 여러 위젯으로 나누어 개발하면서 데이터는 서버에서 가져와 위젯에서 변경하는 상태 데이터라고 가정합니다.

그림 18-1 위젯 구성

만약 상태 데이터를 각 위젯에서 관리한다면 다음처럼 구성해야 합니다. 4개의 위젯을 StatefulWidget으로 만들고 각 위젯에서 네트워킹으로 초기 데이터를 가져와 상태 데이터로 관리하면 됩니다. 그런데 이렇게 구성하는 것이 과연 효율적일까요?

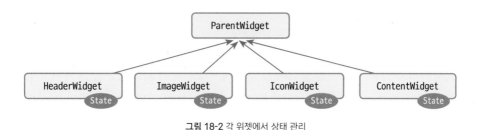

그림 18-2 각 위젯에서 상태 관리

위젯을 역할별로 나누어서 4개로 개발했지만 각 위젯이 관리하는 상태 데이터는 모두 게시물 하나를 구성하는 데이터입니다. 따라서 한 곳에서 한 번만 서버 네트워킹으로 가져와 관리하는 것이 효율적입니다.

또한 IconWidget에서 사용자가 좋아요 아이콘을 눌렀다면 화면을 갱신해야겠지만 이 데이터는 ContentWidget에서도 필요합니다. 좋아요를 누르면 ContentWidget이 출력하는 좋아요 수를 늘려야 합니다. ContentWidget에서 IconWidget의 상태를 어떻게 이용할지 문제가 생깁니다.

따라서 위젯을 여러 개로 구성하더라도 서로 관련된 데이터를 이용하고 한 위젯의 상태가 다른 위젯에 영향을 미친다면, 상위 위젯에서 상태를 관리하는 것이 효율적입니다.

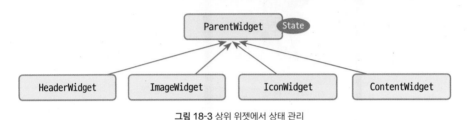

그림 18-3 상위 위젯에서 상태 관리

이처럼 게시물과 관련된 상태 데이터를 상위 위젯에서 관리한다면 서버와 네트워킹을 한 곳에서 처리하면 되고, 하위 위젯은 상위 위젯에서 관리하는 상태 데이터를 받아 화면에 출력하면 됩니다. 그러면 하위 위젯은 StatelessWidget으로 만들며 상위 위젯만 StatefulWidget으로 만들면 됩니다. 또한 IconWidget에서 변경한 데이터도 상위 위젯에서 관리하므로 하위 위젯인 ContentWidget에 전달하기도 쉽습니다.

예를 들어 다음 그림처럼 좋아요 아이콘과 좋아요 수를 출력하는 IconWidget과 Content Widget을 만든다고 가정해 보겠습니다.

그림 18-4 IconWidget과 ContentWidget

IconWidget에서 좋아요 아이콘을 클릭하면 그림에서 오른쪽처럼 아이콘을 교체해야 합니다. 이처럼 좋아요를 눌렀는지 아닌지는 상태로 유지해야 하는 데이터입니다. 좋아요 상태 데이터를 IconWidget에서만 사용한다면 IconWidget을 StatefulWidget으로 만들면 되지만, 좋아요를 클릭할 때 ContentWidget의 숫자도 변경해야 한다면 좋아요 상태 데이터와 숫자를 상위 위젯에서 관리하는 것이 좋습니다.

따라서 다음 그림처럼 상위 위젯을 StatefulWidget으로 만들고 이곳에서 IconWidget과 Content
Widget을 위한 상태를 관리하게 설계할 수 있습니다. 또한 상위 위젯에서 상태를 관리하므로
IconWidget과 ContentWidget은 StatelessWidget으로 만듭니다.

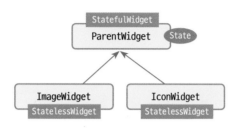

그림 18-5 상위 위젯에서 상태 관리하는 위젯 설계

이 구조로 개발하면 상위 위젯에서 관리하는 상태 데이터를 하위 위젯으로 전달해야 합니다.
또한 IconWidget의 좋아요 아이콘을 클릭할 때 상위 위젯의 상태 데이터를 변경해야 합니다.
이렇게 구현하는 방법은 여러 가지가 있지만 여기서는 상위 위젯에서 하위 위젯을 생성하면
서 생성자 매개변수로 상태 데이터와 아이콘 클릭 시 호출할 함수를 전달하는 방식으로 구현
해 보겠습니다.

다음 코드는 상위 위젯의 상태 클래스입니다. build() 함수를 보면 상위 위젯에서 관리하는
상태 데이터를 하위 위젯을 생성하면서 생성자 매개변수로 전달합니다. 또한 상태 데이터가
변경될 때 호출해야 하는 toggleFavorite이라는 함수를 생성자 매개변수로 하위 위젯에 전
달합니다.

• 상위 위젯 구현하기

```
class ParentWidgetState extends State<ParentWidget> {
  bool favorited = false;
  int favoriteCount = 10;

  void toggleFavorite() {
    ... (생략) ...
  }

  @override
  Widget build(BuildContext context) {
    return MaterialApp(
        home: Scaffold(
            ... (생략) ...
```

```
        body:Column(
          children: [
            IconWidget(favorited: favorited, onChanged: toggleFavorite),
            ContentWidget(favoriteCount: favoriteCount)
          ],
        )
      )
    );
  }
}
```

이제 `ContentWidget`은 생성자 매개변수로 전달받은 상태 데이터를 자신의 화면에 출력하기만 하면 됩니다.

• ContentWidget 구현하기

```
class ContentWidget extends StatelessWidget {
  final int favoriteCount;

  ContentWidget({required this.favoriteCount});

  @override
  Widget build(BuildContext context) {
    return Row(
      children: [
        Container(
          child: Text('I am ContentWidget, favoriteCount : $favoriteCount'),
        ),
      ],
    );
  }
}
```

`IconWidget`은 상위 위젯에서 생성자 매개변수로 전달한 상태 데이터를 이용해 화면을 구성할 뿐만 아니라, 좋아요 아이콘을 누르면 상위 위젯의 함수를 호출해야 하므로 생성자 매개변수를 함수로 받을 수 있는 `Function` 타입으로 선언합니다.

사용자가 아이콘을 클릭하면 _handleTap() 함수가 호출되는데 이 함수에서 onChanged() 함수를 호출합니다. onChanged()는 생성자 매개변수로 전달된 함수입니다. 즉, 상위 위젯에서 전달한 함수이므로 결국 상위 위젯의 함수가 호출되어 그곳에서 상태 데이터가 변경됩니다.

• IconWidget 구현하기

```
class IconWidget extends StatelessWidget {
  final bool favorited;
  final Function onChanged;

  IconWidget({this.favorited = false, required this.onChanged});

  void _handleTap() {
    onChanged();
  }
  @override
  Widget build(BuildContext context) {
    return Row(
      children: [
        Container(
          child: Text('I am IconWidget, '),
        ),
        IconButton(
          icon: (favorited ? Icon(Icons.favorite) : Icon(Icons.favorite_border)),
          color: Colors.red,
          onPressed: _handleTap,
        ),
      ],
    );
  }
}
```

Do it! 실습 상위 위젯에서 상태 관리하기

상위 위젯에서 상태를 관리하는 방식으로 앱을 만들어 보겠습니다. 아이콘을 누르면 좋아요 수가 늘어납니다.

1단계 다트 파일 작성하기

lib 아래 **ch18_1_1_parent_state**라는 디렉터리를 만들고 여기에 **test.dart** 파일을 만든 후 다음처럼 코드를 작성합니다. 그리고 앱을 실행해 아이콘을 눌렀을 때 제대로 동작하는지 확인합니다.

그림 18-6 상위 위젯에서 상태를 관리하는 앱 실행 결과

Do it!	• ch18_1_1_parent_state/test.dart

```dart
import 'package:flutter/material.dart';

void main() {
  runApp(ParentWidget());
}

class ParentWidget extends StatefulWidget {
  @override
  ParentWidgetState createState() => ParentWidgetState();
}

class ParentWidgetState extends State<ParentWidget> {
  bool favorited = false;
  int favoriteCount = 10;

  void toggleFavorite() {
    setState(() {
```

```dart
      if (favorited) {
        favoriteCount -= 1;
        favorited = false;
      } else {
        favoriteCount += 1;
        favorited = true;
      }
    });
  }

  @override
  Widget build(BuildContext context) {
    return MaterialApp(
      home: Scaffold(
        appBar: AppBar(
          title: Text('State Test'),
        ),
        body: Column(
          mainAxisAlignment: MainAxisAlignment.center,
          children: [
            IconWidget(favorited: favorited, onChanged: toggleFavorite),
            ContentWidget(favoriteCount: favoriteCount),
          ],
        ),
      ),
    );
  }
}

class IconWidget extends StatelessWidget {
  final bool favorited;
  final Function onChanged;

  IconWidget({this.favorited = false, required this.onChanged});

  void _handleTap() {
    onChanged();
  }
```

```
    @override
    Widget build(BuildContext context) {
      return Center(
        child: IconButton(
          icon: (favorited ? Icon(Icons.favorite) : Icon(Icons.favorite_border)),
          iconSize: 200,
          color: Colors.red,
          onPressed: _handleTap,
        ),
      );
    }
  }


class ContentWidget extends StatelessWidget {
  final int favoriteCount;

  ContentWidget({required this.favoriteCount});

  @override
  Widget build(BuildContext context) {
    return Row(
      mainAxisAlignment: MainAxisAlignment.center,
      children: [
        Container(
          child: Text(
            'favoriteCount : $favoriteCount',
            style: TextStyle(fontSize: 20, fontWeight: FontWeight.bold),
          ),
        ),
      ],
    );
  }
}
```

조상 위젯의 상태 얻기

앞에서 살펴본 예는 상위 위젯에서 상태를 관리하며 상태와 상태를 변경할 함수를 하위 위젯의 생성자 매개변수로 전달했습니다. 그런데 이 방법은 위젯 트리의 계층이 복잡할 때는 사용하기가 불편합니다. 즉, 바로 위의 위젯이 아니라 그 위 어디엔가 있는 위젯(여기서는 '조상 위젯'이라고 하겠습니다)의 상태를 이용할 때는 생성자 매개변수로 전달을 반복해야 하므로 비효율적입니다.

예를 들어 위젯 트리가 다음 그림과 같을 때 GWidget에서 AWidget의 상태를 이용해야 한다고 가정해 보겠습니다. 이때 AWidget의 상태를 생성자 매개변수로 전달하려면 GWidget뿐만 아니라 CWidget, EWidget까지도 자신에게 필요 없는 상태를 생성자 매개변수로 받아서 GWidget에 전달해야 합니다. 매우 비효율적입니다.

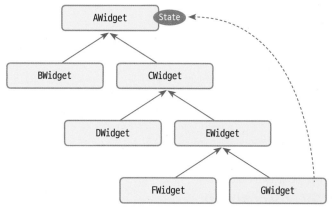

그림 18-7 조상 위젯의 상태 이용

이처럼 조상 위젯의 상태에 접근할 때는 생성자 매개변수로 전달받지 않고 findAncestorState OfType() 함수로 조상 위젯의 상태 객체를 얻을 수 있습니다. findAncestorStateOfType()은 BuildContext 클래스에서 제공하는 함수로, 얻고자 하는 조상의 상태 클래스를 제네릭으로 지정하면 해당 타입의 상태를 찾아서 전달해 줍니다.

> • findAncestorStateOfType() 함수 이용
>
> ```
> ParentWidgetState? state = context.findAncestorStateOfType<ParentWidgetState>();
> ```

하위 위젯의 상태 얻기

때로는 상위 위젯에서 하위 위젯의 상태 객체를 직접 얻어야 할 수도 있습니다. 하위 위젯을 StatefulWidget으로 선언했다면 상태 객체를 가집니다. 하위 위젯의 객체는 상위 위젯에서 생성하지만, 하위 위젯의 상태 객체는 상위 위젯에서 생성한 객체가 아닙니다. 따라서 상위 위젯에서 하위 위젯의 상태 객체를 얻으려면 하위 위젯을 생성할 때 키를 지정하고 이 키의 currentState라는 속성을 이용하면 됩니다.

• 하위 위젯의 상태 얻기

```dart
class ParentWidgetState extends State<ParentWidget> {
  GlobalKey<ChildWidgetState> childKey = GlobalKey();
  int childCount = 0;

  void getChildData() {
    ChildWidgetState? childState = childKey.currentState;
    setState(() {
      childCount = childState?.childCount ?? 0;
    });
  }

  @override
  Widget build(BuildContext context) {
    return ChildWidget(key: childKey);
  }
}

class ChildWidget extends StatefulWidget {
  ChildWidget({Key? key}):super(key: key);
  ... (생략) ...
}

class ChildWidgetState extends State<ChildWidget> {
  int childCount = 0;
  ... (생략) ...
}
```

조상 위젯과 하위 위젯의 상태 얻기

앞에서 설명한 findAncestorStateType()과 currentState
를 활용해 조상과 하위 위젯에서 상태를 얻는 방식으로 앱
을 만들어 보겠습니다.

그림 18-8 조상 위젯과 하위 위젯의 상태를
얻는 앱 실행 결과

1단계 다트 파일 작성하기

lib 아래 ch18_1_2_find_current라는 디렉터리를 만들고
여기에 test.dart 파일을 만든 후 다음처럼 코드를 작성합니
다. 그리고 앱을 실행해 버튼과 아이콘이 제대로 동작하는
지 확인합니다.

Do it! • ch18_1_2_find_current/test.dart

```
import 'package:flutter/material.dart';

void main() {
  runApp(ParentWidget());
}

class ParentWidget extends StatefulWidget {
  @override
  ParentWidgetState createState() => ParentWidgetState();
}

class ParentWidgetState extends State<ParentWidget> {
  bool favorited = false;
  int favoriteCount = 10;
```

```
GlobalKey<ChildWidgetState> childKey = GlobalKey();
int childCount = 0;

void toggleFavorite() {
  setState(() {
    if (favorited) {
      favoriteCount -= 1;
      favorited = false;
    } else {
      favoriteCount += 1;
      favorited = true;
    }
  });
}


void getChildData() {
  ChildWidgetState? childState = childKey.currentState;
  setState(() {
    childCount = childState?.childCount ?? 0;
  });
}


@override
Widget build(BuildContext context) {
  return MaterialApp(
    home: Scaffold(
      appBar: AppBar(
        title: Text('State Test'),
      ),
      body: Column(
        mainAxisAlignment: MainAxisAlignment.center,
        children: [
          Row(
            mainAxisAlignment: MainAxisAlignment.center,
            children: [
              Container(
                child: Text('I am Parent, child count : $childCount'),
              ),
```

```dart
              ElevatedButton(
                child: Text('get child data'), onPressed: getChildData),
            ],
          ),
          ChildWidget(key: childKey),
          IconWidget(),
          ContentWidget()
        ],
      ),
    ),
  );
  }
}

class ChildWidget extends StatefulWidget {
  ChildWidget({Key? key}) : super(key: key);

  @override
  State<StatefulWidget> createState() {
    return ChildWidgetState();
  }
}

class ChildWidgetState extends State<ChildWidget> {
  int childCount = 0;

  @override
  Widget build(BuildContext context) {
    return Row(
      mainAxisAlignment: MainAxisAlignment.center,
      children: [
        Container(
          child: Text('I am Child, $childCount'),
        ),
        ElevatedButton(
          child: Text('increment'),
          onPressed: () {
            setState(() {
              childCount++;
```

```
          });
        },
      ),
    ],
  );
  }
}

class IconWidget extends StatelessWidget {
  @override
  Widget build(BuildContext context) {
    ParentWidgetState? state =
        context.findAncestorStateOfType<ParentWidgetState>();
    return Center(
      child: IconButton(
        icon: ((state?.favorited ?? false)
            ? Icon(Icons.favorite)
            : Icon(Icons.favorite_border)),
        color: Colors.red,
        iconSize: 200,
        onPressed: state?.toggleFavorite,
      ),
    );
  }
}

class ContentWidget extends StatelessWidget {
  @override
  Widget build(BuildContext context) {
    ParentWidgetState? state =
        context.findAncestorStateOfType<ParentWidgetState>();
    return Center(
      child: Text(
        'favoriteCount : ${state?.favoriteCount}',
        style: TextStyle(fontSize: 20, fontWeight: FontWeight.bold),
      ),
    );
  }
}
```

18-2 공용 상태 관리 위젯 만들기

이 절에서 살펴볼 InheritedWidget은 여러 위젯이 이용하는 상태를 가지는 상위 위젯을 만드는 클래스입니다. 위젯은 계층 구조를 이룹니다. 그리고 하위의 여러 위젯이 공통으로 이용하는 상태가 있다면 상위 위젯에서 상태를 관리하고 하위 위젯은 상위의 상태를 이용하는 식으로 작성하는 것이 좋습니다.

이미 살펴본 것처럼 하위의 공통 상태를 관리하는 상위 위젯을 StatefulWidget으로 만들고 하위에서 이 StatefulWidget의 상태 객체를 얻어서 이용하거나 상위의 함수를 이용하게 작성할 수 있습니다.

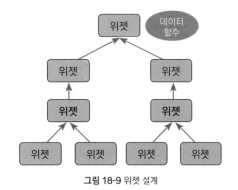

그림 18-9 위젯 설계

그런데 하위에서 공통으로 이용하는 상태를 가지는 InheritedWidget을 별도로 만들어서 제공할 수도 있습니다. InheritedWidget도 위젯입니다. 그런데 build() 함수는 없는 위젯입니다. 즉, 자체 화면을 만들지 않으며 단지 상태 데이터와 이를 관리하는 함수를 만들어 하위에서 이용할 수 있게 제공합니다.

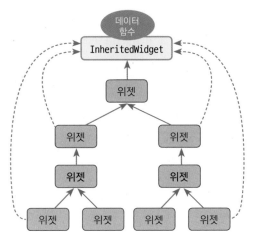

그림 18-10 InheritedWidget 이용

InheritedWidget을 이용하려면 InheritedWidget을 상속받아 클래스를 만들고, 그 클래스에 하위 위젯에서 이용할 상태 데이터와 관리 함수를 선언합니다. InheritedWidget은 자체 화면을 만들지 않으므로 StatelessWidget이나 StatefulWidget을 상속받아 작성하는 위젯보다 단순합니다. 하위에서 이용할 상태와 관리 함수를 선언해 주면 됩니다.

다음 코드에서는 count와 increment() 함수를 선언했습니다.

• 공용 상태 관리 위젯 만들기

```
class MyInheritedWidget extends InheritedWidget {
  int count = 0;    // 하위 공유 데이터

  MyInheritedWidget(child) : super(child: child);    ❶
  increment() {    // 하위에서 호출할 함수
    count++;
  }


  @override
  bool updateShouldNotify(MyInheritedWidget oldWidget) => true;    ❷

  static MyInheritedWidget? of(BuildContext context) =>
      context.dependOnInheritedWidgetOfExactType<MyInheritedWidget>();    ❸
}
```

---

❶번 코드는 InheritedWidget의 생성자입니다. InheritedWidget은 자체 build() 함수를 가지지 않으므로 위젯 계층 구조에서 자신의 하위에 위치할 위젯을 생성자의 매개변수로 받아 상위 생성자에 전달합니다. 결국 super()에 매개변수로 지정하는 위젯이 자신의 하위 위젯이며, 이 위젯부터 그 하위에 있는 모든 위젯이 InheritedWidget의 상태를 이용할 수 있습니다.

그리고 InheritedWidget이 자신의 상위 위젯에서 다시 생성될 때가 있습니다. 이때 Inherited Widget의 하위 위젯을 다시 빌드할지 판단해야 하는데 ❷번 코드의 updateShouldNotify() 함수가 그 역할을 합니다.

예를 들어 오른쪽 그림과 같은 계층 구조로 InheritedWidget을 이용한다고 생각해 보겠습니다.

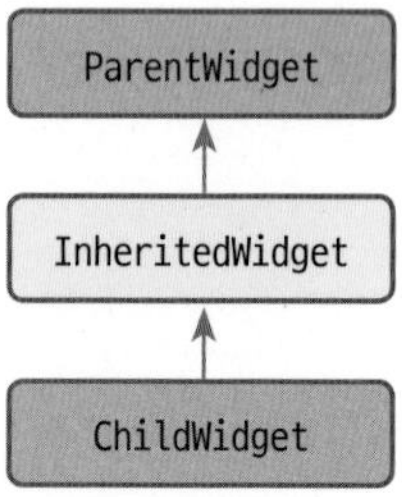

그림 18-11 위젯의 계층 구조

위젯 계층 구조에서 InheritedWidget 상위에 ParentWidget이 있다면 ParentWidget의 상태 변경에 따라 InheritedWidget이 다시 생성될 수 있습니다. 그러면 일반적으로 그 하위 위젯도 다시 빌드해야 합니다. 하지만 InheritedWidget은 상태만 가지는 위젯이므로 자신은 다시 생성되지만 하위 위젯은 다시 빌드할 필요가 없을 수도 있습니다. 예를 들어 자신이 생성되었더라도 자신이 가지는 상태 데이터가 이전과 같다면 하위 위젯을 다시 빌드할 필요는 없습니다.

자신이 다시 생성될 때 자동으로 호출되는 updateShouldNotify() 함수로 하위 위젯을 다시 빌드할지 정합니다. 이 함수의 반환값이 true이면 하위 위젯을 다시 빌드하며, false이면 다시 빌드하지 않습니다. updateShouldNotify() 함수의 매개변수는 이전 InheritedWidget 객체이며 이전 객체의 값과 현재 자신이 가진 값을 비교해서 true나 false를 반환하면 됩니다.

❸번 코드에서 of() 함수는 InheritedWidget의 하위 위젯이 InheritedWidget의 객체를 얻으려고 호출하는 함수입니다. 객체를 생성하지 않고 호출해야 하므로 static 함수로 선언합니다. of() 함수는 하위 위젯에서 이용할 InheritedWidget을 반환해야 하는데 이때 dependOnInheritedWidgetOfExactType()이라는 함수를 사용했습니다. 이 함수는 위젯 계층 구조에서 of() 함수를 호출한 위젯과 가장 가까운 InheritedWidget을 반환해 줍니다.

InheritedWidget의 하위 위젯이 InheritedWidget을 이용하려면 InheritedWidget에서 제공하는 of() 함수를 호출하면 됩니다. 그러면 위젯 계층 구조에 있는 InheritedWidget 객체가 전달되므로 이 객체를 이용해 필요한 데이터나 함수를 이용하면 됩니다.

- InheritedWidget 이용하기

```
int count = MyInheritedWidget.of(context)!.count;
```

Do it! 실습 　공용 상태 관리 위젯 만들기

앞에서 설명한 InheritedWidget을 이용해 공용 상태 관리 위젯을 만들고 하위 위젯에서 이를 활용하는 앱을 만들어 보겠습니다.

그림 18-12 공용 상태 관리 앱 실행 결과

다트 파일 작성하기

lib 아래 ch18_2_inherited라는 디렉터리를 만들고 여기에 test.dart 파일을 만든 후 다음처럼 코드를 작성합니다. 그리고 앱을 실행해 버튼이 제대로 동작하는지 확인합니다.

Do it!   • ch18_2_inherited/test.dart

```dart
import 'package:flutter/material.dart';


void main() => runApp(MyApp());


class MyApp extends StatelessWidget {
  @override
  Widget build(BuildContext context) {
    return MaterialApp(
      home: Scaffold(
        appBar: AppBar(
          title: Text('Inherited Test'),
        ),
        body: MyInheritedWidget(TestWidget()),
      ),
    );
  }
}


class MyInheritedWidget extends InheritedWidget {
  int count = 0;     // 하위 공유 데이터

  MyInheritedWidget(child) : super(child: child);


  increment() {      // 하위에서 호출할 함수
   count++;
  }


  @override
  bool updateShouldNotify(MyInheritedWidget oldWidget) => true;

  static MyInheritedWidget? of(BuildContext context) =>
      context.dependOnInheritedWidgetOfExactType<MyInheritedWidget>();
```

```
}

class TestSubWidget extends StatelessWidget {
  @override
  Widget build(BuildContext context) {
    int count = MyInheritedWidget.of(context)!.count;
    return Container(
      width: 200,
      height: 200,
      color: Colors.yellow,
      child: Center(
        child: Text(
          'SubWidget : $count',
          style: TextStyle(
            color: Colors.white,
            fontSize: 20,
            fontWeight: FontWeight.bold,
          ),
        ),
      ),
    );
  }
}

// MyInheritedWidget의 하위 위젯
class TestWidget extends StatelessWidget {
  TestWidget() {
    print('TestWidget constructor..');
  }

  @override
  Widget build(BuildContext context) {
    return StatefulBuilder(
        builder: (BuildContext context, StateSetter setState) {
      MyInheritedWidget? widget = MyInheritedWidget.of(context);
      int counter = MyInheritedWidget.of(context)!.count;
      Function increment = MyInheritedWidget.of(context)!.increment;
      return Center(
```

```
    child: Container(
      color: Colors.red,
      child: Column(
        mainAxisAlignment: MainAxisAlignment.center,
        crossAxisAlignment: CrossAxisAlignment.stretch,
        children: <Widget>[
          Text(
            'TestWidget : $counter',
            textAlign: TextAlign.center,
            style: TextStyle(
                color: Colors.white,
                fontSize: 20,
                fontWeight: FontWeight.bold),
          ),
          ElevatedButton(
              child: Text('increment()'),
              onPressed: () => setState(() => increment())),
          ElevatedButton(
              onPressed: () {
                setState(() => widget!.count++);
              },
              child: Text('count++')),
          TestSubWidget()
        ],
      ),
    );
  });
  }
}
```

19

프로바이더 패키지 이용하기

학습 포인트

여러 위젯에서 이용하는 상태를 관리하는 방법은 다양합니다. 앞 장에서 살펴본 것처럼 상위 위젯의 상태를 얻어서 이용하는 방법도 있고, InheritedWidget을 이용하는 방법도 있습니다. 하지만 앱의 상태를 좀 더 체계적으로 관리하고 이용하려면 상태 관리를 위한 패키지를 이용할 수 있습니다. 이번 장에서는 이런 패키지 가운데 Provider를 살펴보겠습니다.

19-1 프로바이더 기본 개념

프로바이더란?

프로바이더^{provider}는 2019년 구글 IO에서 앱의 상태 관리 프레임워크로 소개되면서 주목받고 널리 사용되기 시작했습니다. 상위 위젯의 상태를 하위 위젯에서 사용하는 기본 방법은 `InheritedWidget`이지만, 프로바이더는 이를 좀 더 쉽게 사용하는 다양한 기법을 제공합니다.

프로바이더에서 앱의 상태를 관리하는 데 제공하는 기법은 크게 2가지로 나뉩니다.

- Provider: 하위 위젯이 이용할 상태 제공
- Consume: 하위 위젯에서 상태 데이터 이용

먼저 하위 위젯이 이용할 상태를 제공하는 여러 가지 Provider가 있습니다.

- Provider: 기본 프로바이더
- ChangeNotifierProvider: 상태 변경 감지 제공
- MultiProvider: 여러 가지 상태 등록
- ProxyProvider: 다른 상태를 참조해서 새로운 상태 생산
- StreamProvider: 스트림 결과를 상태로 제공
- FutureProvide: 퓨처 결과를 상태로 제공

또한 하위에서 프로바이더의 상태를 이용하는 방법도 여러 가지를 제공합니다.

- Provider.of(): 타입으로 프로바이더의 상태 데이터 획득
- Consumer: 상태를 이용할 위젯 명시
- Selector: 상태를 이용할 위젯과 그 위젯에서 이용할 상태 명시

프로바이더 이용하기

프로바이더로 상태를 제공하고 이용하는 기본 방법을 살펴본 후 다양한 프로바이더와 상태 데이터를 이용하는 방법을 살펴보겠습니다. 프로바이더를 사용하려면 pubspec.yaml 파일의 dependencies에 다음처럼 추가해야 합니다.

```
dependencies:
  provider: ^6.0.3
```

상태 데이터 선언하기

먼저 프로바이더로 하위 위젯이 이용할 상태 데이터를 선언해야 합니다. Provider는 위젯입니다. 따라서 똑같은 상태를 이용하는 위젯의 상위에 Provider를 등록하고 프로바이더에 상태 데이터를 추가해서 하위 위젯이 이용하게 합니다.

Provider<int>.value()로 하위 위젯이 이용할 상태를 등록할 수 있습니다. 다음 코드에서는 제네릭으로 상태 데이터의 타입을 명시했는데 int처럼 기초 타입뿐만 아니라 개발자가 작성하는 모델 클래스도 가능합니다. value() 함수의 value 속성으로 데이터를 명시하면 이 데이터는 child에 명시한 위젯부터 그 하위의 위젯에서 이용할 수 있습니다.

• 상태 데이터 선언하기

```
Provider<int>.value(
    value: 10,
    child: SubWidget(),
)
```

하위 위젯에서 이용할 상태 데이터를 등록할 때 Provider.value() 생성자 외에 Provider() 생성자를 이용할 수도 있습니다. Provider() 생성자를 이용하면 create 속성에 함수를 지정하여 이 함수에서 반환하는 값을 상태로 이용할 수 있습니다.

• Provider() 생성자 이용하기

```
Provider<int>(
    create: (context) {
      int sum = 0;
      for (int i = 1; i <= 10; i++) {
        sum += i;
      }
      return sum;
    },
    child: SubWidget(),
)
```

상태 데이터 이용

프로바이더의 상태를 이용하는 하위 위젯은 Provider.of() 함수로 상태 데이터를 얻을 수 있습니다. Provider.of<int>()에서 제네릭 타입은 상위에서 프로바이더로 제공하는 상태 데이터의 타입입니다.

> • 프로바이더의 상태 데이터 얻기

```
Widget build(BuildContext context) {
  final data = Provider.of<int>(context);
  ... (생략) ...
}
```

Do it! 실습 프로바이더 활용하기

프로바이더를 활용해 오른쪽 그림처럼 1~10까지 누적한 결과를 출력하는 앱을 만들어 보겠습니다.

그림 19-1 프로바이더를 활용한 앱 실행 결과

1단계 패키지 등록하기

먼저 pubspec.yaml 파일을 열고 다음처럼 provider 패키지를 등록한 후 〈Pub get〉을 클릭해 적용합니다.

> **Do it!** • pubspec.yaml

```
... (생략) ...
dependencies:
  provider: ^6.0.3
... (생략) ...
```

다트 파일 작성하기

lib 아래 ch19_1_provider라는 디렉터리를 만들고 여기에 test.dart 파일을 만든 후 다음처럼
코드를 작성합니다. 그리고 앱을 실행해 앞서 보인 실행 결과가 제대로 나오는지 확인합니다.

Do it! • ch19_1_provider/test.dart

```dart
import 'package:flutter/material.dart';
import 'package:provider/provider.dart';

void main() => runApp(MyApp());

class MyApp extends StatelessWidget {
  @override
  Widget build(BuildContext context) {
    return MaterialApp(
      home: Scaffold(
        appBar: AppBar(
          title: Text('Provider Test'),
        ),
        body: Provider<int>(
          create: (context) {
            int sum = 0;
            for (int i = 1; i <= 10; i++) {
              sum += i;
            }
            return sum;
          },
          child: SubWidget(),
        ),
      ),
    );
  }
}

class SubWidget extends StatelessWidget {
  @override
  Widget build(BuildContext context) {
    final data = Provider.of<int>(context);
```

```
    return Container(
      color: Colors.orange,
      child: Center(
        child: Column(
          mainAxisAlignment: MainAxisAlignment.center,
          children: [
            Text(
              'I am SubWidget',
              style: TextStyle(
                fontSize: 20,
                fontWeight: FontWeight.bold,
                color: Colors.white,
              ),
            ),
            Text(
              'Provider Data : ${data}',
              style: TextStyle(
                fontSize: 20,
                fontWeight: FontWeight.bold,
                color: Colors.white,
              ),
            ),
          ],
        ),
      ),
    );
  }
}
```

19-2 다양한 프로바이더 알아보기

앞서 살펴본 것처럼 Provider()나 Provider.value()로 상태를 등록하고 하위 위젯에서 Provider.of()로 프로바이더의 상태를 이용할 수 있습니다. 그런데 앱의 상태 데이터는 다양한 타입일 수 있으며 여러 개를 등록할 수도 있습니다. 이를 지원하는 다양한 프로바이더를 제공합니다.

변경된 상태를 하위 위젯에 적용하기 — ChangeNotifierProvider

프로바이더를 이용해 상태 데이터를 하위 위젯에서 이용할 수 있지만, 프로바이더에 등록된 상태 데이터는 값이 변경되더라도 하위 위젯이 다시 빌드하지 않으므로 변경 사항이 적용되지 않습니다. 만약 변경된 상태 데이터를 하위 위젯에 적용하려면 ChangeNotifierProvider를 이용합니다. ChangeNotifierProvider에 등록하는 상태 데이터는 ChangeNotifier를 구현해야 합니다. 따라서 int 등 기초 타입의 상태는 등록할 수 없습니다.

다음 코드에서 Counter 클래스는 ChangeNotifierProvider에 등록하여 하위 위젯에서 이용할 데이터를 추상화한 모델 클래스입니다.

• 상태 데이터 모델 클래스

```
class Counter with ChangeNotifier {
  int _count = 0;
  int get count => _count;

  void increment() {
    _count++;
    notifyListeners();
  }
}
```

이런 클래스는 with ChangeNotifier로 선언해야 합니다. 이 예에서는 어디선가 increment() 함수를 호출하여 상태 데이터를 변경한다고 가정합니다. 그런데 단순하게 상태 데이터가 변경됐다고 해서 하위 위젯을 다시 빌드하지는 않으며, notifyListeners() 함수를 호출해 주어야 합니다. 즉, 상태 데이터가 변경된 후 변경 사항을 적용하려면 notifyListeners() 함수를 호출해야 합니다.

ChangeNotifierProvider는 자신에게 등록된 모델 클래스에서 notifyListeners() 함수 호출을 감지해 child에 등록된 위젯을 다시 빌드해 줍니다.

> • 다시 빌드할 위젯 등록

```
ChangeNotifierProvider<Counter>.value(
    value: Counter(),
    child: SubWidget(),
)
```

Do it! 실습 변경된 상태를 하위 위젯에 적용하기

ChangeNotifierProvider를 활용해 상태 데이터가 변경될 때 하위 위젯에 적용하는 앱을 만들어 보겠습니다.

그림 19-2 상태 데이터 변경을 하위 위젯에 적용하는 앱 실행 결과

1단계 다트 파일 작성하기

lib 아래 ch19_2_1_changenotifier라는 디렉터리를 만들고 여기에 test.dart 파일을 만든 후 다음처럼 코드를 작성합니다. 그리고 앱을 실행해 버튼이 의도한 대로 동작하는지 확인합니다.

Do it! • ch19_2_1_changenotifier/test.dart

```
import 'package:flutter/material.dart';
import 'package:provider/provider.dart';

class Counter with ChangeNotifier {
  int _count = 0;

  int get count => _count;

  void increment() {
    _count++;
    notifyListeners();
```

```dart
    }
}

void main() => runApp(MyApp());

class MyApp extends StatelessWidget {
  @override
  Widget build(BuildContext context) {
    return MaterialApp(
      home: Scaffold(
        appBar: AppBar(
          title: Text('ChangeNotifierProvider Test'),
        ),
        body: ChangeNotifierProvider<Counter>.value(
          value: Counter(),
          child: SubWidget(),
        ),
      ),
    );
  }
}

class SubWidget extends StatelessWidget {
  @override
  Widget build(BuildContext context) {
    var counter = Provider.of<Counter>(context);
    return Container(
      color: Colors.orange,
      child: Center(
        child: Column(
          mainAxisAlignment: MainAxisAlignment.center,
          children: [
            Text(
              'Provider count : ${counter.count}',
              style: TextStyle(
                fontSize: 20,
                fontWeight: FontWeight.bold,
                color: Colors.white,
              ),
            ),
```

```
          ),
          ElevatedButton(
            child: Text('increment'),
            onPressed: () {
              counter.increment();
            },
          )
        ],
      ),
    ),
  );
  }
}
```

멀티 프로바이더 등록하기 ― MultiProvider

앱의 상태 데이터는 여러 가지입니다. 예를 들어 쇼핑몰과 관련된 앱을 만든다고 하면 앱에서 유지해야 할 상태 데이터는 고객 정보, 상품 정보, 주문 정보 등 다양합니다. 프로바이더는 일반적으로 하나의 의미 단위로 만들므로 각각의 데이터를 등록하는 프로바이더가 여러 개 필요합니다. 이처럼 여러 프로바이더를 한꺼번에 등록해서 이용할 때 하나의 프로바이더 위젯에 다른 프로바이더를 등록하여 계층 구조로 만들 수 있습니다.

다음 코드에서는 프로바이더를 3개 등록했습니다. `Provider<int>`의 child에 `Provider<String>`을 등록했고 다시 `Provider<String>`의 child에 `ChangeNotifierProvider<Counter>`를 등록했습니다.

> • 여러 프로바이더 등록하기

```
Provider<int>.value(
    value: 10,
    child: Provider<String>.value(
      value: "hello",
      child: ChangeNotifierProvider<Counter>.value(
        value: Counter(),
        child: SubWidget(),
      )
    ),
)
```

이처럼 프로바이더의 계층 구조로 여러 프로바이더를 등록하고 사용할 수도 있지만 Multi Provider를 이용하면 조금 더 쉽고 읽기 좋은 코드를 작성할 수 있습니다. MultiProvider는 providers 속성을 제공하며 이 속성에 여러 프로바이더를 배열로 등록할 수 있습니다. 앞의 예를 MultiProvider를 이용해 작성하면 다음과 같습니다.

• **MultiProvider를 이용해 여러 프로바이더 등록하기**

```
MultiProvider(
  providers: [
    Provider<int>.value(value: 10),
    Provider<String>.value(value: "hello"),
    ChangeNotifierProvider<Counter>.value(value: Counter()),
  ],
  child: SubWidget()
)
```

프로바이더를 여러 개 등록할 때 타입 중복 문제가 발생할 수 있습니다. 다음 코드는 프로바이더를 5개 등록한 예입니다.

• **타입이 중복된 프로바이더**

```
MultiProvider(
  providers: [
    Provider<int>.value(value: 10),
    Provider<String>.value(value: "hello"),
    ChangeNotifierProvider<Counter>.value(value: Counter()),
    Provider<int>.value(value: 20),
    Provider<String>.value(value: "world"),
  ],
  child: SubWidget()
)
```

각기 다른 데이터를 5개의 프로바이더로 등록했습니다. 그런데 int 제네릭 타입의 프로바이더가 2개, String 제네릭 타입의 프로바이더가 2개입니다. 하위 위젯이 프로바이더를 이용할 때는 제네릭 타입으로 이용하므로 같은 제네릭 타입으로 등록하면 마지막에 등록한 프로바이더를 이용하게 됩니다. 다음은 앞에서 등록한 프로바이더를 이용하는 하위 위젯의 코드입니다.

- 하위 위젯에서 프로바이더 이용

```
Widget build(BuildContext context) {
  var counter = Provider.of<Counter>(context);
  var int_data = Provider.of<int>(context);
  var string_data = Provider.of<String>(context);
  return Row(
    children: <Widget>[
      Text('Provider : '),
      Text('int : $int_data, string : $string_data, count : ${counter.count}'),
      ElevatedButton(
        child: Text('increment'),
        onPressed:() {
          counter.increment();
        },
      )
    ],
  );
}
```

▶ 실행 결과

실행 결과를 보면 Provider.of<int>와 Provider<String> 제네릭 타입을 2개씩 등록했지만
하위 위젯에서는 마지막에 등록한 20과 world 상태 데이터를 가져오는 것을 알 수 있습니다.

Do it! 실습 멀티 프로바이더 활용하기

멀티 프로바이더를 활용해 여러 가지 상태 데이터를 다루는
앱을 만들어 보겠습니다.

그림 19-3 멀티 프로바이더를 활용한 앱
실행 결과

1단계 다트 파일 작성하기

lib 아래 ch19_2_2_multiprovider라는 디렉터리를 만들고 여기에 test.dart 파일을 만든 후
다음처럼 코드를 작성합니다. 그리고 앱을 실행해 버튼이 제대로 동작하는지 확인합니다.

```dart
import 'package:flutter/material.dart';
import 'package:provider/provider.dart';

class Counter with ChangeNotifier {
  int _count = 0;

  int get count => _count;

  void increment() {
    _count++;
    notifyListeners();
  }
}

void main() => runApp(MyApp());

class MyApp extends StatelessWidget {
  @override
  Widget build(BuildContext context) {
    return MaterialApp(
      home: Scaffold(
        appBar: AppBar(
          title: Text('MultiProvider Test'),
        ),
        body: MultiProvider(
          providers: [
            Provider<int>.value(value: 10),
            Provider<String>.value(value: "hello"),
            ChangeNotifierProvider<Counter>.value(value: Counter()),
          ],
          child: SubWidget(),
        ),
      ),
    );
  }
}

class SubWidget extends StatelessWidget {
```

```dart
  @override
  Widget build(BuildContext context) {
    var counter = Provider.of<Counter>(context);
    var int_data = Provider.of<int>(context);
    var string_data = Provider.of<String>(context);
    return Container(
      color: Colors.orange,
      child: Center(
        child: Column(
          mainAxisAlignment: MainAxisAlignment.center,
          children: [
            Text(
              'Provider : ',
              style: TextStyle(
                fontSize: 20,
                fontWeight: FontWeight.bold,
                color: Colors.white,
              ),
            ),
            Text(
              'int data : $int_data',
              style: TextStyle(
                fontSize: 20,
                fontWeight: FontWeight.bold,
                color: Colors.white,
              ),
            ),
            Text(
              'string data : $string_data',
              style: TextStyle(
                fontSize: 20,
                fontWeight: FontWeight.bold,
                color: Colors.white,
              ),
            ),
            Text(
              'Counter data : ${counter.count}',
              style: TextStyle(
                fontSize: 20,
```

```
                fontWeight: FontWeight.bold,
                color: Colors.white,
              ),
            ),
          ElevatedButton(
            child: Text('increment'),
            onPressed: () {
              counter.increment();
            },
          )
        ],
      ),
    ),
  );
  }
}
```

상태 조합하기 — ProxyProvider

ProxyProvider는 상태를 조합할 때 사용합니다. 여러 프로바이더로 상태를 여러 개 선언할 때 각각의 상태를 독립적으로 이용할 수도 있지만, 어떤 상탯값을 참조해서 다른 상탯값이 결정되게 할 수도 있습니다. 또한 한 상탯값이 변경되면 다른 상탯값도 함께 변경해야 할 때도 있습니다. 이때 참조 상태를 다른 상태에 전달해야 하는데 이를 쉽게 구현하도록 ProxyProvider를 제공합니다.

ProxyProvider에는 제네릭 타입을 2개 선언합니다. 예를 들어 ProxyProvider<A, B>로 선언한다면 A는 전달받을 상태 타입이며, B는 A를 참조해서 만들 상태 타입이 됩니다.

다음 코드에서는 프로바이더를 2개 등록했습니다. 첫 번째 등록한 ChangeNotifierProvideer<Counter>는 Counter를 상태로 등록하는 프로바이더입니다. 두 번째 등록한 ProxyProvider<Counter, Sum>은 Counter 상태를 전달받아 Sum 상태를 등록하는 프로바이더입니다.

ProxyProvider를 이용하면 update 속성에 함수를 등록해야 하는데, 이 함수에서 반환된 값이 상태로 등록됩니다. 예에서는 update에 등록한 함수에서 Sum 객체를 반환하므로 이 객체가 상태로 등록됩니다. 그런데 update 함수를 호출할 때 두 번째 매개변수에 Counter 객체가 전될됩니다. 결국 두 번째 매개변수로 전달된 상태를 참조하여 자신의 상태를 만들게 됩니다.

```
MultiProvider(
    providers: [
      ChangeNotifierProvider<Counter>.value(value: Counter()),
      ProxyProvider<Counter, Sum>(
          update: (context, model, sum) {
            return Sum(model);
          }
      )
    ],
    child: SubWidget()
)
```

상태를 전달받아 다른 상태를 만들 때 전달받는 상태가 여러 개일 수도 있습니다. 즉, 여러 개의 상태를 참조해서 하나의 상태를 만들 수도 있습니다. 이에 따라 ProxyProvider는 전달받는 상태 개수에 따라 ProxyProvider2~ProxyProvider6까지 제공합니다.

다음 코드는 ProxyProvider2를 이용한 예인데 3개의 제네릭 타입을 선언했습니다. 앞의 2개(Counter, Sum)는 전달받는 상태의 제네릭 타입이며, 마지막은 앞 2개의 상태를 참조해서 만들 상태의 제네릭 타입입니다. 또한 ProxyProvider2를 이용했으므로 update의 함수도 ProxyProvider의 update 함수보다 매개변수가 하나 더 많습니다. 두세 번째 매개변수로 참조할 상태가 전달됩니다.

```
ProxyProvider2<Counter, Sum, String>(
    update: (context, model1, model2, data) {
      return "${model1.count}, ${model2.sum}";
    }
)
```

ProxyProvider의 생명주기

프로바이더에 등록한 상태 객체는 싱글톤으로 운영됩니다. 처음에 객체가 생성되면 그 객체의 데이터가 변경되는 것이지, 객체가 다시 생성되지는 않습니다. 그런데 ProxyProvider에 등록한 상태 객체는 데이터가 변경될 때마다 객체가 다시 생성될 수 있습니다.

만약 다음처럼 2개의 프로바이더를 등록했다면 첫 번째 ChangeNotifierProvider에 등록한 Counter 객체는 처음 한 번만 생성됩니다. 하지만 ProxyProvider에 등록한 Sum 객체는 Counter 값이 변경될 때마다 반복해서 생성됩니다. ProxyProvider는 다른 상태를 참조하여 새로운 상태를 만드는 것이므로 참조하는 상태가 변경되면 그 값을 반영하여 새로운 상태가 만들어져야 합니다. 참조하는 상태가 변경될 때마다 update에 지정한 함수가 자동으로 호출되며 변경된 값이 두 번째 매개변수로 전달됩니다.

• 프로바이더 2개 등록

```
MultiProvider(
    providers: [
        ChangeNotifierProvider<Counter>.value(value: Counter()),
        ProxyProvider<Counter, Sum>(
            update: (context, model, sum) {
                return Sum(model);
            }
        ),
    ],
    child: SubWidget()
)
```

그런데 ProxyProvider를 이용하더라도 상태 객체가 매번 생성될 필요가 없을 수도 있습니다. update에 등록한 함수가 매번 호출되더라도 이전 상태 객체를 그대로 이용하면서 상탯값만 바꾸는 것이 효율적일 때가 있습니다. 이때는 update에 등록한 함수의 세 번째 매개변수로 이전에 이용했던 상태 객체를 전달해 줍니다. 결국 세 번째 매개변수를 활용하여 객체를 다시 생성할 것인지, 아니면 기존 객체를 이용하여 값만 변경할 것인지를 적절하게 결정하면 됩니다.

• 상태 객체 생성 판단하기

```
ProxyProvider<Counter, Sum>(
    update: (context, model, sum) {
        if (sum != null) {      // 상탯값만 갱신
            sum.sum = model.count;
            return sum;
        } else {                  // 새로운 객체 생성
            return Sum(model);
        }
    }
),
```

상태 조합 활용하기

ProxyProvider를 활용해 여러 상태를 참조해 새로운 상태를 생성하는 앱을 만들어 보겠습니다.

그림 19-4 상태 조합을 활용한 앱 실행 결과

1단계 다트 파일 작성하기

lib 아래 ch19_2_3_proxy라는 디렉터리를 만들고 여기에 test.dart 파일을 만든 후 다음처럼 코드를 작성합니다. 그리고 앱을 실행해 앞서 보인 실행 결과가 제대로 나오는지 확인합니다.

```
Do it!                                              • ch19_2_3_proxy/test.dart

import 'package:flutter/material.dart';
import 'package:provider/provider.dart';

class Counter with ChangeNotifier {
  int _count = 0;
  int get count => _count;

  void increment() {
    _count++;
    notifyListeners();
  }
}

class Sum {
  int _sum = 0;
  int get sum => _sum;

  void set sum(value) {
    _sum = 0;
    for (int i = 1; i <= value; i++) {
      _sum += i;
    }
  }

  Sum(Counter counter) {
    sum = counter.count;
  }
}
```

```
void main() => runApp(MyApp());

class MyApp extends StatelessWidget {
  @override
  Widget build(BuildContext context) {
    return MaterialApp(
      home: Scaffold(
        appBar: AppBar(
          title: Text('ProxyProvider Test'),
        ),
        body: MultiProvider(
          providers: [
            ChangeNotifierProvider<Counter>.value(value: Counter()),
            ProxyProvider<Counter, Sum>(
              update: (context, model, sum) {
                if (sum != null) {
                  sum.sum = model.count;
                  return sum;
                } else {
                  return Sum(model);
                }
              },
            ),
            ProxyProvider2<Counter, Sum, String>(
              update: (context, model1, model2, data) {
                return "count : ${model1.count}, sum : ${model2.sum}";
              },
            ),
          ],
          child: SubWidget(),
        ),
      ),
    );
  }
}

class SubWidget extends StatelessWidget {
  @override
  Widget build(BuildContext context) {
    var counter = Provider.of<Counter>(context);
    var sum = Provider.of<Sum>(context);
    var string_data = Provider.of<String>(context);
```

```dart
    return Container(
      color: Colors.orange,
      child: Center(
        child: Column(
          mainAxisAlignment: MainAxisAlignment.center,
          children: [
            Text(
              'count : ${counter.count}',
              style: TextStyle(
                fontSize: 20,
                fontWeight: FontWeight.bold,
                color: Colors.white,
              ),
            ),
            Text(
              'sum : ${sum.sum}',
              style: TextStyle(
                fontSize: 20,
                fontWeight: FontWeight.bold,
                color: Colors.white,
              ),
            ),
            Text(
              'string : ${string_data}',
              style: TextStyle(
                fontSize: 20,
                fontWeight: FontWeight.bold,
                color: Colors.white,
              ),
            ),
            ElevatedButton(
              child: Text('increment'),
              onPressed: () {
                counter.increment();
              },
            )
          ],
        ),
      ),
    );
  }
}
```

퓨처 데이터 상태 등록하기 — FutureProvider

FutureProvider는 Future로 발생하는 데이터를 상태로 등록하는 프로바이더입니다. 상태 데이터가 미래에 발생할 때 사용합니다. FutureProvider의 create에 지정한 함수에서 Future 타입을 반환하면 미래에 발생하는 데이터를 상태로 등록합니다.

다음 코드에서 초기에 등록되는 상탯값은 initialData에 지정한 "hello"입니다. 그런데 create에 지정한 함수에서 Future를 반환하므로 미래에 데이터가 발생하면 그 데이터로 상탯값을 변경합니다. 예에서는 초기 상탯값이 "hello"에서 4초 후에 "world"로 바뀝니다.

• 퓨처 데이터를 상태로 등록하기

```
FutureProvider<String>(
    create: (context) => Future.delayed(Duration(seconds: 4), () => "world"),
    initialData: "hello"
),
```

FutureProvider의 상태를 이용하는 하위 위젯은 상태 데이터가 미래에 발생하더라도 이를 이용하는 데는 다른 프로바이더와 차이가 없습니다. FutureProvider의 상태를 이용하는 하위 위젯을 다음처럼 작성했다면 처음에는 "future : hello"가 출력되며, 4초 후에 자동으로 "future : world"로 바뀝니다.

• FutureProvider의 상태를 이용하는 하위 위젯

```
var futureState = Provider.of<String>(context);
return Column(
  children: <Widget>[
    Text('future : ${futureState}'),
  ],
);
```

스트림 데이터 상태 등록하기 — StreamProvider

StreamProvider는 Stream으로 발생하는 데이터를 상태로 등록할 때 사용합니다. 다음처럼 데이터를 만드는 스트림 함수가 있다고 가정해 보겠습니다.

```
Stream<int> streamFun() async* {
  for (int i = 1; i <= 5; i++) {
    await Future.delayed(Duration(seconds: 1));
    yield i;
  }
}
```

이 함수에서 만드는 데이터를 프로바이더를 이용해 상태로 등록하려면 다음처럼 Stream Provider를 이용합니다. StreamProvider의 initialData에 초기 상탯값을 등록하고 create 에 등록하는 함수에서 스트림을 반환하면 이 스트림에서 발생하는 데이터들을 상탯값으로 등록합니다.

```
StreamProvider<int>(
    create: (context) => streamFun(),
    initialData: 0
)
```

StreamProvider의 상태를 이용하는 하위 위젯에서는 상태 데이터가 스트림으로 발생하더라 도 이를 이용하는 데는 다른 프로바이더와 차이가 없습니다. StreamProvider의 상태를 이용 하는 하위 위젯을 다음처럼 작성했다면 처음에는 initialData에 지정한 값이 출력되고, 이후 스트림이 새로운 값을 만들면 그 값이 자동으로 출력됩니다.

```
var streamState = Provider.of<int>(context);
return Column(
  children: <Widget>[
    Text('stream : ${streamState}'),
  ],
);
```

StreamProvider, FutureProvider를 활용하는 앱을 만들어
보겠습니다.

그림 19-5 퓨처와 스트림 프로바이더를 활용
한 앱 실행 결과

1단계 다트 파일 작성하기

lib 아래 ch19_2_4_future_stream이라는 디렉터리를 만들고 여기에 test.dart 파일을 만든
후 다음처럼 코드를 작성합니다. 그리고 앱을 실행해 앞서 보인 실행 결과가 제대로 나오는지
확인합니다.

Do it! • ch19_2_4_future_stream/test.dart

```dart
import 'package:flutter/material.dart';
import 'package:provider/provider.dart';

Stream<int> streamFun() async* {
  for (int i = 1; i <= 5; i++) {
    await Future.delayed(Duration(seconds: 1));
    yield i;
  }
}

void main() => runApp(MyApp());

class MyApp extends StatelessWidget {
  @override
  Widget build(BuildContext context) {
    return MaterialApp(
      home: Scaffold(
        appBar: AppBar(
          title: Text('FutureProvider, StreamProvider'),
        ),
        body: MultiProvider(
          providers: [
            FutureProvider<String>(
              create: (context) =>
                  Future.delayed(Duration(seconds: 4), () => "world"),
              initialData: "hello",
            ),
            StreamProvider<int>(
```

```dart
            create: (context) => streamFun(), initialData: 0)
          ],
          child: SubWidget(),
        ),
      ),
    );
  }
}

class SubWidget extends StatelessWidget {
  @override
  Widget build(BuildContext context) {
    var futureState = Provider.of<String>(context);
    var streamState = Provider.of<int>(context);
    return Container(
      color: Colors.red,
      child: Center(
        child: Column(
          mainAxisAlignment: MainAxisAlignment.center,
          children: [
            Text(
              'future : ${futureState}',
              style: TextStyle(
                fontSize: 20,
                fontWeight: FontWeight.bold,
                color: Colors.white,
              ),
            ),
            Text(
              'stream : ${streamState}',
              style: TextStyle(
                fontSize: 20,
                fontWeight: FontWeight.bold,
                color: Colors.white,
              ),
            ),
          ],
        ),
      ),
    );
  }
}
```

19-3 컨슈머와 셀렉터

프로바이더를 이용하는 위젯의 생명주기
프로바이더로 등록한 상태를 위젯에서 이용할 때 Provider.of()를 사용합니다.

> **• 프로바이더의 상태 사용하기**
>
> ```
> var model1 = Provider.of<MyDataModel1>(context);
> ```

그런데 Provider.of()로 상태를 이용하면 등록한 상탯값이 변경됐을 때 프로바이더의 하위에 추가한 위젯이 불필요하게 다시 빌드될 수 있습니다. 이와 관련한 이야기를 해보겠습니다.

상태를 이용하지 않는 위젯은 다시 빌드될까?
다음 그림처럼 MyApp 위젯에 프로바이더로 상태를 등록했고 MyApp에 SubWidget1과 SubWidget2를 등록했다고 가정해 보겠습니다. SubWidget1은 상위에 등록된 상태를 이용하고, SubWidget2는 이용하지 않는다는 가정입니다.

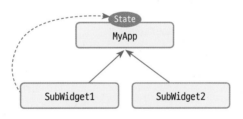

그림 19-6 위젯이 상태 참조

> **• 상태를 이용하지 않는 위젯**
>
> ```
> class SubWidget1 extends StatelessWidget {
>   @override
>   Widget build(BuildContext context) {
>     print("SubWidget1 build...");
>     var model1 = Provider.of<MyDataModel1>(context);
>     ... (생략) ...
> ```

```
    }
  }

class SubWidget2 extends StatelessWidget {
  @override
  Widget build(BuildContext context) {
    print("SubWidget2 build...");
    ... (생략) ...
  }
}
```

실행 결과를 보면 상태 데이터가 변경될 때 그 상태를 이용하는 위젯은 다시 빌드되어 변경된 값이 적용됩니다. 그러나 상태를 이용하지 않는 위젯은 다시 빌드되지 않았습니다. 상태를 이용하는 위젯만 다시 빌드되므로 효율적이라고 볼 수 있습니다.

상위 위젯에서 상태를 이용할 때 상태를 이용하지 않는 하위 위젯은 어떻게 될까?

위젯을 다음 그림처럼 구성했을 때 HomeWidget과 SubWidget1이 상태를 이용하므로 상탯값이 변경되면 HomeWidget과 SubWidget1은 다시 빌드되어 변경된 값이 적용됩니다. 그런데 SubWidget2는 상태를 이용하지 않지만 부모 위젯(HomeWidge)이 그 상위 위젯(MyApp)의 상태를 이용하므로 SubWidget2도 다시 빌드됩니다.

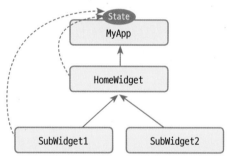

그림 19-7 부모 위젯이 상태 참조

• 부모 위젯이 상태 참조

```
class HomeWidget extends StatelessWidget {
  @override
  Widget build(BuildContext context) {
    print("HomeWidget build...");
    var model1 = Provider.of<MyDataModel1>(context);
    return Column(
      children: <Widget>[
        SubWidget1(),
```

```
        SubWidget2(),
      ],
    );
  }
}

class SubWidget1 extends StatelessWidget {
  @override
  Widget build(BuildContext context) {
    print("SubWidget1 build...");
    var model1 = Provider.of<MyDataModel1>(context);
    ... (생략) ...
  }
}

class SubWidget2 extends StatelessWidget {
  @override
  Widget build(BuildContext context) {
    print("SubWidget2 build...");
    ... (생략) ...
  }
}
```

▶ 실행 결과

```
MyDataModel1 data2 changed....
HomeWidget build...
SubWidget1 build...
SubWidget2 build...
```

결국 프로바이더를 이용하는 위젯은 불필요한 빌드가 일어날 가능성이 있습니다. 이때 위젯이 다시 빌드되지 않게 하려면 Consumer나 Selector를 이용합니다.

특정 타입만 빌드하기 — Consumer

하위 위젯에서 상위 위젯에 프로바이더로 등록된 상태를 이용할 때 Provider.of() 함수를 이용할 수도 있지만, Consumer를 이용할 수 있습니다. Consumer를 이용하면 Provider.of()로 상태를 이용하는 것보다 좀 더 편하게 코드를 작성할 수 있으며, 상탯값이 변경될 때 다시 빌드할 부분을 지정할 수 있습니다.

특히 복잡하게 작성한 위젯에서 극히 일부분만 상태를 이용한다면 Consumer로 상태를 이용하는 부분을 명시하여 상탯값이 변경될 때 전체를 다시 빌드하지 않고 상태를 이용하는 부분만 다시 빌드하게 할 수 있습니다.

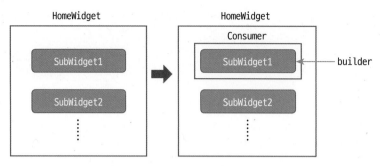

그림 19-8 Consumer로 빌드할 부분 선택

이 그림처럼 HomeWidget에 많은 위젯을 등록했는데 SubWidget1에서 상태를 이용해야 한다면 이 부분을 Consumer의 builder에 등록하면 됩니다.

Consumer를 선언할 때 제네릭으로 어떤 타입의 상태를 이용할지 명시하면 이 상탯값이 변경될 때마다 builder에 지정한 함수가 자동으로 호출됩니다. 호출되는 함수의 두 번째 매개변수에 이용할 상태가 전달되므로 Provider.of()로 상태를 가져오지 않아도 됩니다. 또한 이렇게 하면 상탯값이 변경될 때마다 SubWidget1을 매번 다시 빌드하지만, Consumer의 builder에 명시하지 않은 SubWidget2는 다시 빌드하지 않습니다.

• 일부만 빌드하기

```
Column(
  children: <Widget>[
    Consumer<MyDataModel1>(
      builder: (context, model, child) {
        return SubWidget1(model);
      }
    ),
    SubWidget2(),
  ],
)
```

다시 빌드하지 않을 부분 지정하기

이번에는 조금 복잡한 사례를 생각해 보겠습니다. Consumer의 builder 부분에 추가한 위젯에 다시 하위 위젯을 여러 개 추가할 수 있습니다. builder 부분에 추가한 위젯의 하위 위젯도 상 탯값이 변경되면 다시 빌드하는 것이 맞지만, 어떤 하위 위젯은 다시 빌드하지 않게 할 수 있습니다.

다음 그림은 HomeWidget에서 Consumer의 builder에 SubWidget1을 추가해 프로바이더의 상태가 변경될 때 SubWidget1을 다시 빌드하게 하고, SubWidget2는 다시 빌드하지 않게 구성한 모습입니다.

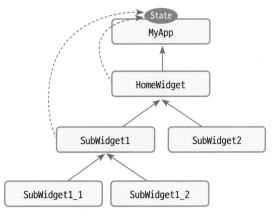

그림 19-9 위젯의 구조

그런데 builder에 추가한 SubWidget1에 하위 위젯을 추가하면서 일부는 SubWidget1을 다시 빌드할 때 함께 빌드하고, 또 다른 위젯은 다시 빌드하지 않게 하고 싶습니다. 즉, SubWidget1을 다시 빌드할 때 SubWidget1_1은 함께 빌드하고, SubWidget1_2는 빌드하지 않아야 합니다.

이처럼 Consumer의 builder에 추가하는 위젯의 하위 위젯 가운데 상탯값이 변경될 때 다시 빌드하지 않아야 하는 위젯이 있다면 Consumer의 child에 명시하면 됩니다.

```
• 다시 빌드하지 않을 부분 지정하기

Consumer<MyDataModel1>(
    builder: (context, model, child) {
      return SubWidget1(model, child);
    },
    child: SubWidget1_2(),
),
SubWidget2(),
... (생략) ...

class SubWidget1 extends StatelessWidget {
  MyDataModel1 model1;
  Widget? child;
  SubWidget1(this.model1, this.child);
  @override
```

```
  Widget build(BuildContext context) {
    print("SubWidget1 build...");
    return Column(
      children: [
        Text('I am SubWidget1... ${model1.data1}'),
        SubWidget1_1(model1),
        child!
      ],
    );
  }
}
```

여러 타입의 상태 데이터 이용하기

Consumer를 이용하면서 제네릭으로 상태 타입을 지정합니다. 그런데 한 번에 여러 상태를 이용할 때가 있습니다. 이럴 때는 Consumer2~Consumer6을 사용합니다. 예를 들어 Consumer2를 이용하면 상태 타입을 제네릭으로 2개 지정하며, builder의 매개변수로 상탯값이 2개 전달됩니다.

> • 여러 타입의 상태 데이터 이용하기

```
Consumer2<MyDataModel1, MyDataModel2>(
    builder: (context, model1, model2, child) {
      ... (생략) ...
    },
),
```

Do it! 실습 컨슈머 활용하기

앞에서 설명한 Consumer를 활용하는 앱을 만들어 보겠습니다.

그림 19-10 Consumer를 활용한 앱 실행 결과

다트 파일 작성하기

lib 아래 ch19_3_1_consumer라는 디렉터리를 만들고 여기에 test.dart 파일을 만든 후 다음 처럼 코드를 작성합니다. 그리고 앱을 실행해 각 버튼이 의도한 대로 동작하는지 확인합니다.

Do it! • ch19_3_1_consumer/test.dart

```dart
import 'package:flutter/material.dart';
import 'package:provider/provider.dart';

class MyDataModel1 with ChangeNotifier {
  int data = 0;

  void changeData() {
    data++;
    notifyListeners();
  }
}

class MyDataModel2 with ChangeNotifier {
  String data = "hello";

  void changeData() {
    if (data == "hello")
      data = "world";
    else
      data = "hello";
    notifyListeners();
  }
}

void main() => runApp(MyApp());

class MyApp extends StatelessWidget {
  @override
  Widget build(BuildContext context) {
    return MaterialApp(
      home: Scaffold(
        appBar: AppBar(
          title: Text('Consumer Test'),
```

```dart
          ),
        body: MultiProvider(
          providers: [
            ChangeNotifierProvider<MyDataModel1>.value(value: MyDataModel1()),
            ChangeNotifierProvider<MyDataModel2>.value(value: MyDataModel2())
          ],
          child: HomeWidget(),
        ),
      ),
    );
  }
}

class HomeWidget extends StatelessWidget {
  @override
  Widget build(BuildContext context) {
    return Container(
      color: Colors.red,
      child: Center(
        child: Column(
      mainAxisAlignment: MainAxisAlignment.center,
      children: <Widget>[
        Consumer2<MyDataModel1, MyDataModel2>(
          builder: (context, model1, model2, child) {
            return SubWidget1(model1, model2, child);
          },
          child: SubWidget2(),
        ),
        Column(
          children: [
            ElevatedButton(
              onPressed: () {
                var model1 =
                    Provider.of<MyDataModel1>(context, listen: false);
                model1.changeData();
              },
              child: Text('model1 change'),
            ),
```

```
                ElevatedButton(
                  onPressed: () {
                    var model2 =
                        Provider.of<MyDataModel2>(context, listen: false);
                    model2.changeData();
                  },
                  child: Text('model2 change'),
                ),
              ],
            )
          ],
        )),
      );
    }
  }

class SubWidget1 extends StatelessWidget {
  MyDataModel1 model1;
  MyDataModel2 model2;
  Widget? child;


  SubWidget1(this.model1, this.model2, this.child);


  @override
  Widget build(BuildContext context) {
    return Container(
        color: Colors.green,
        padding: EdgeInsets.all(20),
        child: Column(
          children: [
            Text(
              'I am SubWidget1, ${model1.data}, ${model2.data}',
              style: TextStyle(
                fontSize: 20,
                fontWeight: FontWeight.bold,
                color: Colors.white,
              ),
            ),
```

```
          child!
        ],
      ));
  }
}

class SubWidget2 extends StatelessWidget {
  @override
  Widget build(BuildContext context) {
    return Container(
      color: Colors.deepPurpleAccent,
      padding: EdgeInsets.all(20),
      child: Text(
        'I am SubWidget2',
        style: TextStyle(
          fontSize: 20,
          fontWeight: FontWeight.bold,
          color: Colors.white,
        ),
      ),
    );
  }
}
```

특정 데이터만 빌드하기 — Selector

Selector는 앞에서 살펴본 Consumer와 같은 목적으로 사용합니다. 그런데 Selector는 상태의 타입뿐만 아니라 그 타입의 특정 데이터까지 지정하여 전달받거나 지정한 데이터가 변경될 때 다시 빌드할 수 있습니다.

예를 들어 프로바이더에 등록할 상태 클래스를 다음처럼 작성했다고 가정해 보겠습니다.

- **프로바이더에 등록할 상태 클래스**

```
class MyDataModel with ChangeNotifier {
  int data1 = 0;
  int data2 = 10;
  ... (생략) ...
}
```

이 클래스에는 2개의 int 타입 변수를 선언했습니다. 이 클래스의 객체를 다음처럼 프로바이더로 등록하면 하위 위젯에서 이용할 수 있습니다.

• 프로바이더에 등록

```
ChangeNotifierProvider<MyDataModel1>.value(value: MyDataModel()),
```

만약 MyDataModel을 Consumer로 이용한다면 다음처럼 작성할 수 있습니다. Consumer의 builder에 등록한 두 번째 매개변수에 제네릭 타입으로 선언한 상태 객체가 전달됩니다. 따라서 이 객체가 가지는 data1, data2값에 모두 접근할 수 있으며, 두 값이 변경되면 builder에 지정한 위젯이 다시 빌드됩니다.

• Consumer로 이용하기

```
Consumer<MyDataModel>(
  builder: (context, model, child) {
    print('consumer, widget rebuild..');
    return Text('consumer, data1: ${model.data1}, data2: ${model.data2}');
  },
),
```

▶ 실행 결과

```
MyDataModel data1 changed....
consumer, widget rebuild..
MyDataModel data2 changed....
consumer, widget rebuild..
```

그런데 만약 MyDataModel의 모든 데이터가 아니라 특정 데이터만 이용한다면 Selector를 사용합니다. Selector를 사용할 때는 제네릭 타입을 2개 지정해야 합니다. 하나는 이용할 상태 객체 타입이며, 또 하나는 그 객체에서 이용할 데이터 타입입니다.

다음 코드에서는 Selector를 <MyDataModel, int>로 선언했습니다. 이는 MyDataModel 상태의 int 타입 데이터를 이용하겠다는 의미입니다. 그러므로 builder에 등록하는 함수의 매개변수로 Consumer처럼 상태 객체가 아니라 그 객체에서 이용할 데이터가 전달됩니다.

```
Selector<MyDataModel, int>(
  builder: (context, data, child) {
    print('selector, widget rebuild..');
    return Text('selector, data:${data}');
  },
  selector: (context, model) => model.data2,
),
```

▶ 실행 결과

```
MyDataModel data1 changed....
MyDataModel data2 changed....
selector, widget rebuild..
```

Selector를 이용할 때 꼭 selector로 함수를 지정해야 하는데, 이 함수에서 반환하는 데이터가 builder에 지정한 함수의 두 번째 매개변수로 전달됩니다. 즉, selector 함수에서 model.data2를 반환하므로 builder의 두 번째 매개변수에 전달되는 값은 data2입니다.

Selector를 이용하면 해당 데이터가 변경될 때만 builder의 위젯을 다시 빌드합니다. 즉, 예에서 MyDataModel의 모든 데이터가 변경될 때가 아니라 data2값이 변경될 때만 Selector의 builder에 지정한 위젯을 다시 빌드합니다.

Do it! 실습 ▸ 셀렉터 활용하기

앞에서 설명한 Selector를 활용하는 앱을 만들어 보겠습니다.

1단계 ▸ 다트 파일 작성하기

lib 아래 ch19_3_2_selector라는 디렉터리를 만들고 여기에 test.dart 파일을 만든 후 다음처럼 코드를 작성합니다. 그리고 앱을 실행해 각 버튼이 의도한 대로 동작하는지 확인합니다.

그림 19-11 Selector를 활용한 앱 실행 결과

```dart
import 'package:flutter/material.dart';
import 'package:provider/provider.dart';

class MyDataModel with ChangeNotifier {
  int data1 = 0;
  int data2 = 10;

  void changeData1() {
    data1++;
    notifyListeners();
  }

  void changeData2() {
    data2++;
    notifyListeners();
  }
}

void main() => runApp(MyApp());

class MyApp extends StatelessWidget {
  @override
  Widget build(BuildContext context) {
    return MaterialApp(
      home: Scaffold(
        appBar: AppBar(
          title: Text('Selector Test'),
        ),
        body: MultiProvider(
          providers: [
            ChangeNotifierProvider<MyDataModel>.value(value: MyDataModel())
          ],
          child: HomeWidget(),
        ),
      ),
    );
  }
}
```

```
class HomeWidget extends StatelessWidget {
  @override
  Widget build(BuildContext context) {
    return Container(
      color: Colors.red,
      child: Center(
        child: Column(
          mainAxisAlignment: MainAxisAlignment.center,
          children: <Widget>[
            Consumer<MyDataModel>(
              builder: (context, model, child) {
                return Container(
                  color: Colors.green,
                  padding: EdgeInsets.all(20),
                  child: Center(
                    child: Text(
                      'consumer, data1: ${model.data1}, data2: ${model.data2}',
                      style: TextStyle(
                        fontSize: 20,
                        fontWeight: FontWeight.bold,
                        color: Colors.white,
                      ),
                    ),
                  ),
                );
              },
            ),
            Selector<MyDataModel, int>(
              builder: (context, data, child) {
                return Container(
                  color: Colors.cyan,
                  padding: EdgeInsets.all(20),
                  child: Center(
                    child: Text(
                      'selector, data:${data}',
                      style: TextStyle(
                        fontSize: 20,
                        fontWeight: FontWeight.bold,
```

```
                color: Colors.white,
              ),
            ),
          ),
        );
      },
      selector: (context, model) => model.data2,
    ),
    Column(
      children: [
        ElevatedButton(
          onPressed: () {
            var model1 =
                Provider.of<MyDataModel>(context, listen: false);
            model1.changeData1();
          },
          child: Text('model data1 change'),
        ),
        ElevatedButton(
          onPressed: () {
            var model1 =
                Provider.of<MyDataModel>(context, listen: false);
            model1.changeData2();
          },
          child: Text('model data2 change'),
        ),
      ],
    ),
  ],
  ),
  ),
  );
 }
}
```

20

Bloc로 상태 관리하기

이번 장에서는 또 다른 상태 관리 패키지인 Bloc를 살펴봅니다. Bloc는 프로바이더보다 조금 복잡해 보일 수 있습니다. Bloc의 구성 요소인 Event, State, Transition, Bloc의 역할과 작성하는 방법을 살펴봅니다. 그리고 플러터 앱에서 Bloc를 이용할 수 있는 BlocProvider, BlocBuilder, BlocListener와 Bloc의 또 다른 작성 방법인 큐빗(Cubit)까지 살펴보겠습니다.

20-1 Bloc 패턴

모든 디자인 패턴의 궁극적인 목적은 '**관심의 분리**separation of concerns, SoC'
입니다. Blocbusiness logic component는 UI와 비지니스 로직을 분리하는 디자
인 패턴이자 상태 관리 프레임워크입니다. Bloc 패턴은 화면을 제공하
는 프런트엔드 애플리케이션을 개발할 때 주로 사용합니다.

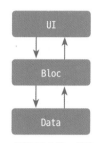

그림 20-1 Bloc 패턴

프런트엔드 애플리케이션의 주 관심 대상은 화면(UI)과 업무 로직입니다. 플러터에서 화면
은 위젯으로 구현하며 업무 로직은 데이터베이스나 네트워크 프로그래밍 등으로 다양하게
구현할 수 있습니다. Bloc 패턴은 화면과 업무 로직이라는 주 관심을 Bloc를 이용하여 분리
하는 프로그래밍 방식을 의미합니다. 두 관심사를 분리하면 개발과 유지·보수, 테스트 등 여
러 가지 이점이 있습니다.

그런데 화면과 업무 로직을 분리하면 둘 사이의 실행 관계를 적절하게 구현해야 합니다. 예를
들어 화면을 초기화하거나 화면에서 사용자 이벤트가 발생할 때 적절한 업무 로직을 실행해
야 합니다. 그리고 그 결과를 위젯에 전달해서 화면에 출력합니다.

다음은 Bloc 패턴의 기본 구조를 나타낸 그림입니다. 이 구조를 바탕으로 Bloc 패턴의 동작
방식을 자세하게 살펴보겠습니다.

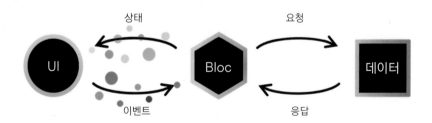

그림 20-2 Bloc 패턴의 기본 구조(출처: pub.dev)

20-2 Bloc 구성 요소

플러터에서 UI는 위젯입니다. 그리고 데이터 부분은 네트워크 프로그래밍으로 구현할 수 있습니다. 위젯에서 업무 로직이 필요한 순간 Bloc에 이벤트가 발생하고 적절한 업무 로직을 실행하여 그 결과를 다시 화면에 제공합니다. 이때 업무 결과에 따른 데이터는 대부분 화면에 출력하는 용도이며, 한 위젯에서 이용할 수도 있고 여러 위젯이 공통으로 이용할 수도 있습니다. 이 데이터를 상태라고 표현하며 이 때문에 Bloc는 상태 관리용으로 사용하는 프레임워크이기도 합니다.

Bloc를 어떻게 구현해서 화면의 이벤트를 받으며 업무 로직을 실행한 결과를 어떻게 화면에 제공할지는 방법에 따라 다릅니다. 플러터에서 Bloc 패턴을 좀 더 쉽게 구현하려면 bloc라는 패키지를 제공합니다.

Bloc 패턴을 이용하려면 pubspec.yaml 파일의 `dependencies` 항목에 다음처럼 bloc와 flutter_bloc를 등록해야 합니다.

> • 패키지 등록하기

```
dependencies:
  bloc: ^8.0.3
  flutter_bloc: ^8.0.1
```

bloc 패키지는 Bloc 코어를 제공하며, flutter_bloc 패키지는 플러터에서 이용할 때 유용하게 사용할 수 있는 위젯 등을 제공합니다. 두 패키지로 구분하는 이유는 Bloc가 플러터 외에 다트로 개발하는 앵귤러에서도 이용할 수 있기 때문입니다.

이벤트 주입

이벤트^{event}는 Bloc의 입력 요소입니다. Bloc는 화면과 업무 로직을 분리하거나 앱의 상태를 체계적으로 관리하고자 할 때 사용합니다. 일반적으로 앱의 업무 로직이 실행되는 시점은 위젯을 초기화하거나 위젯에서 사용자 이벤트가 발생할 때입니다. 위젯에 필요한 업무 로직을 위젯에서 직접 실행할 수도 있습니다.

그런데 다음 그림처럼 위젯에 필요한 업무 로직을 직접 실행하면 화면과 업무 로직이 강하게 결합하여 개발 생산성이나 유지·보수에 문제가 있으므로 이 둘의 직접 연결을 끊으려고 Bloc 패턴을 이용합니다.

그림 20-3 UI와 업무 로직의 결합

그러므로 위젯을 초기화하거나 사용자 이벤트가 발생할 때 위젯은 Bloc에 이벤트만 주입하고 그 이벤트로 어떤 업무 로직을 어떻게 실행할지는 관여하지 말아야 합니다. 결국 Bloc는 이 이벤트를 무언가를 처리하라는 외부의 요청으로 받아들입니다. 즉, 이벤트는 Bloc를 동작하게 하는 입력 요소입니다.

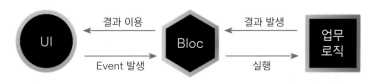

그림 20-4 Bloc 구조

Bloc에서 이벤트를 작성할 때는 특별한 규칙이 없습니다. 어떤 업무를 처리해야 하는지 구별하는 용도로 사용하므로 열거형 상수로 표현하거나 개발자가 만드는 클래스로 작성할 수 있습니다.

예를 들어 앱의 데이터가 증가하거나 감소하는 이벤트를 표현하고 싶다면 두 이벤트를 구분하기만 하면 되므로 다음처럼 열거형 상수로 간단하게 선언할 수 있습니다. 그리고 어디선가 Bloc에 이벤트를 주입하려면 `CounterEvent.increment`나 `CounterEvent.decrement`로 구분해서 사용하면 됩니다.

> • 이벤트를 열거형 상수로 선언

```
enum CounterEvent { increment, decrement }
```

그런데 이벤트를 클래스로 선언할 수도 있습니다. 다음처럼 클래스로 이벤트를 표현한다면 어디선가 Bloc에 이벤트를 주입할 때 IncrementEvent()나 DecrementEvent()처럼 클래스의 객체를 사용하면 됩니다.

> • 이벤트를 클래스로 선언

```
abstract class CounterEvent {}
class IncrementEvent extends CounterEvent {}
class DecrementEvent extends CounterEvent {}
```

열거형 상수와 클래스로 선언하는 것 모두 이벤트를 구분하기 위한 목적은 같지만, 클래스로 선언하면 이벤트를 주입할 대 전달하는 데이터를 변수 등으로 표현하기가 좋습니다.

예를 들어 숫자가 단순히 증감하는 것이 아니라 특정 값을 전달하여 이 값만큼 증감하게 한다면 이벤트에 값을 포함해야 합니다. 이때는 이벤트를 열거형 상수로 표현하면 구현이 힘들어지며 다음처럼 클래스로 이벤트를 선언하여 해결할 수 있습니다.

> • 값을 포함하는 클래스 이벤트 선언

```
abstract class CounterEvent {
  int no;
  CounterEvent(this.no);
}
class IncrementEvent extends CounterEvent {
  IncrementEvent(int no): super(no);
}
class DecrementEvent extends CounterEvent {
  DecrementEvent(int no): super(no);
}
```

상태 출력

상태^{state}는 Bloc의 출력 요소입니다. 이벤트에 의해 실행된 업무 로직의 결과이며 앱 내의 여러 위젯에서 이용하는 상태 데이터입니다. Bloc를 화면과 업무 로직을 분리하기 위한 패턴이면서 앱의 상태를 관리하기 위한 프레임워크라고 이야기 하는 이유가 이 상태를 관리하고 상태를 위젯에서 이용할 수 있는 다양한 방법을 제공하기 때문입니다.

Bloc의 상태를 작성할 때도 특별한 규칙이 없습니다. int, String 등의 데이터일 수도 있고 User, Product 등 개발자가 만드는 클래스의 객체일 수도 있습니다.

트랜지션 정보

트랜지션[transitions]은 정보 요소입니다. Bloc에 이벤트가 발생하고 업무 로직이 실행되어 상태 데이터가 발생하거나 변경됩니다. 이런 일련의 흐름에 관한 정보를 트랜지션이라고 합니다.

트랜지션 정보는 이벤트에 따라 Bloc에서 자동으로 발생하는 정보이며 개발 코드에서 이 정보를 활용할 수도 있고 활용하지 않을 수도 있습니다. 활용한다면 이벤트에 따른 상탯값 변경을 추적·관리하는 용도이며 디버깅이나 로깅 등 다양하게 이용할 수 있습니다.

트랜지션 정보는 다음과 같은 형태로 발생합니다. Bloc로 발생한 트랜지션 정보를 로그로 출력한 것입니다. 하나의 트랜지션이 발생했다는 것은 어디선가 이벤트가 발생했고 이 이벤트로 상태 데이터가 변경됐음을 의미합니다. 다음의 정보로만 해석해 보면 현재 Increment Event가 발생했으며, 이 이벤트가 발생하기 전에는 상탯값이 2였는데 이벤트 처리 후 4로 변경됐음을 알 수 있습니다.

• 트랜지션 정보

```
Transition { currentState: 2, event: Instance of 'IncrementEvent', nextState: 4 }
```

Bloc 클래스

bloc 패키지를 이용할 때 핵심은 **Bloc**를 상속받아 작성하는 클래스이며, 이 클래스의 역할은 다음처럼 정리할 수 있습니다.

- 위젯에서 발생하는 이벤트를 받는 클래스
- 이벤트에 따른 적절한 업무 로직을 실행하는 클래스
- 업무 로직 실행 결과를 앱의 상태로 유지하고 위젯에서 이용할 수 있게 제공하는 클래스

Bloc 클래스를 작성하는 방법을 살펴보면서 앞에서 설명한 이벤트 발생을 어떻게 감지하는지, 상태 데이터는 어떻게 유지하는지, 트랜지션 정보는 어떻게 얻는지 등을 살펴보겠습니다.

먼저 **Bloc**의 전체적인 흐름은 다음 그림과 같습니다. 이벤트 발생으로 상태를 내보내는 **Bloc**의 흐름을 설명한 그림입니다.

그림에서 왼쪽 흐름은 이벤트가 발생할 때 Bloc에서 상태를 내보내는emit 것을 나타냅니다. 그리고 오른쪽 흐름은 이벤트 발생으로 상태를 내보내기까지 Bloc 내부의 상세 흐름을 보여 줍니다. 이벤트가 발생하면 가장 먼저 Bloc의 onEvent()가 호출됩니다. 그리고 Bloc에 추가한 각 이벤트 핸들러가 실행되고 이곳에서 상태를 내보냅니다. 그리고 마지막으로 onTransition()이 호출되어 이벤트에서 내보낸 상탯값 변경 정보를 전달합니다.

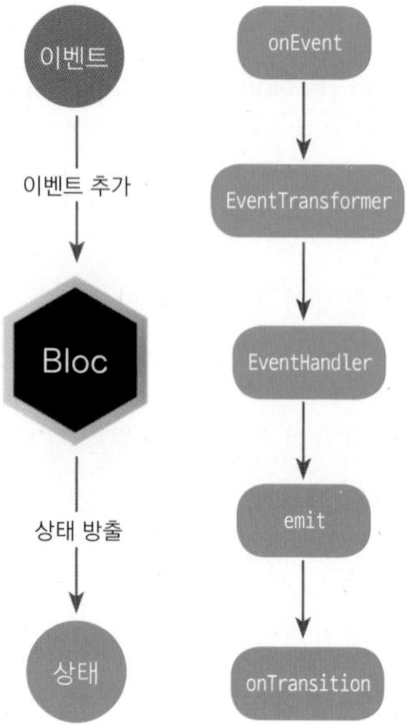

Bloc 클래스 선언하기

Bloc는 Bloc를 상속받아 작성하는 개발자 클래스입니다. 클래스를 선언할 때 제네릭 정보로 Bloc에 발생하는 이벤트 타입과 Bloc에서 유지하는 상태의 타입을 명시해야 합니다.

그림 20-5 Bloc 흐름(출처: pub.dev)

다음 코드에서 <CounterEvent, int>로 제네릭 타입을 선언했는데, 첫 번째 제네릭 타입이 이벤트이며 두 번째 제네릭 타입이 상태입니다. 결국 다음의 Bloc 클래스는 CounterEvent 타입의 이벤트가 발생할 때 필요한 업무 로직을 실행하고 int 타입의 상태 데이터를 유지하는 클래스입니다.

• Bloc 클래스 선언하기

```
class BlocCounter extends Bloc<CounterEvent, int> {
  BlocCounter() : super(0) {
    ... (생략) ...
  }
}
```

Bloc 클래스를 만들 때 상태 데이터의 초깃값을 명시해야 하며 이 초깃값은 상위 클래스의 생성자 매개변수로 지정합니다. 이 예에서는 생성자를 BlocCounter(): super(0)으로 선언했으므로 이 Bloc에서 유지하는 int 타입의 상태 초깃값은 0입니다.

이벤트 등록하기

Bloc 클래스의 주된 역할은 이벤트 발생을 감지하여 필요한 업무 로직을 실행하는 것입니다. 이때 감지할 이벤트는 생성자에서 on() 함수로 등록합니다.

```
BlocCounter() : super(0) {

  on<IncrementEvent>((event, emit) {
    ... (생략) ...
    emit(state + event.no);
  });
  on<DecrementEvent>((event, emit) {
    ... (생략) ...
    emit(state - event.no);
  });
}
```

on<IncrementEvent>처럼 on 함수를 이용하면서 제네릭 타입으로 이벤트를 등록하면 이 타입의 이벤트가 발생할 때 on() 함수의 매개변수로 지정된 함수가 자동으로 호출됩니다. 이 함수의 매개변수는 2개인데 첫 번째 매개변수는 이벤트 정보, 두 번째 매개변수는 상태를 내보낼 때 이용할 함수입니다.

이벤트가 발생할 때 적절한 업무 로직을 실행하고 그 결과 데이터를 상탯값으로 이용하려면, 두 번째 매개변수로 전달된 함수의 매개변수로 상태 데이터를 전달하면 됩니다. 이 예에서는 emit (state + event.no)로 작성했는데, state + event.no가 위젯에서 이용할 상태값입니다. 만약 이벤트를 열거형 상수로 선언했다면 다음처럼 on()의 매개변수로 지정한 함수의 첫 번째 매개변수로 상수를 구분하여 이벤트를 식별합니다.

```
BlocCounter() : super(0) {
  on<CounterEvent>((event, emit) {
    switch(event) {
      case CounterEvent.increment:
        emit(state + 1);
        break;
      case CounterEvent.decrement:
        emit(state - 1);
        break;
    }
  });
}
```

onEvent() 함수 재정의하기

Bloc 클래스의 핵심은 on()을 이용하여 이벤트를 등록하고 이벤트가 발생할 때 업무 로직을 실행해 상태 데이터를 발생하는 것입니다. 그런데 Bloc 클래스에 onError(), onTransition(), onEvent() 함수를 재정의할 수 있습니다.

onEvent() 함수는 이벤트가 발생할 때마다 자동으로 호출됩니다. onEvent()의 매개변수로 발생한 이벤트 정보가 전달됩니다.

```
• onEvent() 함수 재정의하기

@override
void onEvent(CounterEvent event) {
  super.onEvent(event);
  ... (생략) ...
}
```

이벤트가 발생하면 Bloc의 onEvent() 함수도 호출되며 생성자에서 on() 함수로 등록한 함수도 호출됩니다. 호출되는 순서는 onEvent() 함수가 먼저 호출되고 그다음에 on()에 지정한 함수가 호출됩니다.

onEvent()나 on()에 등록한 함수 모두 이벤트가 발생할 때 호출된다는 측면에서는 같습니다. 또한 매개변수로 이벤트 정보가 전달되는 것도 같습니다. 그런데 onEvent() 에서는 Bloc의 상탯값을 발행할 수 없다는 차이가 있습니다. onEvent()에서는 이벤트 발생으로 특정 업무 로직이 실행되게 할 수는 있지만, 그 업무 로직의 실행 결과 데이터를 상태로 유지할 수는 없습니다.

결국 이벤트를 식별하여 특정 업무를 실행하고 실행 결과를 상태로 유지하는 코드는 on()에 등록한 함수에서 처리해야 합니다. onEvent() 함수는 모든 이벤트가 발생할 때 공통으로 처리할 로직이 있거나 구체적인 업무 처리 이전에 처리할 로직이 있을 때 이용하면 유용합니다.

onTransition() 함수 재정의하기

이벤트 발생으로 상탯값이 어떻게 변경되었는지는 Bloc 내부에서 트랜지션 정보로 발생합니다. 이 트랜지션 정보를 활용하고 싶다면 onTransition() 함수를 재정의하면 됩니다. onTransition() 함수는 생성자의 on()에 지정한 함수가 호출이 끝난 후 자동으로 호출되며 다음 코드처럼 매개변숫값을 출력해 보면 트랜지션 정보를 알 수 있습니다.

```
@override
void onTransition(Transition<CounterEvent, int> transition) {
  super.onTransition(transition);
  print('transition.... $transition');
}
```

▶ 실행 결과

```
transition.... Transition { currentState: 0, event: Instance of 'IncrementEvent',
nextState: 2 }
```

onError() 함수 재정의하기

onError() 함수는 이벤트 발생으로 특정 업무를 처리하다 오류가 발생할 때 자동으로 호출됩니다. 오류를 기록하는 등 특별한 처리가 필요하면 이 함수에 작성합니다.

• onError() 함수 재정의하기

```
@override
void onError(Object error, StackTrace stackTrace) {
  print('error..... $error, $stackTrace');
  super.onError(error, stackTrace);
}
```

Bloc 프로바이더

Bloc 클래스를 정의했으면 위젯에서 이용하도록 등록해야 합니다. 이때 BlocProvider를 이용합니다. BlocProvider는 위젯이므로 Bloc를 이용할 위젯의 상위 위젯으로 선언합니다.

• Bloc 프로바이더로 등록하기

```
BlocProvider<BlocCounter>(
  create: (context) => BlocCounter(),
  child: MyWidget(),
)
```

BlocProvider를 이용하면서 등록할 Bloc를 제네릭 타입으로 선언해야 합니다. BlocProvider는 위젯이지만 자체 화면을 만들지 않습니다. 단지 **create** 속성의 함수에서 반환한 Bloc 객체를 child에 명시한 위젯부터 그 하위 위젯에서 이용할 수 있게 해줍니다.

BlocProvider로 Bloc를 등록했으면 위젯에서 이 Bloc 객체를 얻어 이벤트를 주입하거나 상 탯값을 이용해야 합니다. Bloc 객체를 얻는 방법은 여러 가지인데, 다른 방법은 이후에 살펴 보도록 하고 여기서는 가장 기본인 **of()** 함수를 이용하겠습니다.

• Bloc 객체 얻기

```
final BlocCounter counterBloc = BlocProvider.of<BlocCounter>(context);
```

이렇게 얻은 Bloc 객체에는 **state**라는 속 성과 이벤트를 주입하는 **add()** 함수가 기 본으로 내장되어 있습니다. 따라서 위젯 에서 Bloc의 상탯값을 이용하려면 다음 처럼 **state** 속성을 이용합니다.

• 상탯값 사용하기

```
Text('${counterBloc.state}'),
```

또한 이벤트를 주입할 때는 다음처럼 **add()** 함수를 이용합니다.

• 이벤트 주입하기

```
ElevatedButton(
  child: Text('increment'),
  onPressed: () {
    counterBloc.add(IncrementEvent(2));
  },
),
```

Do it! 실습 Bloc 활용하기

Bloc를 활용해 상태를 관리하는 앱을 만들어 보겠습니다. 증가와 감소 버튼을 클릭하면 숫자가 증감합니다.

그림 20-6 Bloc를 활용한 앱 실행 결과

패키지 등록하기

pubspec.yaml 파일을 열고 dependencies 항목에 다음처럼 두 패키지를 등록한 후 〈Pub get〉을 클릭합니다.

> **Do it!** • pubspec.yaml
>
> ```yaml
> ... (생략) ...
> dependencies:
>   bloc: ^8.0.3
>   flutter_bloc: ^8.0.1
> ... (생략) ...
> ```

다트 파일 작성하기

lib 아래 ch20_2_bloc라는 디렉터리를 만들고 여기에 test.dart 파일을 만든 후 다음처럼 코드를 작성합니다. 그리고 앱을 실행해 버튼이 의도한 대로 동작하는지 확인합니다.

> **Do it!** • ch20_2_bloc/test.dart
>
> ```dart
> import 'package:flutter/material.dart';
> import 'package:flutter_bloc/flutter_bloc.dart';
>
> abstract class CounterEvent {
>   int no;
>
>   CounterEvent(this.no);
> }
>
> class IncrementEvent extends CounterEvent {
>   IncrementEvent(int no) : super(no);
> }
>
> class DecrementEvent extends CounterEvent {
>   DecrementEvent(int no) : super(no);
> }
>
> class BlocCounter extends Bloc<CounterEvent, int> {
>   BlocCounter() : super(0) {
>     on<IncrementEvent>((event, emit) {
>       emit(state + event.no);
> ```

```dart
  });
  on<DecrementEvent>((event, emit) => emit(state - event.no));
}

@override
void onEvent(CounterEvent event) {
  super.onEvent(event);
}

@override
void onTransition(Transition<CounterEvent, int> transition) {
  super.onTransition(transition);
  print('transition.... $transition');
}

@override
void onError(Object error, StackTrace stackTrace) {
  super.onError(error, stackTrace);
}
}

void main() => runApp(MyApp());

class MyApp extends StatelessWidget {
  @override
  Widget build(BuildContext context) {
    return MaterialApp(
      home: Scaffold(
        appBar: AppBar(
          title: Text('Bloc Test'),
        ),
        body: BlocProvider<BlocCounter>(
          create: (context) => BlocCounter(),
          child: MyWidget(),
        ),
      ),
    );
  }
}
```

```dart
class MyWidget extends StatelessWidget {
  @override
  Widget build(BuildContext context) {
    final BlocCounter counterBloc = BlocProvider.of<BlocCounter>(context);
    return BlocBuilder<BlocCounter, int>(
        // bloc: counterBloc,
        builder: (context, count) {
      return Container(
        color: Colors.deepOrange,
        child: Center(
          child: Column(
            mainAxisAlignment: MainAxisAlignment.center,
            children: [
              Text(
                '${counterBloc.state}',
                style: TextStyle(
                  fontWeight: FontWeight.bold,
                  fontSize: 20,
                  color: Colors.white,
                ),
              ),
              ElevatedButton(
                child: Text('increment'),
                onPressed: () {
                  counterBloc.add(IncrementEvent(2));
                },
              ),
              ElevatedButton(
                child: Text('decrement'),
                onPressed: () {
                  counterBloc.add(DecrementEvent(2));
                },
              )
            ],
          ),
        ),
      );
    });
  }
}
```

20-3 다양한 Bloc 이용 기법

Bloc 옵저버

Bloc 옵저버는 BlocObserver를 상속받아 작성하는 개발자 클래스입니다. Bloc 클래스처럼 onEvent(), onTransition(), onError() 함수를 가지며 추가로 onChange() 함수도 가집니다. 이 가운데 필요한 함수만 재정의해서 사용합니다.

· Bloc 옵저버 작성하기

```
class MyBlocObserver extends BlocObserver {
  @override
  void onEvent(Bloc bloc, Object? event) {
    super.onEvent(bloc, event);
    print('observer onEvent...${bloc.state}.');
  }

  @override
  void onTransition(Bloc bloc, Transition transition) {
    super.onTransition(bloc, transition);
    print('observer onTransition...${transition}.');
  }

  @override
  void onError(BlocBase bloc, Object error, StackTrace stackTrace) {
    super.onError(bloc, error, stackTrace);
    print('observer onError....');
  }

  @override
  void onChange(BlocBase bloc, Change change) {
    super.onChange(bloc, change);
    print('observer onChange....${change.currentState}, ${change.nextState}');
  }
}
```

이렇게 Bloc 옵저버 클래스를 선언했으면 Bloc에 등록합니다. 등록은 어디선가 한 번만 해주면 되며 보통은 앱의 진입점인 main() 함수에서 다음 코드처럼 등록해서 사용합니다.

• Bloc에 옵저버 등록하기

```
void main() {
  BlocOverrides.runZoned(() {
      runApp(MyApp());
    },
    blocObserver: MyBlocObserver()
  );
}
```

Bloc 옵저버의 함수가 호출되는 시점은 Bloc 클래스의 함수가 호출되는 시점과 같습니다. 즉, 이벤트가 발생하면 onEvent() 함수가 호출되며 오류가 발생하면 onError() 함수가 호출됩니다. 또한 Bloc에서 상태값이 변경되면 onChange() 함수가 호출됩니다.

Bloc 옵저버를 이용하면 옵저버의 함수가 먼저 호출되고 이후에 Bloc의 함수가 호출됩니다. 예를 들어 이벤트가 발생할 때 Bloc 옵저버의 onEvent() 함수가 먼저 호출되고, 이후에 Bloc에 선언된 onEvent() 함수가 호출됩니다.

Bloc 클래스에서 이벤트가 발생할 때 상태 데이터를 변경하는 부분을 다음처럼 작성했다고 가정해 보겠습니다. 실행 결과를 보면 Bloc 옵저버를 이용했을 때 각각의 상황에서 Bloc의 함수와 Bloc 옵저버의 함수가 어떤 순서대로 호출되는지 알 수 있습니다.

• 상태 데이터 변경하기

```
on<IncrementEvent>((event, emit) {
  print('bloc state change before....');
  emit(state + event.no);
  print('bloc state change after....');
});
```

```
observer onEvent...0.
bloc onEvent......Instance of 'IncrementEvent'
bloc state change before....
observer onTransition...Transition { currentState: 0, event: Instance of
'IncrementEvent', nextState: 2 }.
bloc onTransition.... Transition { currentState: 0, event: Instance of
'IncrementEvent', nextState: 2 }
observer onChange....0, 2
bloc state change after....
```

Bloc 옵저버는 앱에서 Bloc 클래스를 여러 개 사용할 때 유용합니다. 보통은 앱 하나에 Bloc 을 하나만 작성하지 않습니다. 모든 앱에서 발생하는 이벤트와 상태 데이터를 하나의 Bloc에 담는 것은 비효율적일 수 있습니다. 따라서 Bloc는 각각의 업무 단위로 분리해서 만듭니다.

이처럼 Bloc 클래스를 여러 개 만들어서 이용할 때 클래스별로 onEvent(), onTransition() 등의 함수 내용이 다르지 않고 중복될 수도 있습니다. 예를 들어 트랜지션 정보를 기록해야 한다면 모든 Bloc 클래스에서 같은 코드로 작성될 수 있습니다.

이때 Bloc 옵저버를 이용하면 좋습니다. 즉, 여러 Bloc 클래스를 이용할 때 onEvent(), onTransition(), onError() 등의 상황에 실행할 공통 코드를 Bloc 옵저버에 작성하면 좋습니다.

멀티 Bloc 프로바이더

Bloc 프로바이더는 이미 살펴본 것처럼 Bloc를 위젯에서 사용하도록 등록하는 위젯입니다. 그런데 앱에서 이용하는 Bloc 클래스는 여러 개이며 이를 등록하려면 다음처럼 하나의 Bloc 프로바이더 하위에 다시 Bloc 프로바이더를 추가하는 식으로 등록해야 합니다.

• Bloc 프로바이더 중첩 등록하기

```
BlocProvider<BlocCounter>(
    create: (context) => BlocCounter(),
    child: BlocProvider<UserBloc>(
      create: (context) => UserBloc(),
      child: MyWidget(),
    )
)
```

이처럼 Bloc 프로바이더를 계층 구조로 등록할 때 다음처럼 **MultiBlocProvider**를 이용하면
좀 더 편리합니다.

> • 멀티 Bloc 프로바이더 사용하기

```
MultiBlocProvider(
  providers: [
    BlocProvider<BlocCounter>(create: (context) => BlocCounter()),
    BlocProvider<UserBloc>(create: (context) => UserBloc())
  ],
  child: MyWidget(),
)
```

Bloc 빌더

위젯에서 Bloc 객체를 얻는 기본 방법은 **BlocProvider.of()**를 이용하는 것입니다.

> • Bloc 객체 얻기

```
final BlocCounter counterBloc = BlocProvider.of<BlocCounter>(context);
```

그런데 다음처럼 **BlocBuilder**를 이용해 Bloc의 상태 데이터를 좀 더 쉽게 얻을 수 있습니다.

> • BlocBuilder로 Bloc 객체 얻기

```
BlocBuilder<BlocCounter, int>(
  builder: (context, count) {
    return Row(
      children: <Widget>[
        Text(
          'Bloc : $count',
        ),
      ],
    );
  },
)
```

BlocBuilder는 위젯이며 Bloc의 상태 데이터를 이용하는 곳에서 사용합니다. BlocBuilder <BlocCounter, int>처럼 이용할 Bloc와 상태의 타입을 제네릭으로 지정하면 됩니다. 이렇게 하면 builder에 지정한 함수가 자동으로 호출되면서 두 번째 매개변수로 Bloc의 상탯값이 전달됩니다. 또한 BlocBuilder를 이용하면 상탯값이 변경되는 순간 자동으로 builder의 함수가 다시 호출되어 위젯을 다시 빌드하므로 상탯값 변경으로 화면을 갱신할 수 있습니다.

BlocBuilder에서 이용하는 Bloc는 상위에서 Bloc 프로바이더로 등록한 객체가 일반적입니다. 그런데 BlocBuilder를 이용하면서 이곳에서만 이용하고자 하는 Bloc를 지정할 수도 있습니다. 즉, 상위에 등록하지 않은 Bloc를 BlocBuilder에서 정의하는 위젯에서만 사용하는 경우입니다. 이때는 BlocBuilder 안에 bloc 속성으로 이용하려는 Bloc 객체를 지정하면 됩니다.

다음 코드에서는 BlocBuilder를 이용하면서 Bloc의 상탯값이 변경되면 자동으로 builder에 지정한 함수가 호출되어 위젯이 다시 빌드되고 갱신된 값으로 화면을 업데이트합니다.

• BlocBuilder의 bloc 속성 사용하기

```
final userBloc = UserBloc();
... (생략) ...
BlocBuilder<UserBloc, User?>(
  bloc: userBloc,
  builder: (context, user) {
    return Row(
      children: [
        Text('user ${user?.name}, ${user?.address}'),
        ElevatedButton(
            onPressed: () {
              userBloc.add(CreateUserEvent(User('kkang', 'seoul')));
            },
            child: Text('create')),
        ElevatedButton(
            onPressed: () {
              userBloc.add(UpdateUserEvent(User('kim', 'busan')));
            },
            child: Text('update'))
      ],
    );
  },
)
```

그런데 Bloc의 상탯값이 변경되더라도 builder에 명시한 위젯을 다시 빌드하지 않을 때는 buildWhen 속성을 이용합니다. BlocBuilder에 buildWhen을 선언하면 Bloc의 상탯값이 변경될 때 buildWhen에 선언한 함수가 자동으로 호출됩니다. 이 함수의 첫 번째 매개변수로 이전 상탯값과 두 번째 매개변수로 현재 변경된 상탯값이 전달됩니다.

• buildWhen 속성 사용하기

```
BlocBuilder<BlocCounter, int>(
  buildWhen: (previous, current) {
    return true;
  },
  builder: (context, count) {
    ... (생략) ...
  },
),
```

이 함수의 반환 타입이 bool인데 만약 true를 반환하면 builder의 함수가 자동으로 호출되어 위젯을 다시 빌드합니다. 그런데 false를 반환하면 builder의 함수가 호출되지 않습니다. 즉, 상탯값은 변경하지만 화면을 갱신할 필요는 없을 때 buildWhen의 함수에서 false를 반환하면 됩니다.

Bloc 리스너

Bloc을 이용하는 위젯에서 앞에서 살펴본 BlocBuilder로 Bloc의 상탯값을 이용할 수 있지만, BlocListener를 이용할 수도 있습니다. 또한 BlocBuidler와 BlocListener를 함께 이용할 수도 있습니다.

BlocListener는 BlocBuilder와 마찬가지로 상탯값을 얻으려고 사용하지만 builder 속성이 없습니다. 즉, 상탯값으로 특정 화면을 구성할 수 없습니다. BlocListener를 선언하면서 이용하려는 Bloc와 상태의 타입을 제네릭으로 선언합니다. 그러면 해당 Bloc의 상탯값이 변경될 때마다 listener 속성에 지정한 함수가 자동으로 호출되며, 함수의 두 번째 매개변수로 상탯값이 전달됩니다.

```
BlocListener<BlocCounter, int>(
    listener: (context, state) {
        ... (생략) ...
    },
)
```

BlocListener의 listener 함수에서 두 번째 매개변수로 전달받은 상탯값을 이용하기는 하지만, 화면을 구성하는 위젯을 반환하지는 않습니다. 결국 BlocListener는 상탯값 변경을 감지하여 특정 로직을 실행, 상탯값에 따른 라우팅 처리, 다이얼로그나 스낵바 등을 출력하는 용도로 사용합니다.

또한 원한다면 listenWhen으로 상탯값이 변경될 때 listener에 지정한 함수를 호출해야 하는지를 제어할 수 있습니다.

```
BlocListener<BlocCounter, int>(
    listenWhen: (previous, current) {
      return true;
    },
    listener: (context, state) {
        ... (생략) ...
    },
)
```

listenWhen을 선언해 놓으면 상탯값이 변경될 때마다 listenWhen에 선언한 함수가 반복해서 호출되며 매개변수로 이전 상탯값과 변경된 상탯값이 전달됩니다. 이 함수에서 true를 반환하면 listener에 선언한 함수가 호출되며, false를 반환하면 listener에 선언한 함수는 호출되지 않습니다.

또한 BlocListener를 한꺼번에 여러 개 등록할 때는 MultiBlocListener를 이용합니다.

• Bloc 리스너 여러 개 등록하기

```
MultiBlocListener(
  listeners: [
    BlocListener<BlocCounter, int>(
      listenWhen: (previous, current) {
        return true;
      },
      listener: (context, state) {
        ... (생략) ...
      },
    ),
    BlocListener<UserBloc, User?>(
        listener: (context, user) {
          ... (생략) ...
        }
    )
  ],
)
```

Do it! 실습 다양한 Bloc 기법 활용하기

앞에서 설명한 `BlocProvider`, `BlocBuilder`, `BlocListener`, `BlocObserver`를 활용해 오른쪽 그림처럼 동작하는 앱을 만들어 보겠습니다. 증가, 감소, 생성, 갱신 버튼이 있고 버튼마다 Bloc 기법을 사용하도록 구현합니다.

그림 20-7 다양한 Bloc 기법을 활용한 앱 실행 결과

1단계 **다트 파일 작성하기**

lib 아래 ch20_3_1_provider_builder라는 디렉터리를 만들고 여기에 test.dart 파일을 만든 후 다음처럼 코드를 작성합니다. 그리고 앱을 실행해 각 버튼이 의도한 대로 동작하는지 확인합니다.

Do it! • ch20_3_1_provider_builder/test.dart

```dart
import 'package:flutter/material.dart';
import 'package:flutter_bloc/flutter_bloc.dart';

class User {
  String name;
  String address;

  User(this.name, this.address);
}

abstract class UserEvent {
  User user;

  UserEvent(this.user);
}

class CreateUserEvent extends UserEvent {
  CreateUserEvent(User user) : super(user);
}

class UpdateUserEvent extends UserEvent {
  UpdateUserEvent(User user) : super(user);
}

class UserBloc extends Bloc<UserEvent, User?> {
  UserBloc() : super(null) {
    on<CreateUserEvent>((event, emit) {
      emit(event.user);
    });
    on<UpdateUserEvent>((event, emit) {
      emit(event.user);
    });
```

```dart
    }
}

abstract class CounterEvent {
  int no;

  CounterEvent(this.no);
}

class IncrementEvent extends CounterEvent {
  IncrementEvent(int no) : super(no);
}

class DecrementEvent extends CounterEvent {
  DecrementEvent(int no) : super(no);
}

class BlocCounter extends Bloc<CounterEvent, int> {
  BlocCounter() : super(0) {
    on<IncrementEvent>((event, emit) {
      emit(state + event.no);
    });
    on<DecrementEvent>((event, emit) => emit(state - event.no));
  }
}

class MyBlocObserver extends BlocObserver {
  @override
  void onTransition(Bloc bloc, Transition transition) {
    super.onTransition(bloc, transition);
    print('observer onTransition...${transition}.');
  }
}

void main() {
  BlocOverrides.runZoned(() {
    runApp(MyApp());
  }, blocObserver: MyBlocObserver());
}
```

```dart
class MyApp extends StatelessWidget {
  @override
  Widget build(BuildContext context) {
    return MaterialApp(
      home: Scaffold(
        appBar: AppBar(
          title: Text('BlocObserver, BlocListener'),
        ),
        body: MultiBlocProvider(
          providers: [
            BlocProvider<BlocCounter>(
              create: (context) => BlocCounter(),
            ),
            BlocProvider<UserBloc>(create: (context) => UserBloc())
          ],
          child: MyWidget(),
        ),
      ),
    );
  }
}

class MyWidget extends StatelessWidget {
  @override
  Widget build(BuildContext context) {
    final BlocCounter counterBloc = BlocProvider.of<BlocCounter>(context);
    final UserBloc userBloc = BlocProvider.of<UserBloc>(context);
    return MultiBlocListener(
      listeners: [
        BlocListener<BlocCounter, int>(
          listenWhen: (previous, current) {
            return true;
          },
          listener: (context, state) {
            ScaffoldMessenger.of(context).showSnackBar(
              SnackBar(
                content: Text('$state'),
                backgroundColor: Colors.red,
              ),
```

```
        );
      },
    ),
    BlocListener<UserBloc, User?>(listener: (context, user) {
      ScaffoldMessenger.of(context).showSnackBar(
        SnackBar(
          content: Text('${user!.name}'),
          backgroundColor: Colors.blue,
        ),
      );
    })
  ],
  child: Container(
    color: Colors.deepOrange,
    child: Center(
      child: Column(
        mainAxisAlignment: MainAxisAlignment.center,
        children: [
          BlocBuilder<BlocCounter, int>(
            buildWhen: (previous, current) {
              return true;
            },
            builder: (context, count) {
              return Column(
                mainAxisAlignment: MainAxisAlignment.center,
                children: <Widget>[
                  Text(
                    '${counterBloc.state}',
                    style: TextStyle(
                      color: Colors.white,
                      fontSize: 20,
                      fontWeight: FontWeight.bold,
                    ),
                  ),
                  Text(
                    'Bloc : $count',
                    style: TextStyle(
                      color: Colors.white,
                      fontSize: 20,
```

```dart
              fontWeight: FontWeight.bold,
            ),
          ),
        ElevatedButton(
          child: Text('increment'),
          onPressed: () {
            counterBloc.add(IncrementEvent(2));
          },
        ),
        ElevatedButton(
          child: Text('decrement'),
          onPressed: () {
            // counterBloc.add(CounterEvent.decrement);
            counterBloc.add(DecrementEvent(2));
          },
        )
      ],
    );
  },
),
BlocBuilder<UserBloc, User?>(
  builder: (context, user) {
    return Column(
      mainAxisAlignment: MainAxisAlignment.center,
      children: [
        Text(
          'user ${user?.name}, ${user?.address}',
          style: TextStyle(
            color: Colors.white,
            fontSize: 20,
            fontWeight: FontWeight.bold,
          ),
        ),
        ElevatedButton(
            onPressed: () {
              userBloc
                  .add(CreateUserEvent(User('kkang', 'seoul')));
            },
            child: Text('create')),
```

```
                    ElevatedButton(
                        onPressed: () {
                          userBloc.add(UpdateUserEvent(User('kim', 'busan')));
                        },
                        child: Text('update'))
                  ],
                );
              },
            ),
          ],
        ),
      ),
    ),
  );
  }
}
```

Bloc 컨슈머

Bloc를 이용할 때 Bloc의 상탯값으로 화면을 구성한다면 BlocBuilder를 이용하고, 화면을 구성하지는 않지만 상탯값으로 특정 로직을 실행할 때는 BlocListener를 이용합니다. 그런데 BlocBuilder와 BlocListener를 함께 사용할 수도 있습니다. 이때는 다음처럼 BlocListener의 child에 BlocBuilder를 지정하여 작성할 수 있습니다.

• BlocBuilder와 BlocListener를 함께 사용하기

```
BlocListener<BlocCounter, int>(
  listener: (context, state) {
    ... (생략) ...
  },
  child: BlocBuilder<BlocCounter, int>(
    builder: (context, count) {
      ... (생략) ...
    },
  ),
)
```

그런데 BlocConsumer를 이용하면 BlocListener와 BlocBuilder를 함께 사용하는 부분을 좀 더 쉽게 작성할 수 있습니다. BlocConsumer를 사용하면 앞 코드를 다음처럼 작성할 수 있습니다.

• Bloc 컨슈머 사용하기

```
BlocConsumer<BlocCounter, int>(
    listener: (context, state) {
      ... (생략) ...
    },
    builder: (context, count) {
      ... (생략) ...
    }
)
```

또한 BlocConsumer에 listenWhen과 buildWhen을 추가해 상탯값이 변경될 때 listener, builder 속성에 지정한 함수를 호출해야 하는지를 제어할 수도 있습니다.

• 리스너와 빌더 함수 호출 제어하기

```
BlocConsumer<BlocCounter, int>(
    listenWhen: (previous, current) {
      return true;
    },
    listener: (context, state) {
      ... (생략) ...
    },
    buildWhen: (previous, current) {
      return true;
    },
    builder: (context, count) {
      ... (생략) ...
    }
)
```

저장소 프로바이더

RepositoryProvider는 저장소^{repository} 클래스를 등록하고 하위 위젯이 저장소를 이용할 수 있게 해주는 위젯입니다. 저장소라는 용어는 화면에서 발생하는 데이터를 저장하는 곳, 화면에 필요한 데이터가 저장된 곳을 의미합니다. 프런트엔드 애플리케이션의 저장소는 대부분 서버이며 때로는 로컬 데이터베이스일 수도 있습니다.

결국 저장소 클래스는 네트워크나 데이터베이스 프로그램이 구현되어 있습니다. Bloc는 이런 저장소 클래스를 등록하여 하위 위젯에서 이용할 수 있게 RepositoryProvider를 제공합니다.

RepositoryProvider에 등록하기 위한 저장소 클래스는 특별한 작성 규칙이 없습니다.

• 저장소 클래스

```
class MyRepository {
  someFun() {
    print('.........someFun....');
  }
}
```

이렇게 선언한 클래스를 다음처럼 RepositoryProvider에 등록합니다. create 속성에 선언하는 함수에서 저장소 클래스를 생성해서 반환하면 됩니다.

• 저장소 클래스 등록하기

```
RepositoryProvider(
    create: (context) => MyRepository(),
    child: BlocProvider<BlocCounter>(
      create: (context) => BlocCounter(),
      child: MyWidget(),
    )
)
```

이렇게 등록한 저장소 클래스의 객체는 child에 명시한 위젯에서 다음 코드처럼 RepositoryProvider.of()로 획득하여 이용합니다.

• 저장소 클래스 이용하기

```
final MyRepository repository =
    RepositoryProvider.of<MyRepository>(context);
```

Bloc 컨슈머와 저장소 프로바이더 활용하기

앞에서 설명한 BlocConsumer, RepositoryProvider를 활용
하는 앱을 만들어 보겠습니다.

1단계 다트 파일 작성하기

그림 20-8 Bloc 컨슈머와 저장소 프로바이
더를 활용한 앱 실행 결과

lib 아래 ch20_3_2_consumer_repository라는 디렉터리
를 만들고 여기에 test.dart 파일을 만든 후 다음처럼 코드를 작성합니다. 그리고 앱을 실행해
각 버튼이 의도한 대로 동작하는지 확인합니다.

Do it! • ch20_3_2_consumer_repository/test.dart

```
import 'package:flutter/material.dart';
import 'package:flutter_bloc/flutter_bloc.dart';

class MyRepository {
  someFun() {
    print('.........someFun....');
  }
}

abstract class CounterEvent {}

class IncrementEvent extends CounterEvent {}

class DecrementEvent extends CounterEvent {}

class BlocCounter extends Bloc<CounterEvent, int> {
  BlocCounter() : super(0) {
    on<IncrementEvent>((event, emit) {
      emit(state + 1);
    });
    on<DecrementEvent>((event, emit) => emit(state - 1));
  }
}

main() {
```

```dart
  runApp(MyApp());
}

class MyApp extends StatelessWidget {
  @override
  Widget build(BuildContext context) {
    return MaterialApp(
        home: Scaffold(
            appBar: AppBar(
              title: Text('Consumer, Repository Test'),
            ),
            body: RepositoryProvider(
                create: (context) => MyRepository(),
                child: BlocProvider<BlocCounter>(
                  create: (context) => BlocCounter(),
                  child: MyWidget(),
                ))));
  }
}

class MyWidget extends StatelessWidget {
  @override
  Widget build(BuildContext context) {
    final BlocCounter counterBloc = BlocProvider.of<BlocCounter>(context);
    final MyRepository repository =
        RepositoryProvider.of<MyRepository>(context);
    return BlocConsumer<BlocCounter, int>(listenWhen: (previous, current) {
      return true;
    }, listener: (context, state) {
      ScaffoldMessenger.of(context).showSnackBar(
        SnackBar(
          content: Text('$state'),
          backgroundColor: Colors.blue,
        ),
      );
    }, buildWhen: (previous, current) {
      print('previous : $previous, current : $current');
      return true;
```

```dart
    }, builder: (context, count) {
      return Container(
        color: Colors.deepOrange,
        child: Center(
          child: Column(
            mainAxisAlignment: MainAxisAlignment.center,
            children: [
              Text(
                'Bloc : $count',
                style: TextStyle(
                  color: Colors.white,
                  fontSize: 20,
                  fontWeight: FontWeight.bold,
                ),
              ),
              ElevatedButton(
                child: Text('increment'),
                onPressed: () {
                  counterBloc.add(IncrementEvent());
                  repository.someFun();
                },
              ),
              ElevatedButton(
                child: Text('decrement'),
                onPressed: () {
                  counterBloc.add(DecrementEvent());
                  repository.someFun();
                },
              )
            ],
          ),
        ),
      );
    });
  }
}
```

20-4 Bloc 큐빗

큐빗이란?

bloc 패키지를 이용할 때 Bloc를 상속받은 클래스를 작성하고 이 클래스에 이벤트를 주입해 등록된 이벤트로 업무 로직을 실행합니다. 그런데 Bloc 클래스 대신 큐빗^{cubit} 클래스를 이용할 수도 있습니다. Bloc와 큐빗 클래스는 역할은 같지만 동작 방식에 차이가 있습니다. Bloc 클래스는 이벤트 주도 방식이며 이미 살펴본 것처럼 이벤트를 먼저 정의하고 이 이벤트를 Bloc 클래스에 등록하여 위젯에서 Bloc 클래스에 이벤트가 발생할 때 등록된 내용을 실행하는 방식입니다.

그림 20-9 큐빗의 구조(출처: pub.dev)

그런데 큐빗은 함수 직접 호출 방식입니다. 큐빗의 구조는 Bloc의 구조와 거의 비슷합니다. 단지 UI에서 큐빗을 이용할 때 이벤트를 주입하는 것이 아니라 함수를 호출하여 함수에 정의된 로직을 실행하고 상태 데이터를 유지하는 방법입니다.

오른쪽 그림은 큐빗의 흐름을 나타냅니다. 큐빗의 함수가 호출되면 업무 로직이 실행되고 상태를 내보냅니다. 그러면 내부적으로 onChange() 함수가 자동으로 호출되어 상탯값 변경 정보를 전달해 줍니다.

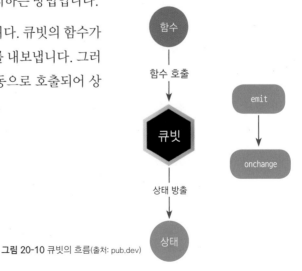

그림 20-10 큐빗의 흐름(출처: pub.dev)

큐빗 작성하기

큐빗은 Cubit 클래스를 상속받아 작성합니다. Cubit<int>처럼 제네릭으로 Cubit 클래스에서 내보내는 상태의 타입을 지정합니다. 그리고 상위 클래스의 생성자를 호출하면서 매개변수로 상태의 초깃값을 지정합니다. 다음 코드에서 CounterCubit은 int 타입의 상태를 내보내는 Cubit 클래스이며 초깃값을 0입니다.

• 큐빗 작성하기

```
class CounterCubit extends Cubit<int> {
  CounterCubit() : super(0);

  void increment() => emit(state + 1);
  void decrement() => emit(state - 1);

  @override
  void onChange(Change<int> change) {
    super.onChange(change);
    print('${change.toString()}');
  }
}
```

이렇게 선언한 Cubit 클래스를 위젯에서 이용할 때 Bloc처럼 이벤트를 주입하지는 않습니다. 그러므로 큐빗을 이용한다면 열거형 상수나 클래스로 이벤트를 선언할 필요가 없습니다. 또한 onEvent() 함수도 제공하지 않으며 on()으로 이벤트 핸들러를 등록할 필요도 없습니다.

단지 큐빗을 이용하는 곳에서 호출할 함수를 Cubit 클래스에 선언하면 됩니다. 이 예에서는 increment(), decrement() 함수이며 위젯에서는 이 함수를 직접 호출합니다. 큐빗의 함수에서는 적절한 업무 로직을 실행하고 결과 데이터를 emit() 함수로 내보내면 이 데이터를 하위 위젯이 이용합니다.

큐빗에는 개발자 함수 외에도 onChange() 함수를 재정의할 수 있습니다. 이 함수는 어디선가 emit() 함수로 상태를 내보내면 자동으로 호출됩니다. onChange() 함수의 매개변수인 Change 객체를 이용해 이전 상탯값과 변경된 상탯값을 정보로 얻을 수 있습니다. 앞의 코드처럼 실행하여 어디선가 increment() 함수를 호출하면 onChange()의 print() 함수가 다음처럼 출력합니다.

▶ 실행 결과

```
Change { currentState: 0, nextState: 1 }
```

큐빗 이용하기

큐빗을 이용하는 위젯 쪽 코드는 Bloc와 차이가 없습니다. 위젯에서 큐빗을 이용하려면 BlocProvider로 큐빗 객체를 등록합니다.

• 큐빗 이용하기

```
BlocProvider(
  create: (_) => CounterCubit(),
  child: MyWidget(),
)
```

이처럼 BlocProvider로 등록한 큐빗 객체를 하위 위젯에서 얻을 때는 BlocProvider.of()를 이용하거나 BlocBuilder를 이용해도 됩니다. 즉, Bloc 이용과 차이가 없습니다. 단지 Bloc를 이용할 때는 add() 함수로 이벤트를 주입했지만, 큐빗은 큐빗에 선언된 함수를 바로 호출합니다.

• 큐빗 객체 이용하기

```
class MyWidget extends StatelessWidget {
  @override
  Widget build(BuildContext context) {
    var cubit = BlocProvider.of<CounterCubit>(context);
    return BlocBuilder<CounterCubit, int>(
      builder: (context, count) {
        return Row(
          children: <Widget>[
            Text('Cubit : $count',),
            ElevatedButton(
              child: Text('increment'),
              onPressed: () {
                cubit.increment();
              },
            ),
            ElevatedButton(
              child: Text('decrement'),
              onPressed: () {
                cubit.decrement();
              },
```

```
          )
        ],
      );
    },
  );
  }
}
```

Do it! 실습 큐빗 활용하기

큐빗을 활용하는 앱을 만들어 보겠습니다. 증가와 감소 버튼
을 클릭하면 숫자가 증감합니다.

그림 20-11 큐빗을 활용한 앱 실행 결과

1단계 다트 파일 작성하기

lib 아래 ch20_4_cubit이라는 디렉터리를 만들고 여기에 test.dart 파일을 만든 후 다음처럼
코드를 작성합니다. 그리고 앱을 실행해 각 버튼이 의도한 대로 동작하는지 확인합니다.

Do it!   • ch20_4_cubit/test.dart

```
import 'package:flutter/material.dart';
import 'package:flutter_bloc/flutter_bloc.dart';

class CounterCubit extends Cubit<int> {
  CounterCubit() : super(0);
  void increment() => emit(state + 1);
  void decrement() => emit(state - 1);
}

main() {
  runApp(MyApp());
}

class MyApp extends StatelessWidget {
  @override
  Widget build(BuildContext context) {
    return MaterialApp(
```

```dart
      home: Scaffold(
        appBar: AppBar(
          title: Text('Cubit Test'),
        ),
        body: BlocProvider(
          create: (_) => CounterCubit(),
          child: MyWidget(),
        ),
      ),
    );
  }
}


class MyWidget extends StatelessWidget {
  @override
  Widget build(BuildContext context) {
    var cubit = BlocProvider.of<CounterCubit>(context);
    return BlocBuilder<CounterCubit, int>(
      builder: (context, count) {
        return Container(
          color: Colors.deepOrange,
          child: Center(
            child: Column(
              mainAxisAlignment: MainAxisAlignment.center,
              children: [
                Text(
                  'Cubit : $count',
                  style: TextStyle(
                    color: Colors.white,
                    fontSize: 20,
                    fontWeight: FontWeight.bold,
                  ),
                ),
                ElevatedButton(
                  child: Text('increment'),
                  onPressed: () {
                    cubit.increment();
                  },
```

```
          ),
          ElevatedButton(
            child: Text('decrement'),
            onPressed: () {
              cubit.decrement();
            },
          )
        ],
      ),
    ),
  );
},
);
}
}
```

21

GetX로 상태 관리하기

학습 포인트

GetX는 상태 관리 패키지로 많이 알려졌지만 상태 관리만을 목적으로 하지는 않습니다. 상태 관리뿐만 아니라 라우팅, 종속성, 국제화, 테마, 스택바, 다이얼로그, 보톰 시트 등 플러터 앱을 빠르고 안정적으로 개발하도록 다양한 기법을 제공합니다. 이 장에서는 GetX를 이용해 앱의 상태를 관리하는 부분에 초점을 맞추어 학습합니다.

21-1 단순 상태 관리하기

GetX 준비하기

먼저 GetX를 사용하려면 pubspec.yaml 파일의 **dependencies** 항목에 다음처럼 get 패키지를 등록해야 합니다.

• 패키지 등록하기

```
dependencies:
  get: ^4.6.5
```

GetX를 이용하면서 앱의 루트 위젯을 **MaterialApp**이 아닌 GetX에서 제공하는 **GetMaterialApp**을 이용할 수도 있습니다. 사실 상태 관리나 종속성 관리를 목적으로 GetX를 사용한다면 **GetMaterialApp**을 사용하지 않아도 됩니다. **GetMaterialApp** 위젯은 GetX로 라우팅이나 스낵바, 국제화 기능을 구현할 때 사용합니다.

• 루트 위젯을 GetMaterialApp으로 지정하기

```dart
class MyApp extends StatelessWidget {
  @override
  Widget build(BuildContext context) {
    final controller = Get.put(CounterController());
    return GetMaterialApp(
      home: Scaffold(
        appBar: AppBar(
          title: Text('GetX Test'),
        ),
        body: MyWidget(),
      )
    );
  }
}
```

GetX 컨트롤러 선언하기

GetX의 상태 관리는 단순 상태 관리(GetBuilder)와 반응형 상태 관리(GetX, Obx)로 구분됩니다. 단순 상태 관리는 상탯값이 변경될 때 함수 호출로 변경 사항을 직접 적용해 줘야 하지만, 반응형 상태 관리는 자동으로 적용해 줍니다.

먼저 GetX의 단순 상태 관리 기법을 살펴보겠습니다. GetxController 클래스를 상속받는 개발자 클래스를 작성합니다. 이 클래스에 앱에서 이용할 상태가 변수를 선언하고, 상탯값을 내보내거나 변경하는 함수를 선언합니다. GetxController를 상속받아 작성한다는 것 말고 특별한 규칙은 없습니다. 즉, 꼭 재정의해야 하는 함수는 없습니다.

다음 코드는 int값을 상태로 유지하는 GetxController 클래스입니다. 어디선가 increment(), decrement() 함수가 호출되면 적절한 로직이 실행되어 상탯값을 변경합니다. 그리고 이 상탯값을 이용하는 위젯에 변경 사항을 적용하려면 update() 함수를 호출합니다.

* Get 컨트롤러 작성하기

```
class CounterController extends GetxController {
  int count = 0;

  void increment() {
    count++;
    update();
  }
  void decrement() {
    count--;
    update();
  }
}
```

GetxController에는 onInit()나 onClose() 같은 생명주기 함수를 선언할 수 있습니다. onInit() 함수는 GetxController를 생성할 때 자동으로 호출되며 onClose() 함수는 GetxController 가 메모리에서 소멸할 때 자동으로 호출됩니다.

```
class CounterController extends GetxController {
  @override
  onInit() {
    super.onInit();
  }

  @override
  onClose() {
    super.onClose();
  }
}
```

GetX 컨트롤러 이용하기

GetxController를 위젯에서 이용하려면 GetX에 등록해야 하는데 2가지 방법이 있습니다. 먼저 Get.put() 함수의 매개변수로 GetxController를 등록하는 방법입니다. 다음 코드처럼 GetxController를 생성해 Get.put() 함수의 매개변수로 지정하면 등록되며 위젯에서 사용할 수 있습니다.

```
class MyApp extends StatelessWidget {
  @override
  Widget build(BuildContext context) {
    Get.put(CounterController());
    return GetMaterialApp(
        home: Scaffold(
            appBar: AppBar(
              title: Text('GetX Test'),
            ),
            body: MyWidget(),
        )
    );
  }
}
```

Get.put() 함수를 이용하지 않고 GetBuilder의 init 속성에 GetxController를 등록할 수도 있습니다. GetBuilder는 GetX를 이용하는 위젯이며 GetBuilder를 선언한 곳부터 그 하위 위 젯에서 이용할 GetxController를 init 속성에 등록할 수 있습니다.

• GetBuilder로 등록하기

```
class MyApp extends StatelessWidget {
  @override
  Widget build(BuildContext context) {
    return MaterialApp(
        home: Scaffold(
          appBar: AppBar(
            title: Text('GetX Test'),
          ),
          body: GetBuilder(
            init: CounterController(),
            builder: (_) {
              return MyWidget();
            },
          ),
        )
    );
  }
}
```

하위 위젯에서는 Get.find() 함수로 GetX에 등록된 GetxController 객체를 얻어서 사용합니다. 다음 코드에서는 build 함수의 첫 줄에 Get.find() 함수를 호출하여 CounterController 객체를 얻습니다. 이 객체로 GetxController에 등록된 상태를 이용하거나 함수를 호출하면 됩니다.

• Get.find() 함수로 GetX 컨트롤러 사용하기

```
class MyWidget extends StatelessWidget {
  @override
  Widget build(BuildContext context) {
    final CounterController controller = Get.find();
    return Row(
      children: <Widget>[
        Text('GetX : ${controller.count}',),
        ElevatedButton(
```

```
          child: Text('increment'),
          onPressed: () {
            controller.increment();
          },
        ),
        ElevatedButton(
          child: Text('decrement'),
          onPressed: () {
            controller.decrement();
          },
        )
      ],
    );
  }
}
```

그런데 `Get.find()` 함수를 이용하지 않고 `GetBuilder` 위젯을 이용하면 `GetBuilder`의 `builder`에 등록한 함수가 자동으로 호출되면서 함수의 매개변수로 `GetxController` 객체가 전달됩니다.

• GetBuilder로 GetX 컨트롤러 사용하기

```
class MyWidget extends StatelessWidget {
  @override
  Widget build(BuildContext context) {
    return GetBuilder<CounterController>(
      builder: (controller) {
        return Row(
          children: <Widget>[
            Text('GetX : ${controller.count}',),
            ElevatedButton(
              child: Text('increment'),
              onPressed: () {
                controller.increment();
              },
            ),
            ElevatedButton(
              child: Text('decrement'),
              onPressed: () {
```

```
              controller.decrement();
            },
          )
        ],
      );
    },
  );
}
}
```

GetX로 단순 상태 관리하기

GetX를 활용해 상태를 관리하는 앱을 만들어 보겠습니다.
화면의 증감 버튼을 클릭하면 화면의 숫자가 증감합니다.

그림 21-1 단순 상태 관리 앱 실행 결과

1단계 패키지 등록하기

pubspec.yaml 파일을 열고 dependencies 항목에 다음처럼 패키지를 등록한 후 〈Pub get〉
을 클릭합니다.

Do it!	• pubspec.yaml

```
dependencies:
  get: ^4.6.5
```

2단계 다트 파일 작성하기

lib 아래 ch21_1_getx라는 디렉터리를 만들고 여기에 test.dart 파일을 만든 후 다음처럼 코
드를 작성합니다. 그리고 앱을 실행해 버튼이 의도한 대로 동작하는지 확인합니다.

Do it!	• ch21_1_getx/test.dart

```
import 'package:flutter/material.dart';
import 'package:get/get.dart';
import 'package:get/get_state_manager/get_state_manager.dart';

class CounterController extends GetxController {
  int count = 0;
```

```dart
  @override
  onInit() {
    super.onInit();
  }

  @override
  onClose() {
    super.onClose();
  }

  void increment() {
    count++;
    update();
  }

  void decrement() {
    count--;
    update();
  }
}

main() {
  runApp(MyApp());
}

class MyApp extends StatelessWidget {
  @override
  Widget build(BuildContext context) {
    return MaterialApp(
      home: Scaffold(
        appBar: AppBar(
          title: Text('GetX Test'),
        ),
        body: GetBuilder(
          init: CounterController(),
          builder: (_) {
            return MyWidget();
          },
        ),
      ),
    );
```

```dart
  }
}

class MyWidget extends StatelessWidget {
  @override
  Widget build(BuildContext context) {
    return GetBuilder<CounterController>(
      builder: (controller) {
        return Container(
          color: Colors.deepOrange,
          child: Center(
            child: Column(
              mainAxisAlignment: MainAxisAlignment.center,
              children: [
                Text(
                  'GetX: ${controller.count}',
                  style: TextStyle(
                    color: Colors.white,
                    fontWeight: FontWeight.bold,
                    fontSize: 20,
                  ),
                ),
                ElevatedButton(
                  child: Text('increment'),
                  onPressed: () {
                    controller.increment();
                  },
                ),
                ElevatedButton(
                  child: Text('decrement'),
                  onPressed: () {
                    controller.decrement();
                  },
                )
              ],
            ),
          ),
        );
      },
    );
  }
}
```

21-2 반응형 상태 관리하기

반응형 상태 관리란 GetX 컨트롤러가 상탯값 변경을 자동으로 감지하여 이 상태를 이용하는 위젯을 다시 빌드해 주는 것을 의미합니다. 앞에서 살펴본 단순 상태 관리에서는 변경된 상탯값 적용을 update() 함수로 처리했지만, 반응형 상태 관리를 이용하면 update() 함수를 사용하지 않아도 됩니다.

GetX 컨트롤러 선언하기

반응형 상태 관리를 이용할 때는 GetxController에 상태 변수를 선언하는 방법이 중요합니다. 다음처럼 GetxController를 만들고 count라는 변수를 선언한다면 이 값을 변경할 수는 있지만 count 상탯값을 이용하는 위젯을 다시 빌드하지는 않습니다. 즉, 상탯값 변경이 위젯에 자동으로 반영되지 않습니다.

• 상태 변수 선언하기

```
class CounterController extends GetxController {
  int count = 0;
}
```

반응형 상태 관리를 할 수 있는 변수 선언법은 3가지입니다. 차례로 살펴보겠습니다.

RxXXX 타입으로 선언하기

GetxController에 선언하는 변수의 타입명 앞에 Rx를 추가하는 방법입니다. 예를 들어 int 타입의 데이터를 저장하는 변수를 int로 선언하지 않고 RxInt로 선언하는 것입니다.

• RxXXX 타입으로 선언하기

```
class CounterController extends GetxController {
  var count = RxInt(0);
  var isChecked = RxBool(false);
  var title = RxString('');
}
```

이 코드를 보면 GetxController에 변수를 3개 선언했는데 각각 RxInt, RxBool, RxString 객체의 생성자를 이용했습니다. 이 객체는 데이터가 변경되는 것을 감지해 위젯을 갱신해 줍니다. 각 객체는 생성자의 매개변수에 지정한 값으로 초기화합니다. 그리고 각 타입 변수에 저장하는 값은 내부적으로 이 객체의 value 속성에 저장됩니다. 따라서 위젯에서 이 객체의 값을 가져올 때는 count.value, isChecked.value, title.value를 이용합니다. RxInt, RxBool, RxString 이외에 RxDouble, RxList, RxMap, RxSet도 제공합니다.

Rx<XXX>로 선언하기

GetxController에 변수를 선언하는 또 다른 방법은 Rx 객체에 데이터 타입을 제네릭으로 선언하는 것입니다.

• Rx<XXX>로 선언하기

```
class CounterController extends GetxController {
  var count = Rx<int>(0);
  var isChecked = Rx<bool>(false);
  var title = Rx<String>('');
}
```

제네릭 타입으로 선언하므로 개발자가 작성하는 클래스 타입도 가능합니다. 예를 들어 사용자 정보를 저장할 User라는 클래스가 있다면 다음처럼 Rx<User>라고 선언하면 됩니다.

• Rx<XXX>로 클래스 타입 선언하기

```
class User {
  String name = '';
  int age = 0;
}
class CounterController extends GetxController {
  var user = Rx<User>(User());
}
```

이처럼 User 객체를 Rx로 GetxController에 등록하면 Rx의 value 속성에 저장되며 user.value.name이나 user.value.age 등으로 객체의 값을 이용할 수 있습니다. User 객체를 Rx에 등록한 것이지만 User의 name이나 age 값이 변경되면 자동으로 이 값을 이용하는 위젯에 반영됩니다.

obs로 선언하기

GetxController에 변수를 선언할 때 값 뒤에 .obs를 추가해서 선언할 수도 있습니다. 변수에 .obs를 추가하면 반응형 상탯값이 됩니다.

• obs로 선언하기

```
class CounterController extends GetxController {
  var count = 0.obs;
  var isChecked = false.obs;
  var title = ''.obs;
  var user = User().obs;
}
```

GetX 컨트롤러 이용하기

반응형 상태 관리를 해주는 GetxController도 GetX에 등록해야 위젯에서 이용할 수 있습니다. GetxController를 GetX에 등록하는 방법은 단순 상태 관리, 반응형 상태 관리 모두 같습니다. Get.put() 함수나 GetBuilder의 init 속성으로 등록합니다.

• Get.put() 함수로 등록하기

```
Get.put(CounterController());
return GetMaterialApp(
    home: Scaffold(
        appBar: AppBar(
          title: Text('GetX Test'),
        ),
        body: MyWidget(),
    )
);
```

이렇게 등록한 GetxController를 위젯에서 이용하는 방법은 Obx나 GetX를 이용합니다. Obx는 위젯이며 변경된 상탯값을 적용할 위젯을 지정할 수 있습니다. Obx() 생성자의 매개변수에 함수를 지정하며 GetxController의 값이 변경될 때 함수에서 반환하는 위젯을 다시 빌드합니다.

```
class MyWidget extends StatelessWidget {
  @override
  Widget build(BuildContext context) {
    final CounterController controller = Get.find();
    return Obx(
      () => Column(
        children: <Widget>[
          Text('GetX : ${controller.count}, ${controller.isChecked.value},
              ${controller.title.value}'),
          Text('GetX : ${controller.user.value.name}, ${controller.user.value.age}'),
          ElevatedButton(
            child: Text('change'),
            onPressed: () {
              controller.count.value++;
              if (controller.title.value == 'hello')
                controller.title.value = 'world';
              else
                controller.title.value = "hello";
              controller.isChecked.value = !controller.isChecked.value;

              if (controller.user.value.name == 'kkang')
                controller.user.value.name = 'kim';
              else
                controller.user.value.name = 'kkang';
            },
          ),
        ],
      )
    );
  }
}
```

Obx를 사용하지 않고 GetX를 사용하면 GetX의 **builder**에 지정한 함수의 매개변수에 **GetX**
Controller 객체가 전달됩니다.

```
class MyWidget extends StatelessWidget {
  @override
  Widget build(BuildContext context) {
    return GetX<CounterController>(
        builder: (controller) => Column(
          children: <Widget>[
            Text('GetX : ${controller.count}, ${controller.isChecked.value},
                ${controller.title.value}',),
            Text('GetX : ${controller.user.value.name},
                ${controller.user.value.age}'),
            ElevatedButton(
              child: Text('change'),
              onPressed: () {
                controller.count.value++;
                if (controller.title.value == 'hello')
                  controller.title.value = 'world';
                else
                  controller.title.value = "hello";
                controller.isChecked.value = !controller.isChecked.value;

                if (controller.user.value.name == 'kkang')
                  controller.user.value.name = 'kim';
                else
                  controller.user.value.name = 'kkang';
              },
            ),
          ],
        )
    );
  }
}
```

Worker로 상태 감지하기

Worker는 GetxController의 상태가 변경될 때 이를 감지해 특정 작업 함수를 호출해 줍니
다. Worker는 GetxController의 생성자나 onInit()에 등록하며 ever(), once(), debounce(),
interaval()로 작업 함수를 등록합니다.

- ever(): Rx값이 변경될 때마다 반복해서 호출

- once(): Rx값이 변경되는 최초에 한 번만 호출

- debounce(): 시간을 설정하고 Rx값의 마지막 변경 후 설정한 시간이 지난 후 한 번만 호출

- interval(): 시간을 설정하고 값이 변경되는 동안 설정한 시간 간격으로 호출

• Worker로 상태 감지하기

```
@override
onInit() {
  super.onInit();
  ever(count, (value)=>print('ever : $value'));
  once(count, (value)=>print('once : $value'));
  debounce(count, (value)=>print('debounce : $value'), time: Duration(seconds: 1));
  interval(count, (value)=>print('interval : $value'), time: Duration(seconds: 1));
}
```

이렇게 Worker를 등록하고 2초 동안 0.5초마다 count값을 4번 변경하면 다음처럼 출력됩니다.

Worker를 GetxController의 onInit()에 선언하면 count값이 변경될 때마다 ever()에 등록된 함수가 호출됩니다. 예를 들어 0.5초마다 2초 동안 4번 값을 변경한다면 총 4회 호출됩니다. 그리고 once() 함수는 count값이 처음 변경되는 순간 한 번만 호출됩니다.

▶ 실행 결과

```
ever : 1
once : 1
[GETX] Worker [once] called
ever : 2
interval : 1
ever : 3
ever : 4
interval : 3
debounce : 4
```

debounce()와 interval() 함수는 모두 Duration (seconds:1)로 1초의 시간을 설정했습니다. debounce() 함수는 count값이 마지막으로 변경된 후 1초가 지나야 호출됩니다. 예를 들어 2초 동안 0.5초마다 4번 값을 변경한다면 마지막 변경된 후 1초 후에 한 번 호출됩니다.

interval() 함수는 시간을 1초로 설정했다면 몇 번의 값이 변경되든지 1초마다 호출됩니다. 예를 들어 2초 동안 0.5초마다 값을 4번 변경한다면 2번 호출됩니다.

Do it! 실습 GetX로 반응형 상태 관리하기

GetX를 활용해 반응형 상태를 관리하는 앱을 만들어 보겠습니다.

그림 21-2 반응형 상태 관리 앱 실행 결과

1단계 **패키지 등록하기**

lib 아래 **ch21_2_rx**라는 디렉터리를 만들고 여기에 **test.dart** 파일을 만든 후 다음처럼 코드를 작성합니다. 그리고 앱을 실행해 버튼이 의도한 대로 동작하는지 확인합니다.

Do it! • ch21_2_rx/test.dart

```dart
import 'package:flutter/material.dart';
import 'package:get/get.dart';

class User {
  String name = '';
  int age = 0;
}

class CounterController extends GetxController {
  var count = 0.obs;
  var isChecked = false.obs;
  var title = ''.obs;
  var user = User().obs;

  @override
  onInit() {
    super.onInit();
    ever(
      count,
      (value) => print('ever : $value'),
    );
    once(
      count,
      (value) => print('once : $value'),
    );
    debounce(
      count,
      (value) => print('debounce : $value'),
      time: Duration(seconds: 1),
```

```
    );
    interval(
      count,
      (value) => print('interval : $value'),
      time: Duration(seconds: 1),
    );
  }

  @override
  onClose() {
    super.onClose();
  }
}

main() {
  runApp(MyApp());
}

class MyApp extends StatelessWidget {
  @override
  Widget build(BuildContext context) {
    Get.put(CounterController());
    return GetMaterialApp(
      home: Scaffold(
        appBar: AppBar(
          title: Text('GetX Rx Test'),
        ),
        body: MyWidget(),
      ),
    );
  }
}

class MyWidget extends StatelessWidget {
  @override
  Widget build(BuildContext context) {
    return GetX<CounterController>(
      builder: (controller) => Container(
        color: Colors.deepOrange,
        child: Center(
          child: Column(
            mainAxisAlignment: MainAxisAlignment.center,
```

```
      children: <Widget>[
        Text(
          'GetX : ${controller.count}, ${controller.isChecked.value},
            ${controller.title.value}',
          style: TextStyle(
            color: Colors.white,
            fontWeight: FontWeight.bold,
            fontSize: 20,
          ),
        ),
        Text(
          'GetX : ${controller.user.value.name}, ${controller.user.value.age}',
          style: TextStyle(
            color: Colors.white,
            fontWeight: FontWeight.bold,
            fontSize: 20,
          ),
        ),
        ElevatedButton(
          child: Text('change'),
          onPressed: () {
            controller.count.value++;
            if (controller.title.value == 'hello')
              controller.title.value = 'world';
            else
              controller.title.value = "hello";
            controller.isChecked.value = !controller.isChecked.value;

            if (controller.user.value.name == 'kkang')
              controller.user.value.name = 'kim';
            else
              controller.user.value.name = 'kkang';
          },
        ),
      ],
    ),
   ),
  ),
 );
}
}
```

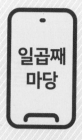

네이티브 기능 이용하기

플랫폼과 연동하기

플러터는 크로스 플랫폼 프레임워크이므로 안드로이드와 iOS 앱은 물론 데스크톱과 웹 앱도 만들 수 있습니다. 그런데 플러터로 다양한 플랫폼의 앱을 개발하더라도 플랫폼별 고유한 기능은 각 플랫폼에 종속인 코드로 개발할 수밖에 없습니다. 이번 장에서는 플러터 앱에서 플랫폼과 연동하는 방법을 살펴보겠습니다.

22-1 플랫폼 채널이란?

플러터는 프런트엔드 앱을 개발하는 크로스 플랫폼 프레임워크이므로 화면 구성과 화면 전환, 사용자 이벤트 처리, 네트워킹 등 중요한 기능은 여러 플랫폼에서 같은 코드로 작성할 수 있습니다. 그런데 각 플랫폼은 저마다 특징이 있으며 이런 고유한 기능은 반드시 플랫폼별 코드로 작성해야 합니다.

이처럼 플랫폼별 기능을 흔히 **네이티브**native 기능이라고 하는데 플러터에서는 이 네이티브 기능을 API로 제공하지 않습니다. 따라서 개발자가 직접 각 플랫폼에 맞는 코드를 작성해야 합니다. 예를 들어 사용자 위치를 추적하거나 전화를 거는 등 플랫폼에 종속인 기능은 꼭 플랫폼별 코드로 작성해야 합니다. 플러터에서는 개발자가 작성한 네이티브 코드와 다트 코드가 서로 연동할 수 있는 채널만 제공합니다. 이를 **플랫폼 채널**platform channel이라고 합니다.

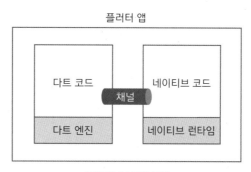

그림 22-1 플랫폼 채널

결국 플러터에서 API로 제공하지 않는 네이티브 기능을 구현하려면 안드로이드 종속인 코드는 코틀린으로, iOS 종속인 코드는 스위프트로 직접 개발해야 합니다.* 그리고 앱의 다트 코드와 네이티브 코드가 서로 연동할 수 있게 플러터에서 제공하는 플랫폼 채널을 이용해야 합니다.

* 안드로이드는 자바, iOS는 오브젝티브-C로 개발할 수도 있습니다.

따라서 플랫폼 채널을 다루려면 코틀린 코드와 스위프트 코드가 나올 수밖에 없습니다. 그런데 이 책은 플러터가 주제이므로 플러터의 플랫폼 채널을 이용하는 방법에만 집중하겠습니다. 즉, 네이티브 코드를 자세히 다루지는 않겠습니다.

22-2 메시지 채널 이용하기

플러터 앱에서 네이티브와 연동하는 방법으로 **메시지 채널, 메서드 채널, 이벤트 채널**을 제공합니다. 먼저 메시지 채널을 살펴보겠습니다. 메시지 채널은 다트와 네이티브 간에 문자열을 주고받을 때 사용합니다.

다트에서 네이티브로 보내기

메시지 채널을 이용해 다트에서 네이티브에 문자열 데이터를 보내는 방법을 살펴보겠습니다.

다트 코드

먼저 메시지 채널을 사용하는 다트 코드를 살펴보겠습니다. 플러터는 `BasicMessageChannel` 클래스를 제공합니다. 이 클래스를 이용해 네이티브와 연동할 수 있는 채널을 만들고 이 채널을 통해 데이터를 보냅니다.

다음 코드에서 `BasicMessageChannel` 생성자의 첫 번째 매개변수로 지정한 문자열은 채널의 이름입니다. 두 번째 매개변수에 지정한 `StringCodec()` 함수는 다트와 네이티브 간에 주고받는 바이너리와 문자열을 변환해 줍니다.

• 메시지 채널로 네이티브에 데이터 보내기(다트)

```
const channel = BasicMessageChannel<String>('myMessageChannel', StringCodec());
String? result = await channel.send('Hello from Dart');
```

채널 이름은 임의로 작성하며 네이티브 코드에서는 이 이름으로 채널을 선언해야 합니다. 즉, 다트의 채널 이름과 네이티브의 채널 이름이 같아야 합니다. 그리고 채널 이름을 다르게 해서 한 앱에서 네이티브와 연동하는 여러 채널을 이용해도 됩니다.

채널을 만들었으면 채널 객체의 `send()` 함수로 문자열 데이터를 네이티브에 보냅니다. 또한 네이티브에서 문자열 데이터를 받아서 로직을 실행한 후 결괏값을 `send()` 함수의 반환 타입으로 받을 수 있습니다.

안드로이드 코드

안드로이드에서 플랫폼 채널을 이용하려면 MainActivity에 configureFlutterEngine() 함수를 재정의합니다. 이 함수에서 다트 코드에 지정한 채널과 같은 이름으로 채널을 생성합니다. 그리고 다트에서 보내는 메시지를 받으려고 setMessageHandler() 함수의 매개변수에 데이터가 전달될 때 자동으로 호출할 함수를 지정합니다.

다음 코드에서 message 매개변수는 다트에서 보낸 문자열이며, reply 매개변수는 로직을 실행한 후 결과를 보낼 때 사용합니다. reply의 reply() 함수를 호출하면 매개변숫값을 다트로 보냅니다.

• 다트에서 보낸 데이터 받기(코틀린)

```kotlin
class MainActivity: FlutterActivity() {
  override fun configureFlutterEngine(flutterEngine: FlutterEngine) {
    GeneratedPluginRegistrant.registerWith(flutterEngine)

    val channel = BasicMessageChannel<String>(flutterEngine.dartExecutor,
        "myMessageChannel", StringCodec.INSTANCE )
    channel.setMessageHandler { message, reply ->
      Log.d("msg", "receive: $message")
      reply.reply("Reply from Android")
    }
  }
}
```

iOS 코드

다트에서 보낸 데이터를 iOS에서 받는 스위프트 코드도 안드로이드 코드와 유사합니다. App Delegate 클래스에 application() 함수가 선언되어 있으며 이 함수에 FlutterBasicMessage Channel 클래스의 객체를 생성하여 채널을 만듭니다. 이 객체의 name에 지정한 문자열이 채널 이름이며 다트에서 지정한 채널 이름과 같아야 합니다.

채널 객체를 만든 후 setMessageHandler() 함수의 매개변수에 문자열을 받을 때 자동으로 실행할 함수를 지정합니다. 이 함수의 첫 번째 매개변수는 다트에서 보낸 데이터이며, 두 번째 매개변수는 실행 결과를 다시 다트에 보내는 FlutterReply 객체입니다.

```swift
@UIApplicationMain
@objc class AppDelegate: FlutterAppDelegate {
  override func application(
    _ application: UIApplication,
    didFinishLaunchingWithOptions launchOptions: [UIApplication.LaunchOptionsKey: Any]?
  ) -> Bool {
    let controller: FlutterViewController =
        window?.rootViewController as! FlutterViewController
    let channel = FlutterBasicMessageChannel(
        name: "myMessageChannel",
        binaryMessenger: controller.binaryMessenger,
        codec: FlutterStringCodec.sharedInstance()
    )

    channel.setMessageHandler {
      (message: Any?, reply: FlutterReply) -> Void in reply("Hi from iOS")
    }

    GeneratedPluginRegistrant.register(with: self)
    return super.application(application, didFinishLaunchingWithOptions: launchOptions)
  }
}
```

네이티브에서 다트로 보내기

이번에는 메시지 채널을 이용해 네이티브에서 다트에 문자열 데이터를 보내는 방법을 살펴 보겠습니다. 다트에서는 채널에 데이터를 받을 때 실행할 함수를 핸들러로 지정하고, 네이티 브 코드에서는 채널을 이용해 데이터를 보내면 됩니다.

다트 코드

다음은 네이티브에서 보낸 문자열을 받는 다트 코드입니다. BasicMessageChannel을 이용해 채널을 만들고 데이터가 전달될 때 호출할 함수를 setMessageHandler() 함수의 매개변수로 지정합니다. setMessageHandler()에 지정한 함수의 반환값은 다시 네이티브로 보냅니다.

> **• 네이티브에서 메시지 채널로 보낸 데이터 받기(다트)**
>
> ```
> const channel = BasicMessageChannel<String>('myMessageChannel', StringCodec());
> channel.setMessageHandler((String? message) async {
>   ... (생략) ...
>   return 'Reply from Dart';
> });
> ```

안드로이드 코드

다음은 메시지 채널을 이용해 다트에 문자열을 보내는 안드로이드 코드입니다. BasicMessage
Channel 객체로 채널을 만들고 이 채널 객체의 send() 함수로 다트에 문자열을 보냅니다.
send() 함수의 두 번째 매개변수는 다트에서 반환하는 결과를 받는 함수입니다.

> **• 안드로이드에서 메시지 보내기(코틀린)**
>
> ```
> val channel = BasicMessageChannel<String>(flutterEngine.dartExecutor,
>     "myMessageChannel", StringCodec.INSTANCE )
> ... (생략) ...
> channel.send("Hello from Android"){replay -> Log.d("msg", "reply : $replay")
> ```

iOS 코드

메시지 채널을 이용해 다트에 문자열을 보내는 iOS 코드입니다. FlutterBasicMessageChannel
을 이용해 채널 객체를 만들고 이 객체의 sendMessage() 함수를 호출하여 다트에 문자열을
보냅니다.

> **• iOS에서 메시지 보내기(스위프트)**
>
> ```
> let controller: FlutterViewController =
>     window?.rootViewController as! FlutterViewController
> let channel = FlutterBasicMessageChannel(
>     name: "myMessageChannel",
>     binaryMessenger: controller.binaryMessenger,
>     codec: FlutterStringCodec.sharedInstance()
> )
> ... (생략) ...
> channel.sendMessage("Hello i am ios native") {
>   (reply: Any?) -> Void in print("%@", reply as! String)
> }
> ```

메시지 채널을 활용해 안드로이드, iOS와 메시지를 주고받는 앱을 만들어 보겠습니다.

1단계 다트 파일 작성하기

lib 아래 ch22_2_message라는 디렉터리를 만들고 여기에 test.dart 파일을 만든 후 다음처럼 코드를 작성합니다.

```
Do it!                                                           • ch22_2_message/test.dart

import 'dart:async';
import 'package:flutter/material.dart';
import 'package:flutter/services.dart';

void main() => runApp(new MyApp());

class MyApp extends StatelessWidget {
  @override
  Widget build(BuildContext context) {
    return new MaterialApp(
      title: 'Flutter Channel',
      theme: new ThemeData(
        primarySwatch: Colors.blue,
      ),
      home: NativeCallWidget(),
    );
  }
}

class NativeCallWidget extends StatefulWidget {
  @override
  NativeCallWidgetState createState() => NativeCallWidgetState();
}

class NativeCallWidgetState extends State<NativeCallWidget> {
  String? resultMessage;
  String? receiveMessage;

  Future<Null> nativeCall() async {
```

```dart
      const channel =
      BasicMessageChannel<String>('myMessageChannel', StringCodec());
      String? result = await channel.send('Hello from Dart');
      setState(() {
        resultMessage = result;
      });
      channel.setMessageHandler((String? message) async {
        setState(() {
          receiveMessage = message;
        });
        return 'Reply from Dart';
      });
    }

    @override
    Widget build(BuildContext context) {
      return Scaffold(
        appBar: AppBar(title: Text("Message Channel")),
        body: Container(
          color: Colors.deepPurpleAccent,
          child: Center(
            child: Column(
              mainAxisAlignment: MainAxisAlignment.center,
              children: (<Widget>[
                Text('resultMessage : $resultMessage'),
                Text('receiveMessage : $receiveMessage'),
                ElevatedButton(
                  child: Text('native call'),
                  onPressed: () {
                    nativeCall();
                  },
                ),
              ]),
            ),
          ),
        ),
      );
    }
  }
```

안드로이드 코드 작성하기

다트와 안드로이드를 연동하는 코드는 프로젝트의 android/app/src/main 디렉터리에 있는 MainActivity.kt 파일에 작성합니다. 이 파일은 플러터 프로젝트를 만들 때 자동으로 만들어지며 코틀린으로 작성합니다.

그런데 MainActivity 파일을 열면 다음 그림처럼 오류가 발생합니다. 이는 플러터 프로젝트에서 안드로이드 파일을 열어서 발생합니다.

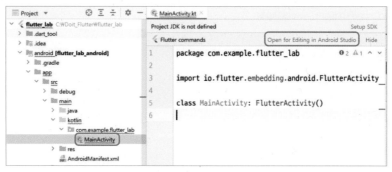

그림 22-2 MainActivity 파일 열기

안드로이드 파일을 작성하는 방법은 여러 가지가 있지만 편집 창 오른쪽 위에 표시되는 플러터 명령 줄에서 [Open for Editing in Android Studio]를 클릭해 안드로이드 프로젝트를 새로 여는 방법이 편리합니다. 다음 그림처럼 대화 창이 뜨면 〈New Window〉를 클릭해 새 창에서 프로젝트를 엽니다.

그림 22-3 프로젝트 열기

새 창에서 안드로이드 프로젝트를 열려면 여러 가지 도구를 내려받고 빌드하면서 시간이 꽤 걸립니다.

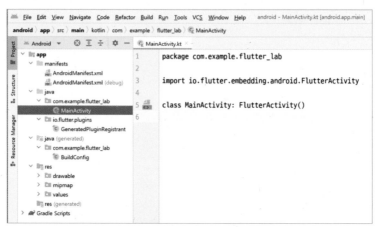

그림 22-4 새 창에서 안드로이드 프로젝트와 MainActivity 파일 열기

새 창에 안드로이드 프로젝트와 MainActivity 파일이 열리면 다음과 같은 코드를 작성합니다.

```kotlin
package com.example.flutter_lab

import android.util.Log
import io.flutter.embedding.android.FlutterActivity
import io.flutter.embedding.engine.FlutterEngine
import io.flutter.plugin.common.BasicMessageChannel
import io.flutter.plugin.common.EventChannel
import io.flutter.plugin.common.MethodChannel
import io.flutter.plugin.common.StringCodec
import io.flutter.plugins.GeneratedPluginRegistrant

class MainActivity: FlutterActivity() {
    override fun configureFlutterEngine(flutterEngine: FlutterEngine) {
        GeneratedPluginRegistrant.registerWith(flutterEngine)

        // 메시지 채널 테스트
        val channel = BasicMessageChannel<String>(flutterEngine.dartExecutor,
                    "myMessageChannel", StringCodec.INSTANCE )
        channel.setMessageHandler { message, reply ->
            Log.d("msg", "receive: $message")
            reply.reply("Reply from Android")
            channel.send("Hello from Android") { replay ->
                Log.d("msg", "reply : $replay")
            }
        }
    }
}
```

3단계 **안드로이드 에뮬레이터에서 앱 실행하기**

1단계에서 작성한 test.dart 파일을 안드로이드 에뮬레이터
에서 실행해 결과를 확인합니다. 화면의 버튼을 누르면 안드
로이드 코드와 연동해 메시지를 전달받아 출력합니다.

4단계 **iOS 코드 작성하기**

이번에는 iOS와 연동하는 코드를 작성해 보겠습니다. 그런
데 iOS 코드는 macOS에서 개발해야 하며 Xcode가 설치돼
있어야 합니다. 따라서 iOS는 윈도우에서는 테스트할 수 없
습니다.

플러터 프로젝트에서 ios/Runner 디렉터리의 **AppDelegate.
swift** 파일을 열고 다음처럼 작성합니다.

그림 22-5 안드로이드 에뮬레이터 실행하기

Do it! • AppDelegate.swift(스위프트)

```swift
import UIKit
import Flutter

@UIApplicationMain
@objc class AppDelegate: FlutterAppDelegate {
  override func application(
    _ application: UIApplication,
    didFinishLaunchingWithOptions launchOptions: [UIApplication.LaunchOptionsKey: Any]?
  ) -> Bool {
    let controller: FlutterViewController =
        window?.rootViewController as! FlutterViewController
    let channel = FlutterBasicMessageChannel(
        name: "myMessageChannel",
        binaryMessenger: controller.binaryMessenger,
        codec: FlutterStringCodec.sharedInstance()
    )

    channel.setMessageHandler {
```

```
    (message: Any?, reply: FlutterReply) -> Void in reply("Hi from iOS")
    channel.sendMessage("Hello i am ios native") {
      (reply: Any?) -> Void in print("%@", reply as! String)
    }
  }
}

GeneratedPluginRegistrant.register(with: self)
return super.application(application, didFinishLaunchingWithOptions: launchOptions)
}
}
```

5단계 **iOS 시뮬레이터에서 앱 실행하기**

1단계에서 작성한 test.dart 파일을 Xcode의 iOS 시뮬레이
터에서 실행해 결과를 확인합니다. 화면의 버튼을 누르면
iOS 코드와 연동해 메시지를 전달받아 출력합니다.

그림 22-6 iOS 시뮬레이터에서 실행 결과

22-3 메서드 채널 이용하기

메서드 채널은 한 채널에서 메서드 이름으로 데이터를 구분해서 전달할 때 사용합니다. 메서드 채널은 코드에서 메서드를 호출하듯이 직접 네이티브의 메서드를 호출하는 방식은 아닙니다. 메서드 이름을 식별자로 지정하고 그 이름의 메서드에 데이터를 보내는 방식입니다. 또한 데이터를 받는 곳에서도 메서드 이름의 함수를 직접 선언할 필요는 없으며 전달받은 메서드 이름을 식별해 데이터를 이용합니다. 메시지 채널과 메서드 채널은 데이터를 전달한다는 측면에서는 같지만, 메서드 채널은 한 채널에서 메서드로 구분하여 여러 상황의 데이터를 전달하는 방법입니다.

다트에서 네이티브로 보내기

다트에서 메서드 채널을 이용해 네이티브에 데이터를 보내는 방법을 살펴보겠습니다.

다트 코드

메서드 채널은 MethodChannel 클래스로 만듭니다. 메서드 채널을 이용해 네이티브에 데이터를 보내는 다트 코드는 다음처럼 작성합니다.

MethodChannel 생성자의 매개변수에 지정한 문자열은 채널 이름이며 네이티브에 선언하는 채널과 같아야 합니다. 이렇게 만든 채널의 invokeMethod() 함수로 네이티브를 실행하는데 첫 번째 매개변수는 메서드 이름이고, 두 번째 매개변수는 보낼 데이터입니다. 보낼 데이터는 단순 문자열일 수도 있고 Map 객체일 수도 있습니다. invokeMethod() 함수를 호출하면 네이티브가 실행되고 그 결과를 반환받을 수 있습니다.

• 메서드 채널로 네이티브에 데이터 보내기(다트)

```
const channel = const MethodChannel('myMethodChannel');

try {
  var details = {'Username':'kkang','Password':'1234'};
  final Map result = await channel.invokeMethod("oneMethod", details);
} on PlatformException catch (e) {
  print("Failed: '${e.message}'.");
}
```

안드로이드 코드

다음은 메서드 채널로 실행되는 안드로이드 코드입니다. MethodChannel 객체로 매서드 채널을 만들며 생성자의 두 번째 매개변수에 채널 이름을 지정합니다.

다트에서 메서드 채널로 보낸 데이터를 받으려면 setMethodCallHandler() 함수의 매개변수에 콜백 함수를 등록해야 합니다. 이 함수의 첫 번째 매개변수는 MethodCall 객체인데 다트에서 호출한 정보를 담고 있습니다. 이 객체의 method 속성으로 다트에서 호출한 메서드 이름을 얻고, arguments 속성으로 다트에서 보낸 데이터를 받습니다. 또한 두 번째 매개변수는 Method Channel.Result 타입의 객체인데, 이 객체의 success() 함수를 호출하면 매개변수로 다트에 결괏값을 반환합니다.

```
• 다트에서 보낸 데이터 받기(코틀린)
```
```kotlin
val methodChannel = MethodChannel(flutterEngine.dartExecutor.binaryMessenger,
                                  "myMethodChannel")


methodChannel.setMethodCallHandler { call, result ->
  if (call.method == "oneMethod") {
    val map = call.arguments as Map<String, String>
    result.success(mapOf("one" to 10, "two" to 20))
  } else {
    result.notImplemented()
  }
}
```

iOS 코드

다음은 메서드 채널로 실행되는 iOS 코드입니다. FlutterMethodChannel로 메서드 채널 객체를 만들며 name에 채널 이름을 지정합니다.

다트에서 메서드 채널로 보낸 데이터를 받으려면 setMethodCallHandler() 함수의 매개변수에 콜백 함수를 지정해야 합니다. 이 콜백 함수의 첫 번째 매개변수는 다트에서 호출한 메서드 정보이며 메서드 이름과 보낸 데이터를 얻을 수 있습니다. 또한 콜백 함수의 두 번째 매개변수로 전달된 FlutterResult 객체를 이용해 다트에 결과 데이터를 반환할 수 있습니다.

```swift
let methodChannel = FlutterMethodChannel(
    name: "myMethodChannel",
    binaryMessenger: controller.binaryMessenger)

methodChannel.setMethodCallHandler({
  (call: FlutterMethodCall, result: @escaping FlutterResult) -> Void in
  swich(call.method) {
  case "oneMethod":
    let argument = call.arguments as? Dictionary<String, Any>
    let resultArg = ["one":30, "two":40]
    result(resultArg)
  default:
  break;
  }
})
```

네이티브에서 다트로 보내기

이번에는 네이티브에서 다트에 메서드 채널을 이용해 데이터를 보내는 방법을 살펴보겠습니다.

다트 코드

네이티브에서 메서드 채널로 보낸 데이터를 다트에서 받으려면 네이티브에서 호출할 때 실행할 함수를 메서드 채널로 등록합니다. MethodChannel의 setMethodCallHandler() 함수를 이용합니다. 이 함수의 매개변수에 네이티브에서 보낸 데이터를 받을 때 실행할 콜백 함수를 등록합니다. 이 콜백 함수의 첫 번째 매개변수는 네이티브에서 호출한 메서드 정보이며, method 속성으로 메서드 이름을, arguments 속성으로 보낸 데이터를 얻을 수 있습니다. 또한 콜백 함수의 반환값은 네이티브에 보냅니다.

```dart
const channel = const MethodChannel('myMethodChannel');
channel.setMethodCallHandler((call) async{
  switch(call.method){
    case 'twoMethod':
```

```
    ... (생략) ...
    return 'Reply from Dart';
  }
});
```

안드로이드 코드

다트에 메서드 채널로 데이터를 보내는 안드로이드 코드는 다음처럼 작성합니다. Method
Channel로 메서드 채널을 만들고 이 객체의 invokeMethod() 함수를 호출하는데, 첫 번째 매
개변수는 호출할 메서드 이름, 두 번째 매개변수는 보낼 데이터입니다. 그리고 세 번째 매개
변수는 다트가 반환하는 결과를 받는 콜백 객체입니다. 다트에서 보낸 결과를 정상으로 받으
면 success() 함수가 호출되며, 오류가 발생하면 error() 함수가 호출됩니다.

• 안드로이드에서 데이터 보내기(코틀린)

```
val methodChannel = MethodChannel(flutterEngine.dartExecutor.binaryMessenger,
                                  "myMethodChannel")
... (생략) ...
methodChannel.invokeMethod("twoMethod", "Hello from Android", object : MethodChannel.
Result {
  override fun success(result: Any?) {
    io.flutter.Log.d("flutter", "${result as String}")
  }

  override fun error(errorCode: String, errorMessage: String?, errorDetails: Any?) {
  }

  override fun notImplemented() {
  }
})
```

iOS 코드

다트에 메서드 채널로 데이터를 보내는 iOS 코드는 다음처럼 작성합니다. FlutterMethod
Channel로 채널을 만들며 이 채널 객체의 invokeMethod() 함수를 호출하여 다트를 실행합니
다. 첫 번째 매개변수는 다트의 함수 이름이고, 두 번째 매개변수는 보낼 데이터입니다. 그리
고 세 번째 매개변수로 지정한 함수는 다트에서 결과를 반환할 때 호출할 함수입니다.

```kotlin
let methodChannel = FlutterMethodChannel(
  name: "myMethodChannel",
  binaryMessenger: controller.binaryMessenger)
  ... (생략) ...

methodChannel.invokeMethod("twoMethod", arguments: "Hi from iOS") {
  (result: Any?) -> Void in
  if let error = result as? FlutterError {

  } else if FlutterMethodNotImplemented.isEqual(result) {

  } else {
    print("%@", result as! String)
  }
}
```

Do it! 실습 ▶ 메서드 채널 활용하기

메서드 채널을 활용해 안드로이드, iOS와 데이터를 주고받는 앱을 만들어 보겠습니다.

1단계 다트 파일 작성하기

lib 아래 ch22_3_method라는 디렉터리를 만들고 여기에 test.dart 파일을 만든 후 다음처럼
코드를 작성합니다.

Do it! • ch22_3_method/test.dart

```dart
import 'dart:async';
import 'package:flutter/material.dart';
import 'package:flutter/services.dart';


void main() => runApp(new MyApp());

class MyApp extends StatelessWidget {
  @override
  Widget build(BuildContext context) {
```

```dart
    return new MaterialApp(
      title: 'Flutter Channel',
      theme: new ThemeData(
        primarySwatch: Colors.blue,
      ),
      home: NativeCallWidget(),
    );
  }
}

class NativeCallWidget extends StatefulWidget {
  @override
  NativeCallWidgetState createState() => NativeCallWidgetState();
}

class NativeCallWidgetState extends State<NativeCallWidget> {
  String? resultMessage;
  String? receiveMessage;

  Future<Null> nativeCall() async {
    const channel = const MethodChannel('myMethodChannel');

    try {
      var details = {'Username': 'kkang', 'Password': '1234'};
      final Map result = await channel.invokeMethod("oneMethod", details);
      setState(() {
        resultMessage = "${result["one"]}, ${result["two"]}";
      });
      channel.setMethodCallHandler((call) async {
        switch (call.method) {
          case 'twoMethod':
            setState(() {
              receiveMessage = "receive : ${call.arguments}";
            });
            return 'Reply from Dart';
        }
      });
    } on PlatformException catch (e) {
      print("Failed: '${e.message}'.");
    }
```

```dart
  }

  @override
  Widget build(BuildContext context) {
    return Scaffold(
      appBar: AppBar(title: Text("Method Channel")),
      body: Container(
        color: Colors.deepPurpleAccent,
        child: Center(
          child: Column(
            mainAxisAlignment: MainAxisAlignment.center,
            children: (<Widget>[
              Text(
                'resultMessage : $resultMessage',
                style: TextStyle(
                  color: Colors.white,
                  fontWeight: FontWeight.bold,
                  fontSize: 20,
                ),
              ),
              Text(
                'receiveMessage : $receiveMessage',
                style: TextStyle(
                  color: Colors.white,
                  fontWeight: FontWeight.bold,
                  fontSize: 20,
                ),
              ),
              ElevatedButton(
                  child: Text('native call'),
                  onPressed: () {
                    nativeCall();
                  }),
            ]),
          ),
        ),
      ),
    );
  }
}
```

안드로이드 코드 작성하기

다트와 안드로이드를 연동하는 코드는 프로젝트의 android/app/src/main 디렉터리에 있는 MainActivity.kt 파일에 작성합니다.

Do it! • MainActivity.kt(코틀린)

```kotlin
package com.example.flutter_lab

import android.util.Log
import io.flutter.embedding.android.FlutterActivity
import io.flutter.embedding.engine.FlutterEngine
import io.flutter.plugin.common.BasicMessageChannel
import io.flutter.plugin.common.EventChannel
import io.flutter.plugin.common.MethodChannel
import io.flutter.plugin.common.StringCodec
import io.flutter.plugins.GeneratedPluginRegistrant

class MainActivity: FlutterActivity() {
  override fun configureFlutterEngine(flutterEngine: FlutterEngine) {
    GeneratedPluginRegistrant.registerWith(flutterEngine)

    // 메서드 채널 테스트
    val methodChannel =
      MethodChannel(flutterEngine.dartExecutor.binaryMessenger, "myMethodChannel")
    methodChannel.setMethodCallHandler { call, result ->
      io.flutter.Log.d("flutter", call.toString())
      if (call.method == "oneMethod") {
        val map = call.arguments as Map<String, String>
        io.flutter.Log.d("flutter", "${map.get("Username")}, " +
            "${map.get("Password")}")
        result.success(mapOf("one" to 10, "two" to 20))
        // 데이터 보내기
        methodChannel.invokeMethod("twoMethod", "Hello from Android",
          object : MethodChannel.Result{
          override fun success(result: Any?) {
            io.flutter.Log.d("flutter", "${result as String}")
          }
          override fun error(errorCode: String, errorMessage: String?,
```

```
                                errorDetails: Any?) {
            }
            override fun notImplemented() {
            }
        })
    } else {
        result.notImplemented()
    }
  }
 }
}
```

3단계 **안드로이드 에뮬레이터에서 앱 실행하기**

1단계에서 작성한 test.dart 파일을 안드로이드 에뮬레이터
에서 실행해 결과를 확인합니다. 화면의 버튼을 누르면 안
드로이드 코드와 연동해 메시지를 전달받아 출력합니다.

그림 22-7 안드로이드 에뮬레이터에서
실행 결과

4단계 **iOS 코드 작성하기**

이번에는 iOS와 연동하는 코드를 작성해 보겠습니다. 플러터 프로젝트에서 ios/Runner 디
렉터리의 **AppDelegate.swift** 파일을 열고 다음처럼 작성합니다.

```swift
import UIKit
import Flutter

@UIApplicationMain
@objc class AppDelegate: FlutterAppDelegate {
  override func application(
    _ application: UIApplication,
    didFinishLaunchingWithOptions launchOptions: [UIApplication.LaunchOptionsKey: Any]?
  ) -> Bool {
    let controller: FlutterViewController =
      window?.rootViewController as! FlutterViewController

    // 메서드 채널
    let methodChannel = FlutterMethodChannel(
      name: "myMethodChannel",
      binaryMessenger: controller.binaryMessenger)

    methodChannel.setMethodCallHandler({
      (call: FlutterMethodCall, result: @escaping FlutterResult) -> Void in
      switch(call.method) {
      case "oneMethod":
        let argument = call.arguments as? Dictionary<String, Any>
        let resultArg = ["one":30, "two":40]
        result(resultArg)

        // 데이터 보내기
        methodChannel.invokeMethod("twoMethod", arguments: "Hi from iOS") {
          (result: Any?) -> Void in
          if let error = result as? FlutterError {
          } else if FlutterMethodNotImplemented.isEqual(result) {
          } else {
            print("%@", result as! String)
        }
      }
      default:
        break;
      }
```

```
    })

    GeneratedPluginRegistrant.register(with: self)
    return super.application(application, didFinishLaunchingWithOptions: launchOptions)
  }
}
```

iOS 시뮬레이터에서 앱 실행하기

1단계에서 작성한 test.dart 파일을 Xcode의 iOS 시뮬레이
터에서 실행해 결과를 확인합니다. 화면의 버튼을 누르면
iOS 코드와 연동해 메시지를 전달받아 출력합니다.

그림 22-8 iOS 시뮬레이터에서 실행 결과

22-4 이벤트 채널 이용하기

이번에는 이벤트 채널을 살펴보겠습니다. 이벤트 채널은 메시지나 메서드 채널과 다르게 네이티브에서 다트를 실행하는 방법으로만 사용합니다. 다른 채널과 차이가 있다면 이벤트를 등록하고 그 이벤트로 발생하는 데이터를 반복해서 받을 때 사용합니다.

다트 코드

이벤트 채널을 이용하려면 네이티브에서 이벤트를 주입할 때 호출할 이벤트 핸들러를 다트에 등록해야 합니다. EventChannel로 채널 객체를 만들면서 생성자 매개변수에 이벤트 채널 이름을 지정합니다. 그리고 채널 객체의 registerBroadcastStream() 함수를 호출하면 이 채널로 전달되는 데이터를 계속해서 받을 수 있는 Stream 객체가 반환됩니다.

이 Stream의 listen() 함수에 데이터를 받을 때마다 호출할 콜백 함수를 매개변수로 지정합니다. 콜백 함수의 매개변수(예에서는 event)는 이벤트 채널로 전달된 네이티브의 데이터입니다.

• 이벤트 핸들러 등록하기

```
const channel = EventChannel('eventChannel');
channel.receiveBroadcastStream().listen((dynamic event) {
  ... (생략) ...
}, onError: (dynamic error) {
  print('Received error: ${error.message}');
});
```

안드로이드 코드

안드로이드 코드에서 이벤트 채널을 선언한 후 필요한 순간에 이 채널을 이용해 이벤트를 주입하면 다트 코드가 실행됩니다. EventChannel 객체로 채널을 만들며 setStreamHandler() 함수의 매개변수에 EventChannel.StreamHandler 타입의 객체를 지정합니다.

그러면 다트에서 이 이벤트 채널의 데이터를 받겠다고 등록하는 순간 onListen() 함수가 실행됩니다. onListen() 함수의 두 번째 매개변수로 전달한 EventChannel.EventSink는 이벤트를 주입하는 객체입니다. EventSink의 success() 함수로 데이터를 보냅니다.

• 이벤트 주입하기(코틀린)

```kotlin
val eventChannel = EventChannel(flutterEngine.dartExecutor, "eventChannel");
eventChannel.setStreamHandler( object : EventChannel.StreamHandler {
  override fun onListen(p0: Any?, p1: EventChannel.EventSink?) {
    io.flutter.Log.d("platform", "onListen.......")
    p1?.success("send event data..from native..")
  }
  override fun onCancel(p0: Any?) {

  }
})
```

iOS 코드

이벤트 채널을 이용하는 iOS 코드는 다음과 같습니다. FlutterEventChannel로 이벤트 채널 객체를 만들고 setStreamhandler() 함수의 매개변수에 FlutterStreamHandler 타입의 객체를 지정합니다. 그러면 다트에서 이 채널의 이벤트를 받겠다고 등록하는 순간 FlutterStreamHandler의 onListen() 함수가 자동으로 호출되면서 두 번째 매개변수로 이벤트를 주입하는 FlutterEventSink 객체가 전달됩니다. 이 객체로 이벤트를 주입하면 다트의 이벤트 핸들러가 실행됩니다.

• 이벤트 주입하기(스위프트)

```swift
class SwiftStreamHandler: NSObject, FlutterStreamHandler {
  public func onListen(withArguments arguments: Any?,
    eventSink events: @escaping FlutterEventSink) -> FlutterError? {
    events("send event data..from ios native..")
    return nil
  }

  public func onCancel(withArguments arguments: Any?) -> FlutterError? {
    return nil
  }
```

```
  }
  ... (생략) ...
let eventChannel = FlutterEventChannel(name: "eventChannel",
  binaryMessenger: controller.binaryMessenger)
eventChannel.setStreamHandler(SwiftStreamHandler())
```

Do it! 실습 ᐳ 이벤트 채널 활용하기

이벤트 채널을 활용해 안드로이드, iOS에서 보내는 데이터를 받는 앱을 만들어 보겠습니다.

1단계 다트 파일 작성하기

lib 아래 ch22_4_event라는 디렉터리를 만들고 여기에 **test.dart** 파일을 만든 후 다음처럼
코드를 작성합니다.

Do it! • ch22_4_event/test.dart

```dart
import 'dart:async';
import 'package:flutter/material.dart';
import 'package:flutter/services.dart';


void main() => runApp(new MyApp());


class MyApp extends StatelessWidget {
  @override
  Widget build(BuildContext context) {
    return new MaterialApp(
      title: 'Flutter Channel',
      theme: new ThemeData(
        primarySwatch: Colors.blue,
      ),
      home: NativeCallWidget(),
    );
  }
}
```

```dart
class NativeCallWidget extends StatefulWidget {
  @override
  NativeCallWidgetState createState() => NativeCallWidgetState();
}

class NativeCallWidgetState extends State<NativeCallWidget> {
  String? receiveMessage;

  Future<Null> nativeCall() async {
    const channel = EventChannel('eventChannel');
    channel.receiveBroadcastStream().listen((dynamic event) {
      setState(() {
        receiveMessage = 'Received event: $event';
      });
    }, onError: (dynamic error) {
      print('Received error: ${error.message}');
    });
  }

  @override
  Widget build(BuildContext context) {
    return Scaffold(
      appBar: AppBar(
        title: Text("Event Channel"),
      ),
      body: Container(
        color: Colors.deepPurpleAccent,
        child: Center(
          child: Column(
            mainAxisAlignment: MainAxisAlignment.center,
            children: (<Widget>[
              Text(
                'receiveMessage : $receiveMessage',
                style: TextStyle(
                  color: Colors.white,
                  fontWeight: FontWeight.bold,
                  fontSize: 20,
                ),
```

```dart
          ),
          ElevatedButton(
              child: Text('native call'),
              onPressed: () {
                nativeCall();
              }),
        ]),
      ),
    ),
  );
  }
}
```

안드로이드 코드 작성하기

다트와 안드로이드를 연동하는 코드는 프로젝트의 android/app/src/main 디렉터리에 있
는 MainActivity.kt 파일에 작성합니다.

Do it! • MainActivity.kt(코틀린)

```kotlin
package com.example.flutter_lab

import android.util.Log
import io.flutter.embedding.android.FlutterActivity
import io.flutter.embedding.engine.FlutterEngine
import io.flutter.plugin.common.BasicMessageChannel
import io.flutter.plugin.common.EventChannel
import io.flutter.plugin.common.MethodChannel
import io.flutter.plugin.common.StringCodec
import io.flutter.plugins.GeneratedPluginRegistrant

class MainActivity: FlutterActivity() {
  override fun configureFlutterEngine(flutterEngine: FlutterEngine) {
    GeneratedPluginRegistrant.registerWith(flutterEngine)

    // 이벤트 채널 테스트
    val eventChannel = EventChannel(flutterEngine.dartExecutor, "eventChannel");
```

```
    eventChannel.setStreamHandler( object : EventChannel.StreamHandler {
      override fun onListen(p0: Any?, p1: EventChannel.EventSink?) {
        io.flutter.Log.d("platform", "onListen.......")
        p1?.success("send event data..from native..")
      }
      override fun onCancel(p0: Any?) {
      }
    })
  }
}
```

3단계 안드로이드 에뮬레이터에서 앱 실행하기

1단계에서 작성한 test.dart 파일을 안드로이드 에뮬레이터
에서 실행해 결과를 확인합니다. 화면의 버튼을 누르면 안
드로이드 코드와 연동해 메시지를 전달받아 출력합니다.

그림 22-9 안드로이드 에뮬레이터에서
실행 결과

4단계 iOS 코드 작성하기

이번에는 iOS와 연동하는 코드를 작성해 보겠습니다. 플러터 프로젝트에서 ios/Runner 디
렉터리의 AppDelegate.swift 파일을 열고 다음처럼 작성합니다.

```swift
import UIKit
import Flutter

@UIApplicationMain
@objc class AppDelegate: FlutterAppDelegate {
  override func application(
    _ application: UIApplication,
    didFinishLaunchingWithOptions launchOptions: [UIApplication.LaunchOptionsKey: Any]?
  ) -> Bool {
    let controller: FlutterViewController =
      window?.rootViewController as! FlutterViewController

    let eventChannel = FlutterEventChannel(name: "eventChannel",
      binaryMessenger: controller.binaryMessenger)
    eventChannel.setStreamHandler(SwiftStreamHandler())

    GeneratedPluginRegistrant.register(with: self)
    return super.application(application, didFinishLaunchingWithOptions: launchOptions)
    }
}

class SwiftStreamHandler: NSObject, FlutterStreamHandler {
  public func onListen(withArguments arguments: Any?,
                       eventSink events: @escaping FlutterEventSink) ->
                       FlutterError? {
    events("send event data..from ios native..")
    return nil
  }

  public func onCancel(withArguments arguments: Any?) -> FlutterError? {
    return nil
  }
}
```

5단계 iOS 시뮬레이터에서 앱 실행하기

1단계에서 작성한 test.dart 파일을 Xcode의 iOS 시뮬레이터에서 실행해 결과를 확인합니다. 화면의 버튼을 누르면 iOS 코드와 연동해 메시지를 전달받아 출력합니다.

그림 22-10 iOS 시뮬레이터에서 실행 결과

깡샘!
질문 있어요!

네이티브 기능을 플러터에서 API로 제공하면 편할 텐데 왜 제공하지 않나요?

어떤 크로스 플랫폼 프레임워크는 네이티브 기능까지 제공하기도 합니다. 하지만 플러터에서는 제공하지 않죠. 크로스 플랫폼이 네이티브 기능을 제공하기 시작하면 플랫폼 버전이 바뀔 때마다 개발자 코드에 영향을 줍니다. 이런 부분이 오히려 개발을 더 어렵게 만든다고 볼 수도 있습니다.

플러터에서는 이러한 이유로 네이티브 기능을 제공하지 않습니다. 플러터 앱은 네이티브 실행 환경과 전혀 상관없이 런타임 때 다트 엔진이 독립적으로 실행하는 구조이므로 각 플랫폼의 버전에 영향을 받지 않습니다. 플러터는 이런 이점을 선택한 것입니다.

네이티브 패키지 이용하기

네이티브 코드와 연동하는 기본은 개발자가 직접 네이티브 코드를 작성하고 플랫폼 채널을 통해 다트 코드와 연동하는 것입니다. 그런데 많은 개발자가 자주 사용하는 기능은 대부분 패키지로 제공됩니다. 이 장에서는 pub.dev에서 네이티브 기능을 제공하는 몇몇 패키지를 소개합니다. 한 가지 주의할 점은 이런 패키지는 수시로 업데이트되므로 이 책에서 다룬 버전과 작성 방법이 달라질 수 있습니다.

23-1 위치 정보 얻기 — geolocator

요즘 휴대폰은 GPS 위성 등을 이용해 위치 정보를 얻을 수 있습니다. 그러므로 많은 앱에서 사용자의 현재 위치를 가져와 다양한 용도로 이용합니다. geolocator* 패키지는 앱에서 사용자의 현재 위치를 얻는 방법을 제공합니다.

*geolocator 패키지에 관한 자세한 소개는 pub. dev/packages/geolocator를 참고하세요.

우선 geolocator를 이용하려면 pubspec.yaml 파일의 **dependencies** 항목에 패키지를 다음처럼 등록해야 합니다.

- geolocator 패키지 등록하기

```
dependencies:
  geolocator: ^8.2.1
```

안드로이드 설정하기

안드로이드에서 geolocator를 이용하려면 AndroidManifest.xml 파일에 퍼미션을 선언해야 합니다. AndroidManifest.xml은 안드로이드 앱을 실행하는 데 필요한 다양한 정보를 설정하는 파일이며 이곳에 퍼미션을 설정합니다. 안드로이드에서 실행되는 앱이 사용자의 현재 위치를 얻으려면 AndroidManifest.xml에 퍼미션을 다음처럼 선언해야 합니다.

- 퍼미션 선언하기

```
<uses-permission android:name="android.permission.ACCESS_FINE_LOCATION" />
<uses-permission android:name="android.permission.ACCESS_COARSE_LOCATION" />
```

iOS 설정하기

iOS에서 실행되는 앱이 사용자의 현재 위치를 얻으려면 iOS 앱의 info.plist 파일에 다음처럼 키를 등록해야 합니다.

```
<key>NSLocationWhenInUseUsageDescription</key>
<string>This app needs access to location when open.</string>
<key>NSLocationAlwaysUsageDescription</key>
<string>This app needs access to location when in the background.</string>
```

현재 위치 얻기

안드로이드와 iOS 설정을 했으면 이제 다트 코드에서 geolocator 패키지를 이용해 현재 위치를 얻으면 됩니다. geolocator의 모든 기능은 `Geolocator`라는 클래스의 함수로 제공합니다.

먼저 현재 위치를 얻기 전에 기기에서 위치 정보 획득 기능이 활성화되었는지를 판단해야 합니다. 상황에 따라 기기 설정 등으로 위치 추적이 불가능할 수 있기 때문입니다. 이는 `Geolocator.isLocationServiceEnabled()` 함수를 호출하면 쉽게 알아낼 수 있습니다. 이 함수의 반환값이 `true`이면 활성 상태, `false`이면 비활성 상태라는 의미입니다.

• 위치 정보 획득 가능한지 확인

```
bool serviceEnabled = await Geolocator.isLocationServiceEnabled();
if (!serviceEnabled) {
  return Future.error('Location services are disabled.');
}
```

기기에서 위치 추적 기능이 활성 상태라고 하면 그다음으로 퍼미션 설정을 확인합니다. 위치 추적은 사용자에게 민감한 기능이므로 허용할지를 사용자가 선택할 수 있게 하고 있습니다. 만약 사용자가 앱의 위치 추적 기능을 거부했다면 코드에서 위치를 가져올 수 없습니다. 앱에 위치 추적 퍼미션이 설정됐는지는 `Geolocator.checkPermission()` 함수로 쉽게 알 수 있습니다. 이 함수의 반환값은 `LocationPermission` 객체이며 이 값이 `Location.denied`라면 퍼미션이 거부된 상태입니다.

• 위치 추적 퍼미션 확인

```
LocationPermission permission = await Geolocator.checkPermission();
if (permission == LocationPermission.denied) {
  permission = await Geolocator.requestPermission();
  if (permission == LocationPermission.denied) {
    return Future.error('permissions are denied');
  }
}
```

퍼미션이 거부된 상태에서는 위치를 가져올 수 없으므로 사용자에게 퍼미션을 허용해 달라고 다이얼로그를 띄워야 합니다. 퍼미션 조정 다이얼로그를 띄우는 함수는 Geolocatior.request Permission()입니다. 그런데 사용자가 다시 거부할 수 있으므로 다이얼로그가 닫힐 때 사용자가 어떻게 조정했는지를 Geolocation.requestPersmission() 함수의 결괏값으로 받아 다시 한번 퍼미션을 확인해야 합니다.

만약 위치 추적 퍼미션을 정상으로 부여했다면 이제 위치를 얻을 수 있습니다. 이때 Geolocator.getCurrentPosition() 함수를 이용합니다. 이 함수의 반환값인 Position 객체가 현재 위치에 해당하는 값입니다. 위치는 위도와 경도 값이며 Position 객체의 latitude, longitude 속성으로 얻습니다. Latitude와 longitude는 double 타입의 실수입니다.

> • 현재 위치 구하기

```
Position position = await Geolocator.getCurrentPosition();
setState(() {
  latitude=position.latitude.toString();
  longitude=position.longitude.toString();
});
```

Do it! 실습 현재 위치 활용하기

geolocator 패키지를 활용해 현재 위치를 알려 주는 앱을 만들어 보겠습니다. 네이티브 코드와 연동해야 하므로 안드로이드와 iOS 각각에서 테스트해 보겠습니다.

1단계 패키지 등록하기

먼저 pubspec.yaml 파일을 열고 dependencies 항목에 다음처럼 패키지를 등록한 후 〈Pub get〉을 클릭합니다.

> **Do it!** • pubspec.yaml

```
dependencies:
  geolocator: ^8.2.1
```

다트 파일 작성하기

lib 아래 ch23_1_geolocator라는 디렉터리를 만들고 여기에 test.dart 파일을 만든 후 다음
처럼 코드를 작성합니다.

Do it! • ch23_1_geolocator/test.dart

```dart
import 'package:flutter/material.dart';
import 'package:geolocator/geolocator.dart';

void main() => runApp(new MyApp());

class MyApp extends StatelessWidget {
  @override
  Widget build(BuildContext context) {
    return new MaterialApp(
      theme: new ThemeData(
        primarySwatch: Colors.blue,
      ),
      home: NativePluginWidget(),
    );
  }
}

class NativePluginWidget extends StatefulWidget {
  @override
  NativePluginWidgetState createState() => NativePluginWidgetState();
}

class NativePluginWidgetState extends State<NativePluginWidget> {
  String? latitude;
  String? longitude;

  getGeoData() async {
    LocationPermission permission = await Geolocator.checkPermission();
    if (permission == LocationPermission.denied) {
      permission = await Geolocator.requestPermission();
      if (permission == LocationPermission.denied) {
        return Future.error('permissions are denied');
      }
```

```dart
      }

    Position position = await Geolocator.getCurrentPosition();
    setState(() {
      latitude = position.latitude.toString();
      longitude = position.longitude.toString();
    });
  }

  @override
  void initState() {
    super.initState();
    getGeoData();
  }

  @override
  Widget build(BuildContext context) {
    return Scaffold(
      appBar: AppBar(title: Text("Geolocator")),
      body: Container(
        color: Colors.indigo,
        child: Center(
          child: Column(
            mainAxisAlignment: MainAxisAlignment.center,
            children: (<Widget>[
              Text(
                'MyLocation',
                style: TextStyle(
                  color: Colors.white,
                  fontWeight: FontWeight.bold,
                  fontSize: 20,
                ),
              ),
              Text(
                'latitude : ${latitude}',
                style: TextStyle(
                  color: Colors.white,
                  fontWeight: FontWeight.bold,
```

```
                        fontSize: 20,
                      ),
                    ),
                  Text(
                    'longitude : ${longitude}',
                    style: TextStyle(
                      color: Colors.white,
                      fontWeight: FontWeight.bold,
                      fontSize: 20,
                    ),
                  ),
                ]),
              ),
            ),
          ),
        );
      }
    }
```

3단계 안드로이드 설정하기

안드로이드 메인 환경 파일을 열고 퍼미션을 선언합니다. 이 파일은 android/app/src/main 디렉터리에 있습니다. 이 파일을 열어 다음처럼 퍼미션을 선언합니다.

Do it!	• android/app/src/main/AndroidManifest.xml

```
<manifest xmlns:android="http://schemas.android.com/apk/res/android"
    package="com.example.flutter_lab">
    <uses-permission android:name="android.permission.ACCESS_FINE_LOCATION" />
    <uses-permission android:name="android.permission.ACCESS_COARSE_LOCATION"/>
    ... (생략) ...
</manifest>
```

그런 다음 안드로이드 AVD로 테스트하기 위해 가상의 위치 정보를 설정합니다. AVD 상단의 도구에서 가장 오른쪽의 Extended Controls라고 하는 아이콘(⋮)을 클릭합니다.

그림 23-1 Extended Controls 아이콘

다음처럼 에뮬레이터 설정 창이 뜨면 왼쪽 메뉴에서 [Location]을 선택하고 지도에서 임의의 지점을 클릭합니다. 그리고 지도 아래에 〈SAVE POINT〉를 클릭한 후 〈Set Location〉을 클릭하면 지도에서 선택한 지점의 위치가 현재 기기의 위치로 설정됩니다.

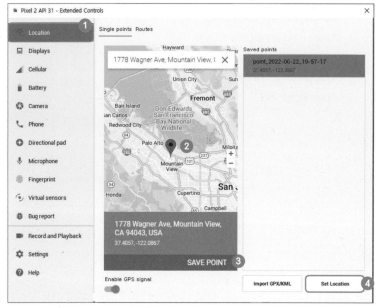

그림 23-2 Extended Controls

4단계 · 안드로이드 에뮬레이터에서 앱 실행하기

1단계에서 작성한 test.dart 파일을 안드로이드 에뮬레이터에서 실행해 결과를 확인합니다.

앱을 실행하면 다음 그림에서 왼쪽처럼 기기의 위치 정보에 접근을 허용할 것인지 묻는 창이 나타납니다. 여기서 〈While using the app(앱 사용 중에만 허용)〉이나 〈Only this time(이번만 허용)〉을 클릭하면 현재 위치가 출력되고, 〈Don't allow(허용 안 함)〉를 클릭하면 'permissions are denied' 메시지가 출력됩니다.

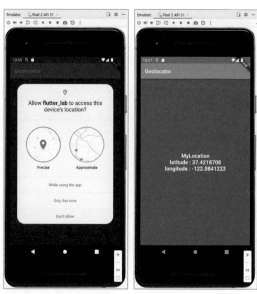

그림 23-3 안드로이드 에뮬레이터에서 실행 결과

iOS의 info.plist 파일에 키를 선언합니다. 이 파일은 ios/Runner 디렉터리에 있습니다. info.plist 파일을 열고 마지막 부분에 다음처럼 키를 등록합니다.

```
Do it!                                                                    • ios/Runner/info.plist

<?xml version="1.0" encoding="UTF-8"?>
<!DOCTYPE plist PUBLIC "-//Apple//DTD PLIST 1.0//EN" "http://www.apple.com/DTDs/Proper-
tyList-1.0.dtd">
<plist version="1.0">
<dict>
    ... (생략) ...
    <key>NSLocationWhenInUseUsageDescription</key>
    <string>This app needs access to location when open.</string>
    <key>NSLocationAlwaysUsageDescription</key>
    <string>This app needs access to location when in the background.</string>
</dict>
</plist>
```

그런 다음 iOS 시뮬레이터로 테스트하기 위해 가상의 위치 정보를 설정합니다. 시뮬레이터에서 [Features → Location → **Custom Location**] 메뉴를 클릭합니다.

그림 23-4 커스텀 위치 메뉴

그러면 다음 그림처럼 위치 정보를 설정할 수 있는 창이 뜨는데 이곳에서 원하는 위도와 경도를 설정합니다.

그림 23-5 커스텀 위치 설정

6단계 **iOS 시뮬레이터에서 앱 실행하기**

1단계에서 작성한 test.dart 파일을 Xcode의 iOS 시뮬레이터에서 실행해 결과를 확인합니다.

그림 23-6 iOS 시뮬레이터에서 실행 결과

23-2 이미지 피커 이용하기 — image_picker

갤러리 앱에 저장된 사진이나 카메라 앱으로 찍은 사진을 친구에게 보내거나 화면에 출력하는 기능이 있습니다. image_picker*는 이런 기능을 지원하는 패키지입니다. 이미지 피커를 사용하려면 다음처럼 pubspec.yaml 파일의 **dependencies** 항목에 image_picker 패키지를 등록해야 합니다.

* image_picker 패키지에 관한 자세한 소개는 pub.dev/packages/image_picker를 참고하세요.

• image_picker 패키지 등록하기

```
dependencies:
  image_picker: ^0.8.5+3
```

iOS 설정하기

iOS에서 이미지 피커를 사용하려면 info.plist 파일에 다음처럼 키를 선언해야 합니다.

• info.plist 파일에 키 선언하기

```
<key>NSCameraUsageDescription</key>
<string>NSCameraUsageDescription</string>
<key>NSMicrophoneUsageDescription</key>
<string>NSMicrophoneUsageDescription</string>
<key>NSPhotoLibraryUsageDescription</key>
<string>NSPhotoLibraryUsageDescription</string>
```

갤러리와 카메라 연동하기

이미지 피커 패키지는 갤러리의 이미지 목록에서 선택한 사진을 읽는 것뿐만 아니라 카메라로 찍은 사진을 읽는 것도 지원합니다. ImagePicker 클래스의 `pickImage()` 함수를 호출하여 갤러리나 카메라와 연동할 수 있습니다. 갤러리와 연동할 것인지 카메라와 연동할 것인지는 `pickImage()` 함수의 source 매개변수에 지정하는 값에 따라 결정됩니다. source 매개변숫값을 ImageSource.gallery로 지정하면 갤러리와 연동하며, ImageSouce.camera로 지정하면 카메라와 연동합니다.

다음 코드에서는 pickImage() 함수의 source 매개변수를 ImageSouce.gallery로 지정했으므로 갤러리와 연동합니다.

• 갤러리와 연동하기

```
var image = await ImagePicker().pickImage(source: ImageSource.gallery);
```

pickImage() 함수가 호출되면 다음 그림처럼 갤러리의 이미지 목록이 보이고 사용자가 이미지를 선택하면 선택한 이미지 정보를 반환합니다. 앞 코드에서 pickImage() 함수의 결괏값인 image 객체는 XFile 타입의 객체이며, 이 객체의 path 속성에 이미지 파일의 경로가 담겨 있습니다.

그림 23-7 갤러리 연동

카메라와 연동하는 방법도 갤러리와 같으며 단지 pickImage() 함수의 source 매개변수를 ImageSource.camera로 지정해 주면 됩니다.

• 카메라와 연동하기

```
var image = await ImagePicker().pickImage(source:
ImageSource.camera);
```

그림 23-8 카메라 연동

Do it! 실습   이미지 피커 활용하기

이미지 피커를 활용해 갤러리나 카메라와 연동하는 앱을 만들어 보겠습니다. 갤러리에서 선택하거나 카메라로 찍은 사진을 화면에 출력합니다.

그림 23-9 이미지 피커를 활용한 앱 실행 결과

1단계   **패키지 등록하기**

pubspec.yaml 파일을 열고 dependencies 항목에 다음처럼 패키지를 등록한 후 〈Pub get〉을 클릭합니다.

Do it!   • pubspec.yaml

```
dependencies:
  image_picker: ^0.8.5+3
```

2단계   **다트 파일 작성하기**

lib 아래 **ch23_2_imagepicker**라는 디렉터리를 만들고 여기에 **test.dart** 파일을 만든 후 다음처럼 코드를 작성합니다. 그리고 안드로이드 테스트라면 앱을 실행해 갤러리와 카메라 연동으로 사진을 제대로 출력하는지 확인합니다. 만약 iOS 테스트라면 3단계까지 진행한 후 실행합니다.

```dart
import 'package:flutter/material.dart';
import 'package:image_picker/image_picker.dart';
import 'dart:io';


void main() => runApp(new MyApp());


class MyApp extends StatelessWidget {
  @override
  Widget build(BuildContext context) {
    return new MaterialApp(
      title: 'Flutter Demo',
      theme: new ThemeData(
        primarySwatch: Colors.blue,
      ),
      home: NativePluginWidget(),
    );
  }
}


class NativePluginWidget extends StatefulWidget {
  @override
  NativePluginWidgetState createState() => NativePluginWidgetState();
}


class NativePluginWidgetState extends State<NativePluginWidget> {
  XFile? _image;

  Future getGalleryImage() async {
    var image = await ImagePicker().pickImage(source: ImageSource.gallery);
    setState(() {
      _image = image;
    });
  }

  Future getCameraImage() async {
    var image = await ImagePicker().pickImage(source: ImageSource.camera);

    setState(() {
```

```dart
        _image = image;
      });
    }


    @override
    Widget build(BuildContext context) {
      return Scaffold(
        appBar: AppBar(title: Text("Image Picker")),
        body: Container(
          color: Colors.indigo,
          child: Center(
            child: Column(
              mainAxisAlignment: MainAxisAlignment.center,
              children: (<Widget>[
                ElevatedButton(
                  child: Text('gallery'),
                  onPressed: getGalleryImage,
                ),
                Center(
                  child: _image == null
                      ? Text(
                          'No image selected.',
                          style: TextStyle(color: Colors.white),
                        )
                      : CircleAvatar(
                          backgroundImage: FileImage(File(_image!.path)),
                          radius: 100,
                        ),
                ),
                ElevatedButton(
                  child: Text('camera'),
                  onPressed: getCameraImage,
                ),
              ]),
            ),
          ),
        ),
      );
    }
}
```

ios/Runner 디렉터리에 있는 info.plist 파일을 열고 마지막 부분에 다음처럼 키를 등록합니다.

Do it!   • ios/Runner/info.plist

```xml
<?xml version="1.0" encoding="UTF-8"?>
<!DOCTYPE plist PUBLIC "-//Apple//DTD PLIST 1.0//EN" "http://www.apple.com/DTDs/
PropertyList-1.0.dtd">
<plist version="1.0">
<dict>
    ... (생략) ...
    <key>NSCameraUsageDescription</key>
    <string>NSCameraUsageDescription</string>
    <key>NSMicrophoneUsageDescription</key>
    <string>NSMicrophoneUsageDescription</string>
    <key>NSPhotoLibraryUsageDescription</key>
    <string>NSPhotoLibraryUsageDescription</string>
</dict>
</plist>
```

23-3 내부 저장소 이용하기 — shared_preferences

앱에서 데이터 보관은 중요한 주제입니다. 프런트엔드에서 활용하는 대부분의 데이터는 백엔드에 저장됩니다. 따라서 서버와 네트워크를 통해 데이터를 저장하거나 가져옵니다. 그런데 앱의 데이터를 내부 저장소에 저장해야 할 때도 있습니다. 이때 데이터를 키-값 구조로 저장하거나 데이터베이스를 이용해 저장합니다.

shared_preferences[*] 패키지는 앱의 데이터를 내부 저장소에 키-값 구조로 저장하는 패키지입니다. shared_preferences 패키지를 이용하려면 다음처럼 pubspec.yaml 파일의 **dependencies** 항목에 등록해야 합니다.

> [*] shared_preferences 패키지에 관한 자세한 소개는 pub.dev/packages/shared_preferences를 참고하세요.

• 패키지 등록하기

```
dependencies:
  shared_preferences: ^2.0.15
```

---

shared_preferences 패키지를 이용해 데이터를 저장하거나 가져오려면 SharedPreferences 객체를 얻어야 합니다.

• SharedPreferences 객체 얻기

```
SharedPreferences prefs = await SharedPreferences.getInstance();
```

SharedPreferences로 저장할 수 있는 데이터 타입은 int, double, bool, String, List<String>입니다. 따라서 각 데이터 타입을 저장하는 setInt(), setBool(), setDouble(), setString(), setStringList() 함수를 제공합니다. 이 함수의 매개변수는 2개이며 첫 번째 매개변수는 키, 두 번째 매개변수는 값입니다.

• 데이터 저장하기

```
prefs.setInt('counter', counter);
```

저장된 데이터를 가져오는 함수도 타입별로 getInt(), getBool(), getDouble(), getString(), getStringList()를 제공합니다. 이 함수의 매개변수는 가져올 데이터의 키입니다. 만약 매개변수에 지정한 키로 저장된 데이터가 없으면 null을 반환합니다.

> • 데이터 가져오기
>
> ```
> counter = prefs.getInt('counter') ?? 0;
> ```

Do it! 실습　내부 저장소 활용하기

내부 저장소에 데이터를 저장하고 가져오는 앱을 만들어 보겠습니다. 다음 그림처럼 슬라이더와 스위치를 조정한 후 저장 버튼을 클릭하면 데이터가 저장되어 앱을 다시 실행해도 값이 유지됩니다.

1단계　패키지 등록하기
pubspec.yaml 파일을 열고 dependencies 항목에 다음처럼 패키지를 등록한 후 〈Pub get〉을 클릭합니다.

> **Do it!**　　　　　　　　　　• pubspec.yaml
>
> ```
> dependencies:
>   shared_preferences: ^2.0.15
> ```

그림 23-10 내부 저장소를 활용한
앱 실행 결과

2단계　다트 파일 작성하기
lib 아래 ch23_3_preference라는 디렉터리를 만들고 여기에 test.dart 파일을 만든 후 다음처럼 코드를 작성합니다.

```dart
import 'package:flutter/material.dart';
import 'package:shared_preferences/shared_preferences.dart';

void main() => runApp(new MyApp());

class MyApp extends StatelessWidget {
  @override
  Widget build(BuildContext context) {
    return new MaterialApp(
      title: 'Flutter Demo',
      theme: new ThemeData(
        primarySwatch: Colors.blue,
      ),
      home: NativePluginWidget(),
    );
  }
}

class NativePluginWidget extends StatefulWidget {
  @override
  NativePluginWidgetState createState() => NativePluginWidgetState();
}

class NativePluginWidgetState extends State<NativePluginWidget> {
  late SharedPreferences prefs;

  double sliderValue = 0.0;
  bool switchValue = false;

  _save() async {
    await prefs.setDouble('slider', sliderValue);
    await prefs.setBool('switch', switchValue);
  }
  getInitData() async {
    prefs = await SharedPreferences.getInstance();
    sliderValue = prefs.getDouble('slider') ?? 0.0;
    switchValue = prefs.getBool('switch') ?? false;
    setState(() {});
  }

  @override
```

```dart
  void initState() {
    super.initState();
    getInitData();
  }

  @override
  Widget build(BuildContext context) {
    return Scaffold(
      appBar: AppBar(title: Text("Shared Preferences")),
      body: Container(
        color: Colors.yellow,
        child: Center(
          child: Column(
            mainAxisAlignment: MainAxisAlignment.center,
            children: (<Widget>[
              Slider(
                value: sliderValue,
                min: 0,
                max: 10,
                onChanged: (double value) {
                  setState(() {
                    sliderValue = value;
                  });
                }),
              Switch(
                value: switchValue,
                onChanged: (bool value) {
                  setState(() {
                    switchValue = value;
                  });
                }),
              ElevatedButton(
                child: Text('Save'),
                onPressed: _save,
              ),
            ]),
          ),
        ),
      ),
    );
  }
}
```

23-4 내부 데이터베이스 이용하기 ─ sqflite

앱의 데이터를 내부 저장소에 저장할 때 앞에서 살펴본 shared_preferences 패키지를 많이 이용하지만 이 패키지는 데이터를 키-값 구조로 저장하므로 많은 데이터를 구조화해서 저장하기에는 적합하지 않습니다. 앱의 데이터를 내부 저장소에 구조화해서 대량으로 저장할 때는 sqflite* 패키지로 데이터베이스를 이용합니다.

* sqflite 패키지에 관한 자세한 소개는 pub.dev/packages/sqflite를 참고하세요.

sqflite를 사용하려면 pubspec.yaml 파일의 **dependencies** 항목에 패키지를 다음처럼 등록해야 합니다.

• pubspec.yaml

```
dependencies:
  sqflite: ^2.0.2+1
```

데이터베이스 열기 ─ openDatabase()

데이터베이스를 이용하려면 먼저 데이터베이스를 열어야 합니다. sqflite는 파일 데이터베이스를 이용합니다. 즉, 테이블 내용을 파일에 저장하므로 먼저 데이터베이스 파일을 열어야 합니다. 이때 openDatabase() 함수를 이용합니다.

다음 코드처럼 간단하게 openDatabase()의 매개변수에 데이터베이스 파일명을 지정하면 데이터베이스를 열 수 있습니다.

• 데이터베이스 열기

```
var db = await openDatabase('my_db.db');
```

그런데 데이터베이스를 열 때 다음처럼 버전 정보와 함께 데이터베이스가 생성되거나 변경될 때 수행할 작업을 지정할 수도 있습니다.

• 버전 정보와 작업 지정하기

```
var db = await openDatabase(
    "my_db.db",
    version: 1,
    onCreate: (Database db, int version) async {
    },
    onUpgrade: (Database db, int oldVersion, int newVersion) async {
    }
);
```

openDatabase() 함수의 version 매개변숫값은 개발자가 지정하는 데이터베이스 버전입니다. 앱을 유지·보수하면서 이 버전을 변경할 수 있는데 변경하면 onUpgrade 매개변수에 지정한 함수가 자동으로 호출됩니다. 즉, onUpgrade에 지정한 함수는 데이터베이스 버전이 변경될 때마다 호출됩니다. 만약 앱에서 이용하는 데이터베이스의 스키마가 변경됐다면 데이터베이스 버전을 변경하고 스키마 변경과 관련된 코드를 onUpgrade의 함수에 작성합니다.

그리고 onCreate 매개변수에 등록하는 함수는 앱을 설치한 후 openDatabase()로 처음 데이터베이스를 이용할 때 딱 한 번 호출됩니다. 이 함수에는 처음 한 번만 수행할 작업을 등록하는데 주로 테이블 생성 작업입니다.

쿼리 실행하기 — execute()

데이터베이스를 열었으면 이제 테이블에 데이터를 조회하거나 삽입, 수정, 삭제하는 SQL 문을 실행합니다. SQL 문을 실행할 때는 Database 객체가 제공하는 execute()와 rawQuery(), rawInsert(), rawUpdate, rawDelete() 함수를 이용합니다.

execute() 함수는 매개변수에 SQL 문을 문자열로 지정하여 모든 SQL 문을 실행할 수 있습니다. 그런데 execute() 함수의 반환값은 없습니다. 모든 SQL 문을 실행할 수 있지만 반환값이 없기도 하고 작업별 함수를 별도로 제공하므로, execute() 함수는 데이터를 다룰 때보다는 주로 테이블을 다룰 때 사용합니다.

• 테이블 만들기

```
await db.execute('''
    CREATE TABLE Test (
        id INTEGER PRIMARY KEY,
```

```
        name TEXT,
        value INTEGER,
        num REAL
    )
  ''');
```

rawQuery(), rawInsert(), rawUpdate, rawDelete() 함수는 각각 SELECT, INSERT, UPDATE, DELETE 문을 실행합니다.

- Future<List<Map<String, Object?>>> rawQuery(String sql, [List<Object?>? arguments])
- Future<int> rawUpdate(String sql, [List<Object?>? arguments])
- Future<int> rawInsert(String sql, [List<Object?>? arguments])
- Future<int> rawDelete(String sql, [List<Object?>? arguments])

각 함수의 첫 번째 매개변수는 실행할 SQL 문입니다. 그리고 두 번째 매개변수는 SQL 문에서 ? 위치에 들어갈 데이터입니다. rawQuery() 함수는 데이터를 조회할 때 사용하므로 반환 타입이 List<Map<String, Object?>>입니다. 즉, 조회한 행 데이터를 키-값 구조로 Map 객체에 저장하고, 다시 이렇게 만든 여러 행의 map 객체를 List에 저장해서 반환합니다.

> • 데이터 조회하기

```
List<Map> list = await db.rawQuery('SELECT * FROM Test');
```

rawInsert() 함수의 반환값은 행의 식별자이며 rawUpdate(), rawDelete() 함수의 반환값은 적용된 행의 개수입니다.

> • 데이터 삽입하기

```
db.rawInsert(
    'INSERT INTO Test(name, value, num) VALUES("some name", 1234, 456.789)');
```

트랜잭션 처리 — transaction()

데이터베이스의 삽입, 수정, 삭제 등의 작업을 트랜잭션으로 처리한다면 Database의 trans action() 함수를 이용합니다. 매개변수로 함수를 등록하는데 이 함수에 Transaction 객체가 전달됩니다. 이 Transaction 객체를 이용해 rawInsert(), rawUpdate(), rawDelete() 함수를 실행하면 트랜잭션으로 처리할 수 있습니다.

> • 트랜잭션 처리하기

```
await db.transaction((txn) async {
  await txn.rawInsert(
      'INSERT INTO Test(name, value, num) VALUES("some name", 1234,
      456.789)');
  await txn.rawInsert(
      'INSERT INTO Test(name, value, num) VALUES(?, ?, ?)',
      ['another name', 12345678, 3.1416]);
});
```

데이터 저장하기 — query(), insert(), update(), delete()

데이터베이스의 테이블에 데이터를 조회하거나, 저장, 수정, 삭제하려면 앞에서 살펴본 것처럼 rawXXXX() 형태의 함수를 이용합니다. 그런데 Database 객체는 query(), insert(), update(), delete() 함수도 제공합니다. 이 함수를 이용하면 SQL 문을 직접 작성하지 않아도 됩니다.

대신 이 함수들에서 원하는 형태대로 데이터를 대입해야 합니다.

- Future<List<Map<String, Object?>>> query(String table, {bool? distinct, List<String>? columns, String? where, List<Object?>? whereArgs, String? groupBy, String? having, String? orderBy, int? limit, int? offset})

- Future<int> insert(String table, Map<String, Object?> values, {String? nullColumnHack, ConflictAlgorithm? conflictAlgorithm})

- Future<int> update(String table, Map<String, Object?> values, {String? where, List<Object?>? whereArgs, ConflictAlgorithm? conflictAlgorithm})

- Future<int> delete(String table, {String? where, List<Object?>? whereArgs})

앞에 열거한 네 함수의 첫 번째 매개변수는 테이블 이름입니다. 그런데 insert()와 update()의 두 번째 매개변수로 전달할 데이터는 Map 객체여야 합니다. 즉, 여러 칼럼^{column}과 칼럼의 값을 키-값 구조로 Map에 담아서 두 번째 매개변수로 전달해야 합니다. 또한 query() 함수의 반환 타입은 List<Map<String, Object?>>입니다. 즉, 조회한 각각의 행^{row}을 Map에 저장해서 반환합니다.

Insert()와 update()를 이용할 때 매개변수로 전달할 Map 객체를 직접 만들어서 전달해도 되고, query()의 반환값을 List<Map> 형태의 데이터를 분석해서 원하는 데이터를 이용해도 됩니다.

그런데 보통은 한 테이블에 저장되는 데이터를 하나의 객체로 표현합니다. 따라서 다음처럼 테이블의 데이터를 추상화한 클래스를 작성해 놓으면 insert(), update(), delete(), query() 함수를 이용하여 좀 더 쉽게 데이터베이스를 이용할 수 있습니다. 다음 코드는 사용자 정보를 표현하는 클래스를 만드는 예입니다. 이 클래스의 객체 데이터가 데이터베이스에 저장되고, 데이터베이스의 데이터를 이 객체에 대입해서 이용합니다.

• 테이블의 데이터를 추상화한 클래스 구현하기

```
class User {
  int? id;
  String? name;
  String? address;

  // 객체 -> 데이터베이스
  Map<String, Object?> toMap() {
    var map = <String, Object?> {
      "name": name,
      "address": address
    };
    if (id != null) {
      map["id"] = id;
    }
    return map;
  }

  User();
  User.fromData(this.name, this.address);
```

```
  // 데이터베이스 -> 객체
  User.fromMap(Map<String, Object?> map) {
    id = map["id"] as int;
    name = map['name'] as String;
    address = map['address'] as String;
  }
}
```

이 클래스의 **id**, **name**, **address** 속성은 데이터베이스의 칼럼값과 매핑합니다. 그리고 **toMap()** 함수는 객체의 속성값을 데이터베이스에 저장할 때 **Map** 객체로 만들어 줍니다. 또한 **User. fromMap()** 생성자는 데이터베이스의 **Map** 데이터를 객체의 속성에 대입해 줍니다.

이처럼 클래스를 이용하면 다음처럼 데이터베이스의 데이터를 다룰 수 있습니다.

> • 클래스로 데이터베이스의 데이터 다루기

```
// 삽입
await db.insert("User", user.toMap());
// 수정
db.update("User", user.toMap(), where: 'id=?', whereArgs: [lastId]);
// 삭제
await db.delete('User', where: 'id=?', whereArgs: [lastId]);
// 쿼리
List<Map> maps = await db.query(
  'User',
  columns: ['id', 'name', 'address'],
);
List<User> users = List.empty(growable: true);
maps.forEach((element) {
  users.add(User.fromMap(element as Map<String, Object?>));
});
```

그림 23-11 내부 데이터베이스 활용
앱 실행 결과

Do it! 실습 내부 데이터베이스 활용하기

내부 데이터베이스를 활용해 데이터를 조회, 삽입, 수정, 삭제하는 앱을 만들어 보겠습니다.

1단계 **패키지 등록하기**

pubspec.yaml 파일을 열고 dependencies 항목에 다음처럼 패키지를 등록한 후 〈Pub get〉을 클릭합니다.

Do it!	• pubspec.yaml

```yaml
dependencies:
  sqflite: ^2.0.2+1
```

2단계 **다트 파일 작성하기**

lib 아래 ch23_4_sqflite라는 디렉터리를 만들고 여기에 test.dart 파일을 만든 후 다음처럼 코드를 작성합니다.

Do it!	• ch23_4_sqflite/test.dart

```dart
import 'package:flutter/material.dart';
import 'package:sqflite/sqflite.dart';

void main() => runApp(new MyApp());

class MyApp extends StatelessWidget {
  @override
  Widget build(BuildContext context) {
    return new MaterialApp(
```

```dart
      title: 'Flutter Demo',
      theme: new ThemeData(
        primarySwatch: Colors.blue,
      ),
      home: NativePluginWidget(),
    );
  }
}

class User {
  int? id;
  String? name;
  String? address;

  Map<String, Object?> toMap() {
    var map = <String, Object?>{"name": name, "address": address};
    if (id != null) {
      map["id"] = id;
    }
    return map;
  }

  User.fromData(this.name, this.address);

  User.fromMap(Map<String, Object?> map) {
    id = map["id"] as int;
    name = map['name'] as String;
    address = map['address'] as String;
  }
}

class NativePluginWidget extends StatefulWidget {
  @override
  NativePluginWidgetState createState() => NativePluginWidgetState();
}

class NativePluginWidgetState extends State<NativePluginWidget> {
  @override
  void initState() {
    super.initState();
    _createTable();
  }
```

```dart
var db;

_createTable() async {
  db = await openDatabase("my_db.db", version: 1,
      onCreate: (Database db, int version) async {
    await db.execute('''
          CREATE TABLE User (
            id INTEGER PRIMARY KEY,
            name TEXT,
            address Text
          )
          ''');
  }, onUpgrade: (Database db, int oldVersion, int newVersion) {});
}

int lastId = 0;

insert() async {
  lastId++;
  User user = User.fromData('name$lastId', 'seoul$lastId');
  lastId = await db.insert("User", user.toMap());
  print('${user.toMap()}');
}

update() async {
  User user = User.fromData('name${lastId - 1}', 'seoul${lastId - 1}');
  await db.update("User", user.toMap(), where: 'id=?', whereArgs: [lastId]);
}

delete() async {
  await db.delete('User', where: 'id=?', whereArgs: [lastId]);
  lastId--;
}

query() async {
  List<Map> maps = await db.query(
    'User',
    columns: ['id', 'name', 'address'],
  );
  List<User> users = List.empty(growable: true);
  maps.forEach((element) {
    users.add(User.fromMap(element as Map<String, Object?>));
```

```dart
      });
      if (maps.length > 0) {
        print('select: ${maps.first}');
      }
      users.forEach((user) {
        print('${user.name}');
      });
    }


    @override
    Widget build(BuildContext context) {
      return Scaffold(
        appBar: AppBar(title: Text("Sqflite")),
        body: Container(
            color: Colors.indigo,
            child: Center(
              child: Column(
                mainAxisAlignment: MainAxisAlignment.center,
                children: (<Widget>[
                  ElevatedButton(
                    child: Text('insert'),
                    onPressed: insert,
                  ),
                  ElevatedButton(
                    child: Text('update'),
                    onPressed: update,
                  ),
                  ElevatedButton(
                    child: Text('delete'),
                    onPressed: delete,
                  ),
                  ElevatedButton(
                    child: Text('query'),
                    onPressed: query,
                  ),
                ]),
              ),
            )),
      );
    }
}
```

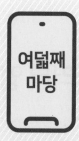

여덟째
마당

파이어베이스와 연동하기

플러터 앱과 파이어베이스 연동

이번 장에서는 플러터 앱과 구글의 파이어베이스를 연동하는 방법을 살펴보겠습니다. 앱을 파이어베이스와 연동하려면 무엇을 준비해야 하는지 알아보고 파이어베이스의 인증 기능으로 플러터 앱의 인증을 처리하는 방법을 살펴보겠습니다.

24-1 파이어베이스 이해하기

파이어베이스란?

파이어베이스^{Firebase}는 2011년 파이어베이스사가 개발하고 2014년 구글에 인수된 모바일과 웹 애플리케이션을 개발하는 플랫폼입니다. 안드로이드 앱에서 파이어베이스를 이용한다는 것은 서버리스^{serverless}를 목적으로 합니다.

모바일 앱은 클라이언트 측 애플리케이션이며 대부분 앱은 네트워크를 통해 서버와 연동합니다. 그런데 앱이 서버와 연동하려면 서버 측 애플리케이션이 필요합니다. 자바나 닷넷, PHP 등 다양한 기술로 서버 측 애플리케이션을 개발하고 모바일 앱은 서버 측 애플리케이션과 네트워크로 데이터를 주고 받는 구조로 개발합니다.

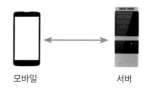

모바일　　　서버

그림 24-1 클라이언트-서버 구조

서버리스란 이 서버 측 애플리케이션을 직접 개발하지 않고 파이어베이스, AWS^{Amazon web Services}, 애저^{Azure} 등의 사시스템을 이용하는 것입니다. 서버리스로 앱을 개발하면 서버 측 애플리케이션을 개발하지 않아도 된다는 이점이 있지만, 이런 시스템을 이용할 때 비용을 지불해야 합니다. 파이어베이스도 여러 가지 요금제(firebase.google.com/pricing)를 제공합니다. 간단한 테스트용으로 파이어베이스와 연동하는 경우라면 무료 요금제(Spark)로 가능하지만, 정식 서비스를 하려면 다양한 요금제를 검토해 맞는 요금제에 가입한 후 사용해야 합니다.

파이어베이스에서 제공하는 주요 기능은 다음과 같습니다.

- Authentication: 인증, 회원 가입과 로그인 처리
- Cloud Firestore: 데이터베이스
- Realtime Database: 실시간 데이터베이스
- Storage: 파일 저장소
- Hosting: 웹 호스팅
- Functions: 다양한 서버 측 로직 작성
- Machine Learning: 모바일 개발자용 머신 러닝

파이어베이스 개발 환경 구축

플러터 앱에서 파이어베이스와 연동하려면 파이어베이스 콘솔 작업과 플러터 앱 설정 작업을 진행해야 합니다.

- **파이어베이스 콘솔 작업**: 파이어베이스 프로젝트 생성, 앱 등록
- **플러터 프로젝트 작업**: 패키지 추가, 파이어베이스 설정

파이어베이스 콘솔(console.firebase.google.com)은 파이어베이스를 이용하기 위한 일종의 개발자 사이트이며 이곳에서 프로젝트를 만들고 플러터 앱을 등록해야 합니다. 그리고 개발자 컴퓨터의 플러터 프로젝트에서 파이어베이스를 이용하기 위한 패키지 추가, 파이어베이스 설정 등의 작업을 해야 합니다.

플러터 3.0 버전부터 파이어베이스에서 플러터를 공식 지원하므로 이전보다 더 편하게 플러터 앱을 등록할 수 있습니다. 파이어베이스 콘솔에서 프로젝트를 만들고 플러터 프로젝트에서 파이어베이스 패키지를 추가하거나 설정하는 작업을 직접 할 수 있지만, CLI를 이용하면 더 편리합니다.

파이어베이스에서 제공하는 플러터 관련 문서는 firebase.google.com/docs/flutter/에서 확인할 수 있습니다.

그림 24-2 파이어베이스 문서

Do it! 실습 **파이어베이스 준비하기**

파이어베이스를 이용하려면 파이어베이스 프로젝트를 생성해야 합니다. 파이어베이스 프로젝트는 파이어베이스 콘솔에서 직접 만들 수도 있고 파이어베이스 CLI를 이용할 수도 있습니다. 파이어베이스 콘솔의 URL은 console.firebase.google.com이며 이곳에서 안내하는 대로 프로젝트를 만들 수 있습니다.

그림 24-3 파이어베이스 콘솔

1단계 파이어베이스 프로젝트 생성하기

이 책에서는 파이어베이스 CLI를 이용해 프로젝트를 만들어 보겠습니다. 만약 파이어베이스 콘솔에서 프로젝트를 만들어도 이후에 진행하는 플러터파이어 CLI를 이용하려면 파이어베이스 CLI를 설치해야 합니다. 파이어베이스 CLI는 독립 실행형 바이너리로 설치하거나 Node.js의 npm 명령으로 설치할 수 있습니다. 자세한 문서는 firebase.google.com/docs/cli에서 확인할 수 있습니다.

여기서는 npm 명령으로 파이어베이스 CLI를 설치하겠습니다. npm 명령을 이용하려면 Node.js가 설치돼 있어야 합니다. 만약 설치되지 않았다면 nodejs.org에서 내려받아 설치합니다. Node.js 설치 후 명령 프롬프트나 터미널에서 다음 명령으로 파이어베이스 CLI를 설치합니다.

> **T** 파이어베이스 CLI 설치하기

```
> npm install -g firebase-tools
```

파이어베이스를 이용하려면 먼저 파이어베이스에 로그인해야 합니다. 이때 구글 계정이 필요하며 지메일 계정 등으로 준비합니다. 파이어베이스 CLI를 실행하면 자동으로 웹 브라우저가 실행되면서 로그인을 진행합니다. 만약 로그인이 진행되지 않으면 다음 명령으로 로그인을 시도하면 됩니다.

> **T** 로그인

```
> firebase login
```

파이어베이스에 로그인했다면 다음 명령으로 파이어베이스 프로젝트를 생성합니다.

> **T** 프로젝트 만들기

```
> firebase projects:create easys-test-flutter-project-v1
```

이 명령에서 **easys-test-flutter-project-v1**은 프로젝트 이름이며 유일해야 합니다. 적절한 이름으로 바꿔서 프로젝트를 만듭니다. 이 명령을 실행하면 다음처럼 프로젝트 이름을 묻습니다 이때 프로젝트 ID를 간단하게 부를 이름을 입력합니다.

```
PS C:\WINDOWS\system32> firebase projects:create easys-test-flutter-project-v1
? What would you like to call your project? (defaults to your project ID) easys
√ Creating Google Cloud Platform project
√ Adding Firebase resources to Google Cloud Platform project

=== Your Firebase project is ready! ===

Project information:
    - Project ID: easys-test-flutter-project-v1
    - Project Name: easys

Firebase console is available at
https://console.firebase.google.com/project/easys-test-flutter-project-v1/overview
```

그림 24-4 프로젝트 생성

CLI를 이용해 프로젝트를 만들면 파이어베이스 콘솔에서 프로젝트를 확인할 수 있습니다.

그림 24-5 파이어베이스 콘솔

파이어베이스 코어 패키지 설치

플러터 프로젝트에서 파이어베이스를 이용하려면 다양한 패키지를 설치해야 합니다. 설치할 패키지는 프로젝트에서 파이어베이스의 어떤 기능을 이용하는지에 따라 다릅니다. 여기서는 파이어베이스 코어 패키지만 설치하고 이후에 각 기능을 이용하면서 추가로 설치하겠습니다.

프로젝트의 pubspec.yaml 파일을 열고 다음처럼 패키지를 등록한 후 〈Pub get〉을 클릭합니다.

```yaml
... (생략) ...
dependencies:
  firebase_core: ^2.7.0
... (생략) ...
```
Do it! • pubspec.yaml

파이어베이스 프로젝트에 앱 등록하기

파이어베이스 프로젝트에 플러터 앱을 등록해야 합니다. 파이어베이스 콘솔에서 방금 만든 프로젝트를 클릭하면 다음 그림처럼 플러터 앱을 등록할 수 있는 아이콘이 보입니다. 이 아이콘을 클릭해 앱을 등록합니다. 프로젝트에 앱을 등록하는 것은 파이어베이스 콘솔에서 안내하는 대로 진행합니다.

첫 번째 작업은 '작업 공간 준비'입니다. 파이어베이스 CLI, 플러터 SDK, 플러터 프로젝트를 준비하라는 안내입니다. 이미 준비했으므로 〈다음〉을 클릭합니다.

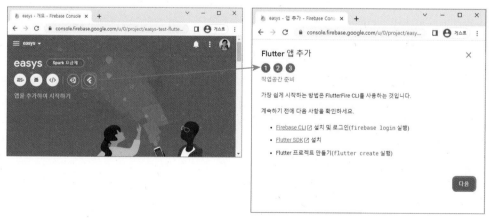

그림 24-6 플러터 앱 등록하기

두 번째 작업은 '플러터파이어 CLI'입니다. 플러터파이어 CLI는 플러터에서 파이어베이스를 이용하는 설정 작업을 도와줍니다. 다음 그림처럼 플러터파이어 CLI를 설치하면 이를 이용해 앱을 등록하고 파이어베이스를 이용하는 구성 파일을 플러터 프로젝트에 포함합니다.

그림 24-7 플러터파이어 CLI

다음 명령으로 플러터파이어 CLI를 설치합니다. 윈도우에서 다음 명령을 실행하면 C:\Users\사용자명\AppData\Local\Pub\Cache\bin에 설치되며, macOS에서는 $HOME/.pub-cache/bin에 설치되었습니다. 플러터파이어 CLI가 설치된 위치는 플랫폼의 Path 환경 변수에 설정해야 합니다.

> **T** 플러터파이어 CLI 설치하기

```
> dart pub global activate flutterfire_cli
```

이제 플러터 프로젝트 디렉터리로 이동한 후 다음 명령으로 앱을 등록하고 파이어베이스 구성 파일을 프로젝트에 추가합니다. --project에는 앞에서 파이어베이스에 만든 프로젝트의 식별자입니다. 앞선 그림에 나와 있는 프로젝트 식별자를 입력합니다.

> **T** 앱 등록과 구성 파일 추가하기

```
> flutterfire configure --project=easys-test-flutter-project-v1
```

이 명령을 실행하면 어느 플랫폼에 설정할 것인지를 묻는데, 키보드의 방향 키와 스페이스 바를 이용해 android와 ios를 선택한 후 (Enter)를 누릅니다.

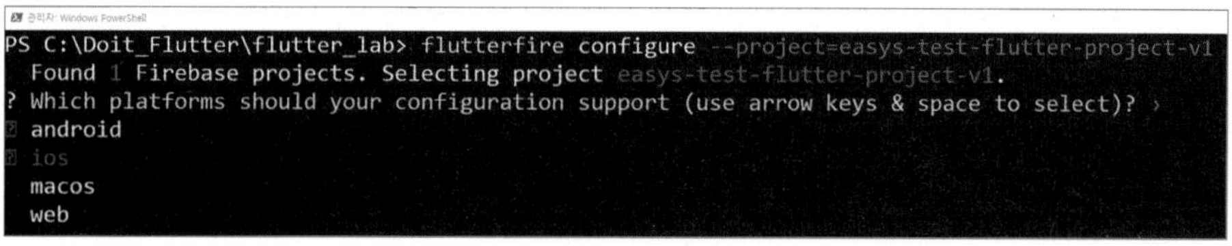

그림 24-8 설정 플랫폼 선택

이 작업을 완료하면 플러터 프로젝트의 lib 폴더에 firebase_options.dart 파일이 자동으로 추가됩니다. 이 파일에는 파이어베이스를 이용하는 설정 정보가 담겨 있습니다.

그림 24-9 파이어베이스 구성 파일

이제 파이어베이스 콘솔에서 〈다음〉을 클릭하면 마지막 '파이어베이스 초기화와 플러그인 추가' 단계에 진입합니다.

그림 24-10 파이어베이스 초기화와 플러그인 추가

파이어베이스 프로젝트에 앱 등록 마지막 단계로 firebase_core 패키지를 추가해야 합니다. lib 아래에 ch24_2_auth라는 디렉터리를 만들고 여기에 test.dart 파일을 만든 후 다음처럼 코드를 작성합니다.

• ch24_2_auth/test.dart

```
import 'package:firebase_core/firebase_core.dart';
import 'firebase_options.dart';

void main() async {
  WidgetsFlutterBinding.ensureInitialized();
  await Firebase.initializeApp(
    options: DefaultFirebaseOptions.currentPlatform,
  );
  runApp(const MyApp());
}
```

여기까지 하면 파이어베이스에 앱이 등록되며 앱에서 파이어베이스를 이용하기 위한 기본 설정이 끝납니다. 파이어베이스에 등록한 앱은 다음 그림처럼 확인할 수 있습니다.

그림 24-11 등록된 앱 확인

4단계 iOS 시뮬레이터 설정하기

파이어베이스를 연동하는 플러터 앱을 iOS 시뮬레이터에서 실행할 때 'error running ios install' 오류가 발생할 수 있습니다. 만약 이 오류가 발생한다면 Podfile 파일을 설정해 주어야 합니다.

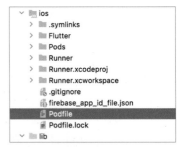

그림 24-12 Podfile

플러터 프로젝트에서 ios 디렉터리 아래 Podfile 파일을 열고 윗부분을 다음처럼 수정합니다. 현재 이용 중인 iOS 시뮬레이터 버전을 Platform :ios에 설정합니다.

• ios/Podfile

```
# Uncomment this line to define a global platform for your project
platform :ios, '15.2'
```

24-2 파이어베이스 인증하기

파이어베이스 인증은 회원 가입과 로그인을 처리할 때 사용합니다. 파이어베이스에서 제공하는 기본 인증은 이메일/비밀번호이며 회원 가입 때 등록한 이메일로 인증 메일이 발송되고 이메일 인증을 거쳐 회원 가입을 완료하는 구조입니다. 이메일/비밀번호 인증 외에 구글, 페이스북 등 다양한 업체의 인증과 연동하는 방법도 제공합니다.

이곳에서는 이메일/비밀번호 인증 처리 방법을 살펴보겠습니다. 이메일/비밀번호 인증이란 가입 정보인 이메일/비밀번호를 파이어베이스에 저장하고 이를 바탕으로 로그인을 처리하는 방식입니다.

그림 24-13 이메일/비밀번호 가입

이메일은 지메일, 핫메일, 네이버 메일, 다음 메일 등 실제 존재하는 이메일을 등록해야 합니다. 가입 시 등록한 이메일로 인증 메일이 자동 발송되며 사용자는 자신이 등록한 이메일에서 인증을 거쳐야 가입이 완료됩니다. 비밀번호는 실제 등록한 이메일의 비밀번호가 아닌 파이어베이스 연동 시스템 로그인에서만 사용하기 위한 비밀번호입니다.

그림 24-14 이메일/비밀번호 로그인

이메일/비밀번호 인증을 거쳐 가입을 완료하면 인증 정보가 파이어베이스에 저장되므로 로그인할 때는 등록된 이메일 서버와 연동 없이 파이어베이스에서 처리됩니다.

이메일/비밀번호 설정하기

이메일/비밀번호로 인증을 처리하려면 파이어베이스 콘솔과 플러터 프로젝트를 설정해야 합니다.

그림 24-15 이메일/비밀번호 사용 설정

파이어베이스 콘솔에서 왼쪽 메뉴 중 [Authentication]를 클릭하고 두 번째 탭인 [Sign in method]를 클릭하면 이메일/비밀번호 항목이 다음 그림처럼 '사용 설정됨'으로 표시돼야 합니다. 자세한 설정 방법은 잠시 후 [Do it! 실습]에서 진행하겠습니다. 그리고 pubspec.yaml 파일에 firebase_auth 패키지를 등록해야 합니다.

* 파이어베이스 인증 패키지 등록하기

```
dependencies:
  firebase_auth: ^4.2.9
```

FirebaseAuth 객체 얻기

파이어베이스를 이용한 인증 처리는 FirebaseAuth 객체를 얻는 것부터 시작합니다. FirebaseAuth 객체에서 제공하는 각종 함수를 이용해 회원 가입, 로그인, 로그아웃 등을 처리합니다. FirebaseAuth 객체는 FirebaseAuth.instance로 획득합니다.

* 파이어베이스 인증 객체 얻기

```
FirebaseAuth auth = FirebaseAuth.instance;
```

회원 가입하기

먼저 이메일/비밀번호 방식으로 회원 가입하는 방법을 살펴보겠습니다. FirebaseAuth 객체의 createUserWithEmailAndPassword() 함수를 이용해 파이어베이스에 이메일과 비밀번호를 등록합니다. 매개변수는 등록할 이메일과 비밀번호이며 결과는 Future<UserCredential>

타입입니다. 회원 가입을 한 후 `UserCredential` 객체의 `user.email`값이 `null`이 아니면 정상으로 등록된 것입니다.

• 회원 가입하기

```
try {
  await FirebaseAuth.instance
      .createUserWithEmailAndPassword(email: email, password: password)
      .then((value) {
        if (value.user!.email != null) {

          return value;
      });
} on FirebaseAuthException catch (e) {
  if (e.code == 'weak-password') {

  } else if (e.code == 'email-already-in-use') {

  } else {

  }
} catch (e) {
  print(e.toString());
}
```

만약 회원 가입이 정상으로 되지 않았다면 `FirebaseAuthException`이 발생하며 이 객체의 `code`값으로 원인을 판단할 수 있습니다. `code`값이 **"weak-password"**이면 비밀번호 부적합이며 **"email-already-in-use"**이면 이미 가입된 이메일로 회원 가입을 시도한 것입니다.

이메일이 정상으로 등록되면 이메일 인증 메일을 등록한 이메일로 전송해야 합니다. `FirebaseAuth` 객체의 `currentUser`를 이용해 사용자 정보를 가져오며 이 사용자에게 `sendEmailVerification()` 함수를 이용해 인증 메일을 보냅니다.

• 인증 메일 발송하기

```
FirebaseAuth.instance.currentUser?.sendEmailVerification();
```

회원으로 등록한 메일로 다음과 같은 인증 메일이 전달되고 사용자는 이 메일에서 링크를 눌러 인증을 완료합니다.

그림 24-16 인증 메일

이렇게 하면 파이어베이스에 이메일/비밀번호 인증 등록이 정상으로 완료되며 파이어베이스 콘솔에서도 확인할 수 있습니다.

그림 24-17 파이어베이스 콘솔

로그인하기

이메일/비밀번호 인증의 로그인 처리는 signInWithEmailAndPassword() 함수를 이용합니다. signInWithEmailAndPassword() 함수의 매개변수에 대입한 이메일과 비밀번호로 파이어베이스와 연동해 로그인을 처리하며 결과는 Future<UserCredential> 타입으로 전달됩니다. UserCredential의 user.emailVerified를 이용해 인증을 거친 이메일인지를 판단할 수 있습니다.

• 로그인하기

```
try {
  await FirebaseAuth.instance
      .signInWithEmailAndPassword(email: email, password: password)
      .then((value) {
        if (value.user!.emailVerified) {
```

```
            // 이메일 인증 여부
        } else {

        }
        return value;
    });
} on FirebaseAuthException catch (e) {
  if (e.code == 'user-not-found') {

  } else if (e.code == 'wrong-password') {

  } else {

  }
}
```

로그인 오류가 발생하면 FirebaseAuthException이 발생하며 FirebaseAuthException 객체의 code값이 'user-not-found'이면 등록되지 않은 이메일, 'wrong-password'이면 비밀번호가 맞지 않는 것입니다.

인증 정보 얻기와 로그아웃하기

로그인하면 사용자 정보를 User 객체로 얻을 수 있습니다. User 객체는 FirebaseAuth 객체의 currentUser 속성으로 얻습니다.

> • 회원 정보 얻기

```
String resultEmail = FirebaseAuth.instance.currentUser!.email!;
```

또한 FirebaseAuth 객체의 signOut() 함수로 로그아웃할 수 있습니다.

> • 로그아웃 하기

```
await FirebaseAuth.instance.signOut();
```

Do it! 실습 ▶ 파이어베이스 인증하기

파이어베이스 인증 기능을 이용해 이메일과 비밀번호로 회원 가입하고 로그인하는 앱을 만들어 보겠습니다.

1단계 **파이어베이스 콘솔에서 이메일/비밀번호 인증 설정하기**

그림 24-18 파이어베이스 인증 앱 실행 결과

파이어베이스 콘솔에서 이메일/비밀번호 인증을 설정합니다. 파이어베이스 콘솔에서 프로젝트를 선택한 후 왼쪽 목록에서 [Authentication]을 클릭합니다. 그러면 다음 그림처럼 다양한 인증 방법이 나오는데 그중 첫 번째 항목인 [이메일/비밀번호]를 클릭합니다.

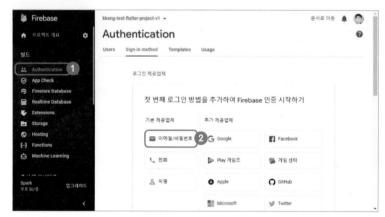

그림 24-19 Authentication

다음 그림에서 이메일/비밀번호 사용 설정을 활성 상태로 바꾸고 〈저장〉을 클릭합니다. 이렇게 하면 파이어베이스 이메일/비밀번호 인증을 사용할 수 있습니다.

그림 24-20 이메일/비밀번호 사용 설정

[Template] 탭을 클릭하면 다음 그림처럼 이메일 주소 인증 정보가 나옵니다. 여기서 사용자가 이메일/비밀번호로 가입할 때 자동으로 발송되는 인증 메일의 구성을 바꿀 수 있습니다. ❶번의 연필 모양 아이콘을 눌러 언어를 선택할 수 있으며, ❷번의 연필 모양 아이콘을 눌러 다양한 정보를 수정할 수 있습니다.

그림 24-21 인증 템플릿

❶번의 템플릿 언어에서 연필 모양을 클릭하여 언어를 한국어로 바꾼 후 〈저장〉을 클릭합니다.

그림 24-22 언어 지정

2단계 **패키지 등록하기**

pubspec.yaml 파일을 열고 파이어베이스 인증과 토스트를 출력하기 위한 패키지를 등록한 후 〈Pug get〉을 클릭합니다.

Do it! • pubspec.yaml

```
dependencies:
  firebase_auth: ^4.2.9
  fluttertoast: ^8.0.9
```

3단계 **다트 파일 작성하기**

앞 절에서 만든 ch24_2_auth 디렉터리의 test.dart 파일을 열고 다음처럼 코드를 새로 작성합니다. 그리고 앱을 실행해 회원 가입과 로그인이 제대로 되는지 확인합니다.

```
import 'package:firebase_auth/firebase_auth.dart';
import 'package:flutter/gestures.dart';
import 'package:flutter/material.dart';
import 'package:firebase_core/firebase_core.dart';
import '../firebase_options.dart';
import 'package:fluttertoast/fluttertoast.dart';

showToast(String msg) {
  Fluttertoast.showToast(
      msg: msg,
      toastLength: Toast.LENGTH_SHORT,
      gravity: ToastGravity.CENTER,
      timeInSecForIosWeb: 1,
      backgroundColor: Colors.red,
      textColor: Colors.white,
      fontSize: 16.0);
}

void main() async {
  WidgetsFlutterBinding.ensureInitialized();
  await Firebase.initializeApp(
    options: DefaultFirebaseOptions.currentPlatform,
  );
  runApp(MyApp());
}

class MyApp extends StatelessWidget {
  @override
  Widget build(BuildContext context) {
    return MaterialApp(
      title: 'Flutter Demo',
      theme: ThemeData(
        primarySwatch: Colors.blue,
      ),
      home: AuthWidget(),
    );
  }
}
```

```dart
class AuthWidget extends StatefulWidget {
  @override
  AuthWidgetState createState() => AuthWidgetState();
}

class AuthWidgetState extends State<AuthWidget> {
  final _formKey = GlobalKey<FormState>();

  late String email;
  late String password;
  bool isInput = true;    // false - result
  bool isSignIn = true;   // false - SingUp

  signIn() async {
    try {
      await FirebaseAuth.instance
          .signInWithEmailAndPassword(email: email, password: password)
          .then((value) {
        print(value);
        if (value.user!.emailVerified) {
            // 이메일 인증 여부
          setState(() {
              isInput = false;
            });
          } else {
            showToast('emailVerified error');
          }
          return value;
        });
      } on FirebaseAuthException catch (e) {
        if (e.code == 'user-not-found') {
          showToast('user-not-found');
        } else if (e.code == 'wrong-password') {
          showToast('wrong-password');
        } else {
          print(e.code);
        }
      }
    }
```

```dart
signOut() async {
  await FirebaseAuth.instance.signOut();
  setState(() {
    isInput = true;
  });
}

signUp() async {
  try {
    await FirebaseAuth.instance
        .createUserWithEmailAndPassword(email: email, password: password)
        .then((value) {
      if (value.user!.email != null) {
        FirebaseAuth.instance.currentUser?.sendEmailVerification();
        setState(() {
          isInput = false;
        });
      }
      return value;
    });
  } on FirebaseAuthException catch (e) {
    if (e.code == 'weak-password') {
      showToast('weak-password');
    } else if (e.code == 'email-already-in-use') {
      showToast('email-already-in-use');
    } else {
      showToast('other error');
      print(e.code);
    }
  } catch (e) {
    print(e.toString());
  }
}

List<Widget> getInputWidget() {
  return [
    Text(
      isSignIn ? "SignIn" : "SignUp",
      style: TextStyle(
```

```
          color: Colors.indigo,
          fontWeight: FontWeight.bold,
          fontSize: 20,
        ),
        textAlign: TextAlign.center,
      ),
      Form(
        key: _formKey,
        child: Column(
          children: [
            TextFormField(
              decoration: InputDecoration(labelText: 'email'),
              validator: (value) {
                if (value?.isEmpty ?? false) {
                  return 'Please enter email';
                }
                return null;
              },
              onSaved: (String? value) {
                email = value ?? "";
              },
            ),
            TextFormField(
              decoration: InputDecoration(
                labelText: 'password',
              ),
              obscureText: true,
              validator: (value) {
                if (value?.isEmpty ?? false) {
                  return 'Please enter password';
                }
                return null;
              },
              onSaved: (String? value) {
                password = value ?? "";
              },
            ),
          ],
        ),
      ),
```

```
            ),
        ElevatedButton(
            onPressed: () {
              if (_formKey.currentState?.validate() ?? false) {
                _formKey.currentState?.save();
                print('email: $email, password : $password');
                if (isSignIn) {
                  signIn();
                } else {
                  signUp();
                }
              }
            },
            child: Text(isSignIn ? "SignIn" : "SignUp")),
        RichText(
          textAlign: TextAlign.right,
          text: TextSpan(
            text: 'Go ',
            style: Theme.of(context).textTheme.bodyText1,
            children: <TextSpan>[
              TextSpan(
                  text: isSignIn ? "SignUp" : "SignIn",
                  style: TextStyle(
                    color: Colors.blue,
                    fontWeight: FontWeight.bold,
                    decoration: TextDecoration.underline,
                  ),
                  recognizer: TapGestureRecognizer()
                    ..onTap = () {
                      setState(() {
                        isSignIn = !isSignIn;
                      });
                    }),
            ],
          ),
        ),
    ];
}
```

```dart
    List<Widget> getResultWidget() {
      String resultEmail = FirebaseAuth.instance.currentUser!.email!;
      return [
        Text(
          isSignIn ?
          "$resultEmail로 로그인 하셨습니다!." :
          "$resultEmail로 회원 가입 하셨습니다! 이메일 인증을 거쳐야 로그인이 가능합니다.",
          style: TextStyle(
            color: Colors.black54,
            fontWeight: FontWeight.bold,
          ),
        ),
        ElevatedButton(
            onPressed: () {
              if (isSignIn) {
                signOut();
              } else {
                setState(() {
                  isInput = true;
                  isSignIn = true;
                });
              }
            },
            child: Text(isSignIn ? "SignOut" : "SignIn")),
      ];
    }


    @override
    Widget build(BuildContext context) {
      return Scaffold(
        appBar: AppBar(
          title: Text("Auth Test"),
        ),
        body: Column(
            crossAxisAlignment: CrossAxisAlignment.stretch,
            children: isInput ? getInputWidget() : getResultWidget()),
      );
    }
  }
}
```

파이어스토어, 스토리지, 클라우드 메시지

이번 장에서는 플러터 앱에서 파이어베이스의 파이어스토어와 스토리지를 이용하는 방법을 살펴보겠습니다. 그리고 파이어베이스에서 가장 많이 사용되는 클라우드 메시지도 살펴보겠습니다. 참고로 이번 장에서 살펴볼 내용은 파이어베이스 프로젝트에 플러터 앱이 등록돼 있어야 하므로 24장에서 [Do it! 실습]을 진행한 후 보기 바랍니다.

25-1 파이어스토어 이용하기

파이어베이스는 **파이어스토어 데이터베이스**Firestore Database와 **실시간 데이터베이스**Realtime Database, 2가지 클라우드 기반 데이터베이스를 제공합니다. 실시간 데이터베이스는 여러 클라이언트에서 실시간으로 상태를 동기화해야 하는 모바일 앱을 위한 솔루션입니다. 파이어스토어는 실시간 데이터베이스보다 더 많고 빠른 쿼리를 제공합니다. 여기서는 파이어스토어의 사용 방법을 살펴보겠습니다.

파이어스토어 사용 설정하기

파이어스토어를 사용하려면 먼저 파이어베이스에 데이터베이스를 만들고 앱에서 패키지를 등록해야 합니다. 파이어베이스 콘솔에서 새로운 데이터베이스를 만드는 방법은 다음 절의 [Do it! 실습]에서 자세히 살펴보겠습니다.

그림 25-1 데이터베이스 만들기

플러터 앱에서 파이어스토어를 사용하려면 cloud_firestore 패키지를 등록해야 합니다.

• 패키지 등록하기

```
dependencies:
  cloud_firestore: ^4.4.3
```

파이어스토어 데이터 모델

파이어스토어는 NoSQL 데이터베이스이며 SQL 데이터
베이스와 달리 테이블이나 행이 없으며 컬렉션으로 정리
되는 문서에 데이터가 저장됩니다.

데이터
문서
컬렉션

그림 25-2 파이어스토어 데이터 모델
(출처: firebase.google.com)

각 문서에는 키-값 쌍의 데이터가 저장되며 모든 문서는 컬렉션에 저장됩니다. 예를 들어 레
스토랑 정보를 파이어스토어에 저장한다면 다음 그림에서 왼쪽처럼 구성할 수 있습니다. 각
레스토랑(restaurant-1, restaurant-2 등)은 하나의 문서로 저장됩니다. 그리고 각 문서에
name, city 등 레스토랑 정보가 키-값 형태로 저장됩니다. 각 레스토랑의 문서는 다시
restaurants라는 컬렉션에 저장됩니다.

그리고 각 문서에 하위 컬렉션을 포함할 수 있습니다. 다음 그림에서 오른쪽을 보면 레스토랑
정보를 저장한 문서에 ratings라는 하위 컬렉션을 포함했습니다.

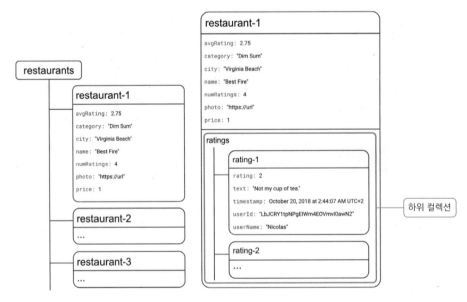

그림 25-3 컬렉션과 하위 컬렉션(출처: firebase.google.com/codelabs/firestore-web?hl=da#5)

파이어스토어 보안 규칙

파이어스토어에 저장된 데이터를 이용할 때 다양한 보안 규칙을 설정할 수 있습니다. 예를 들
어 모든 데이터를 조건 없이 앱에서 읽고 쓸 수 있게 설정 * 파이어스토어의 다양한 보안 규칙 설정 방법
하거나 읽기는 자유롭게 할 수 있지만 쓰기는 로그인했을 은 firebase.google.com/docs/firestore/
때만 가능하게 설정할 수도 있습니다. 여기서는 간단한 security/get-started을 참고해 주세요.
설정 몇 가지만 살펴보겠습니다.*

보안 규칙은 파이어스토어의 [규칙] 탭에서 작성하며, match와 allow 구문으로 조합합니다.
match 구문으로 데이터베이스 문서를 식별하고 allow 구문으로 접근 권한을 작성합니다.

다음 그림은 [프로덕션 모드에서 시작]으로 데이터베이스를 만들었을 때 기본 보안 설정을 보여
줍니다. match /{document=**}는 모든 문서를 의미하며 allow read, write: if false는 읽기와
쓰기를 허용하지 않겠다는 의미입니다. 즉, 모든 문서의 읽기와 쓰기를 거부하는 설정입니다.

그림 25-4 보안 규칙 설정

만약 모든 문서의 읽기와 쓰기를 허용하려면 다음처럼 설정합니다.

- 모든 문서의 읽기와 쓰기 허용

```
rules_version = '2';
service cloud.firestore {
  match /databases/{database}/documents {
    match /{document=**} {
      allow read, write: if true;
    }
  }
}
```

그리고 인증된 클라이언트만 모든 문서의 읽기와 쓰기를 허용하려면 다음처럼 설정합니다. allow 조건을 설정할 때 write는 문서의 생성, 수정, 삭제를 한꺼번에 표현한 것입니다. write 를 세분해서 create, update, delete를 사용하면 조건을 따로 지정할 수 있습니다.

• 인증된 클라이언트만 모든 문서의 읽기와 쓰기 허용

```
rules_version = '2';
service cloud.firestore {
  match /databases/{database}/documents {
    match /{document=**} {
      allow read, write: if request.auth.uid != null;
    }
  }
}
```

하나의 match 구문에는 여러 allow 조건을 설정할 수 있습니다. 다음 규칙은 사용자가 자신의 데이터만 읽고 수정하고 삭제할 수 있게 설정한 것입니다. 앱에서 파이어베이스 인증을 사용 한다면 request.auth 변수에는 데이터를 요청하는 클라이언트의 인증 정보가 포함됩니다.

• 자기 데이터만 읽기, 수정, 삭제 허용

```
rules_version = '2';
service cloud.firestore {
  match /databases/{database}/documents {
    match /users/{userId} {
      allow read, update, delete: if request.auth.uid == userId;
      allow create: if request.auth.uid != null;
    }
  }
}
```

문서에 저장된 값으로 조건을 설정할 수도 있습니다. 다음 규칙에서 resource는 요청 문서, resource.data는 해당 문서에 저장된 데이터를 가리킵니다. 즉, visibility값이 public일 때만 읽기를 허용하는 설정입니다.

```
rules_version = '2';
service cloud.firestore {
  match /databases/{database}/documents {
    match /cities/{city} {
      allow read: if resource.data.visibility == 'public';
    }
  }
}
```

조건을 명시할 때 전달받은 데이터를 저장된 데이터와 비교해야 할 때가 있는데 이때는 request.resource를 이용합니다. request.resource는 전달받은 데이터를 의미합니다. 다음 규칙처럼 설정하면 전달받은 데이터가 0 이상일 때 population 데이터는 수정할 수 있고 name 데이터는 수정할 수 없습니다.

```
rules_version = '2';
service cloud.firestore {
  match /databases/{database}/documents {{
      allow update: if request.resource.data.population > 0
                    && request.resource.data.name == resource.data.name;
    }
  }
}
```

파이어스토어 객체 얻기 — FirebaseFirestore

파이어스토어를 이용하려면 가장 먼저 FirebaseFirestore 객체를 얻어야 합니다. 이 객체를 이용해 컬렉션을 선택하고 해당 컬렉션에 문서를 추가하거나 가져올 수 있습니다.

```
FirebaseFirestore db = FirebaseFirestore.instance;
```

데이터 저장하기 — add()

add() 함수를 이용해 데이터를 저장하는 방법을 살펴보겠습니다. 파이어스토어에 데이터는 문서 단위로 저장합니다. 그리고 문서는 컬렉션에 저장합니다. 따라서 가장 먼저 컬렉션을 선택하고 해당 컬렉션에서 문서 작업을 위한 함수를 제공하는 CollectionReference 객체를 얻어야 합니다.

다음 코드에서 db.collection("users") 구문은 users라는 컬렉션을 선택합니다. 만약 users라는 이름의 컬렉션이 없으면 새로 만듭니다. collection() 함수의 반환값인 CollectionReference 객체의 add(), get() 등의 함수를 이용해 문서 작업을 합니다.

add() 함수는 선택된 컬렉션에 문서를 저장하는 구문입니다. 데이터는 키-값 형태로 저장됩니다. add() 함수의 반환값은 Future<DocumentReference>로 DocumentReference는 저장된 문서를 참조하는 객체입니다.

> • 데이터 저장하기

```
CollectionReference userRef = db.collection("users");
DocumentReference documentRef = await userRef.add({
  "email":"a@a.com",
  "name":"kkang",
  "age": 28
});
```

이 코드로 저장한 문서는 파이어베이스 콘솔에서 다음처럼 확인할 수 있습니다. 이 그림을 보면 users라는 컬렉션에 문서가 하나 저장되었고 그 문서에 코드에서 입력한 필드가 저장된 것을 확인할 수 있습니다.

그림 25-5 파이어베이스 콘솔에서 저장된 데이터 확인

그런데 코드에서 문서의 식별자를 별도로 지정하지 않았으므로 자동으로 생성됐습니다. 만약 식별자를 지정하고 싶다면 CollectionReference 객체의 doc() 함수로 DocumentReference 객체를 만들면서 매개변수로 식별자를 지정하면 됩니다. 그리고 DocumentReference의 set() 함수로 필드값을 저장하면 됩니다.

• 문서의 식별자 지정하기

```
Map<String, dynamic> userMap = {
  "email":"b@b.com",
  "name":"kim",
  "age": 31
};
await userRef.doc("id1").set(userMap);
```

그림 25-6 문서의 식별자를 지정한 예

객체 저장하기

앞선 예에서는 데이터를 Map 타입으로 저장했는데 객체의 데이터를 저장할 때는 속성값을 JSON으로 만들어 저장하면 됩니다.

• 객체 저장하기

```
class User {
  String name;
  String email;
  int age;

  User({
    required this.name,
    required this.email,
    required this.age,
  });
```

```dart
  User.fromJson(Map<String, dynamic> json)
      : name = json['name'],
        email = json['email'],
        age = json['age'];

  Map<String, dynamic> toJson() => {
    'name': name,
    'email': email,
    'age': age,
  };
}
... (생략) ...
User user = User(name: 'lee', email: 'c@c.com', age: 32);
await userRef.doc("id2").set(user.toJson());
```

데이터 수정하기 — update()

파이어스토어에 저장된 문서의 데이터를 수정할 때 앞에서 살펴본 DocumentReference의
set() 함수를 이용할 수도 있습니다. set() 함수는 문서에 새로운 데이터를 저장하는 것뿐만
아니라 기존 문서에 새로운 필드값을 저장할 수도 있습니다.

• set() 함수로 데이터 수정하기

```dart
DocumentReference docRef = await userRef.doc("id2");
docRef.set(user.toJson());
```

하지만 set() 함수는 문서 전체를 덮어 쓰는 개념이며 만약 기존 문서의 특정 필드값만 수정
하려면 update() 함수를 이용합니다. update() 함수의 매개변수에는 수정할 필드값을 Map 타
입으로 지정합니다.

• update() 함수로 데이터 수정하기

```dart
DocumentReference docRef = await userRef.doc("id2");
docRef.update({"age": 33});
```

데이터 삭제하기 — delete()

문서나 문서의 필드를 삭제할 수 있습니다. 만약 어떤 문서의 특정 필드만 삭제하고 싶다면 update() 함수를 이용하면서 필드값을 FieldValue.delete()로 지정합니다. 다음 코드는 id2 문서의 age 필드를 삭제합니다.

> • update() 함수로 데이터 삭제하기

```
DocumentReference docRef = await userRef.doc("id2");
docRef.update({"age": FieldValue.delete()});
```

그런데 만약 특정 문서 전체를 삭제하고 싶다면 DocumentReference 객체의 delete() 함수를 이용합니다.

> • delete() 함수로 데이터 삭제하기

```
DocumentReference docRef = await userRef.doc("id2");
docRef.delete();
```

데이터 가져오기

컬렉션의 문서를 가져오는 방법은 여러 가지가 있습니다. 단일 문서를 가져올 수도 있고 컬렉션의 모든 문서를 가져올 수도 있으며 특정 조건을 명시해 조건에 만족하는 문서만 가져올 수도 있습니다. 또한 데이터가 변경될 때마다 가져올 수도 있습니다.

단일 문서의 데이터 가져오기

파이어스토어에 저장된 문서 하나를 가져올 때는 해당 문서를 참조하는 객체인 Document Reference의 get() 함수를 이용합니다. get() 함수를 호출하면 문서의 데이터를 가져올 수 있는 DocumentSnapshot 객체가 전달됩니다. 이를 그림으로 나타내면 다음과 같습니다.

DocumentSnapshot 객체의 get() 함수를 호출하면서 매개변수로 필드의 키를 지정하면 해당 필드값을 가져옵니다. 또한 Document Snapshot 객체의 data() 함수를 호출하면 문서 전체를 가져옵니다.

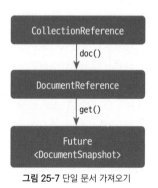

그림 25-7 단일 문서 가져오기

```
CollectionReference collectionRef = db.collection("users");
DocumentReference documentRef = collectionRef.doc("id1");
documentRef.get()
  .then((DocumentSnapshot value) {
    String name = value.get("name");
    User user = User.fromJson(value.data() as Map<String, dynamic>);
  })
  .catchError((error) => print("error : $error"));
```

컬렉션의 모든 문서 가져오기

컬렉션에 저장된 모든 문서를 가져오려면 CollectionReference
객체의 get() 함수를 이용합니다.

그림 25-8 컬렉션의 모든 문서 획득

CollectionReference 객체의 get() 함수는 QuerySnapshot을 반환하며 QuerySnapshot 객체
의 docs 속성을 이용하면 List<QueryDocumentSnapshot> 타입의 객체가 전달됩니다. 이 List
에 저장된 QueryDocumentSnapshot을 이용해 각각의 문서 데이터를 가져올 수 있습니다.

```
CollectionReference collectionRef = db.collection("users");
collectionRef.get()
  .then((QuerySnapshot value) {
    List<QueryDocumentSnapshot> list = value.docs;
    list.forEach((QueryDocumentSnapshot element) {
      String name = element.get("name");
      User user = User.fromJson(element.data() as Map<String, dynamic>);
    });
  })
  .catchError((error) => print("error : $error"));
```

조건 만들기 — where()

컬렉션에 저장된 문서를 가져올 때 조건을 명시하고 해당 조건에 만족하는 문서만 가져오려면 where() 함수를 이용합니다. where() 함수의 매개변수로 조건을 명시하면 해당 조건에 만족하는 문서를 가져올 수 있는 Query 객체가 반환됩니다. 이 Query 객체의 get() 함수를 호출하면 조건에 만족하는 문서를 얻을 수 있습니다.

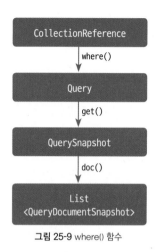

그림 25-9 where() 함수

where()는 다음처럼 선언된 함수입니다.

• where() 함수 선언

```
Query<T> where(
  Object field,
  { Object? isEqualTo,
    Object? isNotEqualTo,
    Object? isLessThan,
    Object? isLessThanOrEqualTo,
    Object? isGreaterThan,
    Object? isGreaterThanOrEqualTo,
    Object? arrayContains,
    List<Object?>? arrayContainsAny,
    List<Object?>? whereIn,
    List<Object?>? whereNotIn,
    bool? isNull }
)
```

---

where() 함수의 첫 번째 매개변수는 조건을 명시할 필드명이며 다른 매개변수로 지정한 필드를 대상으로 다양한 조건을 명시하는 방법입니다. 예를 들어 age 필드값이 30보다 큰 문서만 가져오려면 다음처럼 작성합니다.

```
CollectionReference collectionRef = db.collection("users");
collectionRef
    .where('age', isGreaterThan: 30)
    .get()
    .then((QuerySnapshot value) {
      List<QueryDocumentSnapshot> list = value.docs;
      list.forEach((QueryDocumentSnapshot element) {
        String name = element.get("name");
        User user = User.fromJson(element.data() as Map<String, dynamic>);
      });
    }).catchError((error) => print("error : $error"));
```

쿼리 만들기 — limit(), orderBy()

문서를 가져올 쿼리를 만들 때 limit(), orderBy() 함수 등을 이용할 수 있습니다. limit()는 가져올 문서의 개수를, orderBy()는 정렬 조건을 명시하는 함수입니다.

• 쿼리 만들기

```
CollectionReference collectionRef = db.collection("users");
collectionRef
    .where('age', isGreaterThan: 30)
    .orderBy("age", descending: true)
    .limit(1)
    .get()
    .then((QuerySnapshot value) {
      List<QueryDocumentSnapshot> list = value.docs;
      list.forEach((QueryDocumentSnapshot element) {
        String name = element.get("name");
        User user = User.fromJson(element.data() as Map<String, dynamic>);
      });
    }).catchError((error) => print("error : $error"));
```

데이터가 변경될 때마다 가져오기 — snapshot()

파이어스토어에 저장된 데이터가 변경될 때마다 반복해서 가져오려면 snapshot() 함수를 이용합니다. snapshot()은 CollectionReference와 DocumentReference에서 지원하는 함수입니다.

즉, 컬렉션 전체의 데이터를 대상으로 변경 사항이 있을 때마다 계속 가져와야 한다면 CollecitonReference의 snapshot() 함수를 이용하며, 문서 하나를 대상으로 변경 사항이 있을 때마다 데이터를 계속 가져와야 한다면 DocumentReference의 snapshot() 함수를 이용합니다. snapshot() 함수의 반환 타입은 Stream입니다.

- 변경 사항이 있을 때마다 id1 문서의 데이터 가져오기

```
DocumentReference documentRef = collectionRef.doc("id1");
Stream<DocumentSnapshot> stream = documentRef.snapshots();
stream.forEach((DocumentSnapshot element) {
  int age = element.get("age");
});
```

25-2 스토리지 이용하기

파이어베이스 스토리지는 앱의 파일을 저장하는 기능을 제공합니다. 예를 들어 앱에서 사용자가 사진을 선택하고 선택한 사진을 서버에 올린 후 다시 특정 시점에 서버의 사진을 내려받아야 할 때가 있습니다. 이때 파이어베이스를 이용하는 앱이라면 파이어베이스의 스토리지에 사진을 올리고 내려받으면 됩니다.

스토리지 사용 설정하기

스토리지를 이용하려면 파이어베이스 콘솔에서 스토리지 사용 설정을 해야 합니다. 파이어베이스 콘솔에서 스토리지 사용 설정을 하는 방법은 잠시 후 [Do it! 실습]에서 자세히 살펴보겠습니다.

그림 25-10 파이어베이스 콘솔의 스토리지

플러터 프로젝트에서 스토리지를 이용하려면 pubspec.yaml에 다음처럼 패키지를 등록합니다.

> • 스토리지 패키지 등록하기

```
dependencies:
  firebase_storage: ^11.0.14
```

파일 업로드와 다운로드

스토리지 작업을 하려면 먼저 FirebaseStorage 객체를 얻어야 합니다.

> **• FirebaseStorage 객체 얻기**
> ```
> FirebaseStorage storage = FirebaseStorage.instance;
> ```

파일 업로드와 다운로드를 하려면 파일을 지칭하는 Reference를 만듭니다. FirebaseStorage 객체의 ref() 함수로 Reference 객체를 만들고 다시 이 객체의 child() 함수로 구체적으로 핸들링할 파일의 Reference 객체를 만듭니다. 파일의 Reference 객체에는 스토리지에서 파일의 경로가 담기며, 다음처럼 'test_files/test.jpg'라고 명시하면 스토리지에서 test_files 디렉터리의 test.jpg 파일을 의미합니다. 이 객체로 파일을 업로드하면 해당 경로에 저장되며 파일을 다운로드하면 해당 경로의 파일을 내려받습니다.

> **• 파일 레퍼런스 만들기**
> ```
> Reference ref =
>     FirebaseStorage.instance.ref().child('test_files/test.jpg');
> ```

파일 업로드는 Reference의 putFile(), putString() 함수 등을 이용합니다. putFile() 함수는 매개변수로 파일의 경로를 문자열로 지정하여 파일을 업로드합니다.

> **• 파일 업로드하기**
> ```
> await ref.putFile(File(selectImage!.path));
> ```

업로드한 파일을 삭제할 때는 Reference의 delete() 함수를 호출합니다.

> **• 업로드한 파일 삭제하기**
> ```
> Reference ref =
>     FirebaseStorage.instance.ref().child('test_files/test.jpg');
> ref.delete();
> ```

스토리지의 파일을 내려받으려면 다운로드 URL이 필요합니다. Reference 객체의 `getDown loadURL()` 함수로 얻을 수 있습니다.

> • 다운로드 URL 얻기

```
await ref.getDownloadURL();
```

Doit! 실습 파이어스토어와 스토리지 활용하기

파이어베이스의 파이어스토어와 스토리지를 활용해 이미지 공유 앱을 만들어 보겠습니다. 사용자가 앱에서 이미지와 글을 입력하고 이 내용을 파이어베이스에 저장하면 다른 사용자가 볼 수 있게 만들겠습니다. 이번 실습은 플러터 프로젝트가 파이어베이스와 연동되었다고 가정하고 진행합니다. 연동하는 방법은 24장을 참고 바랍니다.

그림 25-11 파이어스토어와 스토리지를 활용한 앱 실행 결과

1단계 파이어스토어 설정하기

파이어스토어를 사용하려면 먼저 파이어베이스에서 새로운 데이터베이스를 만들어야 합니다. 파이어베이스 콘솔 왼쪽에서 [Firestore Database]를 선택하면 다음 그림처럼 〈데이터 베이스 만들기〉가 보입니다. 이 버튼을 클릭합니다.

그림 25-12 데이터베이스 만들기

다음 그림과 같은 화면이 나오면 [**프로덕션 모드에서 시작**]을 선택한 채 〈다음〉을 클릭합니다.

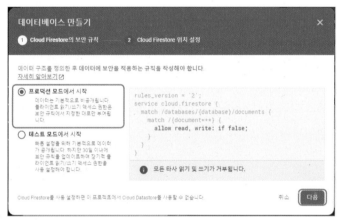

그림 25-13 Cloud Firestore 의 보안 규칙

파이어스토어의 데이터가 저장되는 위치를 선택합니다. 원하는 위치를 선택하면 되며 한 번 설정하면 변경할 수 없습니다. [asia-northeast3 (Seoul)]이 서울이므로 이 위치를 선택하고 〈**사용 설정**〉을 클릭합니다.

그림 25-14 Cloud Firestore 위치 설정

데이터베이스 만들기가 끝나면 다음과 같은 화면이 나옵니다.

그림 25-15 데이터베이스 만들기 완료

- **데이터**: 파이어스토어에 저장된 데이터 확인
- **규칙**: 데이터 읽기/쓰기 규칙 설정
- **색인**: 색인 추가
- **사용량**: 데이터 사용량 확인
- **확장 프로그램**: 확장 프로그램 설치

[**규칙**] 탭을 클릭하고 다음처럼 규칙을 수정하고 〈**게시**〉를 클릭합니다. 모든 경우 읽기와 쓰기를 허용하는 설정입니다.

• 규칙 수정하기

```
rules_version = '2';
service cloud.firestore {
  match /databases/{database}/documents {
    match /{document=**} {
      allow read, write: if true;
    }
  }
}
```

2단계 **스토리지 설정하기**

스토리지를 이용하려면 파이어베이스 콘솔에서 스토리지 사용 설정을 해야 합니다. 파이어베이스 콘솔의 왼쪽 메뉴에서 [**Storage**]를 클릭한 후 다음 그림과 같은 화면에서 〈**시작하기**〉를 클릭합니다.

그림 25-16 스토리지 시작하기

스토리지 설정 창이 뜨면 [프로덕션 모드로에서 시작]을 선택한 채 〈다음〉을 클릭하고, 이어
지는 화면에서 [asia-northeast3]을 선택한 후 〈완료〉를 클릭합니다.

그림 25-17 스토리지 설정하기

파이어베이스에 스토리지가 만들어지면 다음과 같은 화면이 나옵니다.

그림 25-18 스토리지 만들기 완료

[Rules] 탭을 클릭해 규칙을 다음처럼 수정하고 〈게시〉를 클릭합니다. 모든 경우 읽기와 쓰기를 허용하는 설정입니다.

• 규칙 수정하기

```
rules_version = '2';
service firebase.storage {
  match /b/{bucket}/o {
    match /{allPaths=**} {
      allow read, write: if true;
    }
  }
}
```

3단계 **패키지 등록하기**

pubspec.yaml 파일을 열고 dependencies 항목에 다음처럼 패키지를 등록한 후 〈Pub get〉을 클릭합니다. image_picker 패키지는 이전 실습에서 추가했다면 추가하지 않아도 됩니다.

Do it! • pubspec.yaml

```
dependencies
  cloud_firestore: ^4.4.3
  firebase_storage: ^11.0.14
  image_picker: ^0.8.5+3
```

안드로이드 플랫폼에서 앱을 정상으로 빌드하려면 build.gradle 설정이 필요합니다. android/app 디렉터리에 있는 build.gradle 파일을 열고 중간쯤 나오는 defaultConfig 부분의 minSdkVersion을 19로 지정하고 multiDexEnabled true를 추가합니다.

```
Do it!                                                  • android/app/build.gradle
... (생략) ...
defaultConfig {
        applicationId "com.example.flutter_lab"
        minSdkVersion 19
        targetSdkVersion flutter.targetSdkVersion
        versionCode flutterVersionCode.toInteger()
        versionName flutterVersionName
        multiDexEnabled true
}
... (생략) ...
```

cloud_firestore 패키지에서 요구하는 최소 SDK 버전과 플러터 프로젝트를 만들었을 때 설정된 최소 SDK 버전이 맞지 않아서 오류가 발생할 수 있습니다. 이때는 cloud_firestore에서 요구하는 최소 SDK 버전을 그래들 파일의 minSdkVersion 부분에 설정합니다. 또한 multiDexEnabled는 앱을 빌드할 때 참조하는 메서드 개수가 64K(65536개)를 넘어설 때 발생하는 오류를 해결하려고 지정한 것입니다.

5단계 iOS 설정하기

실습에서 이미지 피커(image_picker)를 사용하므로 ios/Runner 디렉터리에 있는 info.plist 파일을 열고 마지막 부분에 다음처럼 키를 등록합니다.

```
Do it!                                                    • ios/Runner/info.plist
<key>NSCameraUsageDescription</key>
<string>NSCameraUsageDescription</string>
<key>NSMicrophoneUsageDescription</key>
<string>NSMicrophoneUsageDescription</string>
<key>NSPhotoLibraryUsageDescription</key>
<string>NSPhotoLibraryUsageDescription</string>
```

또한 cloud_firestore 패키지를 이용하면 빌드가 되지 않을 수 있습니다. 이 문제를 해결하려면 Xcode 설정이 필요합니다. 먼저 파인더에서 프로젝트의 ios 디렉터리에 있는 **Runner.xcodeproj** 파일을 클릭해 Xcode에서 엽니다.

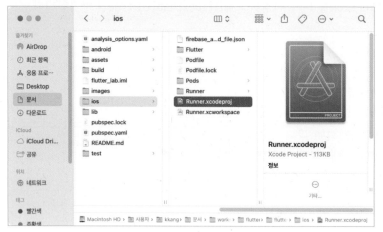

그림 25-19 Runner.xcodeproj

Xcode에서 다음처럼 설정합니다.

❶ Runner 클릭

❷ Build Settings 클릭

❸ All과 Combined 선택

❹ Build Active Architecture Only의 오른쪽 값을 No로 설정

❺ Excluded Architectures의 오른쪽 값을 클릭하면 뜨는 창에서 〈+〉 버튼을 눌러 arm64와 i386을 입력

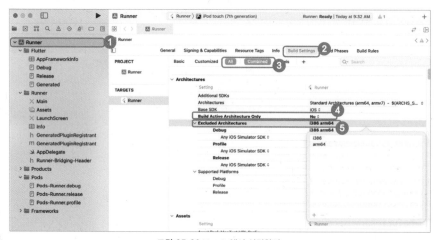

그림 25-20 Xcode에서 설정하기

이렇게 Xcode를 설정한 후 터미널에서 Pod update 명령을 실행합니다.

> **T** 업데이트

```
> pod update
```

6단계 **다트 파일 작성하기**

lib 아래 ch25_2_store_storage라는 디렉터리를 만들고 여기에 test.dart 파일을 만든 후 다음처럼 코드를 작성합니다. 그리고 앱을 실행에 의도한 대로 동작하는지 확인합니다.

> **Do it!** • ch25_2_store_storage/test.dart

```dart
import 'dart:io';
import 'package:cloud_firestore/cloud_firestore.dart';
import 'package:firebase_storage/firebase_storage.dart';
import 'package:flutter/material.dart';
import 'package:firebase_core/firebase_core.dart';
import 'package:image_picker/image_picker.dart';
import 'package:intl/intl.dart';
import '../firebase_options.dart';
import 'package:fluttertoast/fluttertoast.dart';

showToast(String msg) {
  Fluttertoast.showToast(
      msg: msg,
      toastLength: Toast.LENGTH_SHORT,
      gravity: ToastGravity.CENTER,
      timeInSecForIosWeb: 1,
      backgroundColor: Colors.red,
      textColor: Colors.white,
      fontSize: 16.0);
}

class Content {
  String content;
  String downloadurl;
  String date;

  Content({
    required this.content,
```

```dart
    required this.downloadurl,
    required this.date,
  });

  Content.fromJson(Map<String, dynamic> json)
      : content = json['content'],
        downloadurl = json['downloadurl'],
        date = json['date'];

  Map<String, dynamic> toJson() => {
        'content': content,
        'downloadurl': downloadurl,
        'date': date,
      };
}

void main() async {
  WidgetsFlutterBinding.ensureInitialized();
  await Firebase.initializeApp(
    options: DefaultFirebaseOptions.currentPlatform,
  );
  runApp(MyApp());
}

class MyApp extends StatelessWidget {
  @override
  Widget build(BuildContext context) {
    return MaterialApp(
      initialRoute: '/list',
      routes: {
        '/list': (context) => ListScreen(),
        '/input': (context) => InputScreen(),
      },
    );
  }
}

class ListScreen extends StatefulWidget {
  @override
```

```dart
  ListScreenState createState() => ListScreenState();
}

class ListScreenState extends State<ListScreen> {
  final contentsRef = FirebaseFirestore.instance
      .collection('contents')
      .withConverter<Content>(
        fromFirestore: (snapshots, _) => Content.fromJson(snapshots.data()!),
        toFirestore: (content, _) => content.toJson(),
      );

  @override
  Widget build(BuildContext context) {
    return Scaffold(
      appBar: AppBar(
        title: Text('Test'),
      ),
      body: StreamBuilder<QuerySnapshot<Content>>(
        stream: contentsRef.snapshots(),
        builder: (context, snapshot) {
          if (snapshot.hasError) {
            return Center(
              child: Text(snapshot.error.toString()),
            );
          }

          if (!snapshot.hasData) {
            return const Center(child: CircularProgressIndicator());
          }

          final data = snapshot.requireData;
          print("size : ${data.size}");

          return ListView.builder(
            itemCount: data.docs.length,
            itemBuilder: (context, index) {
              return Container(
                margin: EdgeInsets.only(bottom: 10),
                child: Column(
```

```dart
                    crossAxisAlignment: CrossAxisAlignment.start,
                    children: [
                      Image.network(data.docs[index].data().downloadurl),
                      Text(
                        data.docs[index].data().date,
                        style: TextStyle(color: Colors.black54),
                      ),
                      Text(
                        data.docs[index].data().content,
                        style: TextStyle(fontSize: 20),
                      )
                    ],
                  ),
                );
              },
            );
          },
        ),
      ),
      floatingActionButton: FloatingActionButton(
        onPressed: () {
          Navigator.pushNamed(context, '/input');
        },
        tooltip: 'add',
        child: const Icon(Icons.add),
      ),
    );
  }
}

class InputScreen extends StatefulWidget {
  @override
  InputScreenState createState() => InputScreenState();
}

class InputScreenState extends State<InputScreen> {
  final controller = TextEditingController();

  bool isImageVisible = false;
  XFile? _image;
```

```dart
String? downloadurl;

@override
void dispose() {
  controller.dispose();
  super.dispose();
}

Future getGalleryImage() async {
  var image = await ImagePicker().pickImage(source: ImageSource.gallery);
  setState(() {
    _image = image;
    isImageVisible = true;
  });
}

uploadFile() async {
  if (_image == null) {
    showToast('no file selected');
    return null;
  }

  Reference ref =
      FirebaseStorage.instance.ref().child('images/${_image?.name}');

  await ref.putFile(File(_image!.path));
  downloadurl = await ref.getDownloadURL();
  print('downloadurl : $downloadurl');
}

_save() async {
  await uploadFile();
  if (_image == null || downloadurl == null || controller.text.isEmpty) {
    showToast('invalid save data');
    return null;
  }

  CollectionReference collectionRef =
      FirebaseFirestore.instance.collection('contents');
```

```dart
  try {
    DateFormat dateFormat = DateFormat("yyyy-MM-dd HH:mm:ss");
    Content content = Content(
        content: controller.text,
        downloadurl: downloadurl!,
        date: dateFormat.format(DateTime.now()));
    await collectionRef.add(content.toJson());
    Navigator.pop(context);
  } catch (e) {
    print('save error.... $e');
  }
}

@override
Widget build(BuildContext context) {
  return Scaffold(
    appBar: AppBar(title: Text('Store, Storage Test'), actions: <Widget>[
      IconButton(
        icon: const Icon(Icons.photo_album),
        onPressed: getGalleryImage,
      ),
      IconButton(
        icon: const Icon(Icons.save),
        onPressed: _save,
      ),
    ]),
    body: Column(
      children: [
        Visibility(
          child: isImageVisible
              ? Container(
                  height: 200,
                  child: Image.file(
                    File(_image!.path),
                  ),
                )
              : Container(),
          visible: isImageVisible,
        ),
```

```
      Container(
        margin: const EdgeInsets.all(10),
        child: TextField(
          style: TextStyle(fontSize: 15.0),
          controller: controller,
          decoration: InputDecoration(
            labelText: 'Data',
            prefixIcon: Icon(Icons.input),
            border: OutlineInputBorder(),
            hintText: "Hint Text",
            helperText: "데이터를 입력하세요.",
          ),
        ),
      ),
    ],
  ),
);
  }
}
```

25-3 클라우드 메시지 이용하기

FCM이란?

FCM^{Firebase cloud message}은 구글의 클라우드 메시지 서비스이며 서버에서 특정 상황이나 데이터
가 발생할 때 등록된 앱에 메시지를 전달할 목적으
로 사용합니다. 서버와 앱이 데이터를 주고받으려
면 네트워크로 연결돼 있어야 하며 이를 위해 소켓
^{socket} 프로그램이 필요합니다. 그런데 앱에서 소켓
프로그램을 구현하면 백그라운드 제약 등의 문제가
발생할 수 있습니다.

그림 25-21 실시간 서버 푸시

그래서 대부분 앱은 서버에서 어떤 데이터를 전달
받을 때 **푸시 서비스**^{push service}를 이용합니다. FCM
은 이 푸시 서비스를 지원하는 파이어베이스의 제
품입니다. FCM은 서버의 데이터를 앱에 직접 전달
하는 것이 아니라 FCM 서버에 전달하고 FCM 서버
에서 앱에 데이터를 전달합니다. 서버의 데이터가
앱에 직접 전달되지는 않았지만 서버에서 데이터가
발생한 시점에 앱에 데이터를 전달할 수 있습니다.

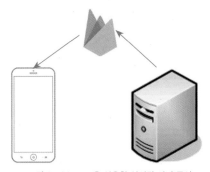

그림 25-22 FCM을 이용한 실시간 서버 푸시

플러터에서 FCM을 이용하려면 firebase_message 패키지를 등록해야 합니다.

> • 패키지 등록하기

```
dependencies:
  firebase_messaging: ^14.2.5
```

토큰 획득

앱에서 FCM을 이용하면 FCM 서버에서 토큰을 발행합니다. 토큰은 서버에 저장해 두었다가
앱에 메시지를 보내야 할 때 메시지와 함께 FCM 서버에 전달합니다. 그러면 FCM 서버에서
토큰을 분석해 해당 사용자의 폰에 메시지를 전달하는 구조입니다.

FCM 서버에서 앱에 발행한 토큰은 다음 코드로 가져올 수 있습니다.

• 토큰 가져오기

```
var token = await FirebaseMessaging.instance.getToken();
```

메시지 받기

FCM 서버에서 앱으로 전달하는 데이터를 받으려면 FirebaseMessaging.onMessage를 이용해야 합니다. onMessage는 Stream<RemoteMessage> 타입의 속성으로 FCM 서버에서 전달한 메시지를 Stream으로 방출합니다. 이때 앱에서는 RemoteMessage 타입의 메시지를 전달받습니다.

다음 코드처럼 작성하면 메시지가 전달될 때마다 listen에 등록한 함수를 반복해서 실행합니다.

• 메시지 받기

```
FirebaseMessaging.onMessage.listen((RemoteMessage message) async {
});
```

RemoteMessage로 전달되는 데이터는 서버에서 구성하기 나름인데 크게 notification 정보와 data 정보로 구분됩니다. notification 정보는 title값과 body값으로 구성하며 data 정보는 특별한 규칙 없이 서버에서 자유롭게 키-값 구조로 구성한 데이터입니다.

RemoteMessage 를 이용해 서버에서 전송한 데이터는 다음처럼 얻을 수 있습니다.

• 메시지 얻기

```
RemoteNotification? notification = message.notification;
Map<String, dynamic> data = message.data;
```

백그라운드에서 메시지 받기

앱이 포그라운드foregraund* 상황일 때 전달되는 메시지는 앞에서 알아본 것처럼 Firebase Messaging.onMessage로 받을 수 있습니다. 그런데 언제 FCM 메시지가 전달될지 모르며 메시지가 전달되는 순간 앱이 백그라운드background* 상황일 수 있습니다.

* 포그라운드는 앱이 기기의 화면에 표시되는 상황, 백그라운드는 화면에 표시되지 않는 상황을 의미합니다.

앱이 백그라운드 상황일 때 전달되는 메시지를 받으려면 FirebaseMessaging.onBackground Message()를 이용해 백그라운드에서 실행할 함수로 등록해야 합니다. 백그라운드 상황에서 전달되는 메시지도 RemoteMessage 타입입니다.

- 백그라운드 실행 함수로 등록

```
Future<void> _firebaseMessagingBackgroundHandler(RemoteMessage message) async {
}
... (생략) ...
FirebaseMessaging.onBackgroundMessage(_firebaseMessagingBackgroundHandler);
```

Do it! 실습 FCM 활용하기

FCM을 활용해 서버에서 발생하는 데이터를 전달받는 앱을 만들어 보겠습니다. iOS에서 FCM을 테스트하려면 유료인 애플 개발자 프로그램*에 등록해야 하며, iOS 시뮬레이터에서 는 테스트할 수 없습니다. 따라서 안드로이드에 서 FCM 메시지를 받는 앱을 테스트하겠습니다.

* 애플 개발자 프로그램의 자세한 소개는 developer. apple.com/kr/support/compare-memberships/을 참고합니다.

FCM을 이용하려면 플러터 프로젝트를 파이어베이스와 연동해야 합니다. 연동하는 방법은 24장을 참고 바랍니다.

1단계 FCM 설정하기

파이어베이스와 연동하려면 안드로이드에는 google-services.json 파일, iOS에는 GoogleService-info.plist 파일을 내려받아야 합니다. 파이어베이스 프로젝트에 앱을 등록 할 때 자동으로 내려받지 않았다면 파이어베이스 콘솔에서 내려받아 프로젝트에 포함해야 합니다. 파이어베이스 콘솔 왼쪽에 있는 '프로 젝트 개요' 오른쪽에 설정 아이콘(⚙)을 클릭하 면 다음 그림처럼 메뉴가 나오는데 이 중 [프로 젝트 설정]을 클릭합니다.

그림 25-23 프로젝트 설정

프로젝트 설정 화면 아래쪽을 보면 다음 그림처럼 등록한 앱의 목록이 보입니다. 테스트할 안드로이드 앱을 클릭하면 google-service.json 파일, 애플 앱을 클릭하면 GoogleService-info.plist 파일을 내려받을 수 있습니다.

그림 25-24 내 앱에서 구글 서비스 파일 내려받기

google-service.json 파일은 플러터 프로젝트의 android/app 디렉터리에, GoogleService-info.plist 파일은 ios/Runner 디렉터리에 내려받습니다. 또한 iOS에 FCM 메시지를 전달하려면 APN 인증 키를 등록야 합니다. 애플 개발자 프로그램에 등록하고 그곳에서 발급한 인증 키를 준비합니다. iOS 테스트를 진행하지 않는다면 다음 설정은 생략합니다.

FCM 콘솔의 프로젝트 설정 화면에서 두 번째 탭인 [클라우드 메시징]을 클릭하면 다음 그림처럼 APN 인증 키를 등록할 수 있습니다.

그림 25-25 APN 인증 키 등록하기

2단계 | 패키지 등록하기

pubspec.yaml 파일을 열고 `dependencies` 항목에 다음처럼 패키지를 등록한 후 〈Pub get〉을 클릭합니다. FCM 메시지가 전달되면 알림을 띄우기 위해 flutter_local_notifications 패키지도 등록합니다.

Do it! • pubspec.yaml

```
dependencies:
  firebase_messaging: ^14.2.5
  flutter_local_notifications: ^13.0.0
```

3단계 | 안드로이드 설정하기

안드로이드의 빌드 환경 파일인 그래들은 2가지가 있습니다. 프로젝트 수준의 build.gradle 파일과 앱 수준의 build.gradle 파일이 있습니다. 프로젝트 수준의 build.gradle 파일은 프로젝트의 android 디렉터리에 있습니다. 이 파일을 열어 `dependencies` 항목에 다음 코드를 추가합니다.

Do it! • android/build.gradle(프로젝트 수준 그래들 파일)

```
dependencies {
    ... (생략) ...
    classpath "com.google.gms:google-services:4.3.14"
}
```

앱 수준의 build.gradle 파일은 android/app 디렉터리에 있습니다. 이 파일도 열어서 다음처럼 코드를 추가합니다.

Do it! • android/app/build.gradle(앱 수준 그래들 파일)

```
... (생략) ...
apply plugin: 'com.google.gms.google-services'
```

4단계 | 다트 파일 작성하기

lib 아래 ch25_3_fcm이라는 디렉터리를 만들고 여기에 test.dart 파일을 만든 후 다음처럼 코드를 작성합니다.

```dart
import 'package:firebase_messaging/firebase_messaging.dart';
import 'package:flutter/material.dart';
import 'package:firebase_core/firebase_core.dart';
import 'package:flutter_local_notifications/flutter_local_notifications.dart';
import '../firebase_options.dart';

final FlutterLocalNotificationsPlugin notiPlugin =
FlutterLocalNotificationsPlugin();

Future<void> cancelNotification() async {
  await notiPlugin.cancelAll();
}

Future<void> requestPermissions() async {
  await notiPlugin
      .resolvePlatformSpecificImplementation<
      IOSFlutterLocalNotificationsPlugin>()
      ?.requestPermissions(
    alert: true,
    badge: true,
    sound: true,
  );
}

Future<void> showNotification({
  required title,
  required message,
}) async {
  notiPlugin.show(
    11,
    title,
    message,
    NotificationDetails(
      android: AndroidNotificationDetails(
        "channelId",
        "channelName",
        channelDescription: "channelDescription",
        icon: '@mipmap/ic_launcher',
      ),
      iOS: const DarwinNotificationDetails(
```

```dart
          badgeNumber: 1,
          subtitle: 'the subtitle',
          sound: 'slow_spring_board.aiff',
        ),
      ),
    );
}


Future<void> _firebaseMessagingBackgroundHandler(RemoteMessage message) async {
  RemoteNotification? notification = message.notification;
  print('noti - title : ${notification?.title}, body : ${notification?.body}');
  Map<String, dynamic> data = message.data;
  await cancelNotification();
  await requestPermissions();
  await showNotification(title: data['title'], message: data['value']);
}
//........................
void main() async{
  WidgetsFlutterBinding.ensureInitialized();
  await Firebase.initializeApp(
    options: DefaultFirebaseOptions.currentPlatform,
  );
  FirebaseMessaging.onBackgroundMessage(_firebaseMessagingBackgroundHandler);
  var token = await FirebaseMessaging.instance.getToken();

  print("token:${token ?? 'token NULL!'}");
  runApp(const MyApp());
}

class MyApp extends StatelessWidget {
  const MyApp({Key? key}) : super(key: key);
  @override
  Widget build(BuildContext context) {
    return MaterialApp(
      title: 'Flutter Demo',
      theme: ThemeData(
        primarySwatch: Colors.blue,
      ),
      home: const MyHomePage(title: 'Flutter Demo Home Page'),
    );
  }
}
```

```dart
class MyHomePage extends StatefulWidget {
  const MyHomePage({Key? key, required this.title}) : super(key: key);

  final String title;

  @override
  State<MyHomePage> createState() => _MyHomePageState();
}

class _MyHomePageState extends State<MyHomePage> {

  @override
  void initState() {
    FirebaseMessaging.onMessage.listen((RemoteMessage message) async {
      RemoteNotification? notification = message.notification;
      Map<String, dynamic> data = message.data;
      print('data - ${data['title']} - ${data['value']}');

      await cancelNotification();
      await requestPermissions();
      await showNotification(title: data['title'], message: data['value']);
    });

    super.initState();
  }
  @override
  Widget build(BuildContext context) {
    return Scaffold(
      appBar: AppBar(
        title: Text("FCM Test"),
      ),
      body: Center(
          child: Text("FCM Test", style: TextStyle(fontSize: 20, fontWeight: FontWeight.bold),)
      ),
    );
  }
}
```

5단계 **앱 실행과 토큰 얻기**

1단계에서 작성한 test.dart 파일을 안드로이드 에뮬레이터에서
실행해 결과를 확인합니다. 화면을 구성한 실습은 아니므로 앱이
실행되면 문자열만 출력됩니다.

그림 25-26 앱 실행 화면

그런데 안드로이드 스튜디오의 실행 창을 보면 앱이 설치될 때
FCM 서버가 발행한 토큰값을 볼 수 있습니다. 이 토큰값을 잘 저
장해 두었다가 9단계에서 메시지를 보낼 때 사용합니다.

그림 25-27 토큰 얻기

6단계 **서버 프로그램 복사하기**

필자가 제공한 실습 파일에서 ch25_3의 node_server 디렉터리를 임의의 위치에 복사해 둡
니다. 필자는 C:\Temp에 복사했습니다. 이곳에 FCM을 테스트하기 위한 서버 프로그램을
작성하겠습니다.

7단계 **비공개 키 내려받기**

파이어베이스 콘솔에서 FCM을 위한 비공개 키를 내려받습니다. 이 키는 서버에서 FCM에
데이터를 전송할 때 사용됩니다. 프로젝트 설정 화면에서 **[서비스 개정]** 탭을 클릭화면 / 그
림처럼 키를 받을 수 있는 화면이 나옵니다. 이 화면의 〈**새 비공개 키 생성**〉을 클릭합니다.

그림 25-28 비공개 키 생성하기기

다음 그림처럼 새 비공개 키 생성 창이 뜨면 〈**키 생성**〉
을 클릭해 내려받습니다.

그림 25-29 키 생성

내려받은 키 파일은 6단계에서 준비한 node_server 디렉터리에 복사합니다. 내려받은 키는
서버에서 필요하므로 필자가 준비한 서버 파일(node_fcm_server.js)과 함께 두어야 합니다.
그리고 키 파일 이름은 짧게 **server_key.json**이라고 수정합니다.
키 파일 이름은 9단계 서비 파일에서 필요합니다.

이름	^
🗐 node_fcm_server.js	
📄 server_key.json	

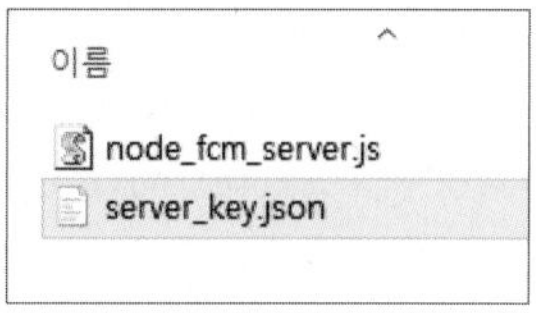

그림 25-30 내려받은 키 파일

서버 준비하기

서버에서 FCM에 메시지를 전송하고 FCM에서는 폰에 메시지를 전달하는 구조입니다. 이를 테스트하려면 서버가 있어야 하는데 간단하게 Node.js로 구현해 보겠습니다. 우선 컴퓨터에 Node.js가 설치돼 있어야 합니다. 만약 설치돼 있지 않다면 nodejs.org/ko/에서 내려받아 설치합니다. 기본 옵션으로 설치하면 됩니다.

명령 프롬프트나 터미널을 열어 서버 파일이 있는 디렉터리(6단계에서 준비한)로 이동합니다. 이 디렉터리에서 다음 명령을 실행해 Node.js에서 사용하기 위한 FCM 라이브러리를 내려받습니다.

> **T** FCM 라이브러리 내려받기

```
> npm install firebase-admin
```

9단계 **서버 파일 수정하기**

필자가 공유한 서버 파일인 node_fcm_server.js을 편집기로 열어 다음처럼 수정합니다. 만약 파이어베이스 콘솔에서 내려받은 키 파일명이 server_key.json이 아니면 두 번째 줄인 var serviceAccount=require('./server_key.json') 부분을 내려받은 키 파일명으로 변경합니다. 그리고 var token="여기에 토큰 넣기" 부분에 5단계에서 얻은 토큰을 입력합니다.

> **Do it!** • node_fcm_server.js

```javascript
var admin=require('firebase-admin')
var serviceAccount=require('./server_key.json')

admin.initializeApp({
    credential: admin.credential.cert(serviceAccount)
})

var token="여기에 토큰 넣기"
var fcm_message = {
    notification: {
        title:'noti title',
        body: 'noti body..'
    },
    data: {
        title:'data title',
        value: '20'
```

```
    },
    token: token
}

admin.messaging().send(fcm_message)
    .then(function(response){
        console.log('send ok...')
    })
    .catch(function(error){
        console.log('send error...')
    })
```

10단계 서버에서 메시지 발송하기

이제 Node.js로 node_fcm_server.js을 실행합니다. 성공하면 send ok...라는 메시지가 출력됩니다.

```
> node node_fcm_server.js
send ok...
```

잠시 후 앱에서 FCM 메시지를 받으면 AVD에 알림이 발생하는 것을 확인합니다.

그림 25-31 알림 확인

Basic Programming Course
기초 프로그래밍 코스

파이썬, C 언어, 자바로 시작하는 프로그래밍!
기초 단계를 독파한 후 응용 단계로 넘어가세요!

기초 단계

박응용 | 432쪽

김성엽 | 576쪽

김동형 | 856쪽

시바타 보요, 강민 역 | 408쪽

시바타 보요, 강민 역 | 452쪽

시바타 보요, 강민 역 | 424쪽

응용 단계

김창현 | 296쪽

강성윤 | 720쪽

김종관 | 564쪽

나는 어떤
코스가
적합할까?

A 파이썬 개발자가 되고 싶은 사람

- Do it! 점프 투 파이썬
- Do it! 점프 투 파이썬 — 라이브러리 예제 편
- Do it! 파이썬 생활 프로그래밍
- Do it! 점프 투 장고
- Do it! 점프 투 플라스크
- Do it! 장고+부트스트랩 파이썬 웹 개발의 정석

B 자바·코틀린 개발자가 되고 싶은 사람

- Do it! 점프 투 자바
- Do it! 자바 완전 정복
- Do it! 자바 프로그래밍 입문
- Do it! 코틀린 프로그래밍
- Do it! 안드로이드 앱 프로그래밍
- Do it! 깡샘의 안드로이드 앱 프로그래밍
  with 코틀린

앱 프로그래밍 코스

Application Programming Course

자바, 코틀린, 스위프트로 시작하는 앱 프로그래밍!
나만의 앱을 만들어 보세요!

**기초
단계**

김동형 | 856쪽

황영덕 | 680쪽

송호정, 이범근 | 696쪽

정재곤 | 800쪽

강성윤 | 720쪽

**응용
단계**

강성윤 | 712쪽

전예홍 | 856쪽

김응석 | 576쪽

나는 어떤
코스가
적합할까?

A 빠르게 앱을 만들고 싶은 사람

- Do it! 안드로이드 앱 프로그래밍
  — 개정 8판
- Do it! 깡샘의 안드로이드 앱
  프로그래밍 with 코틀린 — 개정 2판
- Do it! 스위프트로 아이폰 앱 만들기
  입문 — 개정 7판
- Do it! 플러터 앱 프로그래밍 — 개정판
- Do it! 깡샘의 플러터&다트 프로그래밍

B 앱 개발 실력을 더 키우고 싶은 사람

- Do it! 자바 완전 정복
- Do it! 코틀린 프로그래밍
- Do it! 리액트 네이티브 앱 프로그래밍
- Do it! 프로그레시브 웹앱 만들기